国际法与涉外法治文库
上海高水平高校（学科）建设项目资助
上海高水平地方高校创新团队"中国特色社会主义涉外法治体系研究"项目

国际商事仲裁法

袁发强 ——— 主 编

The Law on International Commercial Arbitration

北京大学出版社
PEKING UNIVERSITY PRESS

图书在版编目(CIP)数据

国际商事仲裁法 / 袁发强主编. -- 北京：北京大学出版社, 2024.11
ISBN 978-7-301-34883-3

Ⅰ. ①国… Ⅱ. ①袁… Ⅲ. ①国际商事仲裁-高等学校-教材 Ⅳ. ①D997.4

中国国家版本馆 CIP 数据核字(2024)第 048569 号

书　　　名	国际商事仲裁法 GUOJI SHANGSHI ZHONGCAIFA
著作责任者	袁发强　主编
责任编辑	姚沁钰
标准书号	ISBN 978-7-301-34883-3
出版发行	北京大学出版社
地　　　址	北京市海淀区成府路 205 号　100871
网　　　址	http：//www.pup.cn　　新浪微博：@北京大学出版社
电子邮箱	zpup@ pup.cn
电　　　话	邮购部 010-62752015　发行部 010-62750672　编辑部 021-62071998
印　刷　者	北京圣夫亚美印刷有限公司
经　销　者	新华书店
	730 毫米×980 毫米　16 开本　25.5 印张　499 千字 2024 年 11 月第 1 版　2024 年 11 月第 1 次印刷
定　　　价	88.00 元

未经许可，不得以任何方式复制或抄袭本书之部分或全部内容。
版权所有，侵权必究
举报电话：010-62752024　电子邮箱：fd@ pup.cn
图书如有印装质量问题，请与出版部联系，电话：010-62756370

编写说明

进入 21 世纪后，各国之间的经济交往和相互依赖程度日益加深。跨国经济交往中争议解决的法律制度也有了很多新的变化和发展。从跨国民事诉讼方式看，海牙国际私法会议通过了《选择法院协议公约》《承认与执行外国民商事判决公约》等；从非诉讼争议解决方式看，联合国国际贸易法委员会推动制定了联合国《关于调解所产生的国际和解协议公约》。这些国际公约的出台都建立在《承认及执行外国仲裁裁决公约》取得巨大成功的基础之上，各国希望通过达成普遍性的民商事判决和调解公约，让跨国民商事诉讼和调解方式在处理跨国经济纠纷中发挥作用。这也间接反映出国际商事仲裁在解决跨国经济争议中具有重要作用。

从我国仲裁发展情况看，各仲裁机构每年受理的案件数量和标的都在急剧增长。2014 年，中共中央全面深化改革领导小组第三次会议审议并通过《关于司法体制改革试点若干问题的框架意见》。法院系统优化职权配置，实行法官员额制。司法支持仲裁的态势和力度更加明显。之后，全国人民代表大会也启动了《仲裁法》的修改工作。2021 年，司法部向社会公布了《仲裁法（修订）（征求意见稿）》。此外，仲裁实务中还出现了许多新的情况，仲裁规则有了一些新的重大变化，如仲裁协议对第三人效力的情形、仲裁员信息披露义务、当事人信息披露义务、在线仲裁、自贸区临时仲裁等。这些在以往教材中都没有体现，需要适时更新，以便让学生所学能够更加贴近社会现实。

华东政法大学一直致力于培养"懂外语""懂法律""复合型"的法律人才。2023 年 2 月，中共中央办公厅、国务院办公厅下发了《关于加强新时代法学教育和法学理论研究的意见》，其中专门提到要培养高质量复合型涉外法治人才。本教材正是在这一背景下总结以往国际商事仲裁教材编写经验全新编写而成的，力求将最新的立法和司法实践经验呈现出来。新教材以统筹国内法治与涉外法治、积极参与国际法治建设为指导，以教育培养涉外商事仲裁法律人才为目的。在编写体例上，就新知识点、立法新变化、理论创新成果在各章下增设专论环节，并提供单独的参考文献和思考题，以实现"学习+提高"，打通本科教学与研究生培养的通道。针对实践中可能遇到的理论知识点，结合现实案例予以分析，有效巩固学生对理论知识的掌握。

本教材既可以作为本科法律专业学生学习了解国际商事仲裁法学的专用教

材,也可以作为国际商事仲裁法律硕士研究生的基础学习用书。本书最后专设一章"国际商事仲裁理论专题"的意义正是为了满足上述学生群体的不同需求。当然,这种创新的教学效果还有待实践检验。为此,恳请使用本教材的高校和教师同行向我们反映宝贵的修改意见,以便再版时完善。

本教材由华东政法大学国际法学院国际私法教研室集体编写完成。各章节编写分工情况如下:

袁发强教授负责第一章、第六章、第十一章第三节、第十一章第五节;

杜涛教授负责第十章;

陈国军副教授负责第三章;

张虎教授负责第四章、第七章、第十一章第四节、第十一章第六节、第十一章第七节;

李晶副教授负责第五章、第八章、第十一章第一节、第十一章第八节;

司文副教授负责第二章、第九章、第十一章第二节、第十一章第九节。

国际法专业博士研究生胡程航、硕士研究生马道贺、何元曦协助主编完成了书稿统编审校。

袁发强
2024 年 10 月 30 日

目　录

第一章　概述 …………………………………………………………（1）
　　第一节　国际商事争议解决方式 ……………………………（1）
　　第二节　国际商事仲裁的产生与发展 ………………………（6）
　　第三节　国际商事仲裁的性质与优缺点 ……………………（13）
　　第四节　国际商事仲裁法的特点 ……………………………（20）

第二章　国际商事争议的可仲裁性 …………………………………（27）
　　第一节　国际商事争议的范围 ………………………………（28）
　　第二节　可仲裁性及其判断标准 ……………………………（32）
　　第三节　可仲裁性的法律适用 ………………………………（36）
　　第四节　特殊争议的可仲裁性 ………………………………（37）

第三章　国际商事仲裁的类型 ………………………………………（49）
　　第一节　临时仲裁和机构仲裁 ………………………………（49）
　　第二节　依法仲裁和友好仲裁 ………………………………（57）
　　第三节　仲裁与调解的融合 …………………………………（62）

第四章　仲裁协议 ……………………………………………………（73）
　　第一节　当事人意思自治与仲裁协议 ………………………（73）
　　第二节　仲裁协议的表现形式 ………………………………（78）
　　第三节　仲裁协议的内容 ……………………………………（82）
　　第四节　仲裁协议的效力 ……………………………………（87）
　　第五节　仲裁协议对非签署方的效力 ………………………（96）

第五章 国际商事仲裁的法律适用 ………………………………（104）
- 第一节 仲裁程序的法律适用 ……………………………（104）
- 第二节 仲裁实体争议的法律适用 ………………………（107）
- 第三节 仲裁协议的法律适用 ……………………………（116）
- 第四节 中国的立法与实践 ………………………………（120）

第六章 仲裁员 ………………………………………………（131）
- 第一节 仲裁员资格与名册 ………………………………（131）
- 第二节 仲裁员选任 ………………………………………（138）
- 第三节 仲裁员职业道德与纪律 …………………………（142）
- 第四节 仲裁员回避制度 …………………………………（149）
- 第五节 仲裁员法律责任 …………………………………（155）

第七章 仲裁程序 ……………………………………………（164）
- 第一节 仲裁程序概述 ……………………………………（164）
- 第二节 仲裁申请与受理 …………………………………（170）
- 第三节 仲裁庭的组成与审理方式 ………………………（172）
- 第四节 证据的提交、交换与质证 ………………………（180）
- 第五节 仲裁辩论 …………………………………………（184）

第八章 仲裁中的临时措施 …………………………………（193）
- 第一节 临时措施的种类 …………………………………（193）
- 第二节 临时措施的发布 …………………………………（196）
- 第三节 临时措施的执行 …………………………………（202）
- 第四节 中国的立法与实践 ………………………………（206）

第九章 仲裁裁决 ……………………………………………（224）
- 第一节 仲裁裁决的概念与分类 …………………………（224）
- 第二节 裁决意见的形成 …………………………………（228）
- 第三节 仲裁裁决的撤销 …………………………………（234）
- 第四节 仲裁裁决的承认与执行 …………………………（244）

第十章　区际仲裁 ……………………………………………… (255)
第一节　区际仲裁概论 ………………………………………… (255)
第二节　我国区际仲裁中的法律冲突 ………………………… (256)
第三节　我国区际仲裁中的司法协助 ………………………… (261)
第四节　我国区际仲裁裁决执行与仲裁保全的安排 ………… (263)

第十一章　国际商事仲裁理论专题 …………………………… (278)
第一节　国际民商事争议的替代性解决方式 ………………… (278)
第二节　争议可仲裁性 ………………………………………… (288)
第三节　仲裁庭的自裁管辖权 ………………………………… (297)
第四节　仲裁协议对未签字人的效力 ………………………… (307)
第五节　在线仲裁与正当程序 ………………………………… (315)
第六节　当事人的证据披露义务 ……………………………… (326)
第七节　仲裁员的信息披露义务与回避制度 ………………… (332)
第八节　仲裁中的紧急仲裁庭 ………………………………… (338)
第九节　仲裁裁决的撤销与执行 ……………………………… (351)

附录一　《中华人民共和国仲裁法》 …………………………… (368)

附录二　《最高人民法院关于适用〈中华人民共和国仲裁法〉若干问题的解释》 …………………………………… (379)

附录三　《中华人民共和国仲裁法（修订）（征求意见稿）》 …… (383)

附录四　《承认及执行外国仲裁裁决公约》(《纽约公约》) …… (399)

第一章 概　　述

国际商事仲裁是解决跨国商业纠纷的一种方式。与跨国民事诉讼不同,仲裁是当事人协议选择的一种争议解决方式;同时,仲裁方式的裁判者也是当事人协议选择的非官方机构。商业纠纷的跨国特征以及仲裁方式的特殊性使得仲裁在很多方面都表现出与诉讼不同的特点。由于世界上绝大多数国家都承认仲裁方式的法律效力,而且仲裁裁决比法院判决更容易获得外国的承认和执行,因此70%以上的跨国商业纠纷都是通过仲裁方式解决的。这既说明国际商事仲裁在处理跨国商事纠纷实践中具有重要地位,也反映出国际商事仲裁法学在法学教育中的重要性。本章将从跨国商事争议解决方式入手,介绍仲裁的特点和比较优势,说明仲裁法学与相关部门法学的关系,让同学们从宏观上把握仲裁法的部门法特点和它在涉外法治实践中的作用。

第一节　国际商事争议解决方式

人是社会性的,需要交往。有交往就会有不同意见或分歧,也就需要通过一定方式或途径定分止争。国际商事争议(International Commercial Dispute,又称"国际商事纠纷""国际经济纠纷""跨国商事争议"等)是当事人在国际经济交往过程中发生的分歧。这种分歧具有特殊性,解决这种分歧具有复杂性,这决定了仲裁相较于其他争议解决方式更具优越性。因此,在了解仲裁法之前,有必要对相关概念予以澄清,这能够帮助大家了解以仲裁方式解决争议的特点和它在跨国商事争议解决中的作用。

一、国际商事与国际商事争议

仲裁法视角下,商事关系与民事关系的不同之处主要在于,民事一般与自然人的身份有关,如自然人的权利能力和行为能力、民事行为的合法性、婚姻(结婚与离婚)、家庭、扶养与监护、财产继承等。商事则主要指财产权益的交易。商事关系的主体可以是自然人,也可以是法人。商事关系的发生和变更与主体的身份关系无关,而是基于当事人之间的交往行为。由此,商事和国际商事指的是非民事活动。

谈到"商业"一词时,我们一般会将它与"贸易"联系在一起,认为就是买卖或供销。从历史发展角度看,国际商业交往活动确实是从跨国商品贸易和运输发展起来的。跨国商品贸易和运输是传统跨国交易的主要形式。不过,随着国际交往越来越密切,商业交易的范围也逐渐扩大,不再局限于贸易的范畴。跨国的融资、租赁、来料加工、来样定制、技术转让、投资、服务贸易等都可以被视为国际商事的范畴。例如,世界贸易组织(WTO)的各种协定就涵盖了商品、服务和技术等标的的跨国交易。不同国家投资者之间的合资、合作合同也是跨国商业交往方式的一种。国际商事基本上包含了国际经济交往的主要内容。

国际商事争议是跨国商业交往的当事人之间围绕交易内容、交易过程(含行为)和交易结果发生的分歧或纠纷。

在仲裁法视角下,"国际商事关系""国际商事争议"中的"国际"一词指的是商事关系发生的跨国性,并非指"国家间"的商事关系或商事争议。国家间的商事关系属于国际公法调整的范畴。因此,国际商事关系的当事人可以是同一国籍的自然人或法人,也可以不是;关系所涉的标的物、行为发生地与当事人所处国家不同,也属于国际商事关系,而由此引发的争议就是国际商事争议。

国际商事争议的主体可以是自然人,也可以是法人或其他组织,甚至可能包括一国的政府机构。例如一国政府从海外采购某种商品或服务,与海外供应商发生矛盾和纠纷,尽管政府采购的目的可能是为了行政管理的需要,但它在采购交易行为和过程中的角色与普通交易者并无不同,它与供应商的法律地位是平等的。但是,如果甲国的投资者在乙国投资经营过程中,因乙国政府的管理行为不当,与乙国政府之间产生矛盾和纠纷,这就不属于普通的国际商事争议了。双方之间不是交易关系,而是管理关系;双方的法律地位也不平等,而是管理与被管理的关系。由此,投资者之间的争议属于国际商事争议,而投资者与投资东道国政府之间的争议则不是。虽然这种争议也可能借助仲裁方式解决,但属于特殊类型的仲裁,不在国际商事仲裁法的范围内。

国际商事争议不局限于跨国商业合同纠纷。争议的当事人之间并不一定要有合同。如果一方当事人的商业行为被认为是侵犯了另一方当事人的商业利益,也属于商事争议。

讨论这几个概念的意义在于,国际商事仲裁作为解决跨国商事争议的一种方式,其裁决结果常常需要在另一国得到承认和执行。由于不同国家对"商事"和"商事争议"的理解不同,它们可能会认为具体的仲裁裁决是针对非商事争议的,从而拒绝依照1958年《承认及执行外国仲裁裁决公约》(以下简称《纽约公约》)执行。当然,各国对于商事和商事裁决的认识也是在不断变化中的。例如,有的国家曾经认为不正当竞争纠纷属于行政机关处理的范围,不属于商业纠纷。后来,随着国内法的修改,允许当事人自行提起民事诉讼,[1]于是该国就改变了对不正当竞争纠纷是否属于商业纠纷的认识。

划分"民事"与"商事"的意义在于,有些国家认为,民事关系涉及一国的风俗习惯和公共秩序,国内法并不允许以民间仲裁的方式解决。因此,为了避免各国理解上出现歧义,提升跨国交易的安全性,并使仲裁裁决能够在一国得到法院的承认和执行,1958年《纽约公约》允许各成员对该公约采取商事保留的态度,即允许成员只承认和执行基于商事关系产生的争议。[2] 界定"商事"范围的意义还在于,依照不同国家法律制度,有些争议看起来与商业有关,但却属于行政机关处理的范畴,即行政争议也不能通过民间仲裁方式解决,而应当由行政机关处理。当事人对行政机关处理决定不服,可以提起行政复议或行政诉讼。

联合国贸易法委员会《关于〈承认及执行外国仲裁裁决公约〉的指南》(2016版)中列举了几个国家对"商事关系""商事争议"的不同理解。例如,美国法院认为,"商事关系"概念广泛,仅仅"排除婚姻等家庭关系裁决、政治裁决等"[3]。

二、国际商事争议的特殊性

如前所述,国际商事争议主要指跨国的经贸争议。与一般民事争议不同,跨国商事争议有以下特点:

1. 争议内容和所依托的商业方式具有行业性和专业性

跨国经贸活动是国内经贸活动的延伸,反映着国际产业链的全球分布特点。从生产要素看,由于原材料、技术与生产设备、劳动力和市场的全球分布,跨国交易呈现出不同的行业特点和专业特点,只有具备相应实践知识和经验的人才能理解相关交易秩序,判断其中的是非。例如,原材料贸易多采取"散货+海运"的包装方式和运输方式,受不同国家港口装运条件和政策的影响,运输船舶在港等待装卸货的期限不同。由此,运输周期并不能完全具体到某一天,允许有一定的浮动。另外,散货数量在装卸过程和运输过程中,可能受气候、海浪、温度与湿度

---

[1] 王健:《反垄断法私人执行的优越性及其实现——兼论中国反垄断法引入私人执行制度的必要性和立法建议》,载《法律科学(西北政法学院学报)》2007年第4期。

[2] 《纽约公约》第一条第三项规定,"任何国家得于签署、批准或加入本公约时,或于依本公约第十条通知推广适用时,本交互原则声明该国适用本公约,以承认及执行在另一缔约国领土内作成之裁决为限。任何国家亦得声明,该国唯于争议起于法律关系,不论其为契约性质与否,而依提出声明国家之国内法认为系属商事关系者,始适用本公约。"

[3] 《关于〈承认及执行外国仲裁裁决公约〉的指南》(2016年版),https://uncitral.un.org/sites/uncitral.un.org/files/media-documents/uncitral/zh/2016_guide_on_the_convention.pdf,2024年3月20日访问。

等因素影响发生一定变化。因此,行业惯例中允许交货时有一定的损耗误差,不能简单以实际收到货物的状况轻易认定承运人违约。

2. 不同国家语言、习惯和法律制度所引发的不同认知

由于跨国交易的当事人分处不同国家,语言、国家交易习惯、国家相关法律制度等方面可能存在不同,因此在谈判交易时,对合同的理解也可能不完全一样,对交易中相关权利义务的认知和法律后果的看法也不尽相同。在当事人达成交易合同时,可能双方都以为达成了一致,但在实际履行过程才发现存在分歧。例如,同一种商品交易,可能"售后服务"和"一定期限内退货"在甲国是理所当然的,不需要写在合同中,而在乙国却需要特别约定。在一些新型跨国交易领域,如跨国金融、跨国技术贸易中,这种现象尤为突出。

3. 跨国交易习惯和交易规则的特殊性

有些行业的跨国交易历史悠久。在长期实践中,为避免不同国家语言和法律文化引起的歧义,商人间形成了一套统一的交易习惯,独立于不同国家的具体法律规定。最典型的例证是国际货物买卖和海上运输。为了减少争议,一些国际商业组织也不断总结实践经验,编撰成文的习惯规则,如国际商会发布的《国际贸易术语解释通则》《跟单信用证统一惯例》等。跨国交易的当事人在使用相关专业术语时,可以注明按照该规则理解。这样,在约定这些贸易术语和支付术语的合同中,当事人对相互权利义务的理解和合同履行就应当按照这些行业惯例判断。这些跨国交易习惯规则发挥了法律的作用,也被称为"商人习惯法"。

4. 争议解决的难度

跨国商业交往争议解决的难度是多方面的。首先,跨国旅行不易,时间长,来往谈判成本高。其次,谈判协商不成时,在哪个国家法院诉讼是一个敏感的问题。在双方当事人所在国之中无论选择哪一国法院诉讼,都会给另一方造成较大的费用成本,更会引发对法院司法裁判公信力的怀疑。不论哪国法院受理案件,都是按照本国诉讼程序法审理,也不能由外国律师出庭代理。此外,法院判决还可能需要在其他国家执行,而国家间在没有双边司法协助协定的情形下,并没有当然协助执行另一国判决的义务。

三、国际商事争议的解决方式

从历史角度看,国际商事争议的解决方式经历了从协商谈判到行业协会或商会居间调解,再到法院诉讼,再到商事仲裁,最后到多元化争议解决方法并存的发展过程。

当事人在争议发生后,首先是相互表达观点和要求,寻求对方理解和答复。

通过沟通交涉,部分争议可能会得到解决。不过,很多分歧涉及的利益巨大,难以通过一方完全让步实现;或者双方都认为自己有理,不愿意做出让步。因而,协商谈判作为争议解决的方式是有一定局限性的。一方面,协商可能演变成"久议不决",不能达成一致;另一方面,协商达成的结果并没有法律约束力,当事人还可能反悔,形成新的争议。

由于协商并非总能解决问题,因此争议的双方还可能寻求第三人的介入——"评评理"。由于商业交易的专业性,争议的双方当事人不会简单地让邻居或其他不相干的人评理,因为他们无法作出让双方信服的判断。而找同行评理能够获得同业舆论的支持,这会影响到商业信誉和后续交往。因此,找同行中有公认威信的人成为比较合适的选择。这就是行业协会或商会的居间调解。居间调解人可以是行业协会中双方都同意的几个人,也可以是某一人。调解人在听取双方意见后,给出判断和评价。双方基于对同行的信任和自身信誉的考虑,自愿接受这种判断意见。在古代,行业协会或者商会在调解同行争议中发挥了重要作用,是商人自律的一种方式。① 不过,这种方式在跨国商业交往中的作用也有限:一是不同国家的商人未必都在同一个商业协会中,同行的信任和信誉压力并不大。二是如果双方当事人所在国家距离较远,则难以采用这种方式。

如果通过上述方式还不能解决争议,则只能向法院起诉。通过诉讼方式解决纷争也有悠久的历史。相对于协商、调解方式而言,诉讼方式的好处是不言而喻的。司法判决有国家强制力保障,当事人无法反悔。不过,在奴隶社会和封建社会早期,很多国家的法官并不是专职的,可能由地方行政官员或贵族兼任。因此,即使他们很了解一国的国内法,对商业交易也可能不太懂。这样,难免在理解商业行为时产生误判,判决结果不能为当事人所信服。同时,法院判决在跨国执行方面存在障碍。因此,诉讼并不是解决跨国商事争议的理想方式。

由于法院在裁判跨国商事纠纷方面存在缺陷,跨国商业交易的当事人在依托行业协会调停或调解的基础之上,不得不更进一步,采取事先约定将争议提交第三方居间裁决,自愿服从裁决结果的方式。当然,当事人会选择熟悉商业交易方式且有一定公信力的同行担任裁判者,而且约定可各自推举一人,并共同推举第三人为首席裁判者。裁决意见采取少数服从多数的原则。随着需要裁判的争议越来越多,一些有长期裁判经验的同行逐渐转化为半职业化的仲裁员,也有处理商业纠纷经验丰富的律师参与进来。国家司法机关在开始时会持不管不问的态度,因为这种方式是当事人自愿选择的,且商业纠纷的解决结果不会直接触

---

① 廖永安、段明:《合作与互动:明清行业调解的实践与启示》,载《烟台大学学报(哲学社会科学版)》2019年第4期。

及社会风俗和法律秩序。而当一方当事人违背协议,不自愿履行裁判结果时,基于"不得反悔"原则,法院才会支持当事人的请求。这样,仲裁方式在越来越多的国家得到立法承认和司法机关的肯定,成为解决商业纠纷的一种主要途径。

随着仲裁方式越来越法庭化,以及跨国商业诉讼的缺陷日益显现,20世纪90年代后,世界上开始兴起多元化争议解决方法(Alternative Dispute Resolution,ADR),包括调解、模拟审判、租借法官等。[①] 其核心在于当事人基于对调解人或模拟审判者的信任,而约定自觉服从结果。产生这种需求的原因是多方面的:一方面,当事人希望避免诉讼方式导致案件裁判"久拖不决"、裁判结果不保密、当事人之间商业关系恶化等诸多不利结果;另一方面,由于仲裁程序越来越接近于法院诉讼,对于小额商业纠纷来说,很不经济,因此多元化争议解决方法在解决小额商业纠纷中有一定需求。不过,由于缺乏强制执行力,该方式的发展也遇到瓶颈。为此,联合国大会于2018年通过了《关于调解所产生的国际和解协议公约》(United Nations Convention on International Settlement Agreements Resulting from Mediation)(以下简称《新加坡调解公约》),公约于2019年在新加坡开放签字。不过,目前加入的国家还不多,影响力尚未显现。

进入网络时代,还出现了争议的在线解决方法(Online Dispute Resolution,ODR)。广义的ODR是各种非诉讼争议解决方式的在线化,包括在线协商、在线调解、在线仲裁等。狭义的ODR则专指特定的协助当事人解决争议的网络平台。从目前的实践情况看,由中立第三方设立的网络争议解决平台尚未受到当事人的青睐,倒是法院和仲裁机构越来越多地采取在线审理模式。这是因为,任何一种争议方式都需要长期实践才能得到商业交易当事人的认可。公信力、可靠性、安全性、保密性、效率等都是需要考虑的因素。

第二节 国际商事仲裁的产生与发展

"仲裁"一词起源于民间争议或纠纷的当事人自愿将争议或纠纷交由第三人居间裁判。"仲"意味着"居中""中立",说明裁判者并不具有高于双方当事人的地位和权力。裁判者不是国家权力机关或权力的执掌者,在利益和情感关系方面,在双方当事人间保持中立。"裁"即作出判断,对双方当事人之间的争议给出观点和意见。国际商事仲裁是民间裁判方式的一种,但不同于一般的民间裁判,而是商业交往发展到一定程度时产生的专门解决商业纠纷的方式。

---

① 袁发强:《"一带一路"背景下国际民商事争议解决机制之建构》,载《求是学刊》2018年第5期。

一、仲裁方式的起源

在我国,通过非诉讼的方式解决民事纠纷具有悠久的历史。在长期的农业生活中,人们根据血缘关系建立起姓氏宗族,同族人会在家族祠堂解决纷争,族长或者族中有威望的老人在听取双方意见后作出裁判。这种方式一直延续到20世纪初。如果是不同宗族的人之间产生矛盾,也会先让地方上有威望的乡绅出面调停。汉朝的"三老制"、明朝的"申明亭"等即是如此,①只有极少数民事纠纷才会到官府打官司。这些方式的争议解决范围带有明显的亲缘关系或地域联系特征,争议的当事人或为家庭血缘亲戚,或为乡邻;争议的内容也主要是民事的,如家庭矛盾或邻里之间的土地纠纷、房屋纠纷等,并不涉及商业交易。裁判结果的履行也主要靠当事人的自觉和乡规民约的约束。官府对宗族裁判和乡绅调停虽然持一定支持态度,但并无立法明文肯定。现代意义上的商事仲裁制度在我国古代农业社会中并无存在土壤和客观需要,因此它是一种舶来品。

在西方,古希腊时期就有以仲裁的方式解决民间纠纷的记录。公元前621年,古希腊城邦的法律制度中肯定了当事人请第三人居间裁判纷争的形式,这可以被视为从国家法律层面承认仲裁法律效力的最早记录。出现这种情况的原因是,古希腊时期各城邦之间商业交易和海上运输比较发达,不同城邦商人在交易时难免出现纠纷。到了公元前5世纪,罗马共和国时代的《十二铜表法》也对仲裁方式进行了记录。② 到了公元476年,随着西罗马帝国的灭亡,欧洲进入以农牧业为主的封建社会,跨地区商品交易萎缩。作为调整市民社会民事关系的罗马法也随之泯灭。

11世纪后,随着航海技术的发展,远距离的海洋运输成为可能;同时,欧洲生产力也逐步恢复发展。但此时,各种工业贸易纠纷也逐渐增多。这些争议在自行协商解决不了时,只能以提起诉讼的方式寻求解决。然而,这一时期欧洲大陆林立的大小公国封建主们却并不了解法律,对解决商人之间的纠纷也没有兴趣,即使是罗马法也不能够完全解决新出现的各种商业纠纷。于是,商人们不得不寻求行业协会或商会的调解,或由共同推举的有威望的商会会长或其他商人居间裁判。仲裁方式由此兴起,并逐渐成为解决商业争议的主要方式。但这一时期的仲裁方式还比较粗糙,也没有得到国家法律制度的认可,其履行主要靠当事人自觉和商会同行的监督约束。在跨国的商业争议解决中,仲裁裁决的执行

---

① 刘晓红、袁发强主编:《国际商事仲裁》,北京大学出版社2010年版,第26页。
② 世界著名法典汉译丛书编委会:《十二铜表法》,法律出版社2000年版,第6—57页。

容易遇到障碍。①

14世纪,瑞典率先从法律层面肯定了仲裁方式和仲裁裁决的法律效力。自此,当败诉的一方不主动履行仲裁裁决时,胜诉的一方可以向法院申请强制执行。这就为仲裁方式的发展提供了法律保障。1697年,英国制定了第一个有关仲裁的法案,从仲裁协议到仲裁程序和裁判执行条件等都有所涉及。欧洲其他国家也开始重视仲裁方式在推动商业交易发展、保障交易安全方面的积极作用,纷纷通过国内立法承认和肯定仲裁方式。1877年,德国民事诉讼法专章规定了仲裁制度。法国于1925年通过国内立法认可了仲裁解决争议的法律效力。1920年,美国纽约州率先制定了第一个认可仲裁制度的州立法,随后,其他州也纷纷制定州法承认仲裁制度。商事仲裁制度在欧美资本主义国家普遍建立起来。随着资本主义向海外扩张,仲裁也被输出到世界其他国家。日本在"脱亚入欧"的政策下,学习德国,在其1890年的民事诉讼法中同样以专章形式规定了仲裁制度。②

在我国,清朝末年,商业比较发达的山西和江浙一带也开始出现商会。由于我国历代封建王朝在立法上一直都是"重刑轻民",因此商业交易的法律制度并不发达,且地方官员集行政与司法于一身,对商业纷争的处理并不熟悉。于是,商人们开始寻求通过商会调停解决争议,并逐步发展为由商会领袖公断,开始形成商事仲裁的雏形。清末的《奏定商会简明章程》肯定了商会受理裁决行业内交易纠纷的权利。1913年,北洋政府的司法、工商两部门联合颁布了《商事公断处章程》,在商会内设置的"商事公断处"为商会附属机构,负责受理当事人在诉讼前协商提交的争议,以及法院受理诉讼案件后委托该处调处的案件。这可以被视为商事仲裁制度在我国的正式建立。③

二、仲裁成为商业纠纷处理主要方式的原因

第二次世界大战前后,随着跨国和跨洲经济贸易的迅猛发展,仲裁成为各国商人间解决争议的主要方式。同时,仲裁也从主要处理贸易运输争议扩展到生产加工制造、保险、投资、金融、技术转让和技术服务、建筑设计等广泛的经济领域。

从历史发展看,仲裁能够成为处理商业纠纷主要方式的原因是多方面的。

第一,商业交易活动与一般民事活动不同。就一般民事活动而言,人们可以

---

① Earl S. Wolaver, The History Background of Commercial Arbitration, *University of Pennsylvania Law Review*, Vol. 83, 1934, pp. 132-146.
② 宋连斌主编:《仲裁理论与实务》,湖南大学出版社2005年版,第33页。
③ 虞和平:《清末民初商会的商事仲裁制度建设》,载《学术月刊》2004年第4期。

凭借自己的常识和道德感对当事人行为的是非和公平与否作出基本评价和判断,但商业交易超出了一般人的常识和经验,需要按照商业交易的客观规律进行评价。虽然说商业交易活动也要遵循"正义"和"公平"的价值判断,但这些价值观在商业关系和民事关系中的体现是不同的,不能把普通人基于日常民事活动建立起来的公平观强加于商业活动的当事人。例如,商业价格是基于具体交易的双方当事人对各种信息的了解和判断而协商确定的,不能以事后了解到的真实行情认定双方在合同中达成的价格不合理、对其中某一方不公平。同理,双方在合同中约定的具体权利义务也应是各方事先同意的,不能因为在履行中或履行后感觉自己赚少了、对方赚多了而反悔。除非一方采取了欺诈或胁迫手段签订合同,否则都应该严格执行,不得以合同条款不合理、对自己不公平为由而违约。可见,商业交易中的公平观与民事生活中的公平观并不一样。[①] 商业交易活动需要尊重自愿,尊重交易效率、交易安全的客观规律。因此,商事法律规范和基本制度的设计与纯粹民事法律也不相同。

第二,罗马法虽然有丰富的民事法律制度和规范,但它只是奴隶社会时期民事活动立法的典范。奴隶社会时期的商业活动受生产力发展水平限制,并不发达。对契约和合同履行等只有简单的原则性规定,并不能适应新时期商业交往活动的需求。因此,在中世纪时期,当欧洲的商人们将其争议提交给封建主或法官裁判时,裁判者即使学习了罗马法也难以作出判断。在欧洲各城邦之间的商业交往中,商人们逐渐形成了一些共同遵守的交易习惯和规则。这些不成文的商业交易习惯逐渐发展成为"商人习惯法"(或称"商人法"),这就是现代商法的雏形。[②] 然而,国家并未认可这些商人习惯法的法律效力。这就导致通过法院判决的案件与商人预期的公平观感不一致。

第三,中世纪时期的欧洲各国在司法方面尚未实现完全的专职化,有的公国是封建领主同时兼任司法裁判官员,有的则已经出现专门的法官队伍。但不论是封建贵族兼司裁判职责,还是专职法官审理案件,都存在不了解商业交易、不懂交易习惯规则的困难,而仅凭所学罗马法知识不足以解决案件中的争议。这种现象在今天的大陆法系国家或受大陆法系国家法律制度影响的其他国家仍然存在。在许多国家,法官是从学习法律的毕业学生中直接选拔出来的。他们可能在法律知识方面成绩优秀,但缺乏生活经验,更不了解商业交易。[③] 这样,在将法律应用到裁判商业案件时难免会出现"强加于人"的现象,即将个人公平观

[①] 郭永辉:《论商法基本原则的重构——兼与范健教授商榷》,载王保树主编:《中国商法年刊(2015年)》,法律出版社2015年版。

[②] 毛健铭:《西方商事法起源研究》,载《现代法学》2002年第6期。

[③] [比]亨利·皮朗:《中世纪欧洲经济社会史》,乐文译,上海人民出版社2001年版,第107页。

代入商业交易的当事人。裁判的结果可能看起来是符合常人公平感受的,但其实是违背商业交往规律的,实际上阻碍了商业活动的发展。这也是商人不愿意到法院起诉的主要原因。

第四,通过国内法院解决跨国商业纠纷存在诸多不利因素。首先,如果一方当事人到另一方当事人所在国家提起诉讼,他可能会担心因为不熟悉被告所在国的诉讼程序法和实体法而处于不利地位。其次,即使可以聘请当地律师代理,也会担心被告所在国的司法机关偏袒本国当事人,作出不公正的判决。如果在原告所在国法院诉讼,则被告不会接受,且被告所在国可能也不会协助执行。再次,如果双方当事人协商在第三国法院诉讼,则可能会共同面临不熟悉第三国诉讼法律的情形,凭空增加双方负担。而且在选择哪一个第三国法院的问题上,双方往往也很难达成一致。任何一方提名的国家可能都会被另一方当事人怀疑和不信任。因此,尽管当事人可以通过协议管辖方式将他们之间的争议提交某国国内法院解决,但真正采用这种方式的人不多。

第五,仲裁制度的发展得益于国家对私人方式解决商业争议的认可和支持。与对待刑事犯罪不同,国家权力对于私人民事纠纷的解决主要采取的是不主动过问的方式,即"民不告,官不理"。不过,这并不意味着国家政权明确认可民间争议解决方式的法律效力。事实上,国家一直保留着最后干预和介入的权力。这表现为,一旦一方当事人不满意民间解决方式的结果,向国家司法机关提起诉讼,国家司法机关会全面审查争议本身,作出自己的裁判,并不会直接肯定或否定民间解决方式。这是因为,很多民事活动或民事关系牵涉国家确定的社会秩序。而商事争议则又不同。商事争议的处理结果一般不会触及社会的公共秩序,因而也就不会危害到国家政权统治。同时,快速解决商事争议可以促进经济发展。因此,从法律制度上肯定仲裁方式的法律效力,同时保留一定的事后干预权力,可以达到促进经济发展,维护整体商业秩序的目的。

可见,支持仲裁的程度还是评判一个国家营商环境优劣的重要标志。从纵向的历史发展看,英国在尊重商人自治方面的司法态度一直很宽松。因此,英国自颁布仲裁法后,很长一段时间内都保持着国际商事交易中心、金融交易中心、保险交易中心、国际航运中心的地位。这些行业领域的跨国纠纷大多在伦敦通过临时仲裁方式解决。

我国自改革开放后,先是以吸引外资、促进对外贸易的实体政策为主,制定了一系列的法律法规,如《中外合资经营企业法》(已废止)、《中外合作经营企业法》(已废止)等,还于1994年制定了《仲裁法》。其中许多内容在立法时看起来比较超前,但也正因如此,能够比较好的适应社会主义市场经济秩序的客观需求。此后的二十年,我国仲裁事业迅猛发展,仲裁成为企业解决经济纠纷的主要方式。同时,我国在国际营商环境评估中的排名也迅速上升。我国已经成为吸引国际投资最多的国家之一,对外贸易总量排名位于世界前列。

三、国际商事仲裁的发展

19—20世纪初,西方发达国家纷纷通过国内立法肯定了仲裁方式的法律效力,极大地促进了商业交易发展。即便如此,仲裁裁决也需要另一国承认效力,并能在其法院强制执行,否则跨国商业争议仍然无法得到有效解决。

然而事实情况是,当时许多国家的国内立法只承认当事人在商事争议发生后达成的仲裁协议。当事人在交易合同中约定将未来发生的争议提交仲裁,没有得到立法认可。这极大地限制了仲裁方式解决商事争议的范围:只有双方当事人在争议发生后都认为自己有理才会达成仲裁协议去寻求第三方"评理"。如果其中一方明显违约或自知理亏、或故意违约,它就不会同意签订仲裁协议。如此一来,大量商业纠纷仍然不得不诉诸国内法院解决。第一次世界大战后,国际商会曾建议制定一项普遍承认仲裁的国际公约,呼吁肯定当事人在合同中约定的仲裁条款的效力,同时让仲裁裁决能够在成员国中得到普遍承认和执行。顺应这一需求,国际联盟于1923年通过的《日内瓦仲裁条款议定书》(以下简称《1923年日内瓦议定书》)肯定了事先达成的仲裁协议的效力,[1]这样就避免了交易当事人在事后反悔,将多数争议提交仲裁方式解决。1927年,国际联盟又通过了《关于执行外国仲裁裁决的公约》(以下简称《1927年日内瓦公约》),要求各成员国承认和执行在外国作出的仲裁裁决。[2] 虽然国际联盟存在时间很短,成员国也不多,且主要集中于欧洲,但两部公约的出台标志着跨国商事仲裁的发展迈出了关键性的一步。

第二次世界大战后,随着交通通讯方式的进步,跨地区经济往来迅猛发展。世界开始根据经济要素在全球的分布,形成资源和原材料供应链、加工生产链、销售渠道链等。不同国家之间的经济联系越来越紧密。跨国投资、跨洲贸易、跨国企业成为20世纪后期经济全球化的主要现象。

如果仲裁方式只能用于解决国内纠纷,不能在外国得到承认和执行,那么全球经济运行就会处于巨大的风险中。为消除这种不安全的状态,联合国经济及社会理事会总结国际联盟先前的经验,于1955年开始着手制定关于商事仲裁的国际公约。1958年,联合国在美国纽约召开大会,通过了《纽约公约》。

1958年《纽约公约》将"承认"与"执行"并列,说明起草者注意到了仲裁裁

---

[1] 1923 Geneva, Protocol on Arbitration Clauses, Article 1.
[2] Convention on the Execution of Foreign Arbitral Awards, Article 1.

决内容的特殊性。根据仲裁请求的不同,仲裁裁决可能是确认合同效力,也可能是要求给付一定的赔偿。因此,需要法院协助的事项不一定限于强制执行。同时,为鼓励更多国家加入,该公约允许缔约方对仲裁裁决的范围予以"商事保留",即缔约方在加入后可以根据国内法判断仲裁争议是否属于商事范围,以决定是否予以协助执行。这就为各国加入该公约消除了后顾之忧。事实也是如此,在联合国大会通过该公约后,迅速得到各方响应。到 2023 年初,该公约的缔约方已经达到 170 个。① 该公约成为国际公约中除《联合国宪章》外,缔约方数量最多、覆盖经济体范围最广的一项国际公约。

1958 年《纽约公约》顺应资本跨国流动的需要,起到了保护交易安全的作用。如前所述,是否有商事仲裁制度、外国仲裁裁决能否在一国承认和执行是衡量一国营商环境的重要标志。在该公约影响下,很多原来没有建立商事仲裁制度的国家及时制定了本国的仲裁法,例如,马来西亚、菲律宾、泰国、沙特阿拉伯、阿联酋等;原来已经建立了商事仲裁制度的国家也根据跨国商业交往的形势需要修改、完善了本国的仲裁法律制度。很多缔约方还成立了自己当地的仲裁机构和仲裁协会,允许和鼓励国际知名的仲裁组织到本地设立分支机构。

过去,跨国的商事争议大多在西方国家仲裁。例如,英国伦敦长期被航运界、保险界和金融界选为临时仲裁的最佳地;法国的国际商会仲裁院则是机构仲裁中受理案件最多的地方。近十来年,阿联酋在打造中东地区仲裁中心方面取得了一定成果;新加坡国际仲裁中心也受到了广泛的认可。

在我国,自《仲裁法》实施,仲裁发展迅猛,到 1999 年我国就成立了 175 家仲裁机构。在政府的支持下,各仲裁机构积极宣传仲裁方式解决商事争议的优势,开拓案源,提升服务质量。截至 2023 年底,全国仲裁机构数量已超 270 家,办理仲裁案件累计超 500 万件,总标的额 8 万多亿元。

我国各仲裁机构还积极修改仲裁规则,向国际标准看齐。2019 年,中共中央办公厅、国务院办公厅印发了《关于完善仲裁制度提高仲裁公信力的若干意见》(以下简称《若干意见》),要求加快推进仲裁制度改革创新,推进行业协作和仲裁区域化发展,提升仲裁委员会的国际竞争力。上海市还率先提出了打造面向全球的亚太仲裁中心的奋斗目标。同时,全国人大也将仲裁法的修改纳入立法规划。相信,随着法律的修改完善,我国国际商事仲裁事业将更上一层楼,进一步促进我国对外开放和国家经济建设。

---

① 具体缔约情况,可在联合国国际贸易法委员会网站上查询。

第三节 国际商事仲裁的性质与优缺点

作为非诉讼的争议解决方式,国际商事仲裁有其独特性。从法律定位角度看,仲裁是当事人自愿选择的争议解决方式,但却能够得到法院的承认和执行;从解决争议的效果看,仲裁是受商人青睐的争议解决方法。了解仲裁的性质与特点可以采取与其他争议解决方式进行比较的方法。

一、国际商事仲裁的性质

国际商事仲裁性质的界定,实质上是关于其为什么具有法律效力、能够发挥作用的问题。围绕这个问题,存在四种解释。

(一) 契约论

"契约论"也被称为"合同论"(contractual theory)。这种解释认为,当事人达成的愿意将双方之间的争议提交仲裁的协议表明当事人之间缔结了一项"合约"或者说"合同",仲裁的效力源于对当事人之间合同效力的认可。既然当事人之间达成了合法有效的合同,那么就应该按照合同履行,将他们之间的争议提交仲裁。仲裁员受当事人的委托审理案件,仲裁员的裁判权来源于当事人的授权,仲裁裁决不过是仲裁员作为当事人的代理人达成的解决争议的协议或合同。[①] 法国、荷兰等大陆法系国家持此观点。英美法系国家早期也认同契约论,不过后来改变了这一看法。

从仲裁方式产生的历史看,契约论视角有一定合理性,尤其是在仲裁尚未得到国家立法认可时,因为仲裁的当事人之间确实存在"合意",这种合意表现为合同中的仲裁条款,或者单独的仲裁协议。如果没有这样的条款或协议,仲裁不可能进行;同理,没有仲裁条款或协议的仲裁活动是违反合同授权的,不应被承认和执行。总体上说,仲裁的效力来源于"合同应当信守"的理念。

不过,契约论也有难以自圆其说的方面:

第一,从合同法角度解释有瑕疵。大陆法系和英美法系有关合同构成的理论不尽相同。从英美法系合同法理论看,仲裁协议虽然是当事人自愿达成的,但缺少"对价"(consideration)。有没有"对价"是合同区别于一般协议的重要标志,因此,也不能将仲裁协议理解为"准合同"(quasi-contract)。大陆法系合同法理论虽然不强调对价在合同构成中的作用,但认为合同不能赋予第三人权利和义务,因为当事人约定将他们之间的争议提交第三人裁判,却并没有得到第三人

[①] 宋连斌主编:《仲裁理论与实务》,湖南大学出版社2005年版,第20页。

的事先同意。实践中,在具体仲裁庭组成之前,甚至都不知道具体的第三人是谁。

第二,虽然合同对当事人有约束力,但无法解释法院为什么要协助承认和执行仲裁裁决。仲裁裁决是仲裁庭基于仲裁协议经过审理后作出的,不是当事人之间的和解协议,也不是第三人调解结果,而是裁判结果。对于这种结果,国家司法机关为什么要直接认可其效力,并协助强制执行呢?从诉讼法角度看,国家之所以强制执行法院的判决是为了维护法院的裁判权威,而不是因为合同有效。将仲裁视为当事人之间建立了契约关系,并不能直接得出国家应当协助执行仲裁裁决的结论。尊重当事人意愿和强制执行裁决之间很难画等号。类比调解与和解,这两种方法也是得到双方当事人同意的,也可以说是当事人达成了调解或和解的契约,但目前的法律并未直接赋予调解与和解结果的强制执行力。

可见,单纯从契约论角度,难以完全解释仲裁这种争议解决方式的法律特点,只能解释仲裁方式启动的原因。

(二) 准司法权论

准司法权论(the theory of quasi-judicial power)是指仲裁的效力来源于国家的授权。虽然仲裁庭不是国家的司法机关,而是当事人协议组成的,但却是国家通过立法承认的,得到了立法授权。这种授权表现为,国家通过立法对哪些事项可以仲裁、仲裁协议成立的条件、仲裁程序如何进行以及仲裁裁决承认与执行的条件等事项予以了规范。符合国家立法允许的仲裁裁决才能得到承认与执行。因此,仲裁员所行使的裁判权,看起来是当事人通过仲裁协议委托的,但其实是国家立法授予的,是代表国家在行使裁判权。① 这种说法有一定合理性,特别是在国内仲裁中可以解释得通。

在准司法权论视角中,仲裁员获得的是一种司法裁判权力,如同法院的法官一样。这种权力来源于国家立法的认可。仲裁协议只是启动仲裁的条件,其本身并不能赋予仲裁员裁判的权力。仲裁员充当的是一种"临时法官"的角色。典型的例子是,《法国民事诉讼法典》中将仲裁裁决称为"仲裁判决"。由此,基于司法主权的理论,对于外国仲裁裁决,由于不是本国仲裁庭作出的,不是本国的"仲裁裁决",因而国家也没有义务协助执行。

不过,准司法权论也有一定缺陷,即很难解释当事人达成仲裁协议即可使仲裁员临时获得司法权的情况。同时,既然仲裁员获得了司法权,为什么法院还要对仲裁的全过程进行审查?这与诉讼程序中的上诉不同。在民事诉讼中,当事

---

① F. E. Klein, *Considérations sur l'arbitrage en Droit International Privé*, Helbing und Lichtenhahn, 1955, pp. 105-112.

人不服一审判决上诉是为了获得更高一级法院对案件的重新审理和裁判,而法院对仲裁的监督却只是审查仲裁协议是否存在和有效、仲裁程序是否违反正当程序等事项,并不对案件争议重新审理和作出实体判决,即并不直接推翻仲裁裁决。

另外,准司法权论也无法解释仲裁的国际普遍承认。因为如果仲裁的效力完全基于一国法律的认可和授权,那么其他国家并没有义务也认可其效力,更没有义务协助强制执行。虽然从法源上看,仲裁裁决能够得到跨国承认和执行的法律依据是国际公约(如1958年《纽约公约》),但在这些公约生效前,已经有商事仲裁裁决获得另一国协助执行的事实存在。这说明这些国家在认可和执行外国仲裁裁决时并没有将其视为外国法院的判决。毕竟在没有多边条约或双边司法协助协定的情形下,基于主权平等原则,一国没有义务协助执行另一国的判决。

(三) 混合论

混合论(hybrid theory)是对上述两种理论的调和,即兼采上述两种理论的长处。在混合论视角下,仲裁兼具契约论和准司法权论两种特性,仲裁效力既源于当事人之间的合同(仲裁协议),同时也源于国家法律的授权。仲裁裁决兼具合同与法院判决的双重属性。本来,仲裁只是当事人合同约定的争议解决方式,仲裁裁决作为合同履行的结果并不当然具有直接的强制执行力,不过一旦当事人达成了有效的仲裁协议,国家法律就赋予了仲裁庭司法裁判权。

混合论认为,在当事人达成仲裁协议时,仲裁仅仅具有合同性质。只有在仲裁庭开始仲裁活动时,仲裁员才获得司法裁判的权力。这表现为,仲裁员的回避制度、仲裁庭审程序和裁决的作出等都与法院诉讼类似,也需要遵守仲裁法的相应规定。

混合论将仲裁方式启动的原因和裁决的法律效力分开讨论,在很大程度上解释了仲裁效力的特点,具有比上述两种理论更强的说服力。不过,这仍然是在一国范围内作出的解释。其缺陷在于,仍然将仲裁与一国的国内法捆绑在一起,难以说明仲裁裁决得到普遍承认的原因:既然仲裁程序启动后要严格遵守仲裁地的法律,那么他国为何还要承认和执行仲裁裁决呢?

(四) 自治论

自治论(autonomous theory)在立论基础上与前三种理论不同,主张"商人自治",或者说"商法自治"。自治论从商法的历史发展规律出发,认为仲裁与商人习惯法都是在商业交往的实践中自我发展出来的,是商业交往的客观需要,而不是在法律体系内由国家建立起来的法律制度。国家立法只是顺应商业交往的客观规律,承认这种商业社会的争议解决惯例。因此,仲裁的本质不是建立在契约基础之上的,也不是基于国家授权或者特许,而是尊重商业交往需要。[1]

当然,国家在尊重商人自治方面不是无条件的,需要满足国家公共政策的最低要求,不妨碍国家的基本统治秩序。也就是说,只要不妨碍一个国家的公共秩序,国家就应当尊重商业社会自我发展需要,而不是限制它。因此,如同认可商人习惯法的效力一样,国家认可仲裁的效力有助于商业社会交易秩序的自我完善。这种解释有一定积极意义,特别是在仲裁裁决的跨国承认与执行方面,可以说明为什么各国愿意普遍承认外国仲裁裁决的效力,愿意协助执行。此外,这种理论也有助于仲裁摆脱各国国内法的限制。在此基础之上,"仲裁非本地化"理论得以建立和发展,包括仲裁不一定要严格遵守仲裁地的仲裁法律制度、仲裁地的法院不应对仲裁活动实施过多的干预等。

不过,自治论也有一定局限,即过于理想化,它把各国仲裁法对仲裁的各种限制视为不当,主张完全脱离各国国内法律制度,因此目前看还不太现实。

总体说来,有关仲裁效力和法律特征的各种理论都只是在一定程度上作出了解释。任何单一理论都不能完全说明仲裁的法律特性。仲裁方式确实是商人在交往实践中发展出来的,而不是通过国家立法创制的、仲裁方式是当事人自愿和协商选择的。国家在发现仲裁方式能够有效解决商业纠纷时,认可了这种方式的效力,并且从司法权力方面为其强制执行提供了保障。这有利于保障跨国商业交易安全,防范和化解商业交易风险,提高商业交易效率。这也是商事法律所应体现的价值。[2] 如果说商人法从实体规范角度为实现上述商业价值目标提供了判断标准,那么仲裁就是从程序和手段方面为其提供了保障。

二、国际商事仲裁的优缺点

(一) 国际商事仲裁的优点

从解决跨国争议角度看,国际商事仲裁的最大优势就是容易得到国际社会的普遍承认和执行,这主要是因为有《纽约公约》作为保障。相反,诉讼和调解方式则缺少这样普遍的保障。第一,诉讼方式的结果是获得一国国内法院判决,而国内法院判决的跨国承认和执行存在很多不确定因素。2019年,海牙国际私法会议虽然通过了《承认与执行外国民商事判决公约》的文本,但目前批准加入的成员数量有限,能否发挥如《纽约公约》那样的普遍影响力还有待观察。第二,调解结果在很多国家国内法中并不具有强制执行力,主要靠当事人自觉履行。2019年在新加坡开放签署的《新加坡调解公约》目前也只有不多的成员。

---

[1] Rubeellin-Devichi, *L'arbitrage*: *Nature Juridique, Droit Interne et Droit International Privé*, Librairie Générale de Droit et Jurisprudence, 1965, p.14.

[2] 裴普:《仲裁制度的法理辨析》,载《河北法学》2008年第11期。

主要经济发达国家虽然在文本上签了字,但至今未启动或完成国内批准手续。商事调解书能否像仲裁裁决那样被国际社会普遍承认,还需要更多的实践才能确定。因此,就效果而言,仲裁成为国际商业交往当事人的首选争议解决方式也就不难理解了。

不过,仲裁裁决的国际性并不是仲裁方式获得当事人青睐的原始动因。从仲裁历史发展角度看,商业交往的当事人之所以选择仲裁方式解决争议主要是因为仲裁具有以下优点:

1. 自主性

与法院诉讼相比,仲裁的当事人有很大的自主性。这表现为当事人可以选择仲裁的方式、地点、仲裁员和仲裁程序,而在法院诉讼只能严格遵守法院所在地的程序法律规定。

从仲裁方式看,当事人的自主性也是多方面的:首先,仲裁当事人可以选择临时仲裁还是机构仲裁;其次,仲裁当事人可以选择独任仲裁还是合议庭仲裁;最后,仲裁当事人还可以选择是否公开审理。

从解决争议的地点看,当事人可以选择仲裁地。在商业交往中,当事人对仲裁地的选择会考虑仲裁地是否中立。例如,选择双方当事人所在地以外的第三地为仲裁地,避免其中一方占据地利优势。在诉讼中,虽然当事人也可以通过协议管辖选择第三地法院,但很难确定第三地的法律制度和法院能否保持客观中立。

与诉讼尤其不同的是,仲裁当事人可以选择自己信任的仲裁员审理案件。尽管各方只能指定一名,且首席仲裁员需要双方共同选择或同意,但这也是在法院诉讼中无法做到的。在诉讼模式下,当事人只能选择管辖的法院,无法选择法官。因此,仲裁方式更容易获得当事人的信任和主动执行裁决的自觉。

此外,仲裁当事人还可以选择仲裁审理程序。例如,当事人可以选择在甲仲裁机构仲裁,却又选择依照乙仲裁机构的仲裁规则裁决;又如,当事人可以选择开庭审理或者书面审理、线上开庭或者线下开庭等。这都是法院诉讼无法做到的。一国法院审理民事案件只能严格依照本国民事诉讼法规定的程序,当事人无权选择。

2. 专业性

仲裁当事人之所以要选择仲裁员,其中一个重要的原因就是仲裁员比法官更熟悉和了解商业交易。法官的法律水平可能很高,但缺乏商业实践经验和对相关行业的了解,因此在运用法律裁判商业争议时难免存在理解偏差。这不是通过法学教育就能解决的问题。在经济交往中,商人在不断创制新的交易方式和交易规则,以适应新的交易需要。商法的主要内容就是商人在交易中逐渐形成的习惯规则,而后为国家立法所采纳。在具体案件的裁判中,如何理解和运用这些交易规则裁判纠纷需要实践经验的支持。否则,就可能会出现"葫芦僧判断葫芦案"的现象。这也正是商人不愿意去法院诉讼的原因之一。在不能选择法官的前提下,当事人不了解审理具体案件的法官是否具有良好的商业实践素养,能不能理解具体交易特点。如果仅仅通过法官自己的公平观去判断商业交易是否公平、正义,容易得出不符合商业交易规律的裁判结果。

3. 非公开性

许多教材中提到仲裁优势时常常有"保密性"这一点。不过,"保密性"一词并不准确,容易引起歧义和不恰当的联想,因此本书使用"非公开性"一词来概括。所谓"非公开性"是指仲裁的过程和结果并不对社会公开。"保密"仅仅是"非公开性"对仲裁当事人及其代理人和仲裁员的要求,是"非公开性"的表征之一,不是仲裁方式本身的特性。

仲裁的非公开性表现为,仲裁并不是国家规定的争议解决方式,而是当事人自愿选取的;仲裁员也不是在代表国家行使司法裁判权。因此,仲裁庭在审理案件时没有义务向社会公告开庭事项,也没有义务通过公开审理宣传法治。这样,无关的人不知晓当事人发生了争议或纠纷,也无法通过旁听开庭了解争议起因和详情。另外,由于仲裁庭没有义务公开裁决结果,因此无关的人也不知道谁输谁赢、谁"对"谁"错"。

4. 结果的强制执行性

如果仲裁仅仅只是具有前述优点,并不能使这种方式迅速普及,并成为国际商事解决争议的首选方式。因为前述优点无法满足争议解决的基本要求。在仲裁产生的早期,因为国家并没有通过立法认可其效力,所以裁决不具有强制执行力。彼时,仲裁方式主要用于同商业协会的成员之间、同地区的商人之间,具有强烈的地域性和行业性。因为超越一定地域和行业范围后,不履行裁决结果也不会有严重的影响,所以,在早期,仲裁方式并没有普及。而现在,随着各国在立法上逐渐认可仲裁,愿意让司法机关直接执行仲裁裁决,仲裁才成了主要的争议解决方式。因此,结果的强制执行性虽然不是仲裁方式自产生时起就具有的本质特征,却是仲裁的重要优点之一。正是由于仲裁在具有高度自主性和非公开性的同时,还能像法院判决一样被强制执行,所以仲裁才能够脱颖于诉讼,获得商业当事人的普遍采纳。

当然,仲裁还有其他一些优点,如快速解决、成本不高等。这常常被总结为"一裁终局、费用低廉"。不过,这些优势并不是绝对的。所谓"快速""高效"是因为仲裁裁决不能上诉。相比于司法中的"两审终审"或"四级三审"诉讼制度而言,仲裁显得快些。从实际案件审理情况看,单个仲裁案件的审理周期也可能很长,这取决于在哪里仲裁,以及案件复杂程度等因素。所谓"费用低廉"同样如此。如果将仲裁与诉讼中的一审比较,仲裁的花费可能更多。当事人往往要承担高昂的仲裁费、律师费。相反,世界上很多国家并不按照诉讼标的金额大小收取诉讼费。故只有在多审的情形下,仲裁的花费才显得比法院诉讼少。

(二) 仲裁方式的缺点

仲裁方式在争议解决中也有相较于诉讼或调解的劣势。这表现为,仲裁不太适合小额争议;可仲裁的商业争议范围受到国家立法的限制;仲裁协议只能约束当事人,不能将第三人牵扯到同一仲裁案件中。

1. 不适合小额争议

如前所言,费用低廉并不是仲裁的本质特性。仲裁员裁判案件不是无偿的,当事人需要支付报酬。如果是在法院诉讼,当事人反而不需要支付给法官报酬。这样,当仲裁员按照工作时间收费时,仲裁费用就显得相当昂贵,再加上聘请律师作为仲裁代理人的费用,采取仲裁方式解决争议就显得很不经济。实践中就出现过仲裁费用高于仲裁标的的情况。近年来,尽管一些仲裁机构为了帮助当事人节省仲裁费用,在仲裁规则中推出了独任仲裁庭方式,并且提高了独任仲裁庭模式下争议标的的金额,但当事人出于对独任仲裁的不放心或无法预期,选择意愿并不强烈。

2. 商业争议的可仲裁性限制

并非所有的商业争议都能通过仲裁方式解决。不同国家对可仲裁的商业争议范围都或多或少有一定限制。因此,当事人在约定仲裁方式时,需要事先了解和评估可能发生的争议性质,以及相关国家的态度。在跨国商事仲裁中,这种评估尤为重要。如果实际发生的争议在相关国家属于不能通过仲裁方式解决的,可能导致仲裁协议无效或仲裁庭无权管辖,从而无法启动仲裁程序或者造成仲裁裁决无法执行。

3. 仲裁只能约束仲裁协议的当事人

根据民事诉讼制度,在法院诉讼时,当事人可以申请追加第三人;第三人在知晓诉讼的情况下,也可以主动申请加入诉讼。这就有了"有独立请求权第三人"和"无独立请求权第三人"参与诉讼的情况。这样,对于关联第三人的案件,法院可以一并审理,有利于争议的全面解决,减少诉讼次数。然而,仲裁却不能增加第三人。如果第三人知晓当事双方正在仲裁,提出参加仲裁的请求,需要得到当事人同意。因为仲裁得以进行的前提是当事人之间有仲裁协议,而第三人与当事人之间往往没有达成此类协议。同时,第三人的加入肯定会对其中一方甚至双方当事人不利,因此仲裁的双方当事人一般不会同意第三人加入。同理,如果仲裁当事人希望第三人加入,也需要征得第三人同意。然而,裁决结果可能对第三人不利,所以第三人往往不会同意加入。在这种情况下,商业纠纷可能无法被全面、彻底地解决。

近年来,各仲裁机构都修改了仲裁规则,试图设置第三人参与的机制。但从目前的实践看,并未有明显的实际效果。

第四节 国际商事仲裁法的特点

国际商事仲裁法是调整国际商事仲裁活动基本法律制度和法律规范的总称,是一个特殊的部门法。了解该部门法的特点,需要从其法律性质、法律渊源及与其他部门法的关系方面予以说明。

一、国际商事仲裁法的性质

国际商事仲裁法之所以是一个独立的法律部门,是因为其调整对象、调整内容和调整方法有特殊性。

从调整对象看,国际商事仲裁法调整的是跨国的仲裁法律关系。这可以从两个方面理解:一是调整的是不同国家的仲裁当事人在仲裁过程中的法律关系;二是调整的是双方是同一国的当事人,但仲裁是在第三国进行的法律关系。由于含有涉外因素,因此仲裁涉及的法律问题也与国内商事仲裁不一样。仲裁活动应当遵守仲裁地的法律,仲裁裁决还会受到执行地法院法律和有关国际公约的影响。简言之,国际商事仲裁所调整的法律关系应含有涉外因素或称"跨国"因素,因而在法律适用方面与不涉外的商事仲裁活动不同,不限于国内法调整。

从内容看,仲裁法大体包含两个方面的内容:一是与仲裁制度有关的事项,如仲裁类别、可仲裁的范围、仲裁机构设立与性质、仲裁员制度等;二是与仲裁程序有关的事项,如仲裁庭的组成、仲裁程序、临时措施、仲裁裁决的作出、仲裁裁决的撤销与执行等。可见,国际商事仲裁法与民事诉讼法是不同的。民事诉讼法只是规定有关诉讼程序的法律部门,不会涉及法院的设立、法官的遴选和任免等法院组织系统和法官制度。

从调整的范围看,国际商事仲裁法所规范的范围比民事诉讼法要广。

从调整方法看,国际商事仲裁既受到国内仲裁法的影响,也受到国际条约和双边协定的规制,因而其法律渊源与一般国内法律不同。在国际商事仲裁活动中,国际条约和双边协定发挥着重要的作用。此外,仲裁活动还受到仲裁规则的调整和制约。虽然仲裁规则本身不是法律,但实际上发挥着法的作用。在商事仲裁中,当事人可以协议选择在一国仲裁,却依照另一国仲裁规则开展仲裁活动。

二、国际商事仲裁法的法律渊源

讨论国际商事仲裁法的法律渊源其实是确定哪些类型的法律可以规范国际商事仲裁活动的问题。但我们这里并不讨论仲裁庭在办案过程中可能适用的实体法律种类。总体上说,调整国际商事仲裁活动的法律规范可以是一国的仲裁立法、司法判例或司法解释,也可以是国际条约和双边协定。仲裁机构的仲裁规则虽然不是法律,但在仲裁活动中发挥着重要的规范作用,甚至被法院在对仲裁进行司法监督时参考,因此也一并在此介绍。

(一) 国内仲裁立法

国内仲裁立法是国际商事仲裁法最早的法律渊源,也是主要的法律渊源之一。从商事仲裁历史发展看,先有仲裁的国内立法,后有国际立法。

世界上比较有影响力的仲裁立法有1889年的《英国仲裁法案》以及1996年修订后的《英国仲裁法》、1980年颁布的《法国仲裁法令》以及1925年制定的《美国联邦仲裁法》等。

我国1994年《仲裁法》是中华人民共和国第一部全面规范仲裁法律制度和仲裁程序活动的立法。与其他国家相比,我国仲裁立法虽然起步晚,但相较于当时的国情,具有一定的超前性,因为该法在起草时就充分借鉴了1985年《联合国国际商事仲裁示范法》(以下简称《示范法》)的有关内容,以及1958年《纽约公约》的实践经验。如今,该法的主要条文仍然焕发着强大的生命力。

(二) 国内判例或司法解释

在判例法国家,司法判例也是仲裁法律制度的主要渊源之一。这是因为,立法总是高度概括和抽象的,需要通过判例适时更新其具体适用。司法判例多是关于争议的可仲裁性、仲裁协议的效力、仲裁活动是否符合正当程序原则等。

我国作为成文法国家,并没有建立起司法判例制度,而是通过最高人民法院发布的司法解释指导实践。例如,2006年《最高人民法院关于适用〈中华人民共和国仲裁法〉若干问题的解释》(以下简称《仲裁法司法解释》)总结了我国《仲裁法》实施后的实践情况以及出现的新问题,对仲裁法作出了全面的解释,是人民法院处理涉商事仲裁相关案件的主要法律依据。该解释于2008年进行了调整。

除此之外,最高人民法院还通过定期公布的指导性案例对涉仲裁案件予以裁判指引。不过,需要说明的,指导性案例本身并不是国际商事仲裁的法律渊源,它在法院处理涉商事仲裁案件时发挥地是借鉴和参考作用,不具有法律的约束力。

（三）国际条约

由于商业活动的跨国性需要各国协调对待仲裁的立场，因此早在1889年，南美地区的阿根廷、玻利维亚、巴拉圭、秘鲁和乌拉圭五国签署了《蒙得维的亚民事诉讼公约》。该公约规定，如果一个民事或商事的仲裁裁决是由有法定资格的法庭作出的，且该裁决是终局的，同时被申请人得到通知，那么只要不违反成员国的公共政策，就可以得到成员国的执行。这是较早规范仲裁裁决跨国承认与执行的国际公约。虽然该国际公约的成员国局限于南美地区的部分国家，但公约中有关仲裁裁决承认与执行的条件在后续的国际公约中受到了国际社会的肯定。

1923年，国际联盟组织制定了《日内瓦议定书》。该议定书界定了"商事"的范围，规定因契约发生的一切争议均可提交仲裁方式解决；同时还明确规定，不论是已发生的还是将要发生的争议提交仲裁都是有效的。1927年，国际联盟又牵头制定了《日内瓦公约》，规定在一个成员国境内作出的仲裁裁决可以在其他成员国法院得到承认和执行。

1928年，泛美会议通过《布斯塔曼特法典》，其中也规定了承认与执行外国仲裁裁决的条件，即有关案件依被请求执行国法律是可以由当事人和解的。

以上国际公约都旨在推动成员国认可商事仲裁的效力和协助执行仲裁裁决。这反映了国际社会希望认可仲裁为普遍承认的争议解决方式，以保障跨国经济活动能够在不受国家司法干预的前提下得到解决。不过，上述国际公约受历史条件限制，成员国数量普遍不多。

第二次世界大战以后，全球进入了一个相对和平与稳定的发展时期，科技进步带来航运工具的重大变革，国家间经济贸易井喷式发展。此时，急需一个被各国普遍认可的商业争议解决方式。在此背景下，联合国主持制定了1958年《纽约公约》。该公约主要规范的是在外国作出的商事仲裁裁决如何得到承认与执行的问题。为了凝聚共识，公约将"商事"的界定权留给了成员自己，并允许成员就承认与执行作出一定的保留，如互惠保留；同时，肯定了国际联盟时期的《日内瓦议定书》对争议可能是将要发生的仲裁协议效力。由于加入《纽约公约》的成员众多，该公约目前已经成为国际商事仲裁中最主要的国际法渊源。

在1958年《纽约公约》之后，还有一些地区性的国际公约出台，如1966年的《规定统一仲裁法的欧洲公约》（以下简称《斯特拉斯堡公约》）。该公约由欧洲理事会发起，以示范法的形式促进了欧盟成员国仲裁法的统一。还有1987年的《阿拉伯商事仲裁公约》（也称《阿曼公约》）。该公约由阿拉伯地区的14个国家在约旦首都阿曼签署，旨在建立统一的阿拉伯国家商事仲裁规则。根据该公约设立了阿拉伯国家仲裁中心，在促进阿拉伯地区国家建立商事仲裁制度和统一商事仲裁法律方面发挥了重要作用。

1965年,世界银行推动制定了《解决国家与他国国民间投资争端公约》。该公约创设了解决投资争端国际中心(ICSID),专门负责解决仲裁一方为投资者、另一方为投资东道国的投资争议。目前成员数量也超过了100个,在投资仲裁领域发挥着重要的影响力。① 不过,这种投资仲裁的当事人并非平等的商事主体,所解决的争议也并非投资者之间因投资合同所发生的直接商业争议,因此并非严格意义上的国际商事仲裁。

(四) 仲裁规则

在发展的早期,仲裁主要是临时仲裁。各国法律制度只是对仲裁方式有原则性规定,并不涉及仲裁员的指定、仲裁庭的组建以及如何开庭等事项。当事人在达成仲裁协议时,为了使仲裁庭能够有效建立和正常运行,需要花费大量精力协商仲裁庭组建、仲裁庭审活动程序方面的事项。这既不经济,也可能因为达不成一致而无法缔结有效仲裁协议。常设仲裁机构出现以后,为了方便当事人达成仲裁协议,也为了常设仲裁机构能够按照统一的程序审理案件,各常设仲裁机构如国际商会(ICC)等纷纷制定了自己的仲裁规则。我国各仲裁机构在成立以后也都发布了仲裁规则。

仲裁规则本身不是法律,而是当事人或仲裁机构为了有效开展仲裁活动而制定的程序规则。从尊重当事人意思自治的角度出发,各国立法和司法实践都认可仲裁规则的效力,只要这种规则不违反法院地国家的强制性规定。因此,仲裁规则本身不是国际商事仲裁的法律渊源,但起到了规范仲裁活动的"法"的作用:

第一,如果仲裁协议的当事人约定了某种仲裁规则,那么仲裁庭应当严格依照该规则开展仲裁活动,否则会被视为违背了当事人意思自治和仲裁协议,仲裁庭作出的仲裁裁决可能被仲裁地的法院撤销,还可能会被外国法院拒绝承认和执行。

第二,如果仲裁协议的当事人没有约定仲裁规则,那么在选择了仲裁机构之后,会被视为默示地选择了该仲裁机构的仲裁规则,从而应当遵守该仲裁规则。不能以没有约定明确的仲裁规则为借口拒绝仲裁,也不能以此为借口申请撤销仲裁裁决或不执行仲裁裁决。

可见,仲裁规则是仲裁当事人和仲裁庭都应严格遵守和执行的行为规范。

---

① 详细信息见 ICSID 网站,https://icsid.worldbank.org/about/member-states/database-of-member-states,访问日期:2024年9月28日。

三、国际商事仲裁法与其他部门法的关系

如前所述,国际商事仲裁法是有关仲裁法律制度与仲裁程序活动的法律规范的总称。因此,国际商事仲裁法与民事诉讼法、国际私法存在密切联系。

(一) 国际商事仲裁法与民事诉讼法的关系

国际商事仲裁法与民事诉讼法的联系表现为,国际商事仲裁法中有关仲裁协议效力认定、仲裁庭管辖权、争议的可仲裁性、仲裁程序、仲裁裁决等事项涉及法院的司法监督。这些内容不仅在国际商事仲裁法中有所规定,还会在民事诉讼法中得到回应。例如,仲裁法中规定了可仲裁的范围、仲裁协议应当具备哪些内容,而民事诉讼法会规定如果当事人对仲裁协议的效力有异议,应当采取什么诉讼程序解决;当仲裁裁决作出后,如果一方当事人对仲裁程序或仲裁裁决有异议,应在多长时间内向法院申请撤销;法院应当通过什么程序审理这些问题,审理中依照什么标准审查仲裁程序,采取什么形式作出判决等;仲裁裁决作出后,当事人如何向法院申请承认和执行,何地法院有管辖权等。可见,民事诉讼法是落实和保障仲裁法实施的重要途径。

国际商事仲裁法与民事诉讼法也有一定区别。第一,国际商事仲裁法对仲裁类型、仲裁员资格条件、仲裁机构设立与管理、仲裁员行为规范等方面的规定有一定特殊性。这些事项在实践中的实施并不依赖民事诉讼法的保障。第二,二者规范的主体对象不同。国际商事仲裁法有关仲裁活动如何开展的规定是针对仲裁机构、仲裁庭以及仲裁参与人的。民事诉讼法则是规范法院在处理当事人对仲裁协议或仲裁裁决有异议时如何审理的诉讼程序规范。

(二) 国际商事仲裁法与国际私法的关系

从学科角度看,国际商事仲裁法学属于国际私法学下的一个分支。国际私法学是研究跨国民商事争议解决方式的主要学科,其中主要内容是诉讼方式所涉及的法院管辖权、法律冲突与适用、司法协助等。国际商事仲裁法学则是研究仲裁方式解决跨国商业争议的。国际商事仲裁活动中也会存在需要解决的国际私法问题,如法律适用、外国法查明等。

从部门法角度看,国际商事仲裁法是独立于国际私法的一个法律部门。在各国立法中,仲裁法律制度和国际私法制度是分别立法的。以我国为例,《仲裁法》和《中华人民共和国涉外民事关系法律适用法》(简称《涉外民事关系法律适用法》)是两部不同的国内立法。在立法内容上,二者没有什么交叉。虽然国际私法中会规定仲裁协议的冲突规范,但仅限于此,无其他交集。当然,仲裁庭在审理国际商事仲裁案件时,会依据一定的国际私法制度解决争议中需要处理的法律问题。因此,从实践角度看,国际商事仲裁法与国际私法存在密切联系。

四、学习国际商事仲裁法的意义

第二次世界大战以后,由于交通与通信技术的发展,世界各国之间的民商事交往空前发展,进入"人类命运共同体"时代。但跨国经济交往活动中难免会产生争议或纠纷。这些争议或纠纷需要中立的机构依照公认的商业法律和商业交易习惯来解决,以避免各国法院诉讼带来的管辖权之争、对他国法院司法的不信任以及执行困难等。由此,国际商事仲裁成为各国企业和自然人处理跨国商业争议的首选方式。目前,世界上70%以上的商业纠纷是通过仲裁方式解决的。

自20世纪80年代开始,经过四十多年的对外开放,我国经济已经深度融入全球经济之中。我国企业在参与跨国经济活动时也难免会与其他国家的企业发生争议,因此需要懂涉外法律知识、能够熟练运用仲裁方式维护自身合法权益的涉外法治人才。学好国际商事仲裁法,能够在施展自身才能的同时,助力我国企业发展。从这个意义上说,国际商事仲裁法学是培养实践型涉外法治人才的重要课程。学好国际商事仲裁课程是运用法律武器维护我国发展利益、促进我国经济安全发展的重要手段,也是积极参与国际法治、维护国际经济秩序的重要途径。

拓展阅读

1. 除诉讼、仲裁、ADR、调解等大家熟知的国际商事争议解决机制外,国际商事争议还有一些特别解决机制,如世界贸易组织的争端解决机制、投资领域的争端解决机制等。对此感兴趣的同学,可以阅读黄进教授主编的《国际商事争议解决机制研究》(武汉大学出版社2010年版)第7章至第13章。

2. 仲裁作为一种争议解决方式,其生命力在实践中不断得到彰显。推荐阅读英国学者伦·雷德芬、马丁·亨特等合著,林一飞、宋连斌翻译的《国际商事仲裁法律与实践(第四版)》(北京大学出版社2005年版)。该书第2章至第11章收集了大量的法律、规则、案例、评述等资料,有效地反映出仲裁法律与实践的现状和趋势。此外,作者在书中收录了《纽约公约》《联合国国际贸易法委员会仲裁规则》等在仲裁实践领域有较大影响力的法律文件,供同学们参考学习。

3. 牛津国际法权威学术著作数据库(https://opil.ouplaw.com/home/OSAIL)中收录了一些由牛津大学出版社出版的国际法专业的权威参考著作和论文,其中也有与国际商事仲裁有关的内容,感兴趣的同学可以自行检索学习。

4. 各权威仲裁机构每年均会发布商事仲裁年度报告。详细信息可至各仲裁机构官网查询,如:

中国国际经济贸易仲裁委员会(CIETAC):
http://www.cietac.org.cn/index.php?m=Article&a=index&id=251
香港国际仲裁中心(HKIAC):
http://www.hkiac.org/zh-hans/about-us/annual-report
北京仲裁委员会(BAC):
http://www.bjac.org.cn/page/cbw/ndbg.html

 思考题

1. 什么是多元化争议解决机制?
2. 什么是替代性争议解决方法?
3. 简述《新加坡调解公约》的适用范围。
4. 如何理解国际商事争议的范围?
5. 如何理解仲裁的特点与优势?

第二章　国际商事争议的可仲裁性

仲裁是国际经贸领域通行的纠纷解决方式。我国《仲裁法》颁布20多年以来,我国仲裁事业有了长足发展,取得了令人瞩目的成就,业已成为我国多元化纠纷解决机制的重要组成部分。习近平总书记高度重视仲裁事业发展,要求"把非诉讼纠纷解决机制挺在前面"[1],"把涉外法治保障和服务工作做得更有成效"[2]。在我国日益走近世界舞台中央、各类跨国商事纠纷日益增多且越发复杂的大背景下,如何更好地释放仲裁在化解矛盾纠纷中的优势是我国仲裁制度发展所面临的重要问题。其中,可仲裁性是最基础问题。可仲裁性决定了哪些纠纷可以纳入仲裁的受案范围,通过仲裁机制来解决纠纷。仲裁受案范围的广泛程度体现了对当事人意思自治的尊重程度、国家仲裁市场的开放程度和国家对外开放的治理水平,但这不意味着可以忽视意思自治的相对性,模糊私权与国家、社会和他人利益的界限。因此,可仲裁性范围的确定既要适应仲裁发展趋势,更要立足中国实际,促进我国仲裁事业高质量发展和国际仲裁中心建设,将中国建设成为国际商事仲裁首选地。目前,哪些争议可以通过国际商事仲裁的方式来解决?如何理解争议的国际性和商事性?商事争议是否包括侵权争议?是否所有的具有国际性和商事性的争议都可以进行仲裁呢?是否所有通过国际民事诉讼方式解决的争议都可以选择国际商事仲裁?本章将重点理清这些问题。

---

[1] 见2021年2月19日习近平总书记在中央全面深化改革委员会第十八次会议中的重要讲话,该会议审议通过了《关于加强诉源治理推动矛盾纠纷源头化解的意见》。具体内容见中华人民共和国中央人民政府网:《习近平主持召开中央全面深化改革委员会第十八次会议并发表重要讲话》,http://www.gov.cn/xinwen/2021-02/19/content_5587802.htm,访问日期:2023年4月1日。

[2] 见习近平总书记2020年11月16日在中央全面依法治国工作会议上的讲话《坚定不移走中国特色社会主义法治道路 为全面建设社会主义现代化国家提供有力法治保障》。具体内容见中华人民共和国中央人民政府网:《习近平:坚定不移走中国特色社会主义法治道路 为全面建设社会主义现代化国家提供有力法治保障》,http://www.gov.cn/xinwen/2021-02/28/content_5589323.htm,访问日期:2023年4月1日。

第一节 国际商事争议的范围

通常情形下,提交国际商事仲裁的争议应当具有"国际性"和"商事性"。所谓"国际性",是指争议应当具有跨国的因素;所谓"商事性",是指争议涉及商业主体从事的商业活动。而对于"国际性"和"商事性"如何界定,目前国际上缺乏普遍统一的明确概念,存在多种不同解释。

一、争议的国际性

对于"国际性",尽管国际法律文件上缺乏明确统一的概念,但都是采取相对宽泛的理解。国际统一私法协会(UNIDROIT)《国际商事合同通则》序言当中就提到,合同的"国际性"可以用多种方式加以界定,包括"当事人在不同国家有营业地或惯常居所",合同"与一个以上国家有重大联系""涉及在不同国家的法律之间进行选择"或"影响国际贸易利益"等。而《国际商事合同通则》希望对此给予更加广泛的解释,以便最终只排除那些根本不涉及国际因素的情形,即"有关合同的所有相关要素仅与一个国家有关"的情形。根据该通则,除了不具备任何涉外因素的国内案件,都应当被认定为具有"国际性"。

而在国际私法领域非常重要的政府间国际组织——海牙国际私法会议(HCCH)在其《国际商事合同选法通则》当中规定,合同的国际性是排除纯国内合同以外的情形,即当事方在同一国家设有营业场所,并且当事方的关系和所有其他相关要素,无论所选择的法律如何,都仅与该国有关。[①] 根据该规定,纯国内合同由于各个合同要素都只与一个国家有关,因而不具有"国际性"。

在国际仲裁领域具有重要地位的示范性文件——联合国《示范法》也规定了国际商事仲裁的定义。《示范法》第1条第3款对仲裁的"国际性"做了如下规定:"有下列情形之一的,仲裁为国际仲裁:(a) 仲裁协议的各方当事人在缔结协议时,其营业地点位于不同的国家;或(b) 下列地点之一位于各方当事人营业地点所在国以外——(i) 仲裁协议中确定的或根据仲裁协议而确定的仲裁地点;(ii) 履行商事关系的大部分义务的任何地点或与争议事项关系最密切的地点;或(c) 各方当事人明确同意,仲裁协议的标的与一个以上的国家有关。"

---

① Principles on Choice of Law in International Commercial Contracts, Article 1(2): For the purposes of these Principles, a contract is international unless each party has its establishment in the same State and the relationship of the parties and all other relevant elements, regardless of the chosen law, are connected only with that State. https://assets.hcch.net/docs/5da3ed47-f54d-4c43-aaef-5eafc7c1f2a1.pdf, last visited on the April 2, 2023.

从该条文中看,当事人营业地和仲裁地这种客观实质性的连接因素可以作为认定争议的"国际性"的判断标准。例如,《示范法》第 1 条第 3 款 a 项中当事人营业地来自不同国家,这与联合国《国际货物买卖公约》当中的规定一致,必然属于跨境争议。而根据第 3 款 b 项 i 的规定,哪怕当事人来自同一个国家,若当事人选择将争议提交域外仲裁,则预示着仲裁活动程序要受到其他国家法律的规制,同样具有国际性。第 3 款 b 项 ii 和第 3 款 c 项则聚焦在争议本身,考虑到争议的某一个环节存在涉外情形,涉及"国际商事利益",即可认定为国际仲裁。由此可见,《示范法》对于"国际性"的认定标准非常宽泛,既包括客观连接因素的判断标准,也包括争议的国际性利益标准。

我国仲裁立法当中虽然没有明确界定何为"国际性"的争议,但从立法条文当中可知,认定争议是否具有"国际性"取决于是否具有涉外因素。我国现行《仲裁法》第 65 条规定:"涉外经济贸易、运输和海事中发生的纠纷的仲裁,适用本章规定。本章没有规定的,适用本法其他有关规定"。在我国《仲裁法》立法之初,涉外经贸、涉外运输和海事纠纷的仲裁要提交到专门审理涉外仲裁案件的仲裁机构解决。其他纠纷是否属于"涉外"需依照当时《民法通则》的司法解释来判断。1988 年最高人民法院《关于贯彻执行〈中华人民共和国民法通则〉若干问题的意见(试行)》第 178 条规定:"凡民事关系的一方或者双方当事人是外国人、无国籍人、外国法人的;民事关系的标的物在外国领域内的;产生、变更或者消灭民事权利义务关系的法律事实发生在外国的,均为涉外民事关系。"换言之,需要按照构成法律关系的要素——主体、客体、内容是否具有涉外情形来判断争议是否"涉外"。

2017 年《最高人民法院关于审理仲裁司法审查案件若干问题的规定》(简称《仲裁司法审查案件的若干规定》)第 12 条规定,仲裁协议或者仲裁裁决具有《最高人民法院关于适用〈中华人民共和国涉外民事关系法律适用法〉若干问题的解释(一)》(简称《涉外民事关系法律适用法的解释(一)》)第一条规定情形的,为涉外仲裁协议或者涉外仲裁裁决。《仲裁法征求意见稿》第 88 条规定,具有涉外因素的纠纷的仲裁,适用第七章"涉外仲裁的特别规定"之规定。第七章没有规定的,则适用《仲裁法征求意见稿》中其他有关规定。关于"涉外因素",《涉外民事关系法律适用法的解释(一)》第一条已经有明确规定:"民事关系具有下列情形之一的,人民法院可以认定为涉外民事关系:(一)当事人一方或双方是外国公民、外国法人或者其他组织、无国籍人;(二)当事人一方或双方的经常居所地在中华人民共和国领域外;(三)标的物在中华人民共和国领域外;(四)产生、变更或者消灭民事关系的法律事实发生在中华人民共和国领域外;(五)可以认定为涉外民事关系的其他情形。"因此,从我国立法来看,对于"国际性"的认定标准也采取较为开放的态度,不但要考虑争议的实质性因素是否与一个国家有关,也要考虑争议实际是否与一个以上的国家有联系。

二、争议的商事性

争议的商事性意味着,争议应当涉及商事主体的商事活动,具有专业性和营利性的特点。"商事"意味着从事商事活动的主体应当具有相当程度的专业知识和经验,并非在自己专业领域认知之外从事完全不熟悉的交易行为。"商事"的专业性决定了商事主体具有高度的自治性、平等的议价能力,熟知本领域的交易规则。"商事"的营利性决定了行为追求降低成本、提高效率以实现利益最大化,因而多涉及私人主体之间的利益,而非公共利益。国际统一私法协会的《国际商事合同通则》序言当中提到合同的"商业性"标准,取决于当事人是否具有"商人"的正式地位或交易行为是否具有商业性质。但这种标准绝不是为了取代某些国内法律制度中传统上对"民事"和"商业"当事人或交易所做的区分。各国依旧可以依照本国的国内法认定何为"商业活动"。海牙国际私法会议(HCCH)《国际商事合同选法通则》也对"商事"作了规定,当中所指的"商事"合同是指合同的每一方都必须在其行业或专业中行事,该通则明确将某些特定类别的合同排除在其范围之外,如消费者合同或雇佣合同。因为在这些合同中,一方(消费者或雇员)的议价能力被推定为较弱,而不被认为具有"商事性"。

(一)商事含义的广泛性

商事争议意味着排除平等主体之间的人身关系,而限于财产关系。而财产关系则限于商事主体从事商事活动所产生的争议。商事主体从事商事活动,意味着双方当事人作为市场活动中的理性经济人,具有平等的议价能力,能够在专业领域内作出专业判断。《示范法》没有对此做专门规定,但在第 1 条注释 2 中认为,"商事"一词应做广义解释,并对商事领域作了不完全列举,包括不论是契约性或非契约性的一切商事性质的关系,包括但不限于下列交易:任何提供或交换货物或服务的贸易交易,销售协议,商事代表或代理,保理,租赁,建设工厂,咨询,工程,许可,投资,融资,银行,保险,开采协议或特许协议,合营或其他形式的工业和商业合作,空中、海上、铁路或公路的客货载运。

1958 年《纽约公约》同样没有对"商事"予以明确规定,而是交由各缔约方根据国内法自行解释,其第 1 条第 3 款规定,缔约方可以根据国内法对商事的理解约定商事保留条款。我国在加入《纽约公约》时对此作了商事保留声明,1987年《最高人民法院关于执行我国加入的〈承认及执行外国仲裁裁决公约〉的通知》第 2 条规定:"根据我国加入该公约时所作的商事保留声明,我国仅对按照我国法律属于契约性和非契约性商事法律关系所引起的争议适用该公约。所谓

'契约性和非契约性商事法律关系',具体是指由于合同、侵权或者根据有关法律规定而产生的经济上的权利义务关系,例如货物买卖、财产租赁、工程承包、加工承揽、技术转让、合资经营、合作经营、勘探开发自然资源、保险、信贷、劳务、代理、咨询服务和海上、民用航空、铁路、公路的客货运输以及产品责任、环境污染、海上事故和所有权争议等,但不包括外国投资者与东道国政府之间的争端。"

商事争议意味着排除非商事主体从事的非商事行为的纠纷。我国《仲裁法》规定,平等主体的公民、法人和其他组织之间发生的合同纠纷和其他财产权益纠纷,可以仲裁。《仲裁法》第3条规定下列纠纷不可仲裁:"(一)婚姻、收养、监护、扶养、继承纠纷;(二)依法应当由行政机关处理的行政争议。"尽管婚姻、收养、监护、扶养和继承纠纷都属于平等主体之间的民事纠纷,可能在不同程度上涉及当事人的财产权益,但是这类纠纷建立在身份关系的基础之上,与人身属性联系紧密,因此当事人不能自由处分这一部分权利,故这类纠纷不可仲裁。行政争议由于涉及国家行政机关之间、行政机关与其他国家机关、企事业单位、公民或其他组织之间因行政管理发生的纠纷,涉及国家公权力,当事人也无法自由处分,因此也不适用仲裁。此外,《仲裁法》第77条规定:"劳动争议和农业集体经济组织内部的农业承包合同纠纷的仲裁,另行规定。"因此,劳动争议和农业集体经济组织内部的农业承包合同纠纷的仲裁,要适用劳动争议调解仲裁、农村土地承包等有关规定而不能适用《仲裁法》。另外,人事争议纠纷的仲裁也不适用《仲裁法》,而应当适用人事争议处理、公务员法等相关规定。《仲裁法征求意见稿》中删去了第77条,并入到了第2条的第2款,"其他法律有特别规定的,从其规定"。尽管上述提及的这些纠纷可以采用仲裁程序,但由于不属于商事主体从事商业活动的行为,不属于国际商事仲裁的范畴,因而也无需谈及国际商事仲裁意义上的可仲裁性问题。

(二)商事争议中的"契约"与"非契约"争议

尽管国际法律文件普遍主张对于"商事"做广泛理解,但无论是《纽约公约》还是《示范法》都明确表示,不限于合同争议,还包括非契约争议,如侵权、不当得利、无因管理以及缔约过失等非合同之债。在国际商事仲裁实践中,当事人约定的仲裁条款往往具有概括性,例如将合同所产生的一切争议提交仲裁。因此,除了合同争议本身,只要侵权争议直接或间接与合同标的相关,侵权争议即可仲裁。

我国司法实践曾对合同导致的侵权争议是否可以进行仲裁的问题持模糊态度。在"中国技术出口总公司诉瑞士工业资源公司钢材买卖案"中,中国公司以合同欺诈为由对瑞士公司提起诉讼,而瑞士公司认为双方签订的合同中订立了仲裁条款,法院无权管辖。法院最终认定,瑞士公司利用合同行使诈骗,已经超出合同履行范围,双方的纠纷已经不再属于合同权利义务争议,而是侵权损害赔偿纠纷,故中国公司的起诉不受仲裁条款的约束。而在《仲裁法》颁布之后,在"江苏物资集团轻工纺织总公司诉香港裕亿集团、加拿大太子发展集团侵权损害赔偿纠纷案"中,尽管原审法院否定了侵权争议可以通过仲裁解决,但最高人民法院最终认定合同导致的侵权行为可以仲裁。此外,我国在加入《纽约公约》时作出了商事保留声明,即我国仅对按照我国法律属于契约性和非契约性商事法律关系所引起的争议适用该公约。因此,对由于履行合同所产生的合同与侵权竞合的情形,若当事人以侵权为由提起诉讼,同样属于可被仲裁的范畴。

第二节 可仲裁性及其判断标准

通常能够进行仲裁的争议往往都是商事性质的争议,是具有财产属性的争议,不涉及人身关系,诸如扶养关系、婚姻关系都不可仲裁。可仲裁的案件同时应当具有可争讼性,属于双方当事人各执一词、存在冲突的案件,而非应一方当事人请求确认某法律事实存在与否的情形,如认定财产属于无主物。尽管如此,具有争讼性的、商事性的、财产属性的争议并非一定具有可仲裁性,尤其在争议事项涉及一国公共政策范畴,或与一国社会重大利益、公序良俗息息相关时,该类争议必然不能完全交由当事人自由处分。当事人如若将这类事项提交仲裁,极有可能违反一国强制性规定,或致使特定的公共利益无法实现、仲裁裁决最终无法得到承认与执行。由于不同国家对仲裁活动的规制程度不同、经济社会发展过程中对公共政策把控的程度不同,对于哪些事项可以交付仲裁的规定也存在差异。因此,不可仲裁的争议具体包括哪些内容有赖一国国内立法规定与司法实践。

一、可仲裁性的内涵

商事争议具有可仲裁性是国际商事仲裁活动开展的前提,并非所有国际性、商事性的争议都可以提交仲裁。可仲裁性(arbitrability)是关于什么纠纷能够通过仲裁解决的问题。本质上是由于某类纠纷与一国社会公共利益有关,不能交由当事人自由处分,国际立法实践以及国内法规定这些特定类型的纠纷只能通过法院解决,将其排除出仲裁的范畴,因此这一类事项属于"不可仲裁事项"。

有学者把可仲裁事项分为"主观可仲裁事项"和"客观可仲裁事项",或"协议约定的可仲裁事项"和"法律允许的可仲裁事项"。所谓的"主观可仲裁事项"

或"协议约定的可仲裁事项",是争议事项是否属于仲裁协议的范围,当事人是否约定将该争议提交仲裁,属于"仲裁事项"的范畴,即在仲裁协议当中约定需要将哪些争议提交仲裁。这决定了仲裁庭的管辖范围,目的是界定当事人之间可以将哪些争议提交仲裁解决。而"客观可仲裁事项"或"法律允许的可仲裁事项"是指,根据应当适用的法律,该争议是否可以通过仲裁解决,或判断是否属于不允许进行仲裁而保留给法院解决的事项。① 其目的是为了澄清,在某国法律制度范围内,客观上允许哪些事项提交仲裁而非诉讼。一般而言,"客观可仲裁事项"的范围要大于"主观可仲裁事项",当事人约定的"主观可仲裁事项"不能超越"客观可仲裁事项"允许的范围。"主观可仲裁事项"属于当事人约定的范畴,而本章在此主要讨论的"可仲裁性"则属于后者,即哪些属于法律允许的能够通过仲裁方式解决的事项。

二、可仲裁性的法律意义

可仲裁性问题贯穿国际商事仲裁活动的始终。争议具有可仲裁性,是仲裁庭行使权力的前提条件,但某项特定争议具有可仲裁性并非放之四海而皆准,由于各国公共利益需求、仲裁市场开放程度存在差异,因此并非任何一个国家都认可某特定争议在本国具有可仲裁性。而争议是否具有可仲裁性影响到仲裁协议是否有效,又会进一步影响到仲裁庭和法院之间权力的分配,若争议在某一国不属于可仲裁的范围,仲裁庭作出的仲裁裁决就有被撤销的风险。

(一) 仲裁协议效力认定的可仲裁性

争议具有可仲裁性是仲裁协议生效的核心要件,它决定了争议能否通过仲裁解决,从而划定仲裁庭的"势力范围"。有效的仲裁协议是仲裁庭行使管辖权的基础,法院也将因此拒绝行使司法管辖权,交由当事人选择的仲裁机构或通过临时仲裁解决争议。如果争议不具有可仲裁性,便不能通过仲裁方式解决,即仲裁协议无效,争议只能交由法院审理。仲裁庭和法院都有权对仲裁协议的可仲裁性问题加以审查。

在仲裁庭受理当事人仲裁申请之后,仲裁庭可以根据管辖权自裁原则,审查仲裁协议的有效性,尤其是仲裁地是否允许这种争议进行仲裁,否则仲裁裁决将有被撤销的风险,仲裁庭为解决争议所付出的努力也就付之东流。

若一方当事人向法院起诉,而另一方当事人以存在仲裁协议为由要求仲裁,则法院需要审查仲裁协议的效力,若存在仲裁事项不具有可仲裁性的情形,法院会认定该仲裁协议无效,应由法院行使管辖权。若该事项可以仲裁,则法院将拒

---

① 赵秀文:《国际商事仲裁法(第二版)》,中国人民大学出版社2014年版,第112页。

绝行使管辖权,并将争议交由仲裁庭审理。但若在仲裁程序开始后,当事人向法院申请确认仲裁协议因不具有可仲裁性而无效,而仲裁庭认为仲裁协议有效的,则仲裁庭可以继续审理。但不排除仲裁庭作出的仲裁裁决有可能会在执行地国法院被拒绝承认与执行。

(二) 撤销仲裁裁决阶段的可仲裁性

仲裁通常情形下是"一裁终局"。仲裁裁决作出之后即产生既判力,当事人无法就相同争议提交仲裁或诉讼解决。此时,若败诉方对该仲裁裁决存在异议,无法对此提出上诉或复议。为了平衡申请人与被申请人之间的关系,仲裁法往往赋予败诉方在仲裁裁决作出后的救济权利,即向法院申请撤销仲裁裁决,可仲裁性则属于撤销仲裁裁决的事由之一。若当事人以不具有可仲裁性为由向法院申请撤销该仲裁裁决,法院则需要依照法律审查所涉事项是否具有可仲裁性,进而判断是否需要撤销该仲裁裁决。但一些国家也会规定,如果已经参与了仲裁程序,而在仲裁程序开始时,当事人并没有向仲裁庭提出管辖权异议,也没有寻求法院的救济,则后续主张的撤销该仲裁裁决,未必会得到法院的支持,如 1996 年《英国仲裁法》第 73 条规定,根据禁反言原则,当事人此时已经丧失异议的权利(loss of right to object)。

(三) 执行仲裁裁决阶段的可仲裁性

若争议属于不可仲裁事项,根据《纽约公约》,被申请承认执行该仲裁裁决的法院也可以拒绝承认执行该仲裁裁决。国际商事仲裁是"去国家化"的活动,由于各国对于可仲裁事项规定的不同,特定争议在仲裁地国具有可仲裁性,但在申请承认与执行地国未必具有可仲裁性,因而裁决执行地国对于可仲裁性的规定将可能影响外国仲裁裁决在该国的执行。若败诉方在多个国家有财产可供执行,胜诉方可能去多个国家同时申请执行该仲裁裁决。需注意的是,其中一国以争议不具有可仲裁性而拒绝承认与执行该仲裁裁决,并不会当然排除该裁决在其他国家得到承认与执行的可能。

三、可仲裁性的判断标准

可仲裁性本质上与一国公共政策或公共利益密切相关。由于各国经济和社会发展状况不同,加之各国的仲裁政策和司法政策各有侧重,不同国家的立法者对于哪些事项可以纳入仲裁范畴存在分歧,对特定争议所反映的公共利益的考量因素也难以形成共识。尽管如此,在立法实践上,大多数国家都是以公共政策为基础,采用以下标准来划分可仲裁事项的:

首先,将当事人是否享有自由处分某权利的自由作为可仲裁性的标准。如《瑞典仲裁法》第 1 条规定,凡是属于能以协议方式和解的民事纠纷,都可以提交仲裁解决。依照自由处分原则,在法律没有明文禁止的情形下,即可自由处分权利,而能否通过和解方式解决争议,是自由处分其权利的典型表现。这类争议往往都只涉及当事人自身的利益,不触及他人或社会的利益。涉及刑法、行政法有关的争议通常不能被当事人自由处分,而需要由国家公权力介入,因此这类事项只能通过法院来处理。

其次,争议是否涉及经济利益或者财产性质。当事人能够自由处分的涉及经济利益或具有财产利益的争议才可以提交仲裁解决。如1987年《瑞士联邦国际私法典》第177条规定,涉及财产的争议都可成为仲裁事项。而那些不涉及财产的事项,如个人地位、身份能力的事项,如结婚离婚、父母子女关系、扶养等被排除在仲裁范围之外。

最后,争议是否涉及公共政策。尽管当事人可以自由处分的经济利益或财产利益的事项大多可以交由仲裁解决,但也存在涉及公共政策的例外。国家出于公共利益考虑会适当对经济活动加以调控和干预,这也影响到了可仲裁性的范围。因此,属于公共政策范畴内的经济利益或财产利益纠纷可能无法完全交由仲裁解决。可仲裁性与公共政策密不可分,立法者通常基于本国经济政策和社会政策的考虑,认定某些具有私人属性的财产案件属于公共政策范畴,进而认定这类案件不可仲裁。根据1996年《英国仲裁法》的规定,当事人可以自由约定争议的解决方式,仅受制于保护公共利益的必要。正因为可仲裁性与公共政策联系紧密,不少国家立法都将争议的可仲裁性视为一国通过国内立法对仲裁施加的"公共政策"限制。

值得注意的是,公共政策是一个相当模糊的概念,其标准也并不确定。"公共政策"是阐释性概念,只能结合实际案情具体分析,其内涵也随着客观经济条件的变化而变化,也有"国内公共政策"和"国际公共政策"之区分。近些年来,不少国家,尤其是欧美各国逐渐降低了可仲裁性的"公共政策"属性,在跨国争议当中,"国际公共政策"的范畴要远远小于"国内公共政策",以服务于日益增长的国际商事交易的需要。一些国家开始允许某些原本涉及社会公共利益或具有公法属性的争议事项提交仲裁解决,如知识产权争议、反垄断争议和证券争议等。这些领域逐步放开可仲裁性的过程,也逐渐反映了一种"国际商事交往的利益优先于这类争议背后的公共利益属性"的观点。美国在这些领域放开可仲裁性标准的标志性案例往往都是跨国争议,之后才将可仲裁性逐步扩大到相应领域的纯国内争议之中。

第三节　可仲裁性的法律适用

一项争议是否具有可仲裁性是由一国国内法决定的。例如,《示范法》并未对可仲裁性争议的范围做规定,而是交由各国依照本国实际情况自行决定。《示范法》第1条第5款规定:"本法不得影响规定某些争议不可交付仲裁,或仅根据本法之外的规定才可以交付仲裁的本国其他任何法律。"可仲裁性贯穿于仲裁活动始终,因为在认定仲裁协议的有效性、仲裁裁决是否可以撤销、裁决能否被予以承认与执行的过程中都需要确定可仲裁性的范围。《示范法》的规定中所提及的"国内法"究竟是当事人选择的法律、仲裁协议的准据法、撤销裁决地国法还是被请求承认执行地国法,在理论上未能形成共识,实践认定之方法也尚未统一。由于各国法律对于可仲裁性问题的规定不同,在国际民商事争议中,当事人约定的准据法、仲裁地法、被请求执行地的法律对可仲裁性的认定难免会存在差异,进而引发法律冲突,因此关于可仲裁性问题的准据法选择就显得尤其重要。

一、仲裁协议的准据法

争议事项是否具有可仲裁性,属于仲裁协议是否有效的范畴,可仲裁性也就纳入了仲裁协议准据法的范围当中。通常情形下,仲裁协议的准据法往往是当事人约定的法律,在当事人没有约定时则要考虑仲裁地的法律。此时,当事人约定的法律专指当事人就仲裁协议准据法的规定,该法不完全等同于合同的准据法,尽管也有英美法系国家在司法实践中将合同的准据法视为当事人对仲裁协议准据法的约定。因为当事人在约定合同准据法时,往往会采用表述"合同条款受某国法律管辖",而当仲裁协议被规定在合同项下,同样被视为合同的一个条款,尽管当事人没有对仲裁协议的准据法另行规定,但基于合同解释原则,对于合同准据法的约定视为对仲裁协议准据法的默示约定,因此在没有相反证据的情形下,推定当事人合同中的选法条款可以适用于仲裁协议,但若当事人合同中的选法条款使得仲裁协议无效,则不能作此推定。

1958年《纽约公约》对于仲裁协议的准据法作了规定。《纽约公约》第5条第1款甲项规定:"一、裁决唯有于受裁决援用之一造向声请承认及执行地之主管机关提具证据证明有下列情形之一时,始得依该造之请求,拒予承认及执行:(甲)第二条所称协定之当事人依对其适用之法律有某种无行为能力情形者,或该项协定依当事人作为协定准据之法律系属无效,或未指明以何法律为准时,依裁决地所在国法律系属无效者⋯⋯"因此,根据《纽约公约》关于仲裁协议的准据法的规定,如果当事人没有约定仲裁协议的准据法,那么应当按照仲裁地法判断协议的效力。

二、仲裁裁决撤销时的仲裁地法

就仲裁庭而言,仲裁活动的开展要受到仲裁地法的制约,仲裁程序和仲裁裁决均不能违背仲裁地的公共政策,否则作出的仲裁裁决将会被仲裁地的法院撤销,从而有可能无法在其他国家得到承认与执行。因此,在裁决撤销阶段,撤销地的法院往往依照本国法判断争议的可仲裁性。而目前国际上普遍认可有权撤销仲裁裁决的法院是仲裁地的法院。欧洲国家的法院在确立争议可仲裁性时,往往考虑仲裁地的法律,尤其是仲裁协议的准据法违反了仲裁地国法律的公共政策时更是如此。

三、仲裁裁决被请求承认执行时的法院地法

由于可仲裁性很大一部分程度上与公共政策紧密相连,作为承认执行仲裁裁决的"安全阀",如果被请求执行地的法院认为该事项在本国属于公共政策范围,那么该事项必然不可仲裁,而执行地法院为了维护执行地国的重大公共利益,必然也会拒绝承认执行这一裁决。正如《纽约公约》第5条第2款第甲项之规定:"依该国法律,争议事项系不能以仲裁解决者,法院可依请求拒绝承认及执行。"

需要注意的是,若执行地国法院根据本国法认定争议事项不具有可仲裁性,继而拒绝承认执行该仲裁裁决,这并不影响该裁决本身的效力,该裁决仍然有可能会在其他国家得到承认执行,例如在允许该事项进行仲裁的被执行财产所在地得到执行。但是,如果依照仲裁协议准据法,该事项不可仲裁,则极有可能导致该仲裁协议无效,仲裁庭管辖权不合法,继而作出的仲裁裁决有可能得到撤销,这类判决通常在其他国家也难以得到承认执行。因此,在仲裁协议效力认定阶段以及仲裁裁决撤销阶段,可仲裁事项的准据法为仲裁协议的准据法或撤销地国的国内法,而在裁决承认执行阶段,执行地法院可能会考虑本国法当中有关可仲裁事项的规定。

第四节 特殊争议的可仲裁性

对特殊争议中可仲裁性问题的研究,主要集中于反垄断争议、核损害纠纷、医疗纠纷、股东派生争议和知识产权纠纷等事项。尽管不同国家对争议的可仲

裁性存在多种规定,但是目前国际上对于可仲裁性事项的判断普遍呈扩大化趋势,反映了对国际商事仲裁的友好态度。一些国家将可仲裁性问题留给法院解决,在立法中不对争议的可仲裁性做具体明确的规定,尤其是英美法系国家。另有一些国家在仲裁法中仅做原则性规定,而在特别法中对该领域的可仲裁性作出具体规定,这也是不少大陆法系国家的做法。此外,也有少数国家在仲裁法通过列举的方式规定了可仲裁与不可仲裁事项。本部分将专门对一些典型的争议事项予以讨论。

一、反垄断争议

反垄断法具有一定的公法色彩,而反垄断纠纷是否可以交由仲裁解决,在国际上经历了一个争论到定论的过程。在仲裁庭审、法院确认仲裁协议效力以及裁决的执行阶段,当事人都可以主张含仲裁条款的合同违反了反垄断法,因此争议不具有可仲裁性,进而认为仲裁协议无效、仲裁庭无管辖权或仲裁裁决应当予以撤销或不被承认执行。传统观点认为,反垄断法是一国管理市场、维护公共利益的法律,因而涉及反垄断的纠纷不属于私人性质的、商事的、可和解的争议。但从目前一些国家的实践来看,反垄断争议具有可仲裁性在国际层面已经得到较为广泛的接受。

美国在"三菱汽车诉索乐·克莱斯勒-普利茅斯案"[1](以下简称三菱汽车案)之前,不认可反垄断争议的可仲裁性。三菱汽车案作为标志性案件,其反映了美国对"反垄断纠纷不可仲裁"态度的转变。该案中,申请人三菱公司是日本公司,被申请人索乐公司是波多黎各的公司。三菱公司、索乐公司以及瑞士的克莱斯勒公司签订了一份销售协议,约定被申请人在指定的地域内销售三菱汽车,并约定了由三菱公司直接供货给被申请人,协议中约定了若发生争议将提交日本商事仲裁协会仲裁。由于三菱汽车销售状况良好,因此三菱汽车与克莱斯勒公司约定决定增加索乐公司应当完成的销售额。然而,索乐公司难以完成销售额,并请求暂缓或取消部分订货,同时还试图到约定以外的美国和拉美一些地方销售。而三菱公司和克莱斯勒公司以各种理由拒绝被申请人转移销售,拒绝发货给索乐公司,索乐公司声称对此造成的销售损失不负责任。三菱公司因此在联邦地区法院提起诉讼,根据美国《联邦仲裁法》以及《纽约公约》,向法院申请强制仲裁令。而索乐公司提交答辩和反请求,认为该协议违反了《谢尔曼反托拉斯法》,不能进行仲裁。地区法院认为具有国际性质的争议应当允许执行仲裁条款,即便是反垄断争议也应当允许仲裁。尔后,上诉法院驳回了地区法院的

---

[1] Mitsubishi Motors Corp. v. Soler Chrysler-Plymouth, Inc., 473 U.S. 614 (1985).

强制仲裁令。该案上诉到联邦最高法院,法院认为,"反垄断争议依照联邦仲裁法是可以仲裁的。出于对国际礼让的关注,尊重外国和跨国仲裁庭解决争议的能力,以及对国际商业体系在解决争议时对可预测性的敏感程度,即使在国内环境中会产生相反的结果,也需要执行有关仲裁条款。此处支持仲裁的联邦政策加强了有利于自由缔结的选择法院条款的强烈推定,该政策在国际商事领域具有特殊效力。反垄断事项的潜在复杂性不足以抵御仲裁;仲裁庭也不会对反垄断法律中对商业行为的限制产生与生俱来的敌意。私人损害赔偿补救措施在反垄断中的重要性并不能得出不能在法院之外寻求救济的结论。"此后,反垄断纠纷在美国被认为属于可仲裁事项。

我国对于反垄断争议目前还采取不可仲裁的态度,尽管仲裁法对此没有明确规定,但在"上诉人壳牌(中国)有限公司与被上诉人呼和浩特市汇力物资有限责任公司横向垄断协议纠纷案"中,①最高法明确表示,反垄断争议目前不具有可仲裁性。该案中,汇力公司为壳牌公司的经销商,主要在内蒙古中北部区域内经销壳牌工业润滑油产品,汇力公司认为原审被告壳牌公司存在协调组织的经销商投标行为,明显属于组织具有竞争关系的经营者达成分割销售市场的垄断协议,和/或固定或者变更商品价格的垄断协议,违反了《中华人民共和国反垄断法》,构成横向垄断侵权。请求呼和浩特市中级人民法院判令:(1)确认被告协调组织经销商投标,构成横向垄断协议侵权。(2)被告立即停止协调组织经销商投标的横向垄断协议侵权行为。(3)被告承担本案全部的诉讼费。壳牌公司在提交答辩状期间,对管辖权提出异议认为:首先,由于汇力公司与壳牌公司双方之间存在合法有效的仲裁约定,本案争议不属于人民法院受理范围,应裁定驳回汇力公司的起诉。一审法院呼和浩特市中级人民法院认为,"在垄断纠纷涉及公共利益,且目前我国法律尚未明确规定可以仲裁的情况下,当事人之间的仲裁协议不能作为确定垄断纠纷案件管辖权的依据。故对被告认为法院无权管辖的主张本院不予支持"。二审法院最高人民法院知识产权法庭认为:"对是否构成垄断的认定和处理,反垄断法明确规定了行政执法和民事诉讼两种方式,并未明确规定仲裁的方式……虽然壳牌公司和汇力公司在经销商协议中约定了争议解决的仲裁条款,但反垄断法具有明显的公法性质,是否构成垄断的认定超出了合同相对人之间的权利义务关系,并使本案争议不再限于'平等主体的公民、法人和其他组织之间发生的合同纠纷和其他财产权益纠纷',不再属于仲裁法规定的可仲裁范围。"

---

① 最高人民法院(2019)最高法知民辖终47号民事裁定书。

二、证券争议

证券仲裁最早产生于美国,对于仲裁是否能够适用于证券争议也经历了从否定到肯定的发展过程。美国1933年《证券法》和1934年《证券交易法》均要求证券争议必须在法院解决。直到1974年"舍克诉阿尔贝托—卡尔弗公司案"[①]才认定,证券争议可以仲裁。被上诉人阿尔贝托—卡尔弗公司是特拉华州的公司,主营化妆品的生产和销售。上诉人舍克是德国人,在瑞士有住所,在德国和列支敦士登设立了三个相互关联的商业实体。双方在维也纳订立证券互换协议,涉及舍克将企业股份和相关的商标权转让给阿尔贝托—卡尔弗公司,以及约定合同适用伊利诺伊州法。此外,双方约定将未来争议提交至国际商会(ICC)仲裁。阿尔贝托—卡尔弗公司发现商标权存在第三方争议,舍克对商标权的欺诈性陈述违反了美国1934年《证券交易法》第10(B)条及第10b-5条规则,向地方法院提出损害赔偿救济,而舍克则请求中止诉讼提交仲裁。初审法院驳回了舍克的主张,认定该仲裁协议是不可执行的,上诉法院也持同样态度。案件上诉到联邦最高法院,基于如下三点原因,最高法院认为在国际领域证券争议可以通过仲裁解决。第一,任何合同不可避免地存在不确定性,尤其是与两个或多个国家/地区有实质性联系,每个国家都有自己的实体法和冲突法规定,合同条款预先规定法院地和准据法,是任何国际商业交易所实现必要的有序性和可预测性的先决条件。这种约定避免了将合同纠纷提交给对一方不利的法院或不熟悉所涉问题领域的风险。第二,在国际合同的背景下,证券购买者可能拥有的优势是可以选择美国多个法院和审判地来提起违反证券法的索偿诉讼,但若对方通过迅速诉诸外国法院来阻止买方选择美国法院,则这种优势将变得虚无缥缈。第三,仲裁协议实际上是一种特殊类型的法院选择条款,它不仅规定了解决争议的地点,而且规定了解决争议的程序,若本案的仲裁协议无效不仅使得被告可以否认其郑重的合同承诺,而且还可能产生"所有争议都必须根据美国法在美国法院解决的狭隘观念"。

目前,在我国实践中,证券争议同样具有可仲裁性。早在1990年上海证券交易所发布的《上海证券交易所市场业务施行规则》当中就有关于证券仲裁的规定。该规则在我国证券市场上第一次引进了仲裁制度,规定了证券商之间、证券商与委托人之间以及上市证券的发行商与证券交易所之间的争议可以提交仲裁。1993年国务院发布《股票发行与交易管理暂行条例》,以行政法规的形式确立了证券仲裁制度在我国的法律地位。该条例规定了两种仲裁方式:一种是自

[①] Sherk v. Alberto-Culver Co., 417 U.S. 506 (1974).

愿仲裁,适用于与股票发行或者交易有关的争议;另一种是强制仲裁,适用于证券经营机构之间、证券经营机构与证券交易所之间因股票发行或交易引发的争议。2004年国务院和证监会联合发布的《关于依法做好证券期货合同纠纷仲裁工作的通知》中明确了证券、期货合同纠纷的仲裁范围,规定:"仲裁是适应社会主义市场经济发展需要的解决民商事纠纷的重要方式。适用于仲裁方式解决的证券、期货合同纠纷主要有:1. 证券发行人与证券公司之间、证券公司与证券公司之间因证券发行、证券承销产生的纠纷;2. 证券公司、期货经纪公司、证券投资咨询机构、期货投资咨询机构与客户之间因提供服务产生的纠纷;3. 基金发起人、基金管理公司、基金托管机构之间因基金发行、管理、托管产生的纠纷;4. 会计师事务所、律师事务所、资信评估机构等中介机构与证券发行人、上市公司之间因提供服务产生的纠纷;5. 上市公司、证券公司、期货经纪公司、基金管理公司因股权变动产生的纠纷;6. 证券公司、证券投资咨询机构、期货投资咨询机构、期货经纪公司、上市公司、基金管理公司、登记结算机构及其他证券、期货市场主体之间产生的与证券、期货交易有关的其他合同纠纷。"

2021年证监会发布《关于依法开展证券期货行业仲裁试点的意见》。该意见中明确表示,支持、推动证券期货业务活跃的北京、上海、深圳三地开展试点,在依法组建的仲裁委员会内部设立证券期货仲裁院(中心),适用专门的仲裁规则,专门处理我国资本市场产生的证券期货纠纷。2021年11月1日,中国(深圳)证券仲裁中心揭牌仪式暨证券期货行业仲裁试点座谈会在深圳举行,该中心属于深圳仲裁院专业从事证券仲裁的机构。2021年5月11日,中国国际经济贸易仲裁委员会(以下简称中国贸仲)上海证券期货金融国际仲裁中心也正式成立。该意见还对"证券期货合同纠纷和其他财产权益纠纷"作了界定,具体包括以下方面:(1)证券基金期货经营机构、证券基金期货服务机构、私募投资基金管理人和托管机构、证券发行人、上市公司和非上市公众公司等证券期货市场主体之间,上述主体与投资者或客户之间因证券期货合同或协议引起的纠纷。(2)证券期货交易场所、证券登记结算机构、证券期货行业协会等证券期货市场自律组织的会员、参与人之间,以及会员、参与人与投资者或客户之间因交易结算、登记存管等证券期货业务产生的纠纷;证券发行人、非上市公众公司与证券交易场所因上市协议、挂牌协议等协议产生的纠纷。(3)证券期货市场平等主体之间产生的财产性权利受到侵害引起的民事赔偿纠纷。其中,证券期货侵权行为引起的财产权益纠纷包括违反证券期货法律、行政法规、规章和规范性文件、自律规则规定的义务引起的虚假陈述民事赔偿纠纷,以及市场主体从事操纵市场、内幕交易、损害客户利益等行为引起的民事赔偿纠纷。(4)证券期货市场主体之间产生的其他证券期货类合同纠纷和其他财产权益纠纷。由此,证券纠纷的范围得以明确,而允许仲裁的证券纠纷种类也得以细化。

三、知识产权争议

仲裁的专业性、保密性、自主性和高效性的特点非常能够契合知识产权争议解决的需求。但从世界范围看,并非所有的知识产权争议类型都可以通过仲裁方式解决。知识产权是具有公权属性的私人财产权,因为知识产权是一项有赖于国家授权的法定权利,在相当程度上不允许当事人自由处分,是一国法律赋予权利人在一定范围内类似垄断的权利,其权利的成立、内容、运行都影响着第三人利益和社会公共利益。并且部分知识产权与一国创新驱动力息息相关,与公共政策联系紧密,因而知识产权纠纷不能完全交由仲裁解决。

知识产权争议大致可以分为三类:知识产权有效性的争议、知识产权合同争议、知识产权侵权争议。对于知识产权合同与侵权纠纷,本质上还是权利人对私权的处分,并不涉及公共利益,因此往往认为可以仲裁。但有效性问题由于涉及到国家授权,不同国家的态度存在差异。此外,由于知识产权的类型广泛,在著作权、专利权与商标权当中,权利是否需要经过国家行政机关的授予存在差异,故不同类型的权利在某一方面的可仲裁性也并不完全相同。著作权是自动产生,作品一旦完成创作作者即享有著作权,而专利权和商标权则需要经过注册登记,涉及一国创新能力保护和特定的商业利益。相较于著作权的有效性,各国对专利权与商标权的有效性争议是否可仲裁的态度更加谨慎,但也呈现出日益开放的趋势。

美国对于知识产权仲裁采取较为开放的态度,美国《专利法》第294条规定了仲裁方式的救济,对于专利合同、侵权以及有效性问题都可以仲裁:"(a)一项涉及专利或者专利权利的合同,可以包含一项规定,请求对根据合同产生的、涉及专利有效性或者侵权的任何争议进行仲裁。如果没有这样的规定,已发生的涉及专利有效性或者侵权的争议的当事人,可以依书面同意通过仲裁解决此种争议。任何此种规定或者协议是有效的,不可撤销的,并且是具有执行力的,但法律上或者依衡平法存在可以撤销合同的理由除外。"

我国香港地区2017年修订的《仲裁条例》第11A部"关乎知识产权权利的仲裁"澄清了知识产权权利(知识产权)的争议可通过仲裁解决,强制执行涉及知识产权的仲裁裁决,并不违反香港公共政策。《仲裁条例》第103条C项对知识产权争议作了界定,包括:"(a)关于以下事宜的争议:知识产权可否强制执行;侵犯知识产权;或知识产权的存在、有效性、所有权、范围、期限或任何其他方面;(b)关于知识产权交易的争议;及(c)关于须就知识产权支付的补偿和争议"。《仲裁条例》第103条D项规定:"(1)知识产权争议能籍仲裁,在争议的各方之间解决。……(3)无论有关知识产权争议在有关仲裁中,属于主要争论点或附带争论点,第(1)款均适用。……"

2019年新加坡《知识产权(争议解决)法令》也做了类似规定。其中,第52A条第3款规定,"知识产权争议"包括:(a)关于以下事宜的争议:知识产权可否强制执行;侵犯知识产权;或知识产权的存在、有效性、所有权、范围、期限或任何其他方面;(b)关于知识产权交易的争议;(c)关于须就知识产权支付的补偿的争议。第52B条规定:"(1)知识产权争议中所涉标的,可由争议双方通过仲裁解决。(2)无论知识产权争议在有关仲裁中,属主要争论点或附带争论点,第(1)款均适用。"

在知识产权仲裁机构方面,世界知识产权组织(WIPO)于1994年成立了仲裁与调解中心,是当前唯一一个全球常设的知识产权仲裁机构,汇集了超过2000余名、来自90多个不同法域的、在专利、商标、版权、信息通信等领域有丰富的经验的仲裁员、调解员和专家。WIPO仲裁与调解中心审理的案件不限于专利、商标、著作权的合同和侵权争议,还包括域名争议等等,其制定了专门的知识产权仲裁规则和快速仲裁规则。WIPO受理案件数量日益增长,在2022年达到了548件。[①] 除此之外,日本也设置了日本知识产权仲裁中心,上海仲裁委于2008年成立上海知识产权仲裁院,香港国际仲裁中心也于2016年推出《知识产权争议仲裁员名册》,2019年10月WIPO仲裁与调解上海中心注册成立,2022年中国国际经济贸易仲裁委员会也成立了知识产权仲裁中心。

我国在著作权领域允许仲裁。著作权纠纷具有可仲裁性,无论是立法还是司法实践,都得到了较为充分的印证。《著作权法》第60条规定:"著作权纠纷可以调解,也可以根据当事人达成的书面仲裁协议或者著作权合同中的仲裁条款,向仲裁机构申请仲裁。当事人没有书面仲裁协议,也没有在著作权合同中订立仲裁条款的,可以直接向人民法院起诉。"在"ExperExchange, Inc. (ExperVision)与汉王科技股份有限公司等侵犯计算机软件著作权纠纷案"[②]中,最高法也明确表示,南开越洋对汉王科技、天津汉王提起计算机软件著作权侵权之诉,系法人之间的其他财产权益纠纷,属于仲裁法规定的可以仲裁的范畴。

但在专利与商标领域,我国《专利法》和《商标法》只规定了诉讼和行政救济,对于是否可以提起仲裁,法律并没有明确规定。《专利法》第65条规定,未经专利权人许可,实施其专利,即侵犯其专利权,引起纠纷的,由当事人协商解

[①] 具体信息参见WIPO官方网站,访问连接 https://www.wipo.int/amc/en/center/caseload.html,访问日期:2023年3月3日。

[②] 该案相关裁判文书见天津市高级人民法院(2009)津高立民终字第0058号民事裁定书,最高人民法院(2012)民申字第178号民事裁定书。

决；不愿协商或者协商不成的，专利权人或者利害关系人可以向人民法院起诉，也可以请求管理专利工作的部门处理。《商标法》第60条规定，有本法第57条所列侵犯注册商标专用权行为之一，引起纠纷的，由当事人协商解决；不愿协商或者协商不成的，商标注册人或者利害关系人可以向人民法院起诉，也可以请求工商行政管理部门处理。但两部法律也只是对于侵权问题作了规定，实践当中依旧有大量的合同争议提交仲裁，至于侵权和有效性纠纷能否提交仲裁，还有待观察。

四、破产争议

鉴于破产案件的特殊性，仲裁庭通常不能裁决个人破产和法人破产。一般而言，只有法院尤其是破产法院才有权启动、管理和终止破产案件，包括破产清算、债务重组、破产接管等。与前述这些"核心"破产事项相关的争议几乎在任何一个国家都不具有可仲裁性。破产争议不是单纯的破产企业与债权人之间的私人经济利益或财产纠纷。破产案件中，由于债权人可能有多个，为了保证破产程序得以顺利进行以及保障债权人能够公平受偿，破产公司的债权人不能基于其与债务人在破产前订立的仲裁条款申请仲裁，以免构成对破产程序的阻碍，干扰到其他债权人利益的公平分配。破产争议有时也因破产数额巨大、牵涉员工众多而与社会公共利益相关，而破产制度本身亦是对于债权人部分满足和企业归于消灭的制度与程序，因而不宜通过仲裁解决。

但破产争议不具有可仲裁性的结论并非绝对。国际实践中，破产争议可以被区分为破产的核心程序事项与非核心程序事项，而非核心程序事项的争议可以提交仲裁。如美国《破产改革法》规定，涉及下列事项的属于核心程序，不允许提交仲裁，此外的其他破产相关争议当事人可以约定不交由破产法院管辖：财团财产管理相关的事项；承认或否认针对财团财产的债权主张和豁免主张……；财团针对那些主张对财团享有债权的当事人提起反诉；有关获得贷款的裁定；有关财产移交的裁定；偏颇性清偿的确定撤销或追还程序；终止、废除或修改自动冻结的动议；欺诈性转让的确定、撤销或追还程序；关于特定债务免责的确定；对债务免责的异议；担保权效力、范围或优先顺序的确定；重整方案的批准；批准财产使用或出租（包括现金担保物的使用）的裁定；批准非源于破产财团对那些未对主张债权的人提起诉讼所收回的财产的出售；其他影响财团财产清算或债权、债务人之间利益调整，或者股权持有人之间关系程序，但人身伤害侵权或不当致死所产生的债权除外。[①]

---

① 〔美〕David G. Epstein 等：《美国破产法》，韩长印等译，中国政法大学出版社2003年版，第860页。

我国《企业破产法》第 3 条规定,破产案件由债务人住所地人民法院管辖。从该条文可以看出,目前我国尚未允许对破产争议进行仲裁。

 拓展阅读

1. 有关知识产权争议仲裁,可以阅读特雷弗·库克、亚历山大德罗·加西亚合著,王傲寒、许晓昕译:《国际知识产权仲裁》,知识产权出版社 2020 年版;倪静:《知识产权仲裁机制研究》,厦门大学出版社 2013 年版;杜焕芳课题组:《知识产权仲裁机构建设:理论证成、域外借鉴和制度设计》,载《商事仲裁与调解》2021 年第 1 期。

2. 有关反垄断争议仲裁,可阅读张艾清:《国际商事仲裁中反垄断争议的可仲裁性问题研究》,法律出版社 2016 年版;孙晋、王贵:《论反垄断纠纷可仲裁性的司法考量——兼评某垄断纠纷管辖权异议案》,载《法律适用》2017 年第 7 期;童肖安图:《社会公共利益视角下垄断纠纷可仲裁性研究》,载《华东政法大学学报》2021 年第 3 期。

 思考题

1. 如何理解国际商事仲裁的"国际性"?"国际性"的商事仲裁与国内商事仲裁有何不同?
2. 可仲裁性的判断标准是什么?
3. 如何看待我国反垄断争议不可仲裁的实践?
4. 如何看待我国当前知识产权争议的可仲裁性问题?
5. 如何看待我国当前破产争议的可仲裁性问题?

 案例分析

【案例一】 山西昌林实业有限公司与壳牌(中国)有限公司滥用市场支配地位纠纷案①

原告山西昌林实业有限公司诉称,壳牌公司是中国排名第一的国际润滑油生产和销售商,其在中国通过分销模式经营。昌林公司是壳牌公司的经销商,主

---

① 该案系列裁判文书见北京知识产权法院(2018)京 73 民初 124 号民事裁定书,北京市高级人民法院(2019)京民辖终 44 号民事裁定书,最高人民法院(2019)最高法民申 6242 号民事裁定书。

要在山西省北部地区经销壳牌工业润滑油产品。壳牌公司在中国工业润滑油经销服务市场具有支配地位。壳牌公司滥用了其在中国润滑油经销服务市场的支配地位，实施了一系列滥用市场支配地位的行为，包括但不限于不公平高价、差别待遇、限定交易、附加不合理交易条件等，侵犯了昌林公司等广大经销商及用户的合法权益，给昌林公司造成了重大财产损失。昌林公司认为壳牌公司应当对其滥用市场支配地位的侵权行为承担相应的法律责任，故昌林公司诉至北京知识产权法院，请求：(1) 请求确认壳牌公司在本案所确定的相关市场具有市场支配地位；(2) 请求确认壳牌公司实施了滥用市场支配地位行为；(3) 请求判令壳牌公司立即停止市场支配地位滥用行为。被告壳牌公司提出管辖权异议，理由为：一、由于壳牌公司与昌林公司之间存在仲裁约定，故所涉争议不属于人民法院受理范围；二、即使不考虑前述理由，考虑到本案存在重大影响，故本案应当由北京市高级人民法院审理。故壳牌公司请求本院将本案依法裁定驳回起诉或移送至北京市高级人民法院审理。北京知识产权法院认为，被控行为与两公司之间履行《经销商协议》并无关联，故本案纠纷并非昌林公司与壳牌公司就履行《经销商协议》而引发的争议，不适用双方所约定的仲裁条款。因此，壳牌公司主张本案所涉争议不属于人民法院受理范围的理由没有事实及法律依据，本院不予支持。至于壳牌公司主张本案具有重大影响，应当由北京市高级人民法院审理的管辖权异议理由，本院认为，本案的情形尚不足以构成《中华人民共和国民事诉讼法》第19条所规定的"重大影响"。因此，壳牌公司的该项管辖权异议理由没有事实及法律依据，本院不予支持。

　　壳牌公司不服该裁定，上诉至北京市高级人民法院。北京高院认为，本案系滥用市场支配地位纠纷管辖权异议之诉。争议焦点为本案纠纷是否受《经销商协议》仲裁条款的约束而应当提交仲裁，北京知识产权法院对本案纠纷是否享有管辖权。案件管辖问题仍应受到合同有效仲裁条款的约束，不应允许当事人通过选择诉因而排除有效仲裁条款的适用。本案中，昌林公司起诉要求确认壳牌公司实施了附加不合理交易条件等滥用市场支配地位的行为，并要求壳牌公司停止滥用行为，仍与《经销商协议》约定的特许销售权利义务密不可分，实质仍属于履行《经销商协议》而产生的争议。综上所述，昌林公司与壳牌公司因履行《经销商协议》而产生的争议，仍应适用该协议中约定的有效仲裁条款，故对于昌林公司的起诉，人民法院不应予以受理。故：一、撤销北京知识产权法院(2018)京73民初124号民事裁定；二、驳回山西昌林实业有限公司的起诉。

　　山西昌林实业有限公司不服北京市高级人民法院裁定，向最高人民法院申请再审，最高人民法院认为二审裁定适用法律正确，驳回山西昌林实业有限公司的再审申请。

如何看待该案的裁判说理？如何看待该案裁判结果与前文提到的壳牌公司与呼和浩特汇力公司案裁判结果的差异？该案已经于2022年提请抗诉再审审查，你对后续裁判结果有何预测？

【案例二】 申请人泰邦公司与被申请人湖南省交通运输厅申请确认仲裁协议效力案[①]

2005年6月3日，泰邦公司与湖南省交通厅在中国香港签署了《湖南省邵阳塘渡口至新宁塔子寨二级公路项目特许投资、建设、经营、养护管理合同》(以下简称《特许经营合同》)，其中第17.4项约定："如果本合同条款的任何部分被仲裁庭或法院裁决无效，其余部分仍然有效，双方应继续执行"；第17.5项约定："争议解决机构：若本合同项下或与本合同有关或以其他条款解释、履行等双方发生分歧、争议或索赔，双方可协商解决。若不能协商解决，本合同的任何一方均可提交中国贸仲按照该会当时有效的仲裁规则仲裁裁决"。泰邦公司表示已向仲裁机构提交仲裁申请，但未进行缴费，故仲裁机构尚未正式受理泰邦公司的仲裁申请。泰邦公司现申请确认该约定的仲裁条款合法有效，对泰邦公司和湖南省交通厅均具有约束力。湖南省交通厅称，第一，《特许经营合同》约定了"或裁或诉"的争议解决条款，合同双方没有明确的提交仲裁的意思表示，该等条款属无效仲裁条款；第二，《特许经营合同》属于行政协议，其项下的纠纷属于依法应由行政机关处理的行政争议，本案仲裁条款因约定事项不具有可仲裁性，超出了法律规定的仲裁范围而无效。

关于本案，有关特许经营协议的纠纷，是否属于行政争议？该争议是否具有可仲裁性？我国法院在确认仲裁协议效力案件中，对仲裁协议的审查是形式审查还是实质审查，是否要审查可仲裁性问题？

【案例三】 A研究所与B公司侵犯商业秘密案

A研究所长期承担着多项国家级重大科研项目。C技术是A研究所率先开发的新型技术，获得2013年国家技术发明奖一等奖。现已许可31套装置(产能2025万吨/年)，拉动投资4000亿元，对保障我国能源安全发挥了重要作用。其中，D催化剂是该技术的核心部分，其性能直接影响装置效益。A研究所与B公司于2005年11月21日签订了《技术转让(含专利实施许可)合同》，双方于

---

① 见北京市第四中级人民法院(2019)京04民特97号民事裁定书。

2007年8月28日签订了补充合同,约定由B公司使用A研究所拥有的D催化剂生产技术(含专利),有效期限为2005年11月至2020年11月。涉案合同及补充合同于2019年6月1日解除,但截至目前,虽经A研究所多次催告,B公司仍违反涉案合同及补充合同的约定,违法披露、使用A研究所的商业秘密,并且获利巨大,严重损害了A研究所的合法权益,并且具有明显的侵权故意,故A公司向法院起诉,要求B公司依法承担停止侵权和损害赔偿在内的各项民事侵权责任。

B公司提交管辖异议申请书,请求一审法院裁定对本案无管辖权,驳回A研究所的起诉。因为涉案合同约定仲裁条款,该合同第19条约定"双方因履行本合同而发生的争议,协商、调解不成的,提交中国国际仲裁委员会仲裁"。本案的法律关系是合同违约后产生的侵权纠纷,此类纠纷应由仲裁机构审理。且2019年A研究所已在仲裁机构提起仲裁案件,该案件的仲裁请求与本案A研究所的诉请具有重合关系。一审法院支持了B公司异议,驳回A研究所的起诉。A研究所不服一审裁定向最高法提起上诉,理由是:(一)涉案的《技术转让(含专利实施许可)合同》第十九条约定的仲裁争议解决条款为"双方因履行本合同而发生的争议",即仲裁仅涉及履行合同所产生的相关纠纷。而本案涉及的是涉案合同终止后,B公司披露、使用涉案技术秘密而产生的侵权行为,与涉案合同及补充合同无关,不适用仲裁条款。(二)A研究所在本案中主张的是涉案合同终止后B公司的侵权责任,而仲裁案中主张的是B公司支付涉案合同项下应付许可使用费,并停止非经营性和经营性活动等涉案合同履行的违约责任,两个案件所依据的事实和理由均不同。(三)仲裁案件于2019年6月立案后,仍在处理仲裁庭组成人员的回避事项,并未开庭审理,不存在仲裁机构已经审理,人民法院不应当重复审理的情形。

本案中依照A公司所述,案件所涉及的侵权争议是否要受到仲裁协议的约束?该侵犯商业秘密的争议是否具有可仲裁性?

第三章 国际商事仲裁的类型

从国际社会有关国际商事仲裁的司法实践和理论来看,商事仲裁可以依不同标准划分成不同种类。本章将围绕临时仲裁、机构仲裁、依法仲裁、友好仲裁以及仲裁和调解相融合的新范式来展开介绍国际商事仲裁的具体类型。

第一节 临时仲裁和机构仲裁

根据仲裁组织产生和存续的状态,可将仲裁分为临时仲裁(ad hoc arbitration)和机构仲裁(institutional arbitration)。① 两者之间最大的区别在于具体的仲裁程序是否受到常设仲裁机构的全面管理。

一、临时仲裁

临时仲裁(ad hoc arbitration),意为"仅以此为目的而做的仲裁"(arbitration for this purpose only),是相对于机构仲裁而言的概念。即在仲裁过程中不由任何常设机构进行程序上的全面管理,仅根据当事人达成的仲裁协议,将纠纷提交当事人自己选任的仲裁员,由其组成临时仲裁庭进行审理并做出具有法律约束力的仲裁裁决,在纠纷解决后该仲裁庭即告解散的仲裁方式。② 临时仲裁庭为审理某一特定案件而临时设定,没有固定的地点、规则和章程。

临时仲裁的主要优点有:

(一) 自主性

相比机构仲裁,临时仲裁制度最大的优势表现在其高度的自主性。机构仲裁作为仲裁的组成形式之一,当然也具有一定的自主性,但由于其一般须按该机构的仲裁规则进行,当事人可选事项有限,自主性受到制约。而临时仲裁中,一方面,仲裁当事人享有极大的自主权,仲裁员选任、仲裁庭组成、仲裁地的确定、

---

① 宋连斌主编:《仲裁理论与实务》,湖南大学出版社2005年版,第6页。
② 黄进主编:《国际私法》,法律出版社1999年版,第791—792页。

仲裁程序的规定、仲裁规则的选用等各个环节都享有选择的权利,①即只要当事人之间达成合意,就几乎可以自行确定仲裁程序中的任何问题。另一方面,临时仲裁的仲裁庭经当事人的授权也享有很大的自主权,有极大的自由裁量空间。可见,临时仲裁是基于当事人的意思自治,原则上是脱离机构的监管而存在的。只有在出现仲裁员无法产生或者需要撤换,或者是需要机构提供相应管理的服务等特殊情况下,才求助于专门的机构或者法院来介入解决。例如,1996 年《英国仲裁法》第 24 条规定,当仲裁员出现了处事不公、资格不能胜任、拒绝仲裁等法定事由时,仲裁程序的一方当事人可申请法院撤换仲裁员。

(二) 灵活性

机构仲裁中存在各种不能变通的程序与规则,比如仲裁员的审理权限受审理事项的约束,不得随意增减等,②这无疑不利于根据个案的特殊性来解决纠纷。而临时仲裁基于其自主性的特点具有极大的灵活性和可变通性。当事人可根据个案,从自身需求出发制定或选用仲裁规则,而不必拘泥于某一仲裁机构的规则。以航运业、建筑业为例,这些行业内存在行业组织量身定做的符合其行业特点和实践的仲裁规则,如《LMAA 仲裁条款》(LMAA Terms for Maritime Arbitration)和《建筑业示范仲裁规则》(Construction Industry Model Arbitration Rules)。当事人还可以随时通过协商调整仲裁中的各个环节,使得仲裁程序能顺应解决争议的现实需要。正如一位英国律师所言:"机构仲裁与临时仲裁之间的差别,就好比是选择购买成品衣或量体裁衣。"③

(三) 高效性

机构仲裁中众多烦琐庞杂的规则和程序不可避免地拖延了纠纷解决的时间。有些仲裁机构规定"裁决书做出前必须交由仲裁院批准和修改",国际商会仲裁院审理国际商事纠纷常常需要耗费两年或更久,这势必会影响当事人的长期商业规划。反观临时仲裁,"早上发生争议,下午成立临时仲裁庭,晚上开庭审理,第二天早上做出仲裁裁决"的情况非常常见。④ 临时仲裁高效性的原因有三:首先,临时仲裁中当事人无需将时间耗费在填写格式文件等程序性事项上;其次,当事人既然能自主决定仲裁程序,那么从自身利益出发,无论是选择实体法和程序法,还是决定仲裁地、仲裁员、使用的语言,必然会选择最符合案情需

---

① 王小莉:《英国仲裁制度研究(上)——兼论我国仲裁制度的发展完善》,载《仲裁研究》2007 年 9 月刊。

② 《国际商会仲裁规则》第 27 条:"仲裁庭应在签署裁决书之前,将其草案提交仲裁院。仲裁院可以对裁决书的形式进行修改,并且在不影响仲裁庭自主决定权的前提下,提醒仲裁庭注意实体问题。裁决书形式未经仲裁院批准,仲裁庭不得做出裁决。"

③ 兰阳:《临时仲裁与机构仲裁》,载《仲裁与法律通讯》1991 年第 3 期。

④ 杨琳:《临时仲裁制度的发展及其对我国的启示》,载《德州学院学报》2006 年第 10 期。

要、高效解决纠纷的方式;再者,临时仲裁中仲裁员的工作时间不受节假日与休息日的限制,可以随时根据实际需要做出调整,这无疑有力提高了仲裁效率。

(四)友好性

不同于机构仲裁日趋诉讼化、当事人间对立性越来越强的发展趋势,临时仲裁延续了早期仲裁的友好性。当事人基于对彼此的信任而选择临时仲裁,仲裁环节都由当事人在协商的基础上确定,双方的密切配合与互信关系使得临时仲裁的氛围相当融洽,这更有利于当事人自觉履行仲裁裁决,并保持长期的友好商业合作关系。

(五)经济性

机构仲裁在纠纷解决的费用上相对于诉讼并无太大优势,临时仲裁无疑更具经济性。首先,临时仲裁庭结案即散,不会发生常设仲裁机构所需的日常开支,因此,当事人无需向仲裁机构支付案件受理费和管理费。其次,机构仲裁中如纠纷当事人与机构仲裁所在地的相距较远,立案以及实地调查时的巨额费用就难以避免,而临时仲裁中的当事人则可就近选择仲裁员,降低了金钱成本的同时也节约了时间成本。

(六)保密性

机构仲裁中因仲裁机构的全面参与,无可避免地增加了知情人数。在临时仲裁中,临时仲裁庭结案即散,有力减少了知情人数,降低了信息被披露的可能性。此外,当事人可以就仲裁员何时公布结果、是否可对外透露等问题进行约定,仲裁员负有保密义务,外界无从得知仲裁的具体情况。

当然,相对机构仲裁,临时仲裁制度也存在明显的缺陷,主要包括下面几点:

首先,临时仲裁程序的进行过度依赖当事人的有效配合,更容易受到程序不安定的挑战和阻碍。在双方当事人都互相配合的情况下,临时仲裁因其高度灵活性而使得处理争议速度很快,这一般只发生在小额争议案件和案情比较简单的情形。然而,在争议额比较高且案情比较复杂的情况下,当事人的相互配合存在难度。① 伴随着仲裁程序的进行,当事人处境变迁、仲裁协议的模糊设定等诸多因素都可能导致当事人合作关系的破裂,从而使本来立足于意思自治基础之上的仲裁机制出现功能失灵现象。②

其次,临时仲裁中没有固定的管理监督体系对仲裁进行监督和约束。在临时仲裁出现仲裁迟延、仲裁僵局、程序失灵等情形而无法顺利进行下去时,因为有效临时仲裁协议的存在,当事人无法向法院提起司法诉讼解决争议,也无法向

---

① 刘晓红、周祺:《我国建立临时仲裁利弊分析和时机选择》,载《南京社会科学》2012年第9期。
② 陈磊:《临时仲裁程序僵局及其机构介入》,载《新疆大学学报(哲学·人文社会科学版)》2020年第4期。

仲裁机构提请仲裁,由此陷入临时仲裁庭、常设仲裁机构及法院均无法有效解决商事争议的困局。相较而言,机构仲裁能够使用一套经过检验的仲裁程序和条款条件,仲裁机构的秘书处还会对仲裁程序进行严格监督,使双方当事人受益。[①]

最后,在临时仲裁中,仲裁员的资格和选任程序并无明确规定,当事人可以指定任何人成为仲裁员,没有仲裁机构对该指定进行审核或确认。考虑到仲裁员违反法律和程序的成本很低,这导致仲裁员自律和他律的动机不足,可能会进一步影响到仲裁结果的公正性,甚至可能出现双方当事人和仲裁员串通的情况,不利于临时仲裁价值的体现。

二、机构仲裁

机构仲裁(institutional arbitration)是指由双方当事人将争议提交给常设的仲裁机构,由其居中解决商事争议的仲裁方式。仲裁机构负责管理仲裁程序,当事人在仲裁机构的仲裁员名册或者在仲裁机构的指导下选择仲裁员组成仲裁。通常,由仲裁机构管理的仲裁都按其自己的仲裁规则进行操作,但有些仲裁机构也可以管理按其他仲裁规则进行的仲裁。[②] 仲裁机构不是为解决某一特定争议而设立的,而是为了通过仲裁的方式解决争议而设立的。目前,国际上有很多著名的仲裁机构,如国际商会仲裁院、伦敦国际仲裁院、斯德哥尔摩商会仲裁院、美国仲裁协会、中国国际经济贸易仲裁委员会、香港国际仲裁中心等。

区分一项仲裁是临时仲裁还是机构仲裁,应判断当事人是否在仲裁协议中约定将争议提交仲裁机构管辖并且愿意接受该仲裁机构程序上的管理,满足这两个条件的便是机构仲裁。有些时候,这两项条件中可以有一项是默示的,例如,当事人双方仅约定争议提交指定仲裁机构仲裁,但根据该仲裁机构的仲裁规则规定,在默示情况下该仲裁机构对仲裁程序进行管理;或当事人仅约定特定仲裁机构的仲裁规则,而根据约定的仲裁规则,选择适用仲裁规则就意味着选择了机构仲裁。反之,有些仲裁机构不以管理仲裁程序为己任,即使选择了这些管理机构,其提供的也只是某些特定服务,这种仲裁实质仍为临时仲裁;同时,有些仲裁程序规则背后也没有特定的仲裁机构来管理所涉争议,这种仲裁同样为临时仲裁。[③]

值得注意的是,对仲裁机构多大程度参与对案件程序方可界定为"管理"(administration)仍存有一定争议。实践中,临时仲裁的仲裁员可能请求某一个

---

① 高菲、徐国建:《中国临时仲裁实务指南》,法律出版社2017年版,第145—146页。
② 朱华芳:《国际商事仲裁,机构仲裁还是临时仲裁好》,载《中国对外贸易》2015年第11期。
③ 刘晓红、周祺:《我国建立临时仲裁利弊分析和时机选择》,载《南京社会科学》2012年第9期。

常设仲裁机构予以协助,提供程序方面的有偿服务。在仲裁机构协助指定仲裁员、协助安排开庭室、应仲裁员要求代收、代管仲裁费用的情况下,这类服务是否具有"管理"性质?又是否可以因为常设仲裁机构提供了此类行政性质的服务,就将仲裁归为机构仲裁?一般认为,随机发生的服务行为,不能满足机构仲裁意义上的"管理"要求。①

机构仲裁的主要优势有以下几个方面:

1. 便利双方当事人

由于常设仲裁机构通常都有自己的仲裁规则,也可以作为指定仲裁员的机构,故商人们在订立仲裁协议时,只要写明将争议交由某家仲裁机构解决即可,因为按照许多仲裁机构的仲裁规则,将争议提交某机构仲裁,即意味着适用该机构的仲裁规则,除非当事人双方另有约定。②

2. 办案质量和工作效率高

由于常设仲裁机构一般都提供仲裁员名册以供当事人选择仲裁员,列入名册的一般都是各个领域专家,很大程度上能够保证机构仲裁裁决的公正性和权威性。例如,中国贸仲有专门的仲裁员名单供当事人指定,这份仲裁员名单囊括了各个国籍的不同专业背景的资深人士,且根据我国《仲裁法》,入选仲裁员名单的人员须有相当的专业水平、道德品格和相关法律经验。另外,机构仲裁还会对整个仲裁过程中仲裁员进行监督,仲裁员若出现严重违反程序、严重延迟或者枉法裁判的行为,则会予以及时的撤换。因此,机构仲裁中的仲裁员一般都能对案件作出独立、公正的审理。除了仲裁员,在仲裁程序进行的过程中,如果由于一方当事人的原因不合理地拖延了案件的审理,或一方当事人经适当传唤后无正当理由拒绝参加开庭审理,仲裁庭可依据仲裁规则继续进行审理作出缺席裁决。

3. 能够对仲裁进行系统的管理

常设仲裁机构一般都有秘书处或者类似机构,提供与仲裁有关的行政管理与服务,在仲裁的过程中,提供收取仲裁费、代为指定仲裁员、提供庭审室、协助仲裁庭决定开庭日期、提供记录、翻译、通讯、交通等方面的服务。案件结束后,还可以就仲裁裁决在各国的承认与执行的条件提供相关的协助。

三、临时仲裁与机构仲裁在国际仲裁中的地位

考察仲裁在国外的理论与实践发展,可以发现临时仲裁具有比机构仲裁更

---

① 丁启明:《域外临时仲裁制度:原理、制度及借鉴》,载齐树洁主编:《东南司法评论》,厦门大学出版社 2017 年版。

② 赵秀文:《国际商事仲裁法原理与案例教程》,法律出版社 2010 年版,第 40 页。

加悠久的历史,现代仲裁制度即起源于临时仲裁。① 在仲裁发展的初期,所有国家均以临时仲裁作为仲裁解决纠纷的首选模式。有关当事人为了保持相互之间的友好关系,在发生争议时共同推选一名双方均熟悉、信任的人作为仲裁人,授权其对争议作出公正的裁决。在1892年世界上第一个仲裁机构——伦敦国际仲裁院(ILCA,彼时名为"伦敦仲裁会")出现以前,临时仲裁一直是唯一的国际商事仲裁形式。随着仲裁案件逐渐增多,仲裁事项的处理也逐渐程式化,为了有效保障仲裁活动的顺利进行,提供专业仲裁服务的仲裁机构也就应运而生了。这些仲裁机构制定自身的仲裁规则,编制仲裁员名册,为仲裁案件的当事人和仲裁庭提供案件管理和服务等等,有力推动了仲裁这一纠纷解决方式专业化的发展。机构仲裁的出现,使得国际仲裁制度进入了临时仲裁与机构仲裁并行发展的双轨时期。② 实际上,临时仲裁与机构仲裁之间并非相互矛盾的关系,就仲裁制度总的发展规律而言,二者呈现出相互促进、彼此交融的关系。而从仲裁制度的演进来看,两者密不可分:临时仲裁形成在先,而机构仲裁在后;先有自治形态的仲裁,再有法律对仲裁的确认。③

随着国内外仲裁机构对机构仲裁的大力推广,机构仲裁规则的不断完善、仲裁经验的不断积累,在国际商事仲裁领域,机构仲裁逐渐成了越来越多当事人的首选。不过,临时仲裁作为一种具有创新元素和针对性的纠纷解决方式,在当今国际仲裁领域仍然占据着相当重要的地位。

四、临时仲裁的发展现状与未来趋势

(一) 多数国家或地区立法肯定临时仲裁

目前,临时仲裁与机构仲裁在大多数国家并存,包括美国、英国、法国、德国、比利时、意大利、荷兰、挪威、瑞典、丹麦、芬兰等多个国家的仲裁制度中都确立了临时仲裁制度和机构仲裁制度。以1996年《英国仲裁法》为例,除9个条文中兼顾机构仲裁的特殊性以外,其余的条文均可适用于临时仲裁,而法国、德国等大陆法系国家亦在其民事诉讼相关立法中将临时仲裁作为制度传统用以构筑其仲裁立法的根基。④

---

① 陈治东:《国际商事仲裁法》,法律出版社1998年版,第11页。
② 何晶晶:《〈仲裁法〉修改背景下我国引入临时仲裁制度的几点思考》,载《广西社会科学》2021年第12期。
③ 宋连斌、杨玲:《我国仲裁机构民间化的制度困境——以我国民间组织立法为背景的考察》,载《法学评论》2008年第3期。
④ 李建忠:《临时仲裁的中国尝试:制度困境与现实路径——以中国自贸试验区为视角》,载《法治研究》2020年第1期。

（二）国际主要常设仲裁机构肯定临时仲裁

实践中，临时仲裁尤其受到如大宗商品贸易、航运业、建筑业的青睐。据统计，在国际贸易商业领域，贸易出口商中有 45% 的人选择采用临时仲裁处理争议；① 在海事仲裁领域，鉴于历史和习惯的关系，临时仲裁一直是该领域主要的仲裁形式，以伦敦海事仲裁员协会（LMAA）为例，该协会不仅为临时仲裁提供推荐性的仲裁规则，还会在临时仲裁开始阶段根据当事人的请求提供仲裁员（会员）名单，还可以根据当事人的要求任命仲裁员。仅 2019 年，LMAA 就受理了 1756 起案件；伦敦玛丽女王大学 2019 年国际建筑工程纠纷调查报告也显示，近三分之一的建筑工程案件采用了临时仲裁。② 仲裁机构的案件报告中也一定程度上体现了临时仲裁的规模，因为仲裁机构会参与到一些临时仲裁案件中以协助处理具体事宜。伦敦国际仲裁院（ILCA）、香港国际仲裁中心（HKIAC）、新加坡国际仲裁中心（SIAC）都承接临时仲裁的业务，近年来参与了相当一部分的与临时仲裁相关的案件。以 SIAC 为例，该机构 2021 年为临时仲裁案件指定仲裁员 23 件，2020 年的数据是 17 件；相较而言，伦敦仍是临时仲裁中非常重要的仲裁地，ILCA 在 2021 年共参与了 34 个临时仲裁案件，2020 年则参与了 35 个案件。

2008 年的"浙大网新诉阿尔斯通仲裁案"就采用了临时仲裁，该案中，双方约定争议交由 SIAC 处理，适用的规则是 ICC 规则。浙大网新以组庭程序违反 ICC 规则为由提出异议，该异议最终被驳回。新加坡高等法院在该案中认为：双方当事人选定的是由 SIAC 管理的临时仲裁，临时仲裁有较大的灵活性，当事人可以灵活决定与仲裁规则不同的仲裁庭组成方式，这是仲裁特别是临时仲裁的灵活性决定的。③

五、临时仲裁在中国的发展

我国当前的《仲裁法》尚无关于临时仲裁的规定，第 16 条规定仲裁协议应当包括选定的仲裁委员会，第 18 条又规定对仲裁委员会没有约定或约定不明的情况下，仲裁协议无效。由此，可以推导出我国的仲裁法律体系并未包括临时仲裁的相关内容，只把机构仲裁作为仲裁的唯一的合法形式。

不过，近年来，我国对于仲裁的支持力度逐渐加强。2016 年 12 月 30 日最高

---

① 李双元、谢石松：《国际民事诉讼法概论》，武汉大学出版社 2001 年版，第 500 页。
② Queen Mary University of London and Pinsent Masons, International Arbitration Survey-Driving Efficiency in International Construction Disputes (2019), p. 5, https://www.pinsentmasons.com/thinking/special-reports/international-arbitration-surveyz, visited on 13th Oct. 2024.
③ Insigma Technology Co Ltd v Alstom Technology Ltd, [2008] SGHC 134.

人民法院发布了《最高人民法院关于为自由贸易试验区建设提供司法保障的意见》，初步表明了司法层面对于自贸区临时仲裁制度的支持态度。2017年3月23日，广东自贸试验区横琴新区管委会和珠海仲裁委员会联合发布了《横琴自由贸易试验区临时仲裁规则》。2017年9月19日，中国互联网仲裁联盟又发布了《临时仲裁与机构仲裁对接规则》，希望建立一套临时仲裁与机构仲裁程序和裁决衔接的机制。2021年7月30日，司法部发布《仲裁法征求意见稿》，首次在立法层面上提出了临时仲裁的概念，规定在涉外领域先行建立临时仲裁制度。根据《仲裁法征求意见稿》第91条的规定，"具有涉外因素的商事纠纷"的当事人可以约定仲裁机构仲裁，也可以直接约定由专设仲裁庭仲裁。据此，具有涉外因素的商事纠纷当事人可以约定仲裁机构仲裁，也可以直接约定由专设仲裁庭仲裁。该专设仲裁庭并不附属于任何仲裁机构，即为通常理解的临时仲裁庭。《仲裁法征求意见稿》第93条又规定，临时仲裁的裁决书由仲裁庭签名后生效，并可以在法院备案。上述规定从仲裁基本法层面肯定了涉外仲裁中的临时仲裁，将成为中国仲裁立法的一大突破。在涉外领域先行放开临时仲裁，一方面有利于建立我国自由开放的国际市场，配合对外开放水平的进一步提升，营造公平公正的国际形象，同时赋权涉外仲裁的当事人更大程度地主导其纠纷解决全过程，也让来中国投资的外资企业对我国的纠纷解决机制充满信心。另一方面，涉外领域临时仲裁的立法放开，有利于先行探索临时仲裁在中国落地可能出现的、已经出现的和即将出现的各种问题，用实践检验理论后再用实践完善理论，为临时仲裁制度今后在国内仲裁领域的全面放开奠定基础。再则，确立涉外领域临时仲裁等合法地位，有助于为已经先期进行临时仲裁改革试点的自由贸易试验区（自由贸易港）确立法律基础，巩固试点经验，扩大实践范围，进一步探索与国际接轨的争端解决模式。① 不过，最终出台的修改后的《仲裁法》在临时仲裁的问题上究竟会采取怎样的立场，尚不得而知。

与我国内地现行法律对开展临时仲裁的消极态度（自贸区内是否可以有条件地开展尚在讨论中）不同，在我国香港特区，得益于发达的仲裁文化和仲裁立法，当事人除了机构仲裁外还可以选择更为灵活和自主的临时仲裁。作为香港仲裁制度的基本法律，香港《仲裁条例》大量吸收了《纽约公约》的内容，围绕如何在香港开展临时仲裁活动作出具体规定。因此，临时仲裁在香港的发展迅速。②

---

① 肖雯：《〈仲裁法〉修订视阈下临时仲裁制度构建》，载《重庆理工大学学报（社会科学版）》2022年第8期。
② 李剑强：《香港仲裁机构的临时仲裁及其启示》，载《北京仲裁》2006年第3期。

第二节 依法仲裁和友好仲裁

以仲裁裁决的依据为标准,仲裁可分为依法仲裁和友好仲裁。

一、依法仲裁

依法仲裁是指仲裁庭必须依据一定的法律对纠纷进行裁决。友好仲裁则是指仲裁员或仲裁庭依当事人的授权,不根据严格的法律规定而按照仲裁庭认为的公允及善良原则、以合同条款所体现的当事人意志以及商事习惯,对纠纷进行裁决的仲裁方式。[1]

依法仲裁是现代仲裁制度的主要形态,也是各国对仲裁的一般要求;友好仲裁的采用通常取决于当事人的明示同意,但不得违背仲裁地的公共秩序和强制性规定。这一部分将重点介绍友好仲裁。

二、友好仲裁

(一) 友好仲裁的概念和起源

友好仲裁的概念源于"友好公断人"(amiable compositeur)这一术语。在13世纪中后期的法国,双方当事人产生争议后,可以根据当事人的意愿自行选择是否要交由友好公断人来判决有关争议,友好公断人在仲裁裁决方面拥有很大的自由裁量权,依据公允善良原则对案件作出裁判。18世纪以后,友好仲裁的概念得到了法律制度的明确,1806年的《法国民事诉讼法典》规定仲裁员在得到当事人明确授权的情况下,在裁决案件时充当友好公断人的角色,依据公允善良原则(ex aequo et bono)作出裁决,而不严格依照法律规则的规定进行裁决。[2]

20世纪中期以来,现代仲裁制度不断完善和发展,在这一阶段,由于国际商事交往日益频繁,并且由此产生了大量的国际商事争议,友好仲裁基于其自治性、效益性和对依法仲裁的功能弥补性,成了商人们热衷的仲裁方式。当事人选择授权仲裁庭进行友好仲裁往往出于两个目的,一是为维护商业友好合作关系。例如,在依法仲裁制度下,争议超过诉讼时效的,义务人有权以此对义务的履行提出抗辩,仲裁庭应依据法律规定依法裁决驳回权利人的请求。而在当事人欲继续进行商业合作而选择友好仲裁的情况下,仲裁庭可以依据公平原则裁决义务人继续履行。二是为避免因机械性地适用法律规则而做出不合适的裁决结

---

[1] 宋连斌主编:《仲裁法》,武汉大学出版社2015年版,第6页。
[2] Karyn S. Weinberg, Equity in International Arbitration: How Fair is Fair—A Study of Lex Mercatoria and Amiable Composition, 12 *Boston University International Law Journal* 227, p.231.

果。由于法律规则的滞后性及商贸、投资领域的专业性,争议双方愿意通过选择熟悉行业规则、惯例的专业人士担任仲裁员依据该行业、领域共同的公平理念熨平分歧。可见,友好仲裁既体现了当事人选择适用裁决规则的意思自治,又展现了仲裁制度相对于诉讼制度的灵活性。

(二) 各国及国际社会对友好仲裁的确认

1. 国际社会对友好仲裁的确认

最早对友好仲裁进行确认的国际公约当属 1961 年的《欧洲国际商事仲裁公约》,其第 7 条规定:"(一) 当事人可通过协议自行决定仲裁员就争议所适用的实体法。如果当事人没有决定应适用的法律,仲裁员可按照其认为可适用的冲突规则的规定,适用某种准据法。在上述两种情况下,仲裁员均应考虑到合同条款和商业惯例。(二) 如当事人作出此种决定,而且仲裁员依照仲裁所适用的法律可以进行'友好仲裁'时,仲裁员即可进行'友好仲裁'。"

联合国贸法会 1985 年制定的《示范法》第 28 条第 3 款对友好仲裁及相关制度内容做出了示范性规定:"仲裁庭只有在各方当事人明示授权的情况下,才应当依照公允善良原则或作为友好公断人作出决定"。第 4 款进一步要求仲裁庭在作为友好公断人时应"按照合同条款作出决定,并应考虑到适用于该项交易的贸易习惯"。据此,仲裁庭有权依据公允善良原则或作为友好公断人对案件进行裁决。随后,国际商会仲裁院等一些仲裁机构也对友好仲裁进行了确认。《国际商会仲裁规则》第 21 条第 3 款规定:"只有当事人同意授权仲裁庭担任友好调解人或以公平合理原则作出裁决时,仲裁庭才有此权力"。《伦敦国际仲裁院仲裁规则》第 22.4 条也规定:"仲裁庭只有在当事人已经书面明确地协议同意时,才应对争议的实体适用'公正和公平'(ex aequo et bono)、'友好和解'(amiable composition)或'诚实约定'(honourable engagement)的原则。"

2. 各国对友好仲裁的确认

《纽约公约》对国际商事仲裁中的友好仲裁作出示范规定后,受该法的影响,诸多国家和地区在修订本国法律时增加了友好仲裁条款。目前,国际上,友好仲裁是普遍接受的做法,很多国家或仲裁机构都认可友好仲裁制度,如法国、英国、德国、日本等。

作为友好仲裁制度起源地的法国,其现行的《民事诉讼法典》第 1497 条规定了"和解中间人"的概念:如仲裁协定交付仲裁员作为和解中间人的任务,仲裁员作为和解中间人进行裁判审理。且该和解中间人作出的裁决不可上诉。除了法国,瑞士也是大陆法系中对于友好仲裁制度的构建比较完善的国家之一。1987 年《瑞士联邦国际私法典》第 187 条第 2 款规定:"若有当事人的明确授权作为前提条件,仲裁庭有权依据公平观念对争议案件做出裁断。"

与大陆法系国家立法走在司法前面的路线不同,20世纪70年代以前,英国法院的主流观点曾明确反对友好仲裁,认为这种仲裁形式导致仲裁员可以不适用法律规则。不过,1996年《英国仲裁法》第46条第1项b款规定,如果当事人同意,仲裁庭应当按照当事人同意的法律或者仲裁庭决定的其他考虑(other considerations)来处理争议。尽管该条款没有出现"友好仲裁"、"友好公断人"等字眼,但可以理解为仲裁员一旦得到了当事人的授权,就可以考虑法律以外的、包括公允善良原则及商业惯例,并将其作为裁决依据,因此,该条规定被认为英国已认可了友好仲裁的合法性。

在仲裁规则方面,许多国际知名的仲裁机构如国际商会仲裁院、伦敦国际仲裁院、斯德哥尔摩商会仲裁院、新加坡国际仲裁中心等,均在本机构的仲裁规则中规定了友好仲裁制度。由此可见,对友好仲裁的承认已经成了一种主流的态度和普遍接受的做法。[①]

(三) 适用友好仲裁的国际仲裁实践

在美凯玛有限公司诉S. A. 矿业公司(Mechema Ltd. v. S. A. Mines, Minerais et Metaux)有关特许权的合同纠纷案中,美凯玛有限公司是一家英国公司,S. A.矿业公司是一家比利时公司,双方因为特许权合同提前终止而发生仲裁。合同约定授权仲裁员以友好公断人身份进行裁决,而且没有约定可以适用的法律。仲裁庭认为在处理实体争议之前,首先需要解决三个问题:整个程序可以适用的法律、仲裁员的权力、实体争议需要适用的法律(友好仲裁也需要适用法律)。仲裁员认为,仲裁发生在巴黎,法国程序法律应当被适用。双方没有约定适用法律,尽管英国法律不允许友好仲裁,但当事人一直明确表示他们的意图,在条款中约定友好仲裁,其实就是表达希望逃避适用其他任何国家的诉讼。双方在不同国家,合同中又没有约定法律适用,是刻意留给仲裁员自己决定的。另外,仲裁的本质在于,仲裁员没有义务决定适用哪一个特定国家的法律。基于合同的国际性特点以及仲裁地的影响,必须排除适用比利时或英国法律。综上,仲裁庭最终适用商人法(Lex Mercatoria)作为进行友好仲裁的裁决依据。[②]

在另一起案件中,中国某公司向美国某公司出售一批重晶石,其质量要求白度不得低于90度。中国商检局的出口检验结果是90.8度,但到岸后美国一商检机构的检验结果则为78.1度,两者的检验结果相差甚远。根据合同,双方应共同推举第三家检验机构进行复查作出权威性的结论,然而双方在复查的问题

---

① 刘晓红、向磊:《论友好仲裁的裁决权力来源及运用》,载《中国国际私法与比较法年刊》2020年第2期。
② Mechema Ltd. v. S. A. Mines, Minerais et Metaux, Ad hoc Arbitration, Award of 3 November 1977, reprinted in (1982) VII Yearbook of Commercial Arbitration, pp.77-79.

上未能达成一致意见。双方约定将争议提交给中国贸仲仲裁裁决,中国贸仲经审查受理了该案。审理认为,根据公平合理原则,取上述两个商检结果的平均值作为货物质量的依据,是目前情况下唯一合理的解决问题的办法。从而使整个争议迎刃而解,争议的双方当事人也甚为满意。

(四) 我国对友好仲裁的相关立法和规则

我国现行《仲裁法》第 7 条规定:"仲裁应当根据事实,符合法律规定,公平合理地解决纠纷。"然而,该条规定没有明确规定当事人可以约定仲裁员不考虑法律规定,直接以公允及善良等原则对仲裁实体争议进行解决。因此,该条规定并不能说明我国在立法层面已经确立了友好仲裁制度,可以说,我国的法律对友好仲裁的态度并不明确。

不过,根据对我国《仲裁法》条文的不同解读,对于《仲裁法》是否承认友好仲裁制度,学界存在两种截然相反的观点:一种观点认为我国国内法承认友好仲裁。持有该观点的学者认为,我国始终未曾否认友好仲裁制度。我国《仲裁法》在 1994 年第一次出台时,在条文中便采用了"公平合理"的表述,既然法律文本中的表述使用了"公平合理"的表述,那么适用公平合理原则解决仲裁申请人与被申请人之间争议的友好仲裁制度,自然就被《仲裁法》所确立。而且《仲裁法》中还允许经仲裁申请人与被申请人充分协商达成一致意见之后,可以请求仲裁庭不在其出具的裁决书中写明裁决依据。《仲裁法》的这一规定实际上也印证了《仲裁法》并未否认友好仲裁。因此,持有友好仲裁存在论的一方认为,我国《仲裁法》自始至终均未否认过友好仲裁,友好仲裁制度在我国一直被立法所承认。另一种观点则认为我国国内法不承认友好仲裁。持有该观点的学者认为,仅凭上述两个条文,难以支撑其主张的我国《仲裁法》始终未曾否认友好仲裁制度的观点。而且持有友好仲裁不存在论的一方认为,在司法实践活动中,针对《仲裁法》条文中所采用的"公平合理"这一表述的惯常解读是,仲裁庭在法律规定不明确或无明文规定时才采用公平合理原则解决纠纷。[①] 也就是说,只有在法无明文规定或规定不明确时,才需要仲裁员基于一般法律原则对仲裁申请人与被申请人之间的纠纷进行适当裁量,以使当事人各方能够获得一个公平合理的裁决结果,公平合理原则只是仲裁员处理纠纷时的辅助手段。另外,根据国际上通行的有关友好仲裁制度的规定,如《纽约公约》中的规定,友好仲裁应当符合两个条件。首先,友好仲裁制度的首要条件是需要当事人明确授权。如果仲裁申请人与被申请人并未明确表示同意授权仲裁员在仲裁程序进行中适用友好仲裁制度对案件进行裁决,仲裁庭就不得进行友好仲裁,这一要件在 2014 年《中

---

① 马育红:《"友好仲裁"制度在我国的借鉴与完善》,载《法学杂志》2010 年第 1 期。

国(上海)自由贸易试验区仲裁规则》(以下简称《上海自贸区仲裁规则》)中也得以体现。但是《仲裁法》中并未规定当事人授权这一要件。其次，友好仲裁中仲裁员具有无须严格适用法律规则的权力。根据仲裁法条文来看，我国《仲裁法》对仲裁的首要要求是"符合法律规定"，并未规定仲裁员可以排除法律规则的适用。因此，从我国《仲裁法》第7条的规定内容可以推断，我国仲裁法尚未承认友好仲裁制度。①

在仲裁规则方面，最早确认友好仲裁的规则是2005年《天津仲裁委员会友好仲裁暂行规则》，对友好仲裁的申请受理等程序做出了较为详细的规定。不过，从该规则对友好仲裁的定义以及具体规定来看，该规则所述的友好仲裁制度与当前国际通行的友好仲裁概念存在差距，其性质与调解制度更为类似，属于在我国依法仲裁体系下的变通做法，不能被视为是真正意义上的友好仲裁制度。②《上海自贸区仲裁规则》是我国仲裁机构首次在仲裁规则中引入友好仲裁制度。《上海自贸区仲裁规则》第56条规定，当事人在仲裁协议中约定，或在仲裁程序中经协商一致书面提出请求的，仲裁庭可以进行友好仲裁。仲裁庭可仅依据公允善良的原则作出裁决，但不得违反法律的强制性规定和社会公共利益。一方面，规则对仲裁庭行使友好仲裁的权力进行了充分的肯定，明确了仲裁庭可以不受现行法律规则的制约，只要经仲裁申请人与被申请人之间充分协商达成一致意见，便可以授权仲裁庭仅凭公平合理原则对当事人之间的争议进行裁决。另一方面，《上海自贸区仲裁规则》也对仲裁庭适用友好仲裁制度施加了一定的义务，对仲裁庭处理争议时所适用的友好仲裁原则作出了一定程度的限制，即仲裁庭在适用公平合理原则处理仲裁申请人与被申请人之间的争议时，必须遵守不得违反法律强制性规定和社会公共利益的规定。可见，《上海自贸区仲裁规则》规定的友好仲裁制度与国际上通行的友好仲裁理念相一致。③ 随后，上海市第二中级人民法院发布了《上海市第二中级人民法院关于适用〈中国(上海)自由贸易试验区仲裁规则〉仲裁案件司法审查和执行的若干意见》，该意见第13条规定："仲裁庭依据友好仲裁方式进行仲裁的，若适用友好仲裁方式系经各方当事人书面同意，不违反我国法律的强制性规定，且仲裁裁决符合《自贸区仲裁规则》的规定，在司法审查时，可予以认可。"可见，目前在我国，上海自由贸易试验

---

① 曾加、刘昭良：《中国(上海)自贸区临港新片区友好仲裁制度的机遇、挑战与发展》，载上海市法学会编：《上海法学研究》(2021年第19卷)，上海人民出版社2022年版。

② 例如，该规则第2条对规则所适用的友好仲裁概念进行了阐释，系指在仲裁庭主持下以互谅互让方式对仲裁申请人与被申请人之间的争议进行解决的活动，而且仲裁申请人与被申请人争议的解决更多的是依靠各方当事人之间的相互妥协让步。

③ 曾加、刘昭良：《中国(上海)自贸区临港新片区友好仲裁制度的机遇、挑战与发展》，载上海市法学会编：《上海法学研究》(2021年第19卷)，上海人民出版社2022年版。

区中的友好仲裁是被明确承认的,且具有执行的保障力。

随着国际商事经贸活动的繁荣以及《上海自贸区仲裁规则》对友好仲裁制度的确立,友好仲裁的理念逐渐为我国仲裁机构所了解,北京仲裁委员会、广州仲裁委员会、上海仲裁委员会、南京仲裁委员会等多家仲裁机构先后在修订本机构的仲裁规则时尝试引入友好仲裁制度的相关规定。[①] 例如,2019年《北京仲裁委员会仲裁规则》第69条第3款规定:"根据当事人的约定,或者在仲裁程序中当事人一致同意,仲裁庭可以依据公平合理的原则作出裁决,但不得违背法律的强制性规定和社会公共利益。"第4款又规定:"在任何情况下,仲裁庭均应当根据有效的合同条款并考虑有关交易惯例作出裁决"。不过,虽然国内各仲裁机构总体对友好仲裁展现出呈现积极态度,迄今为止,我国并未出现采用友好仲裁的实践案例,说明仲裁实务界对友好仲裁制度仍旧缺乏共识。[②]

第三节 仲裁与调解的融合

一、仲裁与调解融合新范式的体现

调解,是指在第三方协助下,当事人自主协商性的纠纷解决活动。[③] 与仲裁相类似,调解同样具有自主性、灵活性和高效性等特点,但与仲裁不同,调解的程序相较于仲裁更为简单。不过,考虑到调解缺乏强制力的约束,如果当事人之间达成调解协议(或和解协议),在未经过仲裁或法院确认的情况下,并不具有强制执行力。这也就意味着,如有一方当事人不履行调解协议的义务,那么各方当事人之间所作的调解工作即功亏一篑,相应投入的精力和财力也就付诸东流。

仲裁与调解相衔接,是指将仲裁和调解两种方式相结合以用于解决争议。作为一种新兴的纠纷解决机制,融合了仲裁与调解两种程序的优势,同时又能弥补各自的一些缺陷。在这样积极的横向共生关系下,当事人可以根据自己的需要随意选择仲裁与调解相衔接的模式,亦可根据每种模式自己的优点与缺点做出选择。

(一)灵活解决当事人之间的争议

仲裁的基石是当事人意思自治,当事人可以对仲裁程序中的送达方式、仲裁

---

① 刘晓红、向磊:《论友好仲裁的裁决权力来源及运用》,载《中国国际私法与比较法年刊》2020年第2期。
② 向磊:《论友好仲裁与依法仲裁的辩证关系》,载《社会科学家》2021年第6期。
③ 范愉:《非诉讼纠纷解决机制研究》,中国人民大学出版社2000年版,第177页。

庭的组成以及审理方式等程序进行自由约定,并且根据仲裁规则的规定,有关的程序和时限可以不受仲裁规则其他条款的限制。调解则不同,除了关注双方在法律上的权利义务关系以外,更注重对当下纠纷的合理解决。由于调解不仅仅立足于法律,当事人还可以全盘考虑双方目前的商业利益、未来的商业往来以及相关第三人的利益,所以当事各方可以共同探索更全面的争议解决方案。① 另外,调解员还是仲裁员,他们都是各行各业的专家,既能站在行业惯例的角度进行调解,又具有丰富的调解经验和专业背景。因此,采取调解对接仲裁这种方式,可以更加灵活地解决当事人之间的争议。

(二) 维护当事人之间的商业关系

以调解的方式解决纠纷,非常有利于维护当事人之间的友好关系,通过当前的争议发现并解决潜在的问题,有利于维护和促进当事人的长远商业利益。② 在国际商事领域,虽然可以在全球范围内选择商业伙伴,但跨国的商业交易,往往也意味着商业伙伴的更换带来的成本升高。在已经有良好合作的前提下,只要没有发生重大事故,基于经济成本方面的考量,双方仍倾向于继续保持合作关系。然而,仲裁往往聚焦当事人在法律上的权利与义务,争论和指责在当事人间难以避免,不利于当事人之间商业关系的维护。③ 而调解的情况下,双方采取协商而非对抗的方式共同商讨纠纷的解决方式,可以有效维护双方已经建立的友好关系,使双方在纠纷解决后仍有可能继续进行合作。

(三) 降低争议解决的成本

仲裁与调解融合是一种低成本的争议解决方式。首先,仲裁中调解将两种程序结合可以避免程序上的拖延,更加加快纠纷解决的进程。以 SIAC 为例,其仲裁规则规定,即便是在快速程序中,仲裁庭作出裁决的最短期限是 6 个月;而《新加坡国际仲裁中心—新加坡国际调解中心仲裁—调解—仲裁议定书》规定,由新加坡国际调解中心主持的调解应在调解展开之日后的 8 周内完结,除非 SIAC 主簿官经与新加坡国际调解中心协商后将时限延长。其次,这种纠纷解决机制将仲裁员、调解员合二为一,使得已经了解和熟悉案情的仲裁员可以直接进行调解,减少了很多重复性工作,同时也避免了另行聘请的调解员为熟悉案件事实而浪费时间和精力,也降低了当事人的争议解决成本。因此,对于追求效益最大化的商事纠纷当事人而言,较之于单独地启动仲裁程序和调解程序,仲裁与调

---

① 邹国勇、王姝晗:《国际商事仲裁中调解的程序困境与疏解》,载《长江论坛》2022 年第 6 期。
② 〔美〕安娜·乔宾·布莱特、刘雅施:《联合国国际贸易法委员会在国际商事调解中的法律创新》,载《商事仲裁与调解》2020 年第 1 期。
③ 尹力:《国际商事调解法律问题研究》,武汉大学出版社 2007 年版,第 74 页。

解融合在程序和时间上更为精简,大大降低了当事人的争议解决成本。①

(四) 调解协议的可执行性

单纯调解的局限性就在于调解协议无法强制执行,国际商事领域更是如此,一旦一方当事人拒绝执行调解协议,另一方当事人难以跨国有效维护自己的合法权益。② 相较而言,将仲裁和调解融合则可以解决这个问题。双方达成调解协议后,仲裁庭根据该调解协议制作的裁决书能够在境内外得到广泛的承认和执行,依据《纽约公约》,我国的仲裁裁决可以在168个国家和地区得到承认和执行,这就赋予了调解结果在境内外的可执行性。

二、仲裁与调解融合新范式的模式

各国都在完善仲调衔接的模式,增加解决商事纠纷的能力,同时也为商事纠纷当事人提供更为完善的纠纷解决的选择模式。实践中,仲裁与调解的融合发展出了下列几种模式:

(一) 以仲裁庭为主导的调解

1. 仲裁庭审理之前的调解

当事人之间存在有效的仲裁协议,在开庭之后进行正式的审理之前,根据仲裁员的提议或者一方提议双方达成调解合意的情况下,可以暂停仲裁程序,先进行调解。调解成功的,可申请仲裁庭根据调解达成的和解协议制作裁决书,仲裁程序亦随之结束;调解失败的,继续之前已经进行过的仲裁程序。

在这种模式下,一些案情较为简单的商事纠纷案件,不必花费大量的时间去举证、质证,进而促成商事纠纷当事人之间的调解,可以节省时间。但是一些复杂的商事纠纷案件,双方当事人之间对抗性较强,若没有经过仲裁程序弄清楚案件事实,当事人不一定接受或积极配合调解,并且也不利于真正维护当事人的利益。

2. 仲裁程序中的调解

仲裁中调解是指仲裁程序启动后,申请人和被申请人达成了调解的合意,由仲裁员或者仲裁庭对案件先进行调解,调解不成功再恢复仲裁程序。在此种模式下,调解员与仲裁员能否由同一人担任是一个非常重要的问题。支持者的观点认为,在担任仲裁员的过程中,已经对案情有了一定的了解,这样再担任调解员的话,省去了调解员了解案情的时间,有利于节省时间,提高纠纷解决的效率。

---

① 邹国勇、王姝晗:《国际商事仲裁中调解的程序困境与疏解》,载《长江论坛》2022年第6期。

② Rebecca Golbert, The Global Dimension of the Current Economic Crisis and the Benefits of Alternative Dispute Resolution, 11 *Nevada Law Journal* 502, p. 510.

反对者认为,仲裁员同时担任调解员,难免在调解过程中会了解当事人未在仲裁过程中提出的意见或真实想法,而这样的意见或想法极可能影响到仲裁员的独立性和公正性。大多数机构的规则之中,仲裁员与调解员假如由同一人担任,需要事先取得双方当事人的同意。例如,《深圳国际仲裁院仲裁规则》第48条第1款规定"如果各方当事人有调解意愿,仲裁庭可以在仲裁程序中主持调解。当事人同意由仲裁庭调解的,主持调解的仲裁员在其后的仲裁程序中可以继续履行仲裁员职责,除非当事人另有约定或者适用法律另有约定。"

3. 仲裁程序结束后裁决作出前的调解

仲裁庭审结束后,案件事实已经明了,仲裁员或者仲裁庭在作出裁决前,如果申请人和被申请人达成调解合意,可进行调解程序。这样的模式下,商事仲裁程序基本已经结束,花费了大量的时间,并不能因此而节省时间,提高纠纷解决的效率。优点是经过仲裁程序后,案件事实已经清楚明晰,商事纠纷当事人对自己的利益有了更准确的认识,反而容易调解成功,而且通过这样调解成功的结果,往往当事人亦自愿予以执行。

(二) 非以仲裁庭为主导的调解

1. 调解中心进行的调解+仲裁

现有许多仲裁机构都设立调解中心,调解中心和仲裁庭联动解决案件。双方之间存在调解协议,案件进入调解中心进行调解,调解成功后再根据仲裁协议,进入仲裁程序,由仲裁员根据和解协议制作裁决书,赋予强制执行力。调解不成,也根据仲裁协议,进入仲裁程序。

2. 调解机构进行的调解+仲裁

案件先经过调解机构的调解,调解成功后,根据仲裁协议,申请仲裁庭根据和解协议制作裁决书。调解不成功,根据仲裁协议申请仲裁。

3. 行业协会进行的调解+仲裁

我国现有的与商事相关的协会很多,有综合性的海运协会,还有专业性更强的更单一的海运协会,如中国船舶代理协会、上海交通运输协会等。协会与仲裁庭联动进行商事仲调衔接程序,案件发生之后先由行业协会进行调解,调解不成根据仲裁协议进入仲裁程序,通过仲裁解决纠纷。调解成功的话,依据仲裁协议,申请仲裁庭根据和解协议的内容制作裁决书。

4. 影子调解

当事人为解决争议,先启动仲裁程序,在仲裁恰当的时候,启动平行的调解程序,由调解员对争议进行调解。如果调解成功,则了结争议;如果调解不成,则争议由仲裁解决。① 在这种模式下,商事仲裁程序与商事调解程序分别独立,避免了仲裁员与调解员混同而引发的对仲裁员能否公正裁决的质疑,以及仲裁权力被滥用的问题。两种程序平行进行,一种程序的开启并不以另一种程序的中止为前提,节省了一定的时间,但是会增加解决商事纠纷的费用,尤其是商事纠纷一般涉案标的较大,费用较高,同时进行商事仲裁与商事调解会增加当事人的经济负担。本书作者认为调解启动的时间非常重要,假如一开始即启动调解,那么等于是两条程序平行启动,互不影响,调解员也可以充分了解案情,并在恰当的时候调解。如果调解成功,双方对结果满意的话,仲调衔接的程序很快就趋向于结束,提升纠纷解决的效率。假如在后期提出调解的话,仲裁已经趋向于结束,调解员错过了举证、质证、仲裁庭调查等阶段,那么调解员对案件事实是根本不了解,调解员还得花费时间了解案情,非常浪费时间,造成程序拖沓。因此,在此种模式下,调解提出的时间越早越好。

5. 调解与仲裁共存

在调解与仲裁共存的程序中,仲裁程序与调解程序平行启动。在该程序中,调解员和仲裁员在各自独立的程序中相互分离,但调解员和仲裁员都需要同时参加小法庭听证。② 需要注意的是,仲裁员不得参加调解员与当事人的私下会晤,而调解员需要向仲裁员披露其在调解当事方纠纷过程中所获悉的秘密信息。随着仲裁程序的发展,在调解与仲裁共存的模式下,出现了部分仲裁庭允许调解员旁听全过程,并且在适当的时候可以对当事人进行调解的情况。

6. 仲裁后调解

仲裁后调解是当事人在仲裁程序终结后利用调解程序实现仲裁裁决执行的程序。由于执行中的调解与仲裁程序之间不具有衔接性和连贯性,因而这种仲裁后调解的方式在本质上类似于独立的调解或者临时调解。

7. 建议模式的先调解后仲裁

建议模式下先进行调解程序,调解不成或者纠纷没有完全解决,转入仲裁程序。③ 调解员与仲裁员由不同的人士担任,在仲裁程序开启前,调解员会根据其了解的案情向仲裁员提交一份裁决建议书,裁决建议书只有参考效力,并不要求仲裁员强行适用,可以有助于仲裁员快速了解案情,节约时间,并且其裁决建议书只是起到参考作用,因此并不担心仲裁员的意志受到调解员的左右,而影响其做出公正裁决。

---

① "影子调解"英文为"Shadow Mediation"。
② "调解与仲裁共存"英文为"Consisting of Mediation and Arbitration",简称"Co Med-Arb"。
③ "建议模式的先调解后仲裁"英文译为"mediation and arbitration different recommendation",简称"Med-Arb-diff-Recommendation"。

8. 最后仲裁方案

最后仲裁方案是当事人就双方之间的争议先进行调解,若调解不成功,双方各自就纠纷提供一个裁决方案,仲裁程序启动后仲裁员根据其所了解的案情事实,选择一方提供的裁决方案。① 这种模式一定程度上尊重了当事人的意愿,有益于纠纷的妥善解决及执行,同时,也一定程度上减小了仲裁员的自由裁量权。再者,因仲裁员会从中选一个裁决方案,会促进当事人深入了解案情事实,合理化自己的仲裁请求,以免被仲裁员否决。

三、仲裁与调解融合新范式应坚持的价值取向

(一) 自愿性

仲裁是作为一种解决争议的民间裁判制度,其排除法院对案件的管辖权,所以将纠纷以仲裁裁决方式解决必须基于有仲裁的合意。调解是"在第三方协助下进行的当事人自主协商性的纠纷解决活动"②。调解并非完全依据法律,调解是以双方对自己的一部分权利进行让步的情况下,达成一个使双方都能接受的结果,所以调解也是双方自愿的情况下进行的。商事仲裁与商事调解两种程序结合也是基于商事纠纷的当事人达成合意的前提下进行的。在先调解后仲裁的模式中,商事纠纷主体一般情况下事先有调裁协议或者在合同中明确纠纷解决方式的条款,先通过调解,调解不成,再开启仲裁程序。也有先有调解协议,先调解,调解不成或者纠纷没有完全解决,双方临时达成仲裁协议,进行仲裁程序。在先仲裁后调解的模式中,调解程序的开启也要以双方同意为基础,否则,也无法进行调解程序。两种程序的结合需要双方当事人的合意,双方当事人在商事仲裁与调解相衔接模式的选择上也需要达成一致。

(二) 融合性

商事仲裁与商事调解两种程序衔接,可以充分发挥两种程序的最大优势。将商事调解的高效性和商事仲裁的终局性相结合,可以有效提高纠纷解决的效率,也确保了结果的约束力。因此,在实践中两种程序结合的种类也非常丰富,无论是先商事调解后商事仲裁,还是先商事仲裁后商事调解,以及商事仲裁与商事调解平行进行,这些灵活的模式,都各自有优点和缺点,其相互结合的模式为商事纠纷主体提供更为多元的纠纷解决模式。

(三) 专业性

商事纠纷和一般的民事纠纷有所不同,其有着高度的专业性,解决这样的纠

---

① "最后仲裁方案"在英文中被译为"Mediation and Last offer Arbitration",简称"MEDALOA"。
② 范愉:《非诉纠纷解决机制研究》,中国人民大学出版社 2000 年版,第 177 页。

纷需要丰富的专业知识作为基础。同时,在选任调解员或者仲裁员时,都是从具有相关领域专业知识和实践经验的中外人士中聘任。根据中国海事仲裁委员会调解员名册中的介绍,其所在册的调解员皆具有海商、商事、国际贸易、商事调查的专长。这种任职资格的要求主要也是基于商事纠纷具有高度的专业性。

(四) 公正性

"公正",也称"公平正义",其中,"公平"是平等地对待不同的自然人或者其他主体。公平正义既是各项社会制度构建的价值基础,也是人类社会追求的最高价值目标。事实上,调解在纠纷解决的过程中所追求的公正是一种多元的公正,即适应当事人实际需求、感受、利益和价值取向,其自主选择纠纷的解决方式、依据和结果。① 商事仲裁与商事调解衔接制度将调解具有的灵活性和仲裁相融合,当事人可以通过协商对案件处理,达到一种双方都满意的结果,这其实是强调一种实质公正。其次,商事仲调衔接制度也是以程序公正为保障的,许多国家也在不断完善相关立法及其相应的规则,规范商事仲裁与调解相衔接的程序。

四、仲裁与调解融合新范式在我国商事仲裁中的体现

我国《仲裁法》第51条规定,仲裁庭在作出裁决前,当事人可以先行调解。当事人自愿调解的,仲裁庭应当调解。调解不成的,应当及时作出裁决。调解达成协议的,仲裁庭应当制作调解书或者根据协议的结果制作裁决书。第52条规定,调解书应当写明仲裁请求和当事人协议的结果。调解书由仲裁员签名,加盖仲裁委员会印章,送达双方当事人。调解书经双方当事人签收后,即发生法律效力。新的《仲裁法征求意见稿》只是将《仲裁法》第51条变为第68条,第52条变动为第71条,法条内容则没有变化。此外,《仲裁法征求意见稿》中新增了第332条、第69条和第70条,规定了仲裁前自行调解和仲裁外调解,以及仲裁机构可对调解协议内容进行确认,但没有对仲裁中调解另行作出规定。因此,无论是现行《仲裁法》还是《仲裁法征求意见稿》,只有一个法条,即第51条比较模糊地规定了仲裁中的调解。由上可知,我国有关仲裁中调解的规定,没有脱离法院调解,而且过于原则化。

仲裁委自行制定的仲裁规则中也有仲裁和调解结合的相关规定。《中国国际经济贸易仲裁委员会仲裁规则》(以下简称《中国贸仲仲裁规则》)第47条第8款规定,当事人有调解愿望但不愿在仲裁庭主持下进行调解的,经双方当事人同意,仲裁委员会可以协助当事人以适当的方式和程序进行调解。《北京仲裁委

---

① 范愉等:《调解制度与调解人的行为规范》,清华大学出版社2010年版,第17页。

员会仲裁规则》第 42 条规定,在仲裁机构受理案件并完成组庭工作后,仲裁庭可以根据当事人的请求或者在征得当事人同意的情况下进行调解。当事人达成调解协议的,可以请求仲裁庭根据调解协议的内容制作调解书或者裁决书。第 43 条第 1 款则规定,案件审理过程中,当事人可以自行和解或者依据《北京仲裁委员会调解中心仲裁规则》的规定向本会调解中心申请由调解员进行调解。从以上的规定可以看出,在上述仲裁机构受理案件后并在仲裁裁决作出之前,当事人可基于意思自治,先行向仲裁机构调解中心或者其他调解中心申请调解。在当事人签订和解协议后,可请求仲裁庭依据和解协议的内容制作裁决书。不过,总体看来,仲裁委自行制定的仲裁规则对调解的规定缺少规范性,使得仲裁员的工作很大程度上仍然依赖自身的能力和经验。①

我国仲裁与调解结合的做法已实践了几十年,根据《中国国际商事仲裁年度报告》,我国国际商事仲裁案件以调解、和解方式结案占比近年来逐年上升,2019 年以调解和解方式结案的案件数为 85980 件,占传统商事案件受案总数的 31%。② 2020 年以调解和解方式结案的案件数为 91981 件,占传统商事案件受案总数的 35%。③ 2021 年以调解和解方式结案的案件数为 93162 件,占传统商事案件受案总数的 35%。④ 可见,仲裁与调解融合,具有效率和成本上的显著优势,也经过长期的实践检验,未来将继续发挥重要作用。

拓展阅读

1. 临时仲裁能够更好地吸引投资者进驻自贸区,《仲裁法》引入临时措施对于推动我国自贸区建设有其重要意义,有关我国《仲裁法》引入临时仲裁制度的研究可以阅读毋爱斌:《〈仲裁法〉引入临时仲裁制度体系论》,载《社会科学家》2022 年第 4 期。

2. 想要进一步了解自贸区仲裁制度,可以阅读陈磊:《自贸区临时仲裁的制度基础与完善路径——以临时仲裁与机构仲裁关系之优化为视角》,载《南京社会科学》2020 年第 8 期。

3. 想要了解我国近年来仲裁制度的发展,特别是临时措施、友好仲裁等问

---

① 邹国勇、王姝晗:《国际商事仲裁中调解的程序困境与疏解》,载《长江论坛》2022 年第 6 期。
② 中国国际经济贸易仲裁委员会主编:《中国国际商事仲裁年度报告(2019—2020)》,法律出版社 2019 年,第 6 页。
③ 中国国际经济贸易仲裁委员会主编:《中国国际商事仲裁年度报告(2020—2021)》,法律出版社 2020 年,第 6 页。
④ 中国国际经济贸易仲裁委员会主编:《中国国际商事仲裁年度报告(2021—2022)》,法律出版社 2021 年,第 7 页。

题,可以进一步阅读杨玲:《晚近中国仲裁制度的变革与发展趋势》,载《南通大学学报(社会科学版)》2016 年第 3 期。

思考题

1. 临时仲裁和机构仲裁各自有什么特点?
2. 请谈谈仲裁与调解融合类型发展的新趋向。

案例分析

【案例一】 香港锐夫动力公司申请承认与执行仲裁裁决案①

香港锐夫动力有限公司(以下简称锐夫公司)与上海远东航空技术进出口公司(以下简称远东公司)因履行补偿贸易协议发生纠纷,于 1991 年 6 月 29 日向瑞典斯德哥尔摩商会仲裁院申请仲裁,要求远东公司赔偿其经济损失 4486086 美元以及其他因仲裁而支付的费用。瑞典斯德哥尔摩商会仲裁院由 Lars Rahmn,Jerome A·Chen 和 J. Gillis Wetter 组成仲裁庭,被申请人依据双方签订的补偿协议第 14 条提出管辖权异议,认为由于锐夫公司未履行第 14 条中"尽可能通过友好协商的方式解决"以及"向造成损害的一方索赔损失"的约定,因而无权将仲裁协议项下的争议提交仲裁解决。仲裁庭于 1992 年 7 月 17 日就其管辖权问题专门作出了中间裁决,并于 1993 年 7 月 13 日作出裁决书,裁定由远东公司向锐夫公司支付赔偿金 4486086 美元和利息,并支付仲裁费用,远东公司未履行上述裁决书。锐夫公司后于 1995 年 2 月 29 日向上海市第二中级人民法院提出强制执行的申请,法院认为,仲裁庭对该案的裁决,符合我国加入的《纽约公约》和我国法律规定承认外国仲裁裁决的条件,最终裁定承认该仲裁裁决的效力。

【案例二】 法国 ELF Aquitaine Iran 公司与伊朗国家石油公司案②

1966 年 8 月 27 日,伊朗国家石油公司与法国一家国有企业(Enterprise de Recherches et d'Activities Petrolieres,ERAP)和另外一家法国公司(Societe Francaise de Petroles d'Iran,sofiran,以下简称索菲兰公司)在伊朗首都德黑兰签署了

---

① 赵秀文主编:《国际商事仲裁案例解析》,中国人民大学出版社 2005 年版,第 16—27 页。
② 同上书,第 109—121 页。

有关勘探开发伊朗石油资源的承包合同,该合同第41条是关于如何解决合同争议的仲裁条款。

1967至1977年间,ERAP将其所有的权益转让给了 Elf Iran,而 ERAP 的分支机构,即 Societe Nationale des Petroles(SNPA)也将其在合同项下的权益转让给 Aquitane Iran。后来,Elf Iran 与 Aquitane Iran 合并为本案的申请人法国 ELF Aquitaine Iran 公司(以下简称 ELF 公司)。

1980年1月8日,伊朗伊斯兰共和国委员会通过了一项关于设立一个审查石油协议的专门委员会法案,该法案只有下述一条规定:"石油部向专门委员会移交的所有石油协议中,凡是含有与伊朗石油部国有化法令相悖的规定,均为无效。这些协议的订立或履行中发生的请求权应当按照专门委员会的决定解决。此项专门委员会在开会时,应当有外交部的代表参加。"

1980年8月11日,伊朗国家石油公司告知 ELF 公司,专门委员会已经宣布1966年8月27日的合同无效。于是,ELF 公司根据该合同中的仲裁条款,将争议提交仲裁解决。根据仲裁条款的规定,每一方当事人应当指定一名仲裁员。如果这两名仲裁员不能就争议解决达成一致,则由他们两个共同指定一位公断人审理本案争议。如果当事人未能指定仲裁员,则由丹麦最高法院院长指定一名独任仲裁员审理合同争议;如果当事人指定的仲裁员未能就公断人的人选达成协议,公断人也应当由丹麦最高法院院长指定。

由于 ELF 公司未能指定仲裁员,因而丹麦最高法院院长指定郭马德作为独任仲裁员。被申请人伊朗国家石油公司对仲裁员的管辖权提出异议,称合同中的仲裁条款在合同订立后由于伊朗颁布的新的立法(国有化法令)而无效。丹麦最高法院院长认为,无论伊朗国家石油公司的异议基于什么样的理由,都不能妨碍他指定仲裁员的权力(appointing authority)。本案独任仲裁员郭马德在其作出的先决裁决中,拒绝了伊朗国家石油公司的异议,称自己对本案有管辖权。

【案例三】 爱奥·哈代德兄弟公司与代尔坎公司案①

爱奥·哈代德兄弟公司(以下简称哈代德公司)于1982年2月对代尔坎公司与北方船运公司提起诉讼,要求赔偿在1981年2月至3月间的运输途中给哈代德公司的货物造成的损失。代尔坎公司以双方之间的租船合同中存在的仲裁条款为由提出抗辩。该条款规定如下:该租船合同中引起的任何争议将提交伦敦仲裁,双方各规定一名仲裁员,如果两名仲裁员意见不一致则由他们共同指定的公断人作出裁断,该裁断是终局的且对双方具有约束力。仲裁庭的组成人员

---

① 赵秀文主编:《国际商事仲裁案例解析》,中国人民大学出版社2005年版,第123—132页。

应从伦敦仲裁协会的仲裁员名册中选任。代尔坎公司认为应中止诉讼程序,直至仲裁庭根据租船合同中的条款支持哈代德公司的请求。哈代德公司反对代尔坎公司的请求,但对于租船合同中含有要求在伦敦仲裁这一条款并无异议,法庭接受代尔坎公司的提议并中止对此案的审理以使哈代德公司诉诸仲裁。哈代德公司并没有就法院的这一决定提起上诉,也没有诉诸仲裁。

1981年10月,代尔坎公司在伦敦提起仲裁,要求哈代德公司偿付未付的租船费用。代尔坎公司指定布鲁斯·哈瑞斯(Bruce Harris)作为仲裁员,并于1981年11月将此决定告知哈代德公司。然而,截止到1981年12月23日,哈代德公司仍没有指定仲裁员,代尔坎公司于1981年12月31日通知哈代德公司建议组成以哈瑞斯作为独任仲裁员的仲裁庭。此时,哈代德公司保留着与仲裁有关的律师,但此后不久便将其解聘,并且没有参加仲裁程序和答辩。1983年6月12日哈瑞斯作出裁决,判令哈代德公司向代尔坎公司偿付包括利息和相关费用共计143712.4美元。

1984年3月20日,哈代德公司请求法院以其未同意租船合同中要求在伦敦仲裁的条款为由判定仲裁裁决无效。法院拒绝了这一请求并裁定哈代德公司的申辩迟延无效,而且租船合同本身也要求在伦敦裁决。

【案例四】 山西天利公司与香港伟贸公司购销合同纠纷案[①]

1998年6月15日,山西天利实业有限公司(以下简称山西天利公司)与香港伟贸国际有限公司(以下简称香港伟贸公司)订立的焦炭购销合同中的仲裁条款约定:"无论是自然产生的和以任何方式与合同或合同的解释或履行有关的任何可能会被提起仲裁的争议,应在香港提起并依据《国际商会仲裁规则》和英国法进行。在分歧或争议不能协商解决确定之日起30日内,当事人中任何一方就争议的分歧提起仲裁。仲裁费用由仲裁中失败的一方承担,仲裁裁决是终局的并对双方具有拘束力。"合同在履行中,香港伟贸公司以货物不合格为由拒收货物并要求山西天利公司赔偿损失,同时将此争议提交国际商会仲裁院仲裁。按照《国际商会仲裁规则》组成的独任仲裁庭经审理后于2001年10月9日在香港作出裁决,裁定山西天利公司败诉并承担90%仲裁费。后香港伟贸公司向太原中院申请执行这一仲裁裁决,受理申请的人民法院依照《纽约公约》的规定对该裁决进行了审查。

---

① 整理自山西省太原市中级人民法院《关于同意太原中级人民法院不予执行国际商会仲裁院10334/AMW/BED/TE最终裁决一案的报告》。

第四章 仲 裁 协 议

"自由、平等、公正、法治"是社会主义核心价值观立足于社会集体层面,对社会主义核心价值体系的高度凝练。植根于中华优秀传统文化中的中国特色社会主义法治,发展了中华优秀传统文化中"第三者居中解决争议"的处理模式。可以认为,早期的仲裁也是在"当事人将纠纷提交中立第三方并遵守第三方对纠纷之评判"的模式上发展而来。因此,我国建立健全仲裁这一纠纷解决机制,既是对中华优秀传统文化的发展,也是完善中国特色社会主义法治建设的重要彰显。

"仲裁协议是国际商事仲裁的基石。"① 仲裁协议是当事人自愿将争议交付仲裁以解决纠纷的共同意思表示,反映了当事人对争议解决方式和裁判者的共同选择。仲裁协议依法成立后,即对当事人直接产生法律效力。如果仲裁协议的一方当事人就仲裁协议约定范围内的争议事项向法院提起了诉讼,另一方当事人则有权依据仲裁协议要求法院终止司法诉讼程序,把争议发还仲裁机构或仲裁庭审理。只要各方当事人表现出以仲裁解决纠纷的意图,并缔结书面仲裁协议,即应受其约束。法院在解释仲裁条款时,对仲裁条款的内容可以放宽限制,充分尊重当事人的仲裁意愿。有效的仲裁协议是当事人进行仲裁的前提,正所谓"皮之不存,毛将焉附",若没有仲裁协议,仲裁便无从谈起。所以,本章将探讨仲裁协议的一些基本理论问题,包括仲裁协议的表现形式、基本内容和效力等。

第一节 当事人意思自治与仲裁协议

仲裁协议本质上是一种特殊的契约。与一般商事交易合同相比,仲裁协议的特殊性表现为内容的特殊性——采用仲裁手段解决商事纠纷。英国著名国际商法学者施米托夫认为:"国际商事仲裁实质上是解决争议的一种合同制度

---

① Alan Redfern, Martin Hunter, *Law and Practice of International Commercial Arbitration*, Sweet & Maxwell, 1999, p.135.

……作为一种合同安排,仲裁应当受当事人意思自治的支配"。① 国际商事仲裁协议既然是合同,那么就受当事人意思自治的控制和支配。

一、当事人意思自治

意思自治原则最初是指当事人经协商一致有权决定合同所应适用的法律,后被发展为合同自由原则,再后又被扩张使用到合同领域外其他具有契约性内容的领域中,例如包括仲裁在内的争议解决条款。②

应当指出,意思自治是市场经济的核心内容。赋予市场主体以自主性既是市场经济的内在要求,也是使市场主体适应复杂多变的经济形势的应然之举。仲裁,作为定分止争的替代性纠纷解决方式,究其本质是一种服务于市场经济的重要法律手段,因此也必须充分体现当事人意思自治的精神。

从公法、私法划分层面上理解,意思自治指私法自治,又称私权自治,基本含义是私法主体有权自主实施私法行为,他人不得非法干预;私法主体仅对基于自由表达的真实意思而实施的私法行为负责;在不违反强行法的前提下,私法主体自愿达成的协议优先于私法之适用。③当事人意思自治是私法自治的核心,其基本内涵是当事人可在自由意志支配下自主实施私法行为且不受任何他人任意、非法干涉,当事人对在自由意志支配下实施的私法行为负责。在不违反禁止性法律规定的情况下,当事人之间订立的协议较法律规定可优先适用。④

商事主体意思自治的目的是通过对自己权利义务的自由安排,实现私法上的利益。当然,就意思自治的本质而言,法律秩序决定的方式并不是直接为当事人提供行为规则——"法无禁止即可行",而是通过裁判规则对那些不能容忍的意思自治行为进行矫正;当事人固然可以根据自己的意志决定法律关系的设立和内容,但最终要接受外部法律秩序的调整。

意思自治的主旨是当事人有权依其自我意志作出自由选择,而当事人的自我意志是约束契约关系的准则。因此,意思自治离不开契约,当事人的自我意志、自主选择都应当以契约为载体。无论是选择准据法还是国际民事诉讼中的协议管辖,都是依当事人之间的契约才可以"意思自治"。仲裁制度也不例外,

---

① 〔英〕施米托夫:《国际贸易法文选》,赵秀文译,中国大百科全书出版社1993年版,第674页。
② 董连和:《论我国仲裁制度中的意思自治原则》,载《清华大学学报(哲学社会科学版)》2006年第3期。
③ 江平、张礼洪:《市场经济和意思自治》,载《法学研究》1993年第6期。
④ 董连和:《论我国仲裁制度中的意思自治原则》,载《清华大学学报(哲学社会科学版)》2006年第3期。

仲裁协议或者合同中的仲裁条款都是契约的主要表现形式。① 当事人通过意思自治在国际商事仲裁领域为自己或对方设定权利、义务,目的就是通过仲裁的方式解决纠纷。

二、国际商事仲裁协议的意思自治

国际商事仲裁的意思自治,不仅体现在仲裁当事人实体权利的支配中,也体现在法律适用的选择中,还体现在对于实体争议进行解决的程序性规则的决定中。国际商事仲裁的当事人可以自主决定在哪个国家(地点),由哪个机构,哪些人,按照什么样的程序规则和实体规则来对他们的哪些争议进行裁判,甚至可以决定是否受某个特定国家的司法审查以及在何种程度上受这种司法审查。著名国际商事仲裁专家伊曼纽尔·盖拉德教授在其著作《国际仲裁的法理思考和实践指导》中开篇指出:与国际私法相比较,国际仲裁法更适合法学理论的分析。自治和自由这对基本的哲学概念在这一领域处于核心地位。②

国际商事仲裁意思自治作为私法自治的延伸,在许多情况下都表现出对特定法律秩序的依附与遵从。例如,作为意思自治产物的仲裁协议需要符合特定法律秩序的形式和内容要求、提请仲裁事项的范围需要得到特定法律秩序的认可、裁决是否具有终极的约束力需要特定法律秩序的确认等。只要国际商事仲裁意思自治还需要借助国家权力来实现,就必须接受作为国家权力表现形式的法律秩序的约束。因此当事人意思自治的实现程度取决于特定法律秩序的规定。

值得注意的是,国际商事仲裁作为一种现代国家提倡使用并通过立法规范的争议解决方式,其自始至终都将受到法院的监督和协助。这意味着仲裁制度中所内含的意思自治亦应获得法律的认可或承认,这也是由自治的自由本质决定的。因此,国际商事仲裁意思自治包含了两个层次的意思自治:其一是"自由"层面上的私法传统上的意思自治,受特定法律秩序的约束和保障;其二是在满足法律规定下的意思自治,除涉及法律的强制性规定问题,不受既有法律秩序干预。法律允许国际商事仲裁当事人通过意思自治形成其自身秩序、自主地实现其自由,这是因为国际商事仲裁产生和发展的历史背景、社会基础与"意思自治"之间息息相关。

---

① 宋朝武、张晓霞:《论仲裁制度中的意思自治原则》,载广州仲裁委员会主编:《仲裁研究(第三辑)》,法律出版社2005年版,第26页。
② 〔法〕伊曼纽尔·盖拉德:《国际仲裁的法理思考和实践指导》,黄洁译,北京大学出版社2010年版,第2页。

三、国际商事仲裁意思自治的形成

在仲裁还没有作为一项独立的法律制度存在于国家整体法律体系中时,意思自治就已经作为仲裁制度的内核,支撑着仲裁的运行:所有参与其中的当事人都以自己的自由意志决定是否进行仲裁以及如何进行仲裁。要进行仲裁,当事人必须订立仲裁协议。当事人以仲裁协议控制整个仲裁过程,从选定仲裁员到仲裁庭应根据法律还是公平原则来裁断争议,都可以由当事人协议确定。意思自治被视为仲裁最优秀的品质。古希腊人认为,由当事人充分决定采取何种争议解决程序解决私人争议是理所当然的;柏拉图相信,仲裁在当事人的共同合意上进行,应当成为争议解决的权威方式。在罗马引入古希腊的仲裁程序后,罗马世界中的争议解决方式逐渐被私人争议解决主导。加图、西塞罗和塞内卡等罗马作家都在其著述中提及仲裁程序。①

到了罗马帝国时代,仲裁曾经短暂被纳入法律制度体系,《查士丁尼法典》就有关于仲裁的规定。以罗马法学家几百年前的理论为基础编撰的《学说汇编》中规定,仲裁程序的进行和裁决的执行均以当事人协议或仲裁协议为基础。由此可以认为,发展完备的仲裁法早就成为罗马法的有机组成部分。然而,纵观历史后来的发展,仲裁并非朝着成为法律制度体系的一部分发展,而是游离于既有法律秩序之外。12世纪时,为了免受僵化的封建土地法的约束,以及为了避免让完全不了解商业活动的法官和陪审员来裁判案件,行商法庭以商人习惯法为依据现场解决争议,这几乎与现代的仲裁无异。这些特别法庭无权采取制裁措施,也无权强制执行其判决,但通常情况下,争议当事人会自觉遵守法庭裁判。整个行商法庭体系具有一定的自我规制功能,不遵从行商法庭判决的当事人将会在商业和社会声誉上受损。到15世纪后期,国家立法限制商事法庭的管辖权导致行商法庭体系解体。但是,由于一般法院的诉讼程序无法满足商界对快速解决争议的需求,商事争议当事人转而选择私人仲裁。仲裁直至17世纪才被普遍纳入国家法律制度体系。在此之前,仲裁一直因由当事人的意思自治而存在并得以广泛实践。意思自治以其自治性为核心,是仲裁赖以产生和发展的精神理念,也是仲裁的本质特征和原生规则。意思自治引导着整个仲裁制度体系在不同的社会历史发展阶段伸展运行。

四、国际商事仲裁意思自治的体现

意思自治作为国际商事仲裁的基本原则,主要体现在三个方面:国际商事

---

① 〔瑞典〕费恩·迈德森:《瑞典商事仲裁》,李虎、顾华宁译,法律出版社2008年版,第8—10页。

仲裁中仲裁协议的自治性、国际商事仲裁程序的自治性和裁决结果执行的自治性。

（一）仲裁协议的自治性

当事人意思自治首先反映在仲裁协议的自治性上。仲裁协议的意思自治已俨然成为现代国际商事仲裁制度以及调整仲裁协议的根本性法律原则。① 就仲裁协议的自治性而言，主要包括两重含义：其一是仲裁协议的独立性；其二是仲裁协议内容的自治性。仲裁协议的独立性就目前而言已经成为"广泛的国际共识"。有学者评价其符合并体现了意思自治的精神、仲裁条款的本质功用、仲裁制度的比较优势，乃至整个仲裁制度的发展方向。② 本质上，国际商事仲裁协议与国际商事合同是两个在目的上有牵连但意思自治内容完全不同的合同，因此完全不能用其中的一个吸收另一个，或用其中一个的效力状态评价另一个。也正是在这个意义上，仲裁协议存在与否及有效与否的判断标准，也完全不需要以国际商事合同所适用的法律来确定。

（二）国际商事仲裁程序的自治性

国际商事仲裁程序的自治性，是指仲裁程序独立开始、进行和结束，在程序上不受外部、内部的干扰和影响的特性。③ 当事人以意思自治授信仲裁的目的在于获得公平中立的程序，量体裁衣地适用于他们的争议，提高争议解决效率。这一目的实现的最主要的途径就是当事人在程序方面实现自治。而这种自治性的优势在适当的时候，可以由仲裁庭或仲裁员发挥得更好。就国际商事仲裁程序自治性而言，主要体现在当事人的程序自治（制定或选择）、仲裁员的程序自治（裁量或决定）、司法的不介入以及仲裁地的强制性程序要求受到限制。事实上，程序公正常常作为实体正义的保障而存在，如果实体争议的双方当事人并不依赖于程序规则保障其实体权利，他们就可以协议选择简单的程序规则，而与他人无涉。程序自治的关键在于给予双方当事人平等的程序地位和程序机会，而不在于程序自身设计的严格精巧。因此，国际商事仲裁程序在仲裁庭自治意思的主导下实现当事人的自治需求，获得国际社会的普遍承认，各国立法仅在正当程序要求等极为有限的范围内适当干预以保障当事人意思自治的顺利实现。

仲裁庭的意思自治体现为仲裁庭在案件审理过程中的自治权。仲裁庭是审理案件的具体单位。按照公平、公正的本质要求，仲裁庭应对案件审理过程中所

---

① 张春良：《国际商事仲裁的身份、去身份化及其属地性》，载广州仲裁委员会主编：《仲裁研究（第三十二辑）》，法律出版社2013年版，第44页。
② 刘想树：《中国涉外仲裁裁决制度与学理研究》，法律出版社2000年版，第95—97页。
③ 汪祖兴：《国际商会仲裁研究》，法律出版社2005年版，第235页。

有的程序和实体问题具有自主决断权。① 毫无疑问,仲裁员解决争议的权力是基于争议双方当事人的共同意愿。当事人选任仲裁员是国际商事仲裁意思自治原则最为核心的表现形式,也是仲裁与诉讼最核心的区别。当事人通过选任仲裁员,使其所有意思自治的内容都得以在仲裁程序中经由仲裁员仲裁权的行使而实现。无论是实体规则、程序规则还是法律适用规则,仲裁员或仲裁庭首先要做的就是尊重当事人的选择。在当事人作出的具体选择之外,仲裁庭根据当事人的授权自主地引导案件的进程,遵循仲裁机构提供的仲裁规则和职业操守,独立公正地实现当事人授信的目的。

(三) 仲裁结果执行的自治性

不同于法院的判决书可以直接由执行庭强制执行,仲裁机构或仲裁庭做出的仲裁裁决,是否可以顺利获得执行,首先只能依靠裁决债务人的自觉。一般而言,当事人协议选择仲裁的争端解决方式,就代表着其自愿遵守仲裁的裁决决定,亦自愿去执行相应裁决。

第二节 仲裁协议的表现形式

仲裁协议的表现形式是指仲裁协议是以什么样的方式呈现在当事人及其他人面前。一般而言,协议以书面形式、口头形式和其他形式体现出来。那么作为协议的一种,仲裁协议的形式有何要求?是否也可以以多种形式存在?

一、仲裁协议的传统表现形式

以往仲裁协议有着严格的书面形式要求,因而传统的仲裁协议主要以书面形式而存在。大多数国际公约及国家的国内法都规定仲裁协议必须采用书面形式或至少有书面证据证实。在仲裁制度发展初期,各国对仲裁制度的敌视态度在仲裁协议的形式要求上,主要表现为设置严格的形式标准。意思自治是仲裁制度的核心,当事人的意思就是当事人的主观心理态度的反映,这种主观的心理态度只有通过客观的表现才能为人所知。为了具体表现当事人的主观心理,方才有了契约的产生。所谓"契约"就是当事人在意思自治前提下所订立的协议。各国国内法和国际公约规定仲裁协议必须采用书面形式的目的就在于确保当事人真正同意仲裁并证明仲裁协议的存在和内容。② 如果仲裁协议不符合这些形

---

① 董连和:《论我国仲裁制度中的意思自治原则》,载《清华大学学报(哲学社会科学版)》2006 年第 3 期。

② Julian D. M. Lew, Loukas A. Mistelis, Stefan M. Kröll, *Comparative International Commercial Arbitration*, Kluwer Law Internaional, 2003, p. 132.

式要件则其效力就不被承认。例如,《纽约公约》第 2 条规定,仲裁协议须以书面形式订立,并将仲裁协议的书面形式定义为"当事人所签订或在互换函电中所载明的仲裁条款或仲裁协议"。按照公约的规定,仲裁协议可分为两种:其一,经双方当事人签署的订立在合同中的仲裁条款或仲裁协议书;其二,在双方当事人通过互换或者往来函件、电文中所订立合同中的仲裁条款或者仲裁协议书。公约就协议的形式规定了协议必须经过签署才能生效的苛刻条件。《纽约公约》对仲裁协议书面形式的强调,对各缔约国仲裁协议的形式要件产生了直接影响,而其本身也是各缔约国在仲裁协议形式要件上坚持严格要求的产物。[①] 这些规定显然与商事实践中当事人通过来往书信、电报、传真等手段达成协议的实际情况相脱离。

二、仲裁协议的晚近发展

晚近以来,跨国商业实践蓬勃发展,仲裁制度也随之革新。其中,仲裁制度发展的一个重要表现便是仲裁协议的书面形式要求逐渐降低。起初,各国之所以规定仲裁协议必须采取书面形式,主要是为了保证仲裁的效率、便于证明仲裁协议的存在。[②] 换言之,只要当事人能正确表明自己的仲裁意愿,并有相应的证据证明就应当承认仲裁协议的有效性,实践中当事人表示仲裁意愿的方式不仅仅只有书面形式。随着现代社会的发展,人与人之间的交流也越来越多样化,当事人可以通过多种手段来表明自己的意愿。在此背景下,如果还以书面形式作为仲裁协议有效的绝对条件,明显会限制仲裁的发展。《纽约公约》对仲裁协议书面形式的严格要求也招至了学者的批判,"《纽约公约》的原旨是要支持国际仲裁,但它对书面的仲裁协议订得太局限、太严格,反而是去否定仲裁"[③]。因此,对仲裁协议书面形式要求的改革势在必行。以 1985 年联合国主持下制定的《示范法》为标志,仲裁协议的形式要求出现了降低的趋势。按照《示范法》规定,仲裁协议满足下述情况之一即满足书面形式的要求:第一,仲裁协议载于当事各方签署的文件中,或载于往来的书信、电传或提供协议记录的其他电讯手段中,或在申诉书和答辩书的交换中当事一方声称有协议而当时他方不否认;第二,在合同中提出参照载有仲裁条款的一项文件,如果该合同是书面的而且这种参照足以使该仲裁条款构成该合同的一部分。[④]

[①] 王勇民:《中国仲裁协议形式要件宽松化趋势评述》,载广州仲裁委员会主编:《仲裁研究(第十五辑)》,法律出版社 2008 年版,第 1—7 页。
[②] 丁颖:《仲裁协议的书面形式要求——网络时代的再思考》,载《河北法学》2011 年第 3 期。
[③] 杨良宜:《国际商务仲裁》,中国政法大学出版社 1997 年版,第 121 页。
[④] 侯登华:《仲裁协议法律制度研究——意思自治视野下当事人权利程序保障》,知识产权出版社 2012 年版,第 87 页。

在1996年《英国仲裁法》和德国1998年《仲裁法》相继出台之后，国际上掀起了修改本国仲裁法律的高潮，尤其是2006年《示范法》作出修订之后。这些立法不拘泥于《纽约公约》中关于仲裁协议的规定，极大地扩展了"书面"仲裁协议的范围。这类"书面"协议不但包含了传真、电子数据交换等反映现代通信的最新发展成果，而且将商事交易中的商业习惯也纳入其中，最大限度地为实现当事人的仲裁意愿提供保障，从而为仲裁协议的形式要件确立了新的国际规范，这些规范主要表现在以下几点：

1. 仲裁协议不必由当事人签署。
2. 仲裁协议可以由当事人默示接受。默示接受包括接受仲裁协议、接受一方当事人存在仲裁协议的主张以及接受仲裁的管辖等。
3. 仲裁协议可以不是书面的，只要有书面证据证明当事人存在仲裁的合意即可。相较于书面形式，仲裁协议更强调双方当事人的仲裁合意。
4. 扩大了"书面"的含义。刻录于有形介质或贮存于电子或其他介质上，能以可感知的形式重新恢复的信息，都是书面形式，包括了电子邮件、录音、录像等形式。

三、我国有关仲裁协议形式要件和实质要件的立法

我国目前的立法规定，一项有效的仲裁协议必须具备形式上的合法性和实质上的合法性，我国《仲裁法》第三章专门针对仲裁协议作出了规定，仲裁协议包括合同中订立的仲裁条款和以其他书面方式在纠纷发生前或者发生后达成的请求仲裁的协议，该规定与《纽约公约》中对仲裁协议的规定是一致的。但是《纽约公约》仅仅规定了达成仲裁协议的意思表示和仲裁协议的书面形式要求，我国立法在此基础上，又对仲裁协议应当具备的其他要件作了规定。这类规定可以分为对仲裁协议形式要件的规定和实质要件的规定。

（一）仲裁协议在形式上的合法性

无论是《纽约公约》还是我国《仲裁法》都要求仲裁协议采用书面形式。关于书面形式的具体内涵，我国《仲裁法》没有直接对"书面形式"作出明确界定，但是在其他法律规定和法律实践中出现了对这一概念的拓展理解。例如，我国《民法典》第469条第2款规定："书面形式是合同书、信件、电报、电传、传真等可以有形地表现所载内容的形式。"第3款规定："以电子数据交换、电子邮件等方式能够有形地表现所载内容，并可以随时调取查用的数据电文，视为书面形式。"又如《电子签名法》第4条规定："能够有形地表现所载内容、并可以随时调取查用的数据电文，视为符合法律、法规要求的书面形式。"再如，《仲裁法司法解释》第1条规定："仲裁法第十六条规定的'其他书面形式'的仲裁协议，包括

以合同书、信件和数据电文(包括电报、电传、电子数据交换和电子邮件)等形式达成的请求仲裁的协议。"

尽管仲裁机构的仲裁规则不具备法律和司法解释的强制效力,但部分仲裁规则仍然为理解仲裁协议的书面形式提供了指引和借鉴。例如,2022年《北京仲裁委员会仲裁规则》第4条第2款规定:"仲裁协议应当采取书面形式。书面形式包括但不限于合同书、信件和数据电文(包括电报、电传、电子数据交换和电子邮件)等可以有形地表现所载内容的形式。"

此外,我国《仲裁法》第17条规定了属于无效仲裁协议的情形:(1)约定的仲裁事项超出法律规定的仲裁范围;(2)无民事行为能力人或者限制民事行为能力人订立的仲裁协议;(3)一方采取胁迫手段,迫使对方订立的仲裁协议。在电子商务蓬勃发展的背景下,我国法律对于书面形式的解释与国际社会对书面形式的解释基本上保持一致:只要是可以有形地表现仲裁协议的内容,无论其存在于何种媒介上,均可视为书面形式。

(二)仲裁协议有效性的实质要件

我国《仲裁法》明确规定了仲裁协议有效性应当具备的条件,根据《仲裁法》第16条,仲裁协议应当具备以下内容才有效:当事人请求仲裁的意思表示、仲裁事项、选定的仲裁委员会。

1. 请求仲裁的意思表示

该意思表示是指双方当事人同意将他们之间已经发生的或者即将发生的争议提交仲裁解决。在合同中订有仲裁条款的情形下,一方当事人起草合同,另一方当事人即使没有在合同书上签字但以其实际行为履行了合同主要义务的,视为签署了该合同,是合同的一方当事人,合同中的仲裁条款当然对其具有约束力。

2. 仲裁事项

当事人提交仲裁解决的事项必须是依据国家的法律规定可以提交仲裁解决的事项。在国际商事交往中,一般合同项下的争议都可以提交仲裁解决,除非法律另有规定。在仲裁实践中,当事人只有把订立于仲裁协议中的争议事项提交仲裁,仲裁机构才能受理。同时,仲裁事项也是仲裁庭审理和裁决纠纷的范围。即仲裁庭只能在仲裁协议确定的仲裁事项的范围内进行仲裁,超出这一范围进行仲裁,所作出的仲裁裁决,经一方当事人申请,法院可以不予执行或者撤销。因此仲裁协议应约定仲裁事项。我国《仲裁法》规定不能通过仲裁解决的争议事项包括:(1)收养、监护、抚养、继承纠纷;(2)依法应当由行政机关处理的行政争议。此外,当事人对仲裁事项的约定还必须明确具体,即将什么争议提交仲裁解决应该明确。仲裁机构只解决仲裁事项范围内的争议。如当事人约定"就产品质量问题引起的争议提交仲裁",这一约定就排斥了对因货物数量问题引起的争议进行仲裁的可能性。在具体约定时,对于已经发生的争议事项,其具体范围比较明确和具体因而较容易约定;对于未来可能性争议事项要提交仲裁,应尽量避免在仲裁协议中作限制性规定,包括争议性质上的限制、金额上的限制以及其他具体事项的限制,采用宽泛的约定,如可以笼统地约定"因本合同引起的争议"。这样有利于仲裁机构全面迅速地审理纠纷,充分保护当事人的合法权益。

3. 仲裁委员会

选定的仲裁委员会指仲裁协议必须写明仲裁机构。《仲裁法》第18条规定,如果当事人在仲裁协议中对仲裁事项或仲裁委员会没有约定或者约定不明,当事人之间可以达成补充协议;无法达成补充协议的,仲裁协议无效。当事人有时会在仲裁协议中约定既可以由甲仲裁机构仲裁,又可以由乙仲裁机构仲裁。对这种有瑕疵的仲裁条款,理论界和大多数国家和地区的仲裁立法和司法实践均采取了肯定态度,因为尽管当事人在仲裁协议中选择了两个甚至多个仲裁机构,使得仲裁协议存在了不确定因素,但只要在提起仲裁时选择其中之一的仲裁机构,该协议就可得到执行。但是根据我国《仲裁法》第18条的规定,在提起仲裁时,双方当事人就仲裁机构的确定未达成补充协议的,应认定仲裁协议无效。

第三节 仲裁协议的内容

仲裁协议的内容直接影响到仲裁协议的有效性和可执行性,但是对于一项有效和可执行的仲裁协议具体应包括哪些内容,各国的仲裁立法大多没有作出明确的规定。

一、仲裁协议的基本内容

一般而言,一项完善的仲裁协议至少应包括以下内容:当事人的仲裁意愿、仲裁事项、仲裁地点、仲裁机构、仲裁规则以及仲裁裁决的效力。如果仲裁协议中缺少其中一项内容或约定的某项基本内容违背了仲裁地的强制性法律,那么仲裁协议很可能会被认定为无效。例如,仲裁协议中约定的仲裁性事项不可仲裁,或未约定仲裁机构可能致使仲裁协议无效。

(一)仲裁意愿

当事人的仲裁意愿是仲裁协议最重要的内容,或者说是一项有效仲裁协议的首要内容。各国对仲裁协议的具体内容虽然缺乏统一的规定,但对仲裁协议中必须体现当事人的仲裁意愿却有一致的要求。随着商事仲裁的深入发展,越来越多的国家甚至认为只要能确定当事人的仲裁意愿,仲裁协议就是有效的和可执行的。

(二) 仲裁地点

当事人在仲裁协议中一般都会订明仲裁地点,仲裁地点在商事仲裁中非常重要,它的确定对仲裁协议的效力、仲裁程序法和实体法的适用,以及仲裁裁决的承认和执行等一系列重要问题都会产生直接的影响,如仲裁协议效力的确定一般而言以仲裁地国家的法律作为准据法。不过,即使当事人另外作出了选择,其所选择的法律仍然不能违反仲裁地国家法律中的强制性规定,否则其选择无效。例如,一项仅仅约定了在北京仲裁但没有约定具体仲裁机构的仲裁协议,在我国一般就会被认定为一项无效的仲裁协议,因为我国《仲裁法》对于在仲裁协议中明确约定仲裁机构是一项强制性要求。由此可以看出,仲裁地点是用于确定仲裁协议准据法的一个重要连接因素,仲裁地国家的法律则对仲裁协议的效力有着重要的甚至是决定性的影响。

(三) 仲裁机构

当事人可以将争议提交仲裁机构进行仲裁,通常当事人在仲裁协议中会约定一个仲裁机构。将争议提交机构仲裁已成为越来越多人的选择,与临时仲裁相比,仲裁机构有一套自己的仲裁规则可供当事人直接适用,而且仲裁机构一般都有自己的仲裁员名册供当事人选择仲裁员。

(四) 仲裁规则

仲裁规则是双方当事人和仲裁庭在整个仲裁过程中所必须遵守的程序规则,主要用于调整和规范商事仲裁的内部程序,制约商事仲裁活动的进行。在当事人选择机构仲裁的情形下,通常会直接适用仲裁机构的仲裁规则,例如在我国,《中国贸仲仲裁规则(2015版)》规定,当事人约定将争议提交中国贸仲仲裁的,视为同意按照其仲裁规则进行仲裁。现在,为了使当事人享有更大的自主权,越来越多的仲裁机构允许当事人选择适用他们认为合适的仲裁规则,如《中国贸仲仲裁规则》同时规定,当事人在选择该仲裁委进行仲裁时,也可以对其仲裁规则进行变更或约定适用其他仲裁规则。而在当事人选择临时仲裁的情况下,由于不涉及仲裁机构,当事人更需要自行拟定仲裁规则,或者是确定选择适用某些国际仲裁机构的仲裁规则,当然,当事人还可以授权仲裁员为其选择或确定仲裁规则。

(五) 仲裁裁决的效力

几乎所有的国家都承认商事仲裁的"一裁终局"制,即裁决一经作出即具有终局性的效力,双方当事人应自动履行,任何一方当事人都不得就裁决中的事实认定或法律适用问题向法院提起上诉。但是,也有少数国家仍然在一定范围内保留当事人可以就仲裁裁决提起上诉的权利。例如,1996年《英国仲裁法》第69条第1款规定:"除非当事人另有约定,仲裁程序的一方当事人(经通知其他当事人和仲裁庭)可就仲裁程序中所做出的裁决中存在的法律问题向法院提起上诉。"囿于这一上诉制度的存在,为了排除法院对裁决的实体审查,实践中存在当事人事先在仲裁协议中规定裁决的终局性效力以放弃对裁决提起上诉的权利的情况。

二、仲裁协议内容的实质要件

(一) 当事人具有相应的民事法律能力

当事人缔约能力是当事人民事权利能力和行为能力的体现,是法律对合同成立的最基本的要求。世界上绝大多数国家对自然人和法人订立国际民商事仲裁协议的能力并没有特别的规定,这便意味着自然人和法人订立仲裁协议能力的问题适用订约能力的一般规则,即具有订立其他合同能力的当事人便具有订立国际商事仲裁协议的能力。[1]

仲裁协议作为当事人作出的一种民事行为,最基本的前提是当事人具有权利能力和完全的民事行为能力。限制民事行为能力人、无民事行为能力人签订的仲裁协议无效。

(二) 仲裁的意思表示

请求仲裁的意思表示被普遍认为是仲裁协议最根本的要素。仲裁当事人必须具有订立仲裁协议的明确意思表示。现代仲裁制度中,请求仲裁的意思表示必须明确、肯定,且符合仲裁一裁终局的本质以及具有排除法院管辖权的效力。此外,请求仲裁的意思表示不得有任何模棱两可、语义不清或似是而非的内容。[2]

1. 请求仲裁的意思表示具有真实性。仲裁协议体现的是当事人的意思自治,请求仲裁的意思表示必须是体现当事人的真实意愿。有关仲裁的国际仲裁规则及国内立法普遍规定,一方以欺诈、胁迫等手段或迫使另一方当事人同其订立的仲裁协议无效。

2. 请求仲裁的意思表示具有明确性。一项仲裁协议不仅仅需要体现当事人真实的意思表示,而且这种意思表示必须是明确的。通常情况下,有关仲裁的国际仲裁规则及国内立法都普遍要求仲裁协议必须采用书面形式。否则,当事人请求仲裁协议的意思表示就有可能因为模糊不清而致使仲裁协议被认定为无效。[3]

---

[1] 张圣翠:《国际商事仲裁主体可仲裁性规则及其适用》,载《上海财经大学学报》2006年第3期。
[2] 高菲:《论仲裁协议》,载《仲裁与法律通讯》1995年第5期。
[3] 刘晓红、袁发强主编:《国际商事仲裁》,北京大学出版社2010年版,第158页。

现实中,常常出现当事人在仲裁协议中约定以仲裁方式解决纠纷或者向人民法院起诉的情况。对于这种有瑕疵的仲裁协议,主流的观点认为仲裁协议无效,因为这种约定违反了"或裁或审"制度;也有一部分观点认为约定"仲裁解决纠纷或者向人民法院起诉"的表达之中已经肯定了接受仲裁的意思表示,根据"利于有效性"的解释原则,应当确认仲裁协议有效。对于这种有瑕疵的仲裁协议,如果一方当事人申请仲裁,而另一方当事人不对仲裁机构受理该案提出异议,则更适合认定为该仲裁协议有效。我国的司法实践采取的便是这种做法,正如《仲裁法司法解释》第7条规定:"当事人约定争议可以向仲裁机构申请仲裁也可以向人民法院起诉的,仲裁协议无效。但一方向仲裁机构申请仲裁,另一方未在仲裁法第二十条第二款规定期间内提出异议的除外。"

(三)仲裁事项

提交仲裁的事项系指当事人提交仲裁解决的争议内容。有学者直接将仲裁事项解释为争议的范围,[1]亦有学者将仲裁事项称为仲裁协议之标的。[2] 提交仲裁的事项往往被认为是仲裁协议最基本的要素之一,因为该要素对于整个仲裁程序而言具有极为重要的意义。

首先,仲裁事项直接关系到仲裁协议的效力,即一项仲裁协议能否生效。如果当事人在仲裁协议中未约定仲裁事项,仲裁庭将无权审理案件和作出裁决。由此,仲裁协议无法得到实际执行。

其次,当事人对提交仲裁事项的约定需考虑到有关国家仲裁法对于有关争议事项的可仲裁性的规定。此外,在机构仲裁的情况下,仲裁事项的约定还需考虑到相关仲裁机构仲裁规则中对其仲裁审理范围的规定。因为违反有关仲裁法会导致仲裁协议的无效,而违背仲裁规则规定,恐将致使仲裁协议无法在指定的仲裁机构执行。

最后,当事人对仲裁事项的约定决定了仲裁庭的管辖权范围,仲裁庭审理和裁决的事项也仅限于仲裁协议所规定的仲裁事项。一方面,提交仲裁的事项决定了仲裁范围。如果当事人在仲裁协议中未约定仲裁事项,仲裁庭就无权审理案件和作出裁决;而当事人对仲裁事项的约定也决定了仲裁庭的管辖权范围,仲裁庭审理和裁决的事项只能限于仲裁协议所规定的仲裁事项。另一方面,并非所有的事项都可以提交仲裁。提交仲裁的事项,必须符合一个要求,即事项的可仲裁性。对于哪些争议是属于可仲裁的,不同国家的法律规定不尽相同,但通常认为,与合同有关的争议大部分都是可仲裁的。当仲裁申请超出仲裁事项时,该

---

[1] 陈治东:《国际商事仲裁法》,法律出版社1998年版,第108页。
[2] 蓝瀛芳:《争议的仲裁容许性》,载《辅仁法学》1986年第5期。

争议事项已不属于仲裁条款约定的仲裁事项,即对此事项,当事人之间没有请求仲裁的意思表示,所以超出仲裁事项的仲裁申请无效。

三、仲裁协议和仲裁机构选择

(一) 约定两个仲裁机构的仲裁协议

当事人在仲裁协议中可能约定既可以由甲仲裁机构仲裁,又可以由乙仲裁机构仲裁,即同时约定两个仲裁机构。对这种有瑕疵的仲裁条款,理论界和大多数国家和地区的仲裁立法和司法实践均采取了肯定态度,因为尽管当事人在仲裁协议中选择了两个甚至多个仲裁机构,使得仲裁协议存在了不确定因素,但只要在提起仲裁时选择其中之一的仲裁机构,该协议就可得到执行。

(二) 只约定仲裁地点未约定仲裁机构的仲裁协议

我国《仲裁法》明确规定,仲裁机构是仲裁协议的最根本要素之一。仲裁协议如果没有明确约定仲裁机构,则无效。仲裁协议约定的仲裁机构,严格地讲,必须是准确无误地指出这个仲裁机构的名称。根据我国《仲裁法司法解释》第4条的规定,仲裁协议仅约定纠纷适用的仲裁规则的,视为未约定仲裁机构,但当事人达成补充协议或者按照约定的仲裁规则能够确定仲裁机构的除外。

(三) 约定国内案件选择外国仲裁机构的仲裁协议

国内案件选择外国仲裁机构是否有效?在一国领域内发生的民商事纠纷如何解决,关系到该国的司法主权,通常为该国的公共政策所调整。当事人只能在法律准许的范围内作出约定,超出法律许可范围任意约定即应认定无效。

最高人民法院民四庭在《涉外商事海事审判实务问题解答(一)》第83问中解释道:"根据《中华人民共和国民事诉讼法》第257条和《仲裁法》第65条的规定,涉外经济贸易、运输、海事中发生的纠纷,当事人可以通过订立合同中的仲裁条款或者事后达成的书面仲裁协议,提交我国仲裁机构或者其他仲裁机构仲裁。但法律并未允许国内当事人将其不具有涉外因素的争议提请外国仲裁。因此,如果国内当事人将其不具有涉外因素的合同或者财产权益纠纷约定提请外国仲裁机构仲裁或者在外国进行临时仲裁的,人民法院应认定有关仲裁协议无效。"

必须指出的是,从国际商事仲裁实践来看,当事人基于种种原因,并未严格遵守仲裁协议实质要件中对于仲裁机构的要求,因而不规范约定仲裁机构的情形屡见不鲜,如有的未约定仲裁机构,有的约定多个仲裁机构,还有的约定了错误的或不存在的仲裁机构。事实上,各国的立法规范和司法实践对于此类仲裁协议有效性之认定存在着较大分歧。因此,一项缺少确定仲裁机构的仲裁是否有效,完全取决于有关国家的仲裁立法以及一国司法对仲裁的态度。鉴于某些国家的仲裁法仍然会承认缺乏确定仲裁机构的仲裁协议的有效性,因此从这一角度看,仲裁机构并非仲裁协议中绝对意义上的实质要件。[1]

(四)约定的仲裁机构不存在的仲裁协议

实践中,有些仲裁协议虽然约定了仲裁机构,但所约定的仲裁机构不存在。这种情况下,尽管在表面上看,仲裁协议具备了仲裁机构这一要素,但由于当事人双方所选择的仲裁机构不存在,导致仲裁协议无法执行的,因而该仲裁协议实际上是无效的。

(五)约定的仲裁机构名称不准确的仲裁协议

当事人在仲裁协议中对仲裁机构名称约定不准确的情况是国际商事仲裁中常见的现象。对于这种有瑕疵的仲裁协议,理论界和实务界往往会采取比较宽容的态度,只要能根据仲裁协议中的名称合理推断出当事人实际所指的仲裁机构,便可以认定这类仲裁协议的有效性。

第四节 仲裁协议的效力

确定仲裁协议的有效性对仲裁的进行具有十分重要的意义。仲裁协议往往与基础合同之间存在着联系,因此了解仲裁协议的效力应当先厘清仲裁协议或仲裁条款与基础合同之间的关系。

一、仲裁条款的独立性

(一)仲裁条款独立性的含义

仲裁协议有两种表现形式:合同中的仲裁条款及专门的仲裁协议书。仲裁协议书是当事人就争议解决方式而专门订立的,其本身就独立于合同,其效力的确定是根据仲裁协议有效性的规则来判断,不受主合同效力的影响,这已为各国的仲裁实践和仲裁规则所确认。当仲裁协议是合同中的一个条款,其效力是否受主合同的影响则是不确定的,仲裁条款独立性原则就是针对合同中的仲裁条款而言的,其含义是:包含于主合同中的仲裁条款的效力不受主合同效力的影响,主合同无效并不必然导致仲裁条款的无效。也就是说,在主合同因某种原因无效或失效的情况下,当事人仍然可以将争议提交仲裁,仲裁条款本身并不因主合同的无效或失效而当然无效或失效,除非该仲裁条款依其所适用的法律被确

---

[1] 刘晓红:《国际商事仲裁协议的法理与实证研究》,商务印书馆2005年版,第39页。

定为无效。仲裁条款独立性原则现已成为国际仲裁理论的基石,为各国立法和实践所普遍接受。

(二) 仲裁条款独立性原则的理论依据

首先,仲裁条款独立性原则是尊重当事人意思自治的体现。意思自治是国际商事仲裁中的一项基本原则,对于仲裁协议效力的判断也应遵从这一基本原则。当事人在订立合同时就约定将相关争议提交仲裁,因此,在争议发生时,即使主合同无效或失效也应尊重当事人的意思自治确定仲裁条款的效力,允许当事人通过仲裁解决相关争议。

其次,仲裁条款自身的特殊性。仲裁条款虽然是合同的一部分,但其并不同于合同中的其他条款。基于其自身的特殊性,仲裁条款不能简单理解为合同的一个部分。合同中的其他条款规定的是双方当事人之间的权利义务关系,违反这些条款的直接后果是产生损害赔偿问题;但仲裁条款是当事人之间共同承担的权利义务,即根据双方之间的约定将他们的争议提交仲裁解决,因而违反仲裁条款并不产生损害赔偿问题。换个角度来说,仲裁条款是主合同的结果事项,它在将来有关事项出现或不出现的情况下才得以运作,而不是双方当事人在订约时就期望实施的预期事项。① 因此,在确定仲裁条款效力时,应独立于基础合同本身的效力来判断。

最后,支持仲裁发展的国际趋势。仲裁作为一种不同于诉讼的替代性争议解决方式,因其快捷、方便等特点,已受到越来越多的当事人的青睐,各国的立法和实践中也愈来愈多地体现了支持仲裁的国际发展趋势。从当前的国际形势来看,并非所有的国际争端都适合用司法程序来解决,而仲裁业已成为一种普遍的替代性纠纷解决方式。② 确认仲裁条款的独立性是为了保证仲裁条款的效力不受主合同效力的影响,减少对仲裁条款的限制,是支持国际商事仲裁发展的表现。

(三) 仲裁条款独立性的确立和发展

仲裁条款的独立性问题经历了一个从不承认到承认的发展过程。传统观点认为,仲裁条款是主合同不可分割的一部分,主合同无效,包含于主合同中的仲裁条款亦当然无效。这种观点主要是将仲裁条款视为主合同一个组成部分,认为既然主合同无效,那么附属于主合同的仲裁条款因此就失去了存在基础,因此仲裁条款当然无效。③ 传统观点认识到了仲裁条款包含于主合同的特点,但忽

---

① 乔欣:《比较商事仲裁》,法律出版社2004年版,第149页。
② Manuel Indlekofer, *International Arbitration and the Permanent Court of Arbitration*, Kluwer Law International, 2013, p.131.
③ 刘想树:《仲裁条款的独立性问题》,载《现代法学》2002年第3期。

视了仲裁条款自身的特性,正如上文的分析,仲裁条款对主合同的依存绝不表现在它与当事人实体权利义务的联系上。仲裁条款是合同当事人通过协议对于第三方的授权,这种授权的目的在于选择和安排一种纠纷解决方式,即当他们之间发生约定的因合同而起或与合同有关的争议时,他们应将争议交由第三方通过仲裁方式解决。① 诚然,仲裁条款是主合同的一部分,仲裁协议与主合同之间的关联也不言而喻。两者间的关联性主要体现在三个方面:第一,仲裁条款因主合同的订立而订立,并随主合同的全部履行而终止;第二,仲裁条款效力的实现通常以发生与主合同有关的争议为前提条件,没有争议,仲裁条款的效力就无从实现;第三,仲裁条款约定的提交仲裁庭和仲裁员仲裁的事项应是关于主合同的争议,而非其他性质的争议。② 整体而言,仲裁条款与主合同的联系主要体现在仲裁条款效力的实现有赖于主合同争议的发生。

传统理论中将仲裁条款视为主合同一部分的观点,从法律逻辑上来看确有道理,但随着国际经济贸易的发展,越来越多的国家确立了鼓励商事仲裁发展的政策,这种严格限制仲裁条款效力的做法越来越多地遭到批判和抛弃。以仲裁条款表现的仲裁协议极为普遍,如果合同当事人一方在他方提请仲裁时主张合同无效,仲裁庭就不得不先让当事人取得法院关于合同有效的判决,才得以开始仲裁程序,那么整个仲裁制度就失去了存在的基础。在此背景下,仲裁条款独立性理念逐步确立和发展起来。③ 一般认为,较早确立仲裁条款可以独立于主合同而存在的判例是1942年英国法院审理的海曼案(Heyman v. Darwins Ltd.)。④ 该案涉及在一个无效合同中仲裁条款的效力问题,初审法院的 Macmillan 法官认为,如果合同自始不存在,那么作为合同一部分的仲裁协议也就不存在。Macmillan 法官的观点是传统观点中认为仲裁条款属于主合同一部分的典型代表。上议院 Simon 法官提出了不同的观点,其认为,合同中的仲裁条款与当事人之间达成的其他仲裁协议书一样,必须按照订立该协议时的具体情况下所使用的文字进行解释。如果双方当事人已经签署了有拘束力的合同,无论涉及该合同的效力,还是一方当事人是否违约,或者是否存在着一方当事人不再继续履行或者双方当事人都不再继续履行合同的情况,这样的争议都应当视为"与合同有关的""根据合同产生的"或"合同项下"的争议。而所有这些争议,都应当通过仲裁的方法而不是诉讼的方法解决。上议院 Diplock 法官在1981年审理另一案时再次确认了仲裁条款的独立性原则,他在提及海曼案时明确提出,仲

---

① 赵宁:《仲裁协议独立性的法理与实践》,载《兰州学刊》2003年第3期。
② 周婷婷:《仲裁条款的独立性问题》,载《仲裁研究》2008年第1期。
③ 刘晓红:《国际商事仲裁协议的法理与实证》,商务印书馆2005年版,第131页。
④ 赵秀文:《国际商事仲裁法原理与案例教程》,法律出版社2010年版,第87页。

条款是一个从属于主合同但相对独立的合同,因此,它可以独立于主合同而存在。

(四)我国仲裁条款独立性的相关规定及司法实践

关于仲裁条款的独立性,我国《仲裁法》已作了明确的规定,肯定了仲裁条款与主合同之间的独立性和可分性。《仲裁法》第19条第1款规定:"仲裁协议独立存在,合同的变更、解除、终止或者无效,不影响仲裁协议的效力。"我国《合同法》第57条也作了类似的规定:"合同无效、被撤销或者终止的,不影响合同中独立存在的有关解决争议方法的条款的效力。"从我国的相关立法中可以看出,仲裁协议的独立性已在我国立法上得到确认。

在我国的司法实践中,对于仲裁条款的独立性问题经历了一个从否定到肯定的发展过程。在1994年《仲裁法》颁布施行之前,我国立法上还没有对仲裁协议的效力问题作出明确规定。司法实践中,关于仲裁条款能否独立于它所依存的合同而独立存在,完全取决于各人民法院的裁定,因而在司法实践中存在着裁判结果不一、相互矛盾的情况。我国承认仲裁条款独立性的第一案当属于"轻纺公司案"。[①] 最高人民法院对此案的裁定具有划时代的意义,结束了我国地方法院对自始无效和欺诈的合同中仲裁条款效力问题所作出相互矛盾的判决的状况,为各地方法院在处理类似案件时提供了指导。最高人民法院在判决中明确了仲裁条款独立性原则,即便合同是一方当事人通过欺诈方式订立,合同中的仲裁条款也可以独立于合同存在,而因该合同产生的争议应当提交仲裁解决。由此,仲裁条款独立性原则在我国立法和司法实践中都得到了充分的体现。

近年来,我国有关国际商事仲裁的立法与实践已经充分说明了仲裁条款的独立性理论不仅存在立法上的依据,其还在司法实践中得到了巩固和发展。尤其是司法实践对于自始无效的合同以及通过欺诈而订立的合同中的仲裁条款的效力认定,顺应了国际商事仲裁的发展趋势。

二、仲裁协议效力的法律规定

(一)《纽约公约》之规定

《纽约公约》是一个国际组织、国家之间的有关承认与执行外国仲裁裁决的公约,我国在1987年4月22日正式加入该公约。《纽约公约》虽然在众多成员国之间相对统一了有关外国仲裁裁决承认与执行的问题,但也仅限于裁决执行问题。因此,不同法域的仲裁法关于仲裁协议效力的规定仍存在不少差异。目前,就仲裁法律制度而言,全球范围内尚无相关公约加以统一。尽管如此,包括

[①] 乔欣:《和谐文化理念视角下的中国仲裁制度研究》,厦门大学出版社2011年版,第176页。

我国在内的不少国家在制定本国仲裁法时都受到《示范法》影响,这使得各国间的仲裁法虽然存在差异,但在一定程度上仍具有共通之处。

《纽约公约》中有关仲裁协议的效力的条款主要是第2条和第5条。第2条第1款规定了双方当事人基于意思自治签订的有关发生争议的仲裁协议,且必须是书面的仲裁协议,各国必须予以承认。其中,双方当事人指的是缔约国内的公民包括自然人和法人,而仲裁事项是双方已经事先进行约定后一切争议。从此条规定可以看出书面的仲裁协议是仲裁协议有效的必要要件;第2款规定书面的仲裁协议包含双方当事人之间签订的或者在互相交换的函电或者信件中的仲裁协议或者仲裁条款,是对书面协议的进一步阐释,但是此种解释方法未能给予书面形式过多的解释空间,已然不适应商事仲裁协议趋于多样化的社会现实。此外,书面协议是否只限定在纸质、互换函电中也有待商榷。[①]《纽约公约》第5条是关于仲裁协议效力如何认定的规定,其原文为"第二条所称协定之当事人依对其适用之法律有某种无行为能力情形者,或该项协定依当事人作为协定准据之法律系属无效,或未指明以何法律为准时,依裁决地所在国法律系属无效者",[②]可以看出,公约是以协议双方当事人的意思自治为主要原则,若协议双方当事人之间存在对于仲裁所适用之法律的约定,应当以该约定为主,选择约定国之法律判断仲裁协议或者仲裁条款之效力,若无约定应当依据仲裁地法律判断仲裁协议的有效与否。公约中允许当事人约定判断仲裁协议效力所适用的法律可能将产生一个有趣的现象:如果双方当事人之间并未签订书面仲裁协议,但是依据双方约定国之法律认定口头仲裁协议的效力,则与公约第2条"书面协议"的形式要件产生冲突,因而书面形式是否是判定仲裁协议效力的客观要件就此产生争议。

(二)《示范法》之规定

联合国贸易法委员会2006年对《示范法》第7条进行了修订,在该条下提供了两个备选文案以供选择。备选案文一规定仲裁协议应为书面形式,仲裁协议的内容以"任何形式记录下来的,即为书面形式,无论该仲裁协议或合同是以口头方式、行为方式还是其他方式订立的"。这一备选案文反映了"仲裁协议的内容重点在于得到记录,而非仅限于书面形式、数据电文形式"的观点。根据该备选案文,仲裁协议的订立可以采取任何形式,包括口头订立。相比较之下,备选

[①] 《纽约公约》规定的书面仲裁协议有两类:一是当事人双方签字的仲裁协议;二是当事人通过书信往来确认的仲裁协议。随着商业实践的发展以及科技的进步,《纽约公约》的这种规定日显狭窄、苛刻,脱离实践,在某种程度上成为仲裁发展的阻碍。参见赵健:《长臂的仲裁协议:论仲裁协议对未签字人的效力》,载《北京仲裁》2005年第4期。

[②] 原文来自联合国国际贸易法委员会官网,https://uncitral.un.org/zh/texts/arbitration/conventions/foreign_arbitral_awards,2019年12月15日访问。

案文二更进一步,其完全取消了所有形式要求,实际上承认口头仲裁协议的有效性。在此后贸易法委员会秘书处关于 2006 年修正的 1985 年《示范法》的解释说明中,其着眼于使文本更加符合国际合同惯例的目的,对原 1985 年文本作出修正,"只要协议的内容得到记录,仲裁协议的订立可采取任何形式(包括口头订立)"①。这项新规则的重要意义在于其不再要求当事人的签名或当事人之间的电文往来,是对原先仅限于书面形式的仲裁协议的一个突破。此外,该解释说明中还明确鼓励各国适用《纽约公约》第 2(2)条,"承认其中所描述的情况并非穷尽"。不难发现,《示范法》对于仲裁协议的形式持较为宽松和开放的态度,判断仲裁协议形式之有效性的标准也不再固定于单一的"书面形式"之上。

(三) 我国《仲裁法》之规定

我国《仲裁法》中对仲裁协议的规定主要体现在第三章,第 16 条主要规定了四点要求:书面的仲裁协议、双方请求仲裁的意思表示、明确的争议事项、明确的仲裁机构。形式要求即为书面的仲裁协议,仲裁的实质要求可以理解为:(1)双方请求仲裁的意思表示,即双方当事人具有签订仲裁协议或者包含仲裁条款的合同的明确的意思表示;(2)交付仲裁的明确的争议事项,此争议事项可以为正在发生的争议纠纷以及将来有可能发生的争议,也就是通常所说的争议的范围。第 17 条也规定对于违反意思自治原则、超出法律规定的仲裁事项、无法明确某一特定的仲裁机构的仲裁协议均无效,可以进一步论证我国法律对于有效的仲裁协议具有严格的限制。但是本书将要讨论的是仲裁协议对未签字人的效力,对于未签字人而言,其不对仲裁协议具有意思表示,则是否违背了仲裁协议的意思自治的原则?

司法部于 2021 年 7 月 30 日发布了《仲裁法征求意见稿》,其第 21 条规定:"仲裁协议包括合同中订立的仲裁条款和以其他书面方式在纠纷发生前或者纠纷发生后达成的具有请求仲裁的意思表示的协议。一方当事人在仲裁中主张有仲裁协议,其他当事人不予否认的,视为当事人之间存在仲裁协议。"第 22 条规定:"有下列情形之一的,仲裁协议无效:(一)约定的仲裁事项超出法律规定的仲裁范围的;(二)无民事行为能力人或者限制民事行为能力人订立的仲裁协议;(三)一方采取胁迫手段,迫使对方订立仲裁协议的。"可以看出,《仲裁法征求意见稿》对仲裁协议的形式要件,依然要求以书面形式存在;但对于实质要件则大大放宽了要求,只需要形成合意即可,如此规定亦顺应了国际上对仲裁协议实质要件的要求。

---

① 原文来自联合国国际贸易法委员会官网,https://uncitral.un.org/sites/uncitral.un.org/files/media-documents/uncitral/zh/19-09954_c_ebook_1.pdf,2023 年 4 月 4 日访问。

三、仲裁协议效力的体现

一项仲裁协议的效力是多方面的,归纳起来,仲裁协议在法律上的效力主要表现为以下三个方面:

(一) 对当事人的效力

仲裁协议在本质上仍然是一种契约。订立仲裁协议表明了当事人同意将以后可能发生的争议提交仲裁解决。① 对当事人而言,订立仲裁协议就意味着当事人承担了将争议事项提交仲裁的义务。仲裁协议是当事人意思自治的体现,仲裁协议一旦被确定为有效,任何一方当事人都要受其约束,履行仲裁协议项下的义务。这种约束的含义就是,依照仲裁协议,当事人将他们之间发生的争议提交相应的仲裁机构解决,而不能再采用诉讼的方式处理该争议,除非双方当事人另行达成诉讼解决纠纷的协议。② 如果一方当事人违背仲裁协议将协议范围内的争议事项向人民法院提起诉讼,另一方当事人就有权依据仲裁协议提出抗辩,要求法院停止诉讼程序,将案件交由仲裁庭审理。2008 年,最高人民法院在《最高人民法院关于订有仲裁条款的合同一方当事人不出庭应诉应如何处理的复函》中,明确指出法院在受理后发现有仲裁条款的,应先审查确定仲裁条款的效力。如仲裁条款有效,被告经合法传唤未答辩应诉的,不能据此认定其放弃仲裁并认定人民法院取得管辖权。③

在当事人履行了将争议提交仲裁机构解决的主义务基础上,当事人还要履行相应的附随义务:当事人要积极地参与仲裁程序,确保仲裁程序的顺利进行;在仲裁庭作出裁决后,当事人应当承认该仲裁裁决的效力,履行裁决中相应的义务,除非该项裁决依相关国内法被认定为无效。

(二) 对仲裁庭或仲裁机构的效力

对于仲裁机构或仲裁庭,仲裁协议对其效力直接表现为授权效力,一项有效的仲裁协议是仲裁庭或仲裁机构确定其管辖权的基础。仲裁机构是一种民间性的自治组织,在没有国家公权力的保障下,仲裁庭对当事人之间争议事项的管辖权,就源于仲裁协议的授权。当事人同意将有关事项提交仲裁,才使仲裁机构有了审理案件的权力,仲裁协议就是当事人之间合意的体现。换言之,是当事人通过订立仲裁协议授权仲裁机构或仲裁庭处理争议的权力。

仲裁协议对仲裁机构或仲裁庭的效力还表现在对仲裁庭或仲裁机构权力的

---

① Gary B. Born, *International Commercial Arbitration*, Kluwer Law International, 2014, p.225.
② 乔欣:《比较商事仲裁》,法律出版社 2004 年版,第 164 页。
③ 万鄂湘主编、最高人民法院民事审判第四庭编:《涉外商事海事审判指导(2008 年第 1 卷)》,人民法院出版社 2008 年版,第 82 页。

限制上。仲裁庭或仲裁机构只能对仲裁协议范围内的争议事项行使管辖权,对于超出仲裁协议的事项,仲裁庭或仲裁机构无权审理。即使仲裁庭或仲裁机构对超出协议的事项进行审理并作出了裁决,当事人也可以申请撤销该仲裁裁决。① 若当事人在仲裁协议中约定了仲裁庭的组成方式,仲裁庭的组成也应当按仲裁协议进行。②

(三) 对法院的效力

如果说仲裁协议对仲裁庭或仲裁机构是积极地授予其权力,对于法院而言,仲裁协议的效力则主要体现在消极地约束上。当事人协议将争议提交仲裁,但如果一方当事人拒不履行协议约定,坚持将争议提交诉讼,就会使仲裁协议形同虚设。为此,仲裁协议在授予仲裁庭或仲裁机构积极管辖权的同时,也排除了法院的司法管辖权。在仲裁协议有效的前提下,当事人必须将争议提交仲裁,法院不应当再受理当事人的争议,如已受理,当另一方当事人提出请求时,应立即终止诉讼程序,这也是对当事人意思自治的一种尊重。实践中,如果一方当事人向法院提起诉讼,另一方当事人也出庭应诉而没有提管辖权异议,就表明双方当事人已达成了新的协议,原来的仲裁协议自动失效,在此种情况下法院有权受理当事人的争议。③

四、确定仲裁协议有效性的机构

当事人对仲裁协议的有效性提出异议时,应由谁来认定仲裁协议的效力是实践中经常会遇到的问题,对此各国仲裁立法和实践中的具体做法不尽相同。一般而言,在仲裁程序开始之前,如一方当事人认为仲裁协议无效、失效或无法执行而向法院起诉,司法程序中仲裁协议的效力当然只能由法院来决定;裁决作出后,如当事人就裁决申请承认和执行或者请求撤销或不予执行,此时由于已从仲裁程序过渡至司法程序,因而对裁决所依据的仲裁协议有效性的认定仍然只

---

① 如王国林申请撤销(2012)中国贸深裁字第 3 号仲裁裁决案,见万鄂湘主编,最高人民法院民事审判第四庭编:《涉外商事海事审判指导与研究(2012 年第 1 卷)》,人民法院出版社 2012 年版,第 136 页;辉影媒体销售有限公司申请撤销[2003]大仲字第 083 号仲裁裁决案,见万鄂湘主编,最高人民法院民事审判第四庭编:《涉外商事海事审判指导与研究(2005 年第 1 卷)》,人民法院出版社 2005 年版,第 59 页;美国 GMI 公司申请承认英国伦敦金属交易所仲裁裁决案,见万鄂湘主编,最高人民法院民事审判第四庭编:《涉外商事海事审判指导与研究(2004 年第 1 卷)》,人民法院出版社 2004 年版,第 30—31 页。

② 如申请人瑞士邦基有限公司申请承认和执行英国仲裁裁决案,见万鄂湘主编,最高人民法院民事审判第四庭编:《涉外商事海事审判指导与研究(2007 年第 2 卷)》,人民法院出版社 2007 年版,第 32—42 页;韦斯顿瓦克公司申请承认与执行英国仲裁裁决案,见万鄂湘主编,最高人民法院民事审判第四庭编:《涉外商事海事审判指导与研究(2012 年第 1 卷)》,人民法院出版社 2012 年版,第 115—116 页。

③ Guo Xiaowen, The Validity and Performance of Arbitration Agreements in China,11 *Journal of International Arbitrationl*, 1994, pp. 47-56.

能由法院来加以判断。这两种情况是法院对商事仲裁支持和监督的重要表现,各国的做法别无二致。① 但从仲裁程序开始到仲裁裁决作出期间仲裁协议效力的认定机构,各国的做法存在一定差异。

(一) 仲裁机构

由仲裁机构决定仲裁协议的效力这一做法目前在国际社会上还不太普遍,只有少数国家规定由仲裁机构来确定仲裁协议的效力,我国即为这一做法的典型国家。根据我国《仲裁法》规定,当事人对仲裁协议的效力有异议的,可请求仲裁委员会作出决定。我国一些仲裁机构的仲裁规则中也有相似的规定,如《中国贸仲仲裁规则(2015版)》中规定,仲裁委员会有权对仲裁协议的存在、效力以及仲裁案件的管辖权作出决定。如有必要,仲裁委员会也可以授权仲裁庭作出管辖权决定。此外,有部分国际性的仲裁规则规定由仲裁机构决定仲裁协议的效力。如2012年《国际商会仲裁规则》第6条规定,若当事人对仲裁协议的存在、效力或范围提出异议,仲裁院应就仲裁是否继续进行以及应在何等范围内继续进行作出决定。仲裁院如依表面证据,认为一个仲裁规则要求的仲裁协议可能存在,则仲裁程序应继续进行。由仲裁机构确定仲裁协议的效力实际上剥夺了仲裁庭的正当权力,使仲裁庭无权独立决定管辖权,而必须依附于仲裁委员会的决定,这一做法在实践中存在一定可行性障碍,且与国际上的通行做法相违背,不利于我国商事仲裁的发展。

(二) 仲裁庭

由仲裁庭对仲裁协议的有效性予以认定,是当前大多数国家的做法。许多国家的仲裁立法明确规定,仲裁庭有权就商事仲裁协议有效与否的问题作出管辖权决定。如1998年德国《民事诉讼法典》规定,仲裁庭可以决定自己的管辖权并同时对仲裁协议的存在或效力作出决定。此外,部分仲裁机构的仲裁规则也做了类似规定。例如,2014年《伦敦国际仲裁院仲裁规则》规定,仲裁庭有权决定其管辖权,仲裁庭可以对协议是否自始存在有效性或对仲裁协议的效力异议作出决定。仲裁协议的有效性关系到案件的管辖权,赋予仲裁庭决定仲裁协议有效性的权力,可以使仲裁庭将其决定仲裁管辖权的权力与决定仲裁协议有效性的权力结合在一起,增强了仲裁庭的权力,进而使仲裁庭的权力更趋于完整。正因如此,这一做法得到了大多数国家的支持,目前已基本成为一种普遍的国际实践。

(三) 法院

法院基于其对仲裁的司法监督权,对关于仲裁协议效力的异议保留了必要

---

① 邓杰:《商事仲裁法理论与实务》,兰州大学出版社2005年版,第63页。

的审查权,在适当的情况下法院也可以直接处理对仲裁协议效力的异议。在仲裁程序进行的过程中,法院可以在适当的情况下,对仲裁协议的有效性直接作出认定。换言之,在认定仲裁协议有效性的问题上,法院与仲裁庭或仲裁机构享有并存的权力。当然,为了尽量减少仲裁程序中的司法干预,法院的这项权力受到了严格限制。法院对仲裁的司法干预一般被限制在为商事仲裁提供必要的支持和协助的范围内。[1] 然而,我国法院在认定仲裁协议效力问题上享有优先于仲裁委员会的管辖权。《仲裁法》第20条规定:"当事人对仲裁协议的效力有异议的,可以请求仲裁委员会作出决定或者请求人民法院作出裁定。一方请求仲裁委员会作出决定,另一方请求人民法院作出裁定的,由人民法院裁定。"从我国的司法实践来看,当事人向法院申请确认仲裁条款的效力是比较常见的情况。[2] 如前所述,仲裁程序开始之前或仲裁裁决作出之后,仲裁协议有效性的认定只能由法院来进行。此外,在裁决的执行阶段,法院亦可以根据当事人的申请对相关仲裁裁决的有效性作出认定,并最终决定是否予以撤销或拒绝承认和执行。司法实践中,当事人就外国仲裁机构所作的仲裁裁决向我国法院申请承认和执行的情况十分常见,在决定是否予以承认和执行时,法院就需要对相关仲裁裁决效力作出认定。[3]

第五节 仲裁协议对非签署方的效力

一般而言,国际商事仲裁协议在签字双方或者多方当事人之间,基于各方的仲裁合意而当然产生约束力。然而,现实中许多合同,例如国际货物运输合同、国际货物贸易合同、国际建设工程合同等涉及多方权利利益关系的合同情形趋于多样化和复杂化,商事仲裁协议对未签字人的约束力问题也越来越值得探讨,实践中法院已经面临各种有关仲裁协议对未签字人的效力判定争议

---

[1] 邓杰:《商事仲裁法理论与实务》,兰州大学出版社2005年版,第63页。
[2] 确认成都七彩服装有限责任公司与创始有限公司专营合同中仲裁条款效力案,见万鄂湘主编、最高人民法院民事审判第四庭编:《涉外商事海事审判指导与研究(2007年第2卷)》,人民法院出版社2007年版,第80—84页;关于西恩服务公司请求法院确认其与沧州乾成钢管股份有限公司签订的ZX090201-08购销合同中仲裁协议效力无效案,见万鄂湘主编、最高人民法院民事审判第四庭编:《涉外商事海事审判指导与研究(2012年第2卷)》,人民法院出版社2012年版,第122—125页。
[3] 彼得·舒德申请承认及执行美国仲裁委员会裁决案,见万鄂湘主编、最高人民法院民事审判第四庭编:《涉外商事海事审判指导与研究(2007年第1卷)》,人民法院出版社2007年版,第87—93页;美国对外贸易有限公司申请承认和执行(美国)国际仲裁解决中心商业仲裁法庭裁决案,见万鄂湘主编、最高人民法院民事审判第四庭编:《涉外商事海事审判指导与研究(2009年第2卷)》,人民法院出版社2009年版,第87—92页;申请人天瑞酒店投资有限公司与被申请人杭州易居酒店管理有限公司申请承认仲裁裁决案,见万鄂湘主编、最高人民法院民事审判第四庭编:《涉外商事海事审判指导与研究(2011年第1卷)》,人民法院出版社2011年版,第174—180页。

情形。

2006年9月8日起实施的《仲裁法司法解释》对我国仲裁协议效力判断的理论及实务工作起到了指引的作用。《仲裁法司法解释》以尊重当事人意思自治和仲裁协议独立性为原则,用16个条文对仲裁协议的形式要求、仲裁事项所包含的内容、瑕疵仲裁协议效力的认定、仲裁当事人变更或者债权债务转让时仲裁协议对权利义务继受者的效力问题、仲裁协议的独立性、仲裁协议效力争议案件的管辖及程序要求、当事人对仲裁协议效力异议的放弃、涉外仲裁协议效力审查法律适用等诸多问题作出了明确解释。

一、相关国家对仲裁协议未签字人效力的立法

（一）英国

英国关于仲裁的历史最早可以追溯到1374年。[①] 英国仲裁相关法律对仲裁的书面形式作出规定,[②]有"书面通讯""书面证据""书面形式援引",重要的一点是"本编所指之书面或书写形式包括其得以记录之任何方式"。随后在英国1999年《合同（第三方）权利法案》中,明确表示第三方的权利义务需得以保障,若第三方对受让方的受让的权利处于善意第三方的地位,依据合同的诚信原则和禁反言原则,第三方的权利依据《合同（第三方）权利法案》的条文规定应当受到法律保护。仲裁协议作为合同的特殊形式,此条款对未签字人亦当有效。

（二）瑞士

瑞士有关仲裁的法律规定仲裁协议必须以书面形式订立,如电报、传真或任何其他以文字表示的通讯方式。[③] 此款明确要求仲裁协议无论是书面形式还是数据电文形式都须以文字记载的形式呈现。此外,对于仲裁协议有效性所适用的法律,《瑞士联邦国际私法典》规定,"仲裁协议如符合当事人选择的法律,或条件调整纠纷、特别是主要合同的法律,或符合瑞士法,即为有效"。此款确定了仲裁协议的有效性取决于争议所适用的法律,若当事人协商约定适用的法律为瑞士法,那么仲裁协议的有效性将依据瑞士法判定。[④]

（三）荷兰

荷兰有关法律也规定了有关仲裁协议的形式要求。荷兰的仲裁法规定仲裁协议必须有书面文书证明。[⑤] 为此目的,一份规定仲裁或提及提交仲裁之标准

[①] 林一飞:《国际商事仲裁法律与实务》,中信出版社2005年版,第31页。
[②] 1996年《英国仲裁法》第5条。
[③] 《瑞士联邦国际私法典》第178条第1款。
[④] 孟思洋、张欣雨:《评瑞士商事仲裁协议效力扩张之实践——兼论对我国的启发》,载《黑龙江省政法管理干部学院学报》2010年第1期。
[⑤] 《荷兰民事诉讼法典》第四编第1021条。

条件的书面文书即可构成充分的证明,只要该文书被另一方当事人明示或默示地接受。首先,荷兰仲裁法严格规定了仲裁协议形式为书面文书;其次,仲裁协议应由仲裁协议双方当事人明确表示接受或者默示地推定接受。荷兰仲裁法将默示推定的意思表示理论适用于仲裁合意,如此扩大了仲裁协议的适用范围。对于未在仲裁协议上签字的人而言,若未签字人用行为表示接受仲裁协议或仲裁条款,或用消极的不否定推定接受仲裁协议、仲裁条款,则依据荷兰仲裁法,仲裁协议将对未签字人产生约束力。

荷兰法律中还体现了仲裁条款的可分性,[①]明确规定仲裁协议的效力由仲裁庭判定,仲裁庭有权决定仲裁协议作为其组成部分或仲裁协议与其有关的合同的有效性。仲裁协议独立于作为其组成部分的合同以及与其有关的合同而存在,不同于一般的合同条款,仲裁协议具有可分性和独立性。

二、我国对仲裁协议未签字人效力的立法

我国对于这一问题一直没有明确的立法上的规定,直到《仲裁法司法解释》第8条和第9条中才对仲裁协议的转让专门作了规定。其中,第8条规定:"当事人订立仲裁协议后合并、分立的,仲裁协议对其权利义务的继受人有效。当事人订立仲裁协议后死亡的,仲裁协议对承继其仲裁事项中的权利义务的继承人有效。前两款规定情形,当事人订立仲裁协议时另有约定的除外。"第9条规定:"债权债务全部或者部分转让的,仲裁协议对受让人有效,但当事人另有约定、在受让债权债务时受让人明确反对或者不知有单独仲裁协议的除外"。由此可见,除非当事人之间另有约定,当事人订立仲裁协议后合并、分立的,协议对其权利义务的继受人有效。当合同项下的权利与义务向第三方转让时,债权债务全部或者部分转让的,仲裁协议对受让人有效,但当事人另有约定、在受让债权债务时受让人明确反对或者不知有单独仲裁协议的除外。

《仲裁法征求意见稿》第24条规定:"纠纷涉及主从合同,主合同与从合同的仲裁协议约定不一致的,以主合同的约定为准。从合同没有约定仲裁协议的,主合同的仲裁协议对从合同当事人有效。"第25条规定:"公司股东、合伙企业的有限合伙人依照法律规定,以自己的名义,代表公司、合伙企业向对方当事人主张权利的,该公司、合伙企业与对方当事人签订的仲裁协议对其有效。"《仲裁法征求意见稿》并未像《仲裁法司法解释》第8条和第9条一样做出规定,而是对主从合同、公司及合伙企业代表所涉及的仲裁协议未签署问题做出了规定。

[①] 《荷兰民事诉讼法典》第四编第1053条。

拓展阅读

1. 有关国际商事仲裁协议所涉及的相关理论及实证，可以进一步阅读刘晓红教授的著作《国际商事仲裁协议的法理与实证》中的下列内容：第二章"仲裁协议构成要件的法理及实务分析"，第四章"仲裁条款独立性理论"，第五章"仲裁协议效力的扩张"。

2. 要进一步了解中外仲裁协议理论的差异，可以进一步阅读梁堃的专著《英国1996年仲裁法与中国仲裁法的修改：与仲裁协议有关的问题》第一部分有关1996年《英国仲裁法》的介绍。

3. 想要了解国外的仲裁协议理论，可以进一步阅读加里·B·博恩著、崔强译的《国际仲裁与协议管辖条款——起草与执行》第三章"起草国际仲裁条款"以及丁颖教授的专著《美国商事仲裁制度研究：以仲裁协议和仲裁裁决为中心》第一章"美国商事仲裁制度概述"。

4. 想要了解国际商事仲裁协议近几年在我国的发展、变化及展望，可以阅读中国贸仲编的系列报告《中国国际商事仲裁年度报告》。

5. 有关仲裁协议与意思自治的问题，可以进一步阅读董连和的论文《论我国仲裁制度中的意思自治原则》，该文载于《清华大学学报》2006年第3期。

 思考题

1. 仲裁协议的有效要件包括哪些？
2. 《仲裁法》关于仲裁协议效力的规定应当如何完善？
3. 仲裁条款的独立性体现在哪些方面？
4. 仲裁协议效力扩张至第三人的理论依据及体现是什么？

 案例分析

【案例一】 北京朝来新生体育休闲有限公司申请
承认和执行外国仲裁裁决案[①]

北京朝来新生体育休闲有限公司（以下简称朝来新生公司）是在北京工商行政管理局朝阳分局注册成立的有限责任公司（自然人独资）；北京所望之信

[①] 北京市第二中级人民法院（2013）二中民特字第10670号民事裁定书。

投资咨询有限公司(以下简称所望之信公司)是在北京市工商行政管理局注册成立的有限责任公司(外国自然人独资)。2007年7月20日,朝来新生公司(甲方)与所望之信公司(乙方)签订《合同书》约定,甲、乙双方合作经营甲方现有的位于北京市朝阳区的高尔夫球场,并就朝来新生公司的股权比例、投资金额等相关事宜达成协议,同时写明签订地在中国北京市。合同中还约定:如发生纠纷时,甲乙双方首先应进行友好协商,达成协议,对于不能达成协议的部分可以向大韩商事仲裁院提出仲裁,仲裁结果对于甲乙双方具有同等法律约束力。

合同签订后,经营过程中高尔夫球场土地租赁合同解除,土地被收回,高尔夫球场因此获得补偿款1800万元,两公司因土地补偿款的分配问题发生纠纷。为此,所望之信公司于2012年4月2日向大韩商事仲裁院提起仲裁,此后,朝来新生公司也提起反请求。大韩商事仲裁院依据双方约定的仲裁条款受理了所望之信公司的仲裁申请及朝来新生公司反请求,适用中华人民共和国法律作为准据法,作出仲裁裁决。裁决作出后,朝来新生公司于2013年6月17日向北京市第二中级人民法院提出申请,请求法院承认上述仲裁裁决。

北京市第二中级人民法院认为,由于涉案当事人、合同标的、双方之间法律关系的设立、变更、终止的法律事实均发生在中国境内,可见该案不具有任何涉外因素,因此,根据《民事诉讼法》和《仲裁法》的规定,该案当事人不能选择境外仲裁机构进行仲裁,《合同书》当中的仲裁条款无效。

【案例二】 湖北省出版进出口公司、湖北东湖光盘技术有限公司与康维克科技(成都)有限公司买卖合同纠纷案[①]

2002年9月6日,湖北省出版进出口公司(以下简称出版公司)作为买方,湖北东湖光盘技术有限责任公司(以下简称光盘公司)作为最终用户,康维克科技(成都)有限公司(以下简称康维克公司)作为卖方共同签订了Convac 8800型DVD光盘复制生产线买卖合同。合同中约定:"凡因本合同引起的或与本合同引起的有关争议,均应提交中国国际贸易促进会仲裁委员会按照该委员会发布的仲裁程序暂行条例进行仲裁,仲裁地点在北京。仲裁委员会的裁决是终局的,双方均受其约束。任何一方均不寻求法院或其他当局上诉以修改其决定。"2003年3月7日,三方签订第二份补充协议,其中第二条约定:光盘公司同意康维克

[①] 万鄂湘主编、最高人民法院民事审判第四庭编:《涉外商事海事审判指导与研究(2004年第3卷)》,人民法院出版社2004年版,第54—57页。

公司更换同型号货物,6个月期限期满时生产线仍无法达到验收标准,康维克公司同意无需中国国际贸易促进会仲裁,接受无条件退货并承担光盘公司一切损失(以下简称无需仲裁)。2003年9月27日,三方签订第三次补充协议,约定康维克公司对合同内容不寻求任何仲裁或申诉(以下简称不寻求仲裁)。后三方发生争议,出版公司、光盘公司向法院起诉。原审法院认为,三方当事人在合同中约定了仲裁条款,其后又签订了第二次补充合同和第三次补充合同,康维克公司在作出"无需仲裁""不寻求仲裁"表示时,其真实意思应在于当协议约定的补救措施未能达到效果时,康维克公司就主动接受退货并赔偿损失,无需通过仲裁解决。因此,"无需仲裁""不寻求仲裁"并不是解除了主合同中仲裁协议,当事人仍应通过仲裁来解决相关争议,故一审法院裁定驳回出版公司、光盘公司的起诉。出版公司、光盘公司不服一审裁定,提出上诉。二审法院认为,第三次补充合同明确约定康维克公司同意"不寻求任何仲裁",这一条款对康维克公司有约束力;出版公司、光盘公司向法院起诉,视为已放弃仲裁。故法院可以受理本案,二审裁定撤销一审驳回起诉的裁定。最高人民法院根据二审法院的请示,在复函中确认:第二次补充合同和第三次补充合同中的相关约定并没有实质地改变当事人在原合同中通过仲裁解决纠纷的意思表示,当事人之间的仲裁协议仍然有效,应通过仲裁解决相关争议,法院对本案不享有管辖权。

【案例三】 中国技术进出口总公司与瑞士工业资源公司侵权损害赔偿纠纷案[①]

1984年12月28日,中国技术进出口总公司(以下简称中技公司)受浙江省温州市金属材料公司的委托,与美国旭日开发公司(以下简称旭日开发公司)签订购买9000吨钢材的合同。后旭日开发公司因无力履约,经中技公司同意将卖方变更为瑞士工业资源公司(以下简称瑞士公司)。1985年4月1日,瑞士公司与中技公司签订了《合同修改协议书》,将钢材数量由原定的9000吨增至9180吨,价款为229.5万美元不变,信用证支付。合同签订后,中技公司即通过中国银行于1985年4月19日开出以瑞士公司为受益人的不可撤销信用证。随后,瑞士公司将全套单据通过银行提交中技公司。同年6月1日,中国银行上海分行将全部货款汇付瑞士公司。货款汇付后,中技公司却迟迟未收到货物,从1985年7月起中技公司连续以电传、函件方式与瑞士公司交涉。但瑞士公司或

[①] 《中国技术进出口总公司诉瑞士工业资源公司侵权损害赔偿纠纷上诉案》,载《中华人民共和国最高人民法院公报》1989年第1号,第26—28页。

拒不答复,或以种种理由进行搪塞。经过多次交涉,中技公司仍未收到货物,后通过调查,中技公司发现瑞士公司所提交的钢材质量检验书、重量证书及装箱单均系伪造,货物并没有在提单中所载明的装运港装运上船。为此,中技公司向法院提起诉讼,要求瑞士公司返还货款并赔偿相应的损失。一审法院审理后判决中技公司胜诉。瑞士公司不服一审法院判决向上海市高级人民法院提出上诉,其上诉的理由之一就是双方签订的购销合同中有仲裁条款,原审法院对本案无管辖权。上海高院认定,瑞士公司利用合同形式,进行欺诈,已超出履行合同的范围,不仅破坏了合同,而且构成了侵权。双方当事人的纠纷,已非合同权利义务的争议,而是侵权损害赔偿纠纷。中技公司有权向法院提起侵权之诉,而不受双方所订立的仲裁条款的约束。

【案例四】 得暲企业有限公司与荣成丰盛源食品有限公司买卖合同纠纷案①

本案的发生起因是得暲公司与丰盛源公司签订了一份买卖合同,发生纠纷后得暲公司作为原告向青岛中院提起诉讼,作为被告的丰盛源公司提出管辖权异议,认为与其签署协议的是蔡某,原告得暲公司并不知情,所谓的与丰盛源公司签订的协议,应是蔡某的无权代理行为。本案的争议焦点在于蔡某作为得暲公司的法定代表人,以得暲公司的名义与不知情的第三方签订的协议中的仲裁条款,是否能够对得暲公司具有约束力。另一个争议焦点为蔡某签订协议的行为是否能使丰盛源公司以足够的理由相信,即蔡某的行为是否构成表见代理。判断蔡某的行为是否构成表见代理,重点在于是否具有第三人足够相信的有权代理的权利外观。在本案中,根据案情描述部分可知,蔡某在公司只是法定代表人,也并非该公司的职工,作为一名法定代表人,蔡某从未代表该公司参与公司与其他公司之间的经济合同的订立过程,更未曾代表过公司签署过协议,只是一位挂名的法定代表人,并且该公司在以往的历史诉讼活动中,也从未授权蔡某代表公司参加诉讼。仅是在青岛中院立案之后,得暲公司才委托蔡某作为本案诉讼代理人参与,由此可知,得暲公司委托蔡某是在蔡某与丰盛源公司签订买卖合同之后,得暲公司未曾有委托蔡某对外签署协议的行为和习惯。

综上所述,丰盛源公司作为相对人,不能仅凭蔡某是得暲公司的法定代表人

---

① 《最高人民法院关于得暲企业有限公司与荣成丰盛源食品有限公司买卖合同纠纷一案仲裁条款效力的请示的复函》民四他字[2005]第11号。

就认定其可以代表公司签订合同,蔡某没有权利外观,丰盛源公司没有充足的理由相信蔡某的行为是有权代理,加之得暐公司对蔡某与丰盛源公司签订合同的行为明确表示不予追认,蔡某的行为不构成表见代理。对于本案的另外一个焦点即仲裁条款的效力是否扩张至得暐公司,得暐公司已经明确表示对蔡某的行为不予追认,蔡某签订合同的行为也并非表见代理,得暐公司无需对蔡某签订的合同负责,不具有仲裁条款的必要要件——仲裁合意,因此,该协议以及该协议中的仲裁条款对得暐公司不具有法律约束力。

第五章 国际商事仲裁的法律适用

基于国际商事仲裁本身高度自治性的特点，国际商事仲裁的法律适用的突出特点就是仲裁当事人享有更大的意思自治，可以选择仲裁协议所适用的法律、仲裁程序法、仲裁实体法，而不必拘泥于仲裁地法律的限制。国际商事仲裁的法律适用关系到仲裁裁决的结果，具有重要的法律地位。本章将从仲裁程序的法律适用、仲裁实体问题的法律适用和仲裁协议的法律适用三个方面，逐一探讨国际商事仲裁的法律适用问题。

第一节 仲裁程序的法律适用

在国际商事仲裁中，仲裁程序的法律适用涉及仲裁的内部程序规则和仲裁的外部程序规则的确定，这就使仲裁程序的法律适用问题呈现出一定的复杂性。由于仲裁总是在某一地域内进行，而仲裁地国家基于国家主权对其领域内进行的仲裁拥有规范和监督的权力，这就产生了下述一系列问题：在国际商事仲裁中，仲裁程序是适用当事人选择的仲裁规则还是适用仲裁地的仲裁法？如果当事人选择适用非仲裁地的仲裁法，那么仲裁地法院对在仲裁地进行的仲裁予以监督的程序又应如何进行？

在探讨仲裁程序法律适用的问题之前，有必要明确以下两个问题：

一是仲裁法与仲裁程序规则有什么区别？虽然国内仲裁法和仲裁规则在调整对象和调整范围上有许多重合之处，从内容上很难将它们截然分开，但严格意义上二者是有区别的：从制定机构和效力来看，仲裁法是国家立法机关制定、颁布的法律、法规和由司法机关作出的相应解释，是仲裁规则的"法"。而仲裁规则是由常设仲裁机构制定或当事人约定适用的，是仲裁庭和当事人的"规则"。从作用方面来看，仲裁法是为了实现国家对仲裁活动的监管和干预，仲裁规则是为了保证仲裁活动的顺利进行。从内容和范围来看，仲裁程序规则主要用来规范仲裁的内部程序运作，其涵盖的范围相对狭小。

二是仲裁程序法的调整范围是什么？关于该问题各国学者主张各异，目前国际上通行的仲裁法范围主要包括:仲裁协议有效性的确定;用以确定实体法的冲突规则;仲裁是必须适用实体法规则,还是可以依据公允善良原则解决争议和进行友好仲裁;法院对仲裁的某些监督或干预,主要涉及仲裁员的任命、对仲裁程序的异议、裁决理由的说明和对仲裁裁决的异议等问题。

了解了上述两个问题之后,接下来本书将从仲裁内部程序和外部程序两个方面介绍仲裁程序的法律适用问题。

一、仲裁内部程序的法律适用

仲裁内部程序主要是指仲裁进行的基本流程,涉及当事人提交仲裁申请书申请仲裁、被申请人提交答辩状、任命仲裁员组成仲裁庭、仲裁庭开庭(包括发布和采取临时措施,调查取证等)、仲裁中调解、仲裁裁决的作出等事项。目前在国际商事仲裁的立法和实践中,当事人可以选择仲裁内部程序的法律适用,如果未做选择,仲裁庭有权按照仲裁庭认为适当的方式进行仲裁,但当事人的约定和仲裁庭所确定的适当方式均不得违反仲裁地法的强制性规定。

比如,《示范法》第 19 条规定:(1) 在不违背本法规定的情况下,当事人可以自由约定仲裁庭进行仲裁时所应当遵循的程序;(2) 未达成此种约定的,仲裁庭可以在不违背本法规定的情况下,按照仲裁庭认为适当的方式进行仲裁。尽管如此,两者均受到《示范法》的一些强制性规定的限制,主要是当事人应当受到平等待遇并应当被给与充分机会陈述其案情的原则及体现该原则的一些程序规定。①

如奥地利《民事诉讼法典》第 594 条第 1 款规定,在不违背本章强制性规定的情况下,当事人可以自由确定程序规则。当事人可因此援引其他程序规则。未达成此种约定的,仲裁庭可以在不违背本法规定的情况下,按照仲裁庭认为适当的方式进行仲裁。再如 1958 年《纽约公约》第 5 条第 1 款第 4 项规定,如果仲裁庭的组成或仲裁程序同当事人间的协议不符,或者当事人之间未订此种协议时,而又与进行仲裁的国家的法律不符,仲裁裁决将不被承认或执行。可见,《纽约公约》也认可仲裁内部程序首先由当事人协议规定,如果当事人未达成此种协议时,适用仲裁地法律。

在实践中,若当事人未明确选择可适用的仲裁程序法,各国法律大多把仲裁程序法的问题交由仲裁庭决定。仲裁庭可能会推定适用当事人默示选择的法律。如果无法确定当事人默示的法律选择,则通常适用仲裁地法。传统理论中

---

① 联合国贸易法委员会秘书处关于 2006 年修正的 1985 年《示范法》的解释说明,第 32 条、第 33 条。

仲裁程序受仲裁地法支配的观点在很长时期内被各国仲裁实践所普遍接受。仲裁地之所以成为确定支配仲裁法的决定性因素,首先是因为仲裁进行地所属国能对在其领域内进行的仲裁施以有效的管辖;其次是因为依仲裁地法进行仲裁可使裁决取得该国的国籍,进而可以作为外国仲裁裁决并依据《纽约公约》在其他公约缔约国得到承认和执行。

二、仲裁外部程序规则的法律适用

仲裁的外部程序主要是指司法机关对于仲裁的支持和监督程序。传统上,当事人意思自治原则也适用于仲裁的外部程序规则的确定,但是依据《纽约公约》第5条第1款第5项,如果裁决已经由作出裁决地国家或裁决所依据法律的国家的主管机关撤销或停止执行,仲裁裁决将不被承认或执行。可见,在裁决承认和执行阶段,仲裁地法和裁决作出所依的准据法成为仲裁外部程序规则。

此外,《示范法》第1条第1款规定:"除第8、9、17H、17I、17J、35及36条外,本法只适用于仲裁地点在本国领土内的情况。"根据此地域原则,一国仲裁法的程序规则不适用于在该国管辖区域外的仲裁。随着不少国家以《示范法》为范本制定本国仲裁法[1]以及不少国家也采用地域原则,[2]仲裁的外部程序规则由仲裁地法支配已成为广泛采用的原则,比如1981年《法国民事诉讼法典》第1504条第1款规定,法国法院对在法国作出的国际商事仲裁的裁决拥有撤销审查程序的管辖权。

综上所述,在国际商事仲裁的立法和实践中,目前仲裁程序的法律适用的两条主要原则是:(1)关于仲裁的内部程序规则,当事人可以自由选择,而在双方当事人未作规定时,仲裁庭行使自由裁量权来确定,但均以不违反仲裁地的强制性规定为限;(2)关于仲裁的外部程序规则,适用仲裁地法的地域原则被普遍接受。

三、国际商事仲裁程序法适用中的非内国化理论

仲裁的自治性使人们希望寻找一种更为灵活、更能体现仲裁本意的程序法律,而当事人将意思自治演绎到极限就催生了意欲完全摆脱"仲裁地理论"的"非内国化理论"。

该理论认为仲裁程序不必受仲裁地国家甚至任何特定国家仲裁程序法的支配,应适用当事人自行拟定的规则或选择现成的仲裁程序规则,或仲裁庭确定的

---

[1] 比如德国、加拿大等。
[2] 比如英国、瑞士、荷兰、奥地利等。

仲裁规则。从非内国仲裁的理论来分析,其实质是摆脱仲裁地法院对国际仲裁的控制与监督,特别是摆脱仲裁地法院撤销该裁决的权力。"非内国化理论"通过赋予当事人选择仲裁程序适用法律的自治权以达到使任何一个国家都无权撤销国际仲裁裁决的结果。然而,如果让仲裁脱离任何特定国家的法律体系的监督,仲裁恐将难以进行或极易出现不公正的裁决结果,甚至致使裁决效力难以得到执行地法院的认可。

按此种理论进行的仲裁,在不存在就裁决的有效性或可执行性问题而诉诸法院的情况下,可以摆脱国内法的限制和法院的监督,充分实现当事人意思自治。但这种理论并未得到各国司法实践的广泛认可,也招致学界的批评,有观点认为非内国仲裁理论的法律根据并不充分,其裁决的有效性无法得到保证。

第二节　仲裁实体争议的法律适用

国际商事仲裁作为一种解决国际商事争议的程序,其最终目的就是要使仲裁双方当事人之间的争议能通过仲裁得到合理解决,因此确定实体争议应适用的法律非常重要。在国际商事仲裁中,仲裁庭在确定实体争议应适用的法律时,首先适用当事人合意选择的法律,在当事人未进行约定时,仲裁庭将自行确定应适用的法律。由于在国际商事仲裁中,法院对仲裁程序的监督通常不涉及实体争议的处理问题,①因此,在国际商事仲裁中,实体争议如何适用法律将完全取决于当事人和仲裁庭。

一、依照当事人选择的法律规则解决实体争议

（一）意思自治原则在仲裁立法和规则中的体现

意思自治原则是国际私法中被普遍接受的法律适用原则之一,在仲裁实践中,该原则也被广泛用来指导仲裁员确定应适用于国际商事仲裁的法律。

在国际规则方面,1961年《关于国际商事仲裁的欧洲公约》第7条第1款规定:"双方当事人应自行通过协议决定仲裁员适用于争议实质的法律。"1985年联合国《示范法》第28条第1款规定,仲裁庭应依照当事各方选定的适用于争议实体的法律规则对争议作出决定。

在国内立法方面,1987年《瑞士联邦国际私法典》第187条规定:"仲裁庭裁决时依据当事人所选择的法律规则。"1996年《英国仲裁法》第46条第1款第1

---

① 有的国家的仲裁法规定法院可以对国际商事仲裁中的实体问题,比如对法律适用错误进行审查,但允许当事人在仲裁协议中约定排除法院的该等审查。见1996年《英国仲裁法》第69条。

项也规定,仲裁庭应依照当事人所选择的解决实体问题所应适用的法律对争议作出裁决。其他如美国、日本、法国等国也都肯定仲裁当事人在实体法选择上的意思自治。

在仲裁规则方面,2021年《联合国国际贸易法委员会仲裁规则》(以下简称《贸法会仲裁规则》)在其第35条第1款规定:"仲裁庭应适用当事人双方预先指定的适用于实体争议的法律规则。"2021年《国际商会仲裁规则》第21条也允许当事人自由确定仲裁员裁决争议所适用的法律。被选择的实体法可以是某一特定国家的国内法,也可以是国际条约或国际商事惯例。也就是说,在国际商事仲裁,领域当事人选择法律的自由并不限于特定的国内法体系,还可以扩展到非国内法体系。

从实践来看,大部分国际经济贸易格式合同中都包含法律选择条款,仲裁员通常都会尊重当事人的意思自治。只要存在明确的法律选择,即使所选的实体法明显只对其中一方有利,仲裁员也会加以适用。例如,在一件有关美国供货商与印度买方的买卖合同争议仲裁案中,双方之间的销售合同规定了适用纽约法律支配彼此的权利和义务。事后买方辩称应改用印度法律作为上述合同准据法,其理由是印度法律与本案合同及其履行具有"最为密切和真正的联系"。对此,仲裁庭指出:"在缺乏当事人明确选择或协议的情况下,我们可能会支持买方的主张和理由;然而,由于合同已明确地包含有法律适用条款,因此,这种选择是有效的并且超过任何其他关于法律适用的理由。"①在1990年国际商会仲裁院仲裁的第6379号案中,双方当事人分别属于意大利和比利时两个不同国家。当事人在该案合同中选择了适用意大利的法律,然而在仲裁审理中比利时一方当事人指出:由于在合同谈判时意大利一方处于商业上的优势地位,因此合同中的法律选择条款是被迫接受的,仲裁庭不应适用意大利法律。结果仲裁庭还是维持了合同中的事先约定,适用了意大利的法律。②

此外,国际商事仲裁中当事人选择的法律在适用时,原则上排除反致,即在适用当事人选择的某一国家的法律时,不应包括该国法律中的冲突规范或国际私法规范。对此,《示范法》第28条第1款规定:"除非另有说明,否则选择适用某一国的法律或法律制度应认为是直接指该国的实体法而不是指该国的法律冲突规则。"1996年《英国仲裁法》第46条也规定:"基于此目的,对一国法律的选择,应视为对该国实体法的选择而不是对该国冲突法规的选择。"以《示范法》为

---

① ICC Interim Award of November 1984, Case No. 4376, Published in Collection of ICC Arbitral Awards 1986-1990.

② International Council for Commercial Arbitration (ICCA), Yearbook of Commercial Arbitration (1992), p. 215.

基础的 1996 年《印度仲裁法》第 28 条第 2 款规定,当事人所选择的法律如果没有明确规定,仅指实体法,排除该国的冲突规范。

综上,当事人意思自治原则已成为世界各国普遍接受的决定仲裁实体法的首要原则。但各国对当事人选择仲裁实体法的时间、方式和限制的规定有所不同。

(二) 当事人选择仲裁实体法的限制

1. 选择实体法的时间限制

当事人在最初订立合同、协议以仲裁作为解决争议的方式时,可以自由选择解决他们之间争议的法律。对于当事人在订立合同、发生争议以后能否选择仲裁实体法,学者有不同的看法,但正如雷德芬与亨特所指出,当事人意思自治的精神决定了当事人可以延迟作出法律选择或改变原有的法律选择。[①] 从各国的立法来看,多数国家允许当事人在合同订立之后对原来支配合同的法律进行变更的选择。在仲裁实践中,一般认为仲裁员应该尊重当事人的选择,即使当事人对原已作出的法律选择作出更改,仲裁庭、仲裁员也都应尊重当事人更改原有选择的意愿。

2. 当事人选择仲裁实体法的方式

当事人选择法律的方式有明示选择和默示选择。明示选择方式已得到各国的普遍接受,但对默示选择方式,各国的态度却不一致。在国际商事仲裁实践中,仲裁员通过案件的相关情况或合同所使用的语言来判定当事人默示选择法律的情况是非常罕见的,他们大多依据当事人选择的仲裁地来推定当事人意图适用仲裁地国法。这一推定来源于拉丁语格言"选择法院即选择法律"。这种方法在国际商事仲裁实践中曾得到长期和普遍的采用,但随着实践的发展,它逐渐暴露出不合理和不正确的一面,对默示选择法律的推定就逐渐失去了理论依据与实践的支持。尽管如此,仍然有一些国家如美国承认默示选择方式。

3. 当事人选择仲裁实体法的限制

在国际商事仲裁中,当事人选择仲裁实体法的意思自治并不是毫无限制的。首先,当事人的选择不能排除特定国家的强制性法律规范,不能违反特定国家的公共政策。也就是当事人的选择只能限于任意性法律的范围。其次,当事人不能选择与合同毫无联系的国家的法律。大多数国家的立法有此要求,但另有一些国家如英国、法国等国的立法中则不要求当事人的选择必须与合同有一定联系。尽管各国在此问题上存在着不同的主张,但从国际商事仲裁的实践来看,仲

[①] A. Redfern, M. Hunter, *Law and Practice of International Commercial Arbitration*, Sweet & Maxwell, 1991, p.74.

裁庭基本上从未以此为理由来否定当事人就仲裁实体法所作的选择。再次,不能为达到规避的目的而故意选择与争议毫无关系的法律,即当事人在选择某一项法律时,必须有一种"合理的根据",这种"合理的根据"主要表现在所选法律必须与合同及当事人之间有重大联系。最后,这种对于法律的选择必须是善意的、合法的。

二、仲裁庭自行确定实体争议应适用的法律

在国际商事仲裁中,如果当事人未就实体争议约定应适用的法律,仲裁庭将自行确定实体争议应适用的法律。传统上,仲裁庭根据仲裁地的冲突规范确定应适用的法律。随着国际商事仲裁实践的发展,目前仲裁庭在确定实体争议应适用的法律时存在三种模式:一是依据最密切联系原则确定实体争议应适用的法律;二是依据仲裁庭认为可适用的冲突规范确定实体争议应适用的法律;三是以仲裁庭认为适当的法律规则作为实体争议应适用的法律。

(一)依据最密切联系原则确定实体争议应适用的法律

这是以瑞士和德国仲裁法为代表的模式。《瑞士联邦国际私法典》第187条第1款规定,仲裁庭应适用双方当事人选择的法律规则,或在没有上述选择时,适用与争议有最密切联系的法律规则。《德国民事诉讼法典》第1051条第2款也同样规定,当事人未确定任何适用于实体争议的法律规则时,仲裁庭应适用与仲裁程序的主体事项有最密切联系的国家的法律。① 在本章的案例4中,仲裁庭在确定适用的法律时也用到了最密切联系原则。

"最密切联系"原则是20世纪50年代逐渐发展、完善的一项国际私法原则,各国均不同程度地接受了该原则,在国际私法中,世界各国普遍认为它是用来解决涉外民事争议准据法的最灵活实用的方法。在国际商事仲裁中,当事人未作法律选择,可以适用与争议有最密切联系国家的冲突规则确定仲裁实体法。如在巴黎国际商会的一起仲裁案件中,仲裁员即以意大利法律体系与争议有密切联系为由,适用了意大利的冲突规则。②

(二)依据仲裁庭认为可适用的冲突规范确定实体争议应适用的法律

这是以《示范法》为代表的模式。《示范法》第28条第2款规定,当事人没有指定任何适用法律的,仲裁庭应当适用其认为适用的冲突法规范所确定的法律。此种模式是对传统的适用仲裁地冲突规范方法的改良。

---

① 《德国民事诉讼法典》关于仲裁的部分以《示范法》为蓝本,但在实体争议的法律适用上采用了与《示范法》不同的规定。

② Case No. 1422,1966,ICC Arbitration Tribunal,101 Journal de Droit International,1974,p. 162.

1. 适用仲裁地国的冲突规则

传统观点认为,在当事人没有对适用的法律作出选择时,仲裁庭应当依据仲裁所在地国的冲突规则进行实体法的选择。有观点认为仲裁和诉讼一样,所在地国的法律支配仲裁的所有方面。[1] 当事人在很多事项上可以通过意思自治原则自由选择,但必须符合仲裁地法的规定。当事人可以选择仲裁庭作出裁决所依据的法律,但是应当在仲裁地国的法律许可范围之内行使该项权利。如果当事人没有就选择法律达成一致的,仲裁庭将依据仲裁地国的法律规则解决当事人所提出的法律冲突。但在实践中,如果仲裁在几个国家庭审或进行在线仲裁或临时改变仲裁地,这会使得仲裁地的确定变得困难,也将使得仲裁地的冲突规范难以确定,从而最终影响仲裁实体法的确定。

2. 适用仲裁庭认为合理的冲突规则

仲裁庭的权力不断扩大是当代国际商事仲裁的发展趋势之一。如今,一些国家和地区已承认在当事人没有明示或默示选择仲裁实体法时,仲裁庭可以自主选择认为合理的冲突规则以确定仲裁的实体法。这种做法突破了适用仲裁地冲突规则的局限性,赋予了仲裁庭较大的自主权,使得仲裁庭能够全面、综合地考虑各类因素,根据实际情况灵活地选择合理的冲突规范以确定,使争议得以更加公正地解决。

1961年《欧洲国际商事仲裁公约》中就规定,在当事人没有选择法律时,仲裁庭应根据其认为可以适用的冲突规则确定实体法。[2]《示范法》第28条第2款明确规定了在当事人没有选择法律的情况下,仲裁庭可以适用其认为可适用的冲突规则确定法律。除了国际条约外,仲裁规则也有类似规定。例如,2021年《贸法会仲裁规则》、2021年《国际商会仲裁规则》中均规定仲裁庭可以在当事人对法律选择没有约定时,由仲裁庭选择适用"可适用的"或"合适的"冲突规则确定实体法。[3] 类似地,1996年《英国仲裁法》第46条第3款也规定,如果当事人没有就法律选择作出约定,仲裁庭应当适用其认为可适用的冲突法所确定的法律;1986年加拿大《商事仲裁法》(2020年修订)第28条第2款也规定,在当事人没有选择争议的实体法时,仲裁庭可以适用其认为可适用的冲突法规则来确定。

仲裁庭可以选择的冲突规则的范围是十分广阔的,可以是特定国家的内国私法体系,也可以是国际层面的私法规范,或者是其他与争议有密切联系的一切法律选择规则。只要仲裁庭认为适用该冲突规则是合理的,即可通过该冲突规

---

[1] 朱克鹏:《国际商事仲裁的法律适用》,法律出版社1999年版,第140页。
[2] 1961年《欧洲国际商事仲裁公约》第7条第1款。
[3] 2021年《贸法会仲裁规则》第35条第1款;2021年《国际商会仲裁规则》第21条第1款。

则的指引确定仲裁的实体法。

实践中,仲裁庭可适用的冲突规则主要有:(1)仲裁地国的冲突规则;(2)与争议有最密切联系国家的冲突规则;(3)仲裁员本国(home state)的冲突规则;(4)被申请承认和执行裁决地国的冲突规则;(5)国际私法公约和国际私法一般原则。

(三)以仲裁庭认为适当的实体法律规则作为实体争议应适用的法律

这是以法国仲裁法和《国际商会仲裁规则》为代表的模式。1981年《法国民事诉讼法典》第1496条规定,仲裁员应根据双方当事人选择的法律规则裁决争议;在当事人没有上述约定时,仲裁员应根据其认为适当的法律规则裁决。2021年《国际商会仲裁规则》第21条也同样规定,当事人有权自由约定仲裁庭处理案件实体问题所应适用的法律规则;当事人对此没有约定的,仲裁庭将决定适用其认为适当的法律规则。以《示范法》为基础的1996年《印度仲裁法》第28条规定,如果仲裁地在印度,在国际商事仲裁中,仲裁庭应当依据当事人选择的法律来决定争议的实体问题;当事人没有选择法律的时候,仲裁庭应当结合案情实际情况,选择最合适、恰当的法律。

仲裁庭不考虑冲突规则而直接确定仲裁实体法,使得仲裁庭在实体法选择上脱离地域的限制而更加关注于实体法和争议实体问题之间的关系,能简化仲裁的过程。这一方法得到了广泛的支持。不仅1981年《法国民事诉讼法典》支持了此种方式,荷兰等国也采取了相同的规定。① 国际商会仲裁院、伦敦国际仲裁院、斯德哥尔摩商会仲裁院、美国仲裁协会等都在其仲裁规则中明确规定了仲裁庭可以在当事人对法律选择没有约定的情况下,由仲裁庭选择可适用的或者合适的法律或法律规则。② 在实践中,众多的案件正是国际仲裁机构通过仲裁庭直接适用仲裁实体法的方式得以解决的。例如,2021年《国际商会仲裁规则》第21条规定,当事人有权自由约定仲裁庭处理案件实体问题所应适用的法律规则。当事人对此没有约定的,仲裁庭将决定适用其认为适当的法律规则。仲裁庭应考虑当事人之间的合同(如有)的规定以及任何有关的贸易惯例。仲裁员可以任意选择其认为跟争议有最密切联系的法律,也无需适用任何前置性的冲突规范去决定这种密切联系的法律。这种方法给予仲裁员最大的自由,仲裁员自由选择适当的规则,该规则可能是跟合同有最密切联系的规则,也可能是在性质和实质上都更适合于解决争议的规则,以此为基础,仲裁员可能考虑适用最合

---

① 1986年《荷兰民事诉讼法典》第1054条第2款。
② 2021年《国际商会仲裁规则》第17条第1款,2020年《伦敦国际仲裁院仲裁规则》第22.1条第3款,2023年《斯德哥尔摩商会仲裁院仲裁规则》第27条第1款,2003年《美国仲裁协会国际仲裁规则》第28条第1款。

适的法律。另外他也可能考虑这种规则会尽量使合同有效。

对于仲裁庭直接适用实体法的方法,主要有最密切联系方法、比较方法、结果选择法、利益分析法、特征性履行法、有利于仲裁裁决承认与执行的法律选择方法、直接适用公认的冲突规范指引的国家实体法等。[①] 只要法律规范和仲裁规则允许,仲裁庭可以使用任何其认为合理的方法确定仲裁实体法,确保仲裁公平、合理地进行,但是一般应在裁决书中阐明其选择该法律规则的理由。比如,仲裁庭以澳大利亚和中国都是《联合国国际货物销售合同公约》(CISG)的缔约国为由,认为在当事人没有选择法律的情况下,适用 CISG 最为合理。

对于仲裁庭直接适用的实体法范围,可以包括合同条款本身的各项规定、国内实体法规则以及国际公约、一般法律原则、商人习惯法等"非国内"规则,但是选择非国家法(non-state law)会遇到一些特殊的问题。通常认为当事人没有选择任何法律,仲裁员就认为当事人是排除任何国内法。然而,当事人是否就争议的法律选择有明确的意图,仲裁员还需要去考虑合同的规定和商业惯例。在什么情形下可以认为当事人没有选择任何法律呢?首先,必须厘清"当事人未选择国内法"和"当事人排除国内法"这二者之间的差异,如果只是排除国内法,那么可以从当事人合意的条款中和当事人事先就适用某些国内法的争论中,显示出他们不愿意适用任何国内法的意图。此时,仲裁庭可以选择国际统一私法协会的《国际商事合同通则》或者其他非国家法来解决合同争议。

三、友好仲裁

友好仲裁不同于依法仲裁,仲裁庭在当事人明确授意的情况下,可以不适用任何国家的具体规则,而依据公允善良原则对争议作出裁决。因此仲裁庭可以不严格按照法律规则进行仲裁,仅从自身的公平和善意观念出发,对争议作出评判。

世界上很多国家允许当事人明确授权仲裁庭进行友好仲裁,通过适用公允善良原则解决其实体争议。[②] 此外,《示范法》第 28 条第 3 款指出,仲裁庭在当事人明确授权下可以按照公平合理的原则或者作为友好调解人解决纠纷。1961年《欧洲国际商事仲裁公约》第 7 条第 1 款规定,如果当事人要求仲裁庭进行友好仲裁,且为适用的法律所允许,那么仲裁庭可以通过友好仲裁的方式解决当事人之间的纠纷。2021 年《贸法会仲裁规则》、2021 年《国际商会仲裁规则》、2020

[①] 例如船舶所有权的取得、转让和消灭,适用船旗国法。
[②] 例如 1981 年《法国民事诉讼法典》第 1497 条;1998 年《德国民事诉讼法典》第 1051 条第 3 款;1933 年《黎巴嫩民事诉讼法典》第 813 条;1997 年《伊朗仲裁法》第 27 条第 3 款;1999 年《韩国仲裁法》第 29 条第 3 款。

年《伦敦国际仲裁院仲裁规则》、2002年《世界知识产权组织仲裁中心仲裁规则》等国际仲裁机构的仲裁规则也都明确,在当事人明示的情况下,仲裁庭可以按照公允及善良原则,采用友好仲裁的方式解决争议。①

在当事人明确授意的情况下,友好仲裁对于法律选择和法律适用没有任何限制,仲裁庭可以选用其认为合适的法,甚至可以不适用任何国家的具体规则,而依据公允善良原则对争议作出裁决。因此,友好仲裁体现了国际商事交易最基本的公平善意理念,是对仲裁庭自由裁量权的绝对认同。友好仲裁所作出的裁决与普通仲裁裁决一样具有终局性的法律效力,可以由国家强制力保证执行。

四、强制性规定与公共政策

在国际私法中,公共政策的最终效果是使得国内法院在处理某一争议时,出于维护国际公共利益和国家秩序的缘由而不适用外国法。即便这些外国法本是应当被适用的准据法,但如果适用外国法将与法院地的公共利益相冲突,那么法院地法官可以将公共政策作为一个政策工具,以实现排除外国法适用而维护当地公共政策的目的。

公共政策在国际商事仲裁中的适用情形区别于国际民事诉讼。产生这种区别的主要原因是国际商事仲裁中的"去国家化",即仲裁员并不代表任何国家来主持正义,也没有一个所谓的"法院地"概念,因此,仲裁员不会出于捍卫某一特定国家的公共政策而避免适用外国法。实际上,所有的法律对于国际商事仲裁中的仲裁庭而言,都可以是外国法。

需要注意的是,在某些情况下,仲裁员可以基于具有普遍意义的国际公共政策而排除某一国法的适用。比如,基于反腐败公约中所体现的国际公共政策,仲裁员可以不认定相关合同的法律效力。然而,这并不意味着仲裁员有权以公共政策为由直接排除某些法律的适用,不能据此认为仲裁庭在适用公共政策上扮演着积极的角色,也不能直接以公共政策作为直接认定当事人相关的协议无效的依据。

对实践中争议的法律适用问题,国际商事仲裁员必须要考虑到执行地、仲裁地法院对于处理本国强制性规定效力的态度。当然,在国际商事仲裁中,仲裁员首先应当考虑适用当事人所选择的法律,但如果当事人选择的法律与某地的强制性规定相违背,仲裁员应当如何适用法律?是基于当事人已经选定法律而认为当事人已排除某些强制性规定,继而拒绝适用这些强制性规定呢?还是认为

---

① 2021年《贸法会仲裁规则》第35条第2款;2021年《国际商会仲裁规则》第21条第3款;2020年《伦敦国际仲裁院仲裁规则》第23条第4款;2002年《世界知识产权组织仲裁中心仲裁规则》第59条第1款。

强制性的规定尚未被排除继而必须适用？尽管以上问题在目前尚无定论，但仲裁员不能忽视的一个基本事实是仲裁庭有义务做出一个有效的仲裁裁决，这个仲裁裁决也应该避免被撤销或者避免被拒绝执行。例如，2021年《国际商会仲裁规则》第42条规定："本规则没有明确规定的事项，法院和仲裁庭可以依据这些规则的精神作出努力，来确保仲裁裁决能被合法的执行。"正如1958年《纽约公约》第5条第2款b项所规定的"仲裁裁决有违承认执行地国的公共政策者不能被执行。"当然，这里的公共政策往往由一国法院来判断，但仲裁员也应当事先判断和预测所做出的仲裁裁决是否会有违公共政策。事实上，有一些强制性规定部分体现了国际公共政策。因此，一个违背强制性规定的仲裁裁决可能会因其违背国际公共政策，而导致仲裁裁决被撤销或者被不予执行。

在作出仲裁裁决的过程中，仲裁员必须考虑仲裁裁决有被撤销或不予执行的可能性。通常，撤销程序在仲裁地的法院作出。仲裁裁决的承认和执行往往在被申请人的住所地或者营业地法院被提起。有鉴于此，仲裁员在仲裁的过程中仍然要考虑在当事人选择的争议实体法之外其他相关的强制性规定，以确保作出的仲裁裁决能最终得以承认与执行。

在实践中，仲裁员适用强制性规定可能基于两种情形：其一，一方当事人认为某个强制性规定应该被适用。在此类情形下，即便该强制性规定不属于合同准据法，仲裁员也必须考虑是否应该适用它，否则他将会因忽视当事人的请求而遭致批评。其二，并无一方当事人请求适用强制性规定，合同准据法也尚未涉及强制性规定。但争议可能与一个来自第三国的强制性规定有关。例如，当事人达成了一个分销协议，该协议适用乙国法，但协议所附的条件却是被甲国法所禁止的。通常而言，仲裁员应考虑强制性规定的适用条件和适用范围，如果案件既不满足强制性规定的适用条件且该强制性规范在地域效力上难以适用本案，那么仲裁庭便可以不适用强制性规定。

如果仲裁员希望适用强制性规则，那么其既要了解案件中利于强制性规则适用的事实因素，同时也要考虑当事人意愿这一主观要素。出于谨慎考虑，仲裁员通常只有在审查裁决的法官将强制性规定作为国际公共政策的一部分加以考虑的时候，才会适用强制性规定。因此，明确此处的强制性规定意指法院地的强制性规定还是外国的强制性规定，便显得尤为重要。法官很可能基于违反法院地的强制性规定以撤销仲裁裁决，但是能否基于对外国强制性规定的违反来撤销仲裁裁决仍然是一个极具争议的问题，这取决于受强制性规则保护的利益与外国利益之间是否存在密切联系，例如，限制外汇流动或者投资的法律所保护的特定利益。如果作为仲裁地的法院地国也重视诸如反腐败在内的特定利益，那么进行司法审查的法官可能会考虑适用外国强制性规定的机会从而撤销仲裁裁决,因此仲裁员在适用法律时也应当注意到这一点。[①]

第三节 仲裁协议的法律适用

仲裁协议的法律适用是国际商事仲裁中的重要法律适用问题之一,该问题具有重要的理论意义和实践价值。仲裁协议是国际商事仲裁的基石,其本质上是当事人之间订立的契约。从这个角度来看,仲裁协议效力的法律适用问题与合同准据法的确定方式相类,也存在整体论和分割论的说法。从实践角度来看,无论对法院还是仲裁机构而言,"分割论"对仲裁协议效力问题的解决更具合理性和准确性。从《纽约公约》、国内立法以及国际商事仲裁实践来看,对仲裁协议法律适用问题也广泛地采纳了"分割论"的方法。

本节对于仲裁协议法律适用问题的探讨将主要分为两个层面:一是仲裁协议缔约主体之行为能力的法律适用问题;二是仲裁协议有效性的法律适用问题。

一、仲裁协议缔约主体行为能力的法律适用

(一) 自然人行为能力准据法的确定

一般而言,自然人行为能力主要适用其属人法。早期的属人法主要指当事人的本国法,随着商业贸易的发展,有些国家逐渐采用"以当事人本国法为主,以当事人住所地法为辅"的方法作为判断自然人行为能力的准据法;此外,还有些国家采用经常居所地法作为判断自然人行为能力的准据法。尔后,随着经济全球化进程的加快,一些国家对于自然人行为能力的准据法的判断方法又作出了两种例外规定:(1)依属人法无行为能力而依所在地法有行为能力者,视为有行为能力;(2)对当事人在不动产物权纠纷中的行为能力适用不动产所在地法。

(二) 法人行为能力准据法的确定

对于法人是否具有签订仲裁协议的行为能力,国际上的普遍作法是适用法人属人法,即法人国籍国法或住所地法。然而,当前国际社会尚未统一确定法人的国籍和住所的方法。通常对于法人国籍的确定,实践中主要以注册登记地、管理中心地或主要营业机构所在地作为法人国籍地;而关于法人住所,由于法人可能在多个国家从事业务活动,注册地、主要营业地、主事务所在地等均可作为确定法人住所的依据,实践中这主要取决于仲裁庭的裁量判断。

[①] UNCTAD,5.5. International Commercial Arbitration Law Governing the Merits of the Dispute,2005.

二、仲裁协议有效性准据法的确定

仲裁协议有效性的准据法的确定主要有以下五种方法：

（一）当事人意思自治原则

依据《纽约公约》第5条第1款第1项的规定，对如何认定仲裁协议有效性，应首先适用当事人明确选择的法律。在国际商事实践中，仲裁协议往往表现为主合同所包含的仲裁条款，当事人很少在该条款中就仲裁条款有效性所适用的法律作出明确规定。如果当事人在主合同中约定了主合同应适用的法律而未明确规定主合同所包含的仲裁条款应适用的法律，那么关于仲裁条款的有效性应当适用的法律是否就是当事人在主合同中选择的法律，成为现实当中经常遇到的问题。

有观点认为，当事人在合同中选择的合同的准据法也适用于认定仲裁条款有效性，这是因为仲裁条款仍属于合同的组成部分，也应当适用当事人所选择的合同准据法，除非仲裁条款单独约定了仲裁条款本身所应适用的法律。与之相反的观点则认为，主合同和仲裁条款的订立初衷有所不同：主合同旨在确定和划分当事人之间的实体权利义务，而仲裁条款是为了解决当事人之间产生于主合同的争议，具有独立性，因而应当独立适用法律。若当事人未明确指定支配仲裁协议的法律，便不能简单地推定仲裁条款所应当适用的法律就是主合同所适用的法律。

应当说明的是，当事人明示选择的适用于仲裁协议有效性认定的"法律"，其可能是一国的国内法，也可能是关于国际商事仲裁的国际公约、国际商事惯例、一般法律原则、公平善意观念或特定仲裁机构的仲裁规则。

如果当事人选择适用于仲裁协议的法律与仲裁地国家法律的强制性规定相抵触，仲裁庭可能会优先考虑强制性规则的适用。这是因为如果仲裁庭无视仲裁地国家法律的强制性规定而依据当事人选择的法律认定仲裁协议的有效并据此作出裁决，该仲裁裁决将可能被仲裁地国家法院以违反公共秩序为由撤销或者被有关国家法院拒绝承认与执行。

当事人未明示选择确定仲裁协议有效性应适用的法律时，仲裁庭应首先推定当事人默示选择的法律。如果根据主合同的内容、当事人的国籍或其营业地情况，可判断裁决作出后将在某国执行，则可以将执行仲裁裁决国家的法律推定为当事人默示选择的法律。

综上所述，就仲裁协议的法律适用，国际仲裁实践中普遍允许当事人约定仲裁协议所适用的法律，但是在没有约定的情形下如何判断仲裁协议的准据法，不同国家的做法则大相径庭。具体而言有如下方法。

(二) 适用主合同的准据法

商业实践中,当事人往往只就主合同约定适用法律,而不会就仲裁协议单独约定适用法律,因而有观点认为可以就此推测当事人意图将法律适用的条款同时适用于主合同和仲裁协议。而即便认可仲裁协议的独立性,其也并不意味着仲裁协议的适用法必然区别于主合同的适用法。因此,仲裁协议有效性的判断可以适用主合同的准据法。

然而,仲裁条款的独立性理论也一定程度上影响了仲裁协议的法律适用。传统观点认为,仲裁条款是主合同不可分割的一部分,主合同无效,包含于主合同中的仲裁条款亦当然无效。在此种观点影响下,主合同的法律适用也会影响到仲裁协议的准据法,这种观点的主要理由是,作为主合同一个组成部分的仲裁条款,是针对主合同的法律关系而起作用的。比如有学者认为:"适用于包括仲裁条款在内的实体协议的法律也适用于仲裁协议。这个原则在许多案件中已经得以适用。这甚至可以被视为是一种当事人之间就适用于仲裁条款的法律达成的默示协定。"[1]

"仲裁条款的准据法与基础合同的准据法相同"。这一论断在部分英国法院的司法实践中得以体现。2002 年"Sonatrach Petroleum Corporation v. Ferrell International Ltd."案中,法官指出:"如果实体合同包含明确的法律选择,但是仲裁协议未包含单独的法律选择,则后者通常适用当事人明确选择的适用于实体合同的法律。"[2] 在 2012 年的"Sulamerica CIA Nacional de Seguros SA and others v. Enesa Engenharia SA and others 案"(以下简称 Sulamerica 案)中,Moore-Bick 法官提出了判断仲裁协议准据法的"三阶段分析法",即:(1) 当事人之间是否存在明示的法律选择;(2) 如果没有明示的选择,当事人之间是否存在默示的法律选择;(3) 如果没有默示的法律选择,仲裁协议与何种法律有最密切、最实际的联系。同时,若当事人未约定仲裁协议的适用法,在没有相反证明的情形下,当事人对主合同的约定本身就足以使法院推定当事人默示选择了主合同适用法。[3] 在 2020 年的"Enka Insaat Ve Sanayi A. S. v. OOO Insurance Company Chubb and others 案"(以下简称 Enka 案)中,英国最高法院进一步指出,选择不同国家作为仲裁地并不足以推翻上述推定。但仲裁地法作为与仲裁协议有最密切、最实际联系的法律,可以在当事人没有默示选择仲裁协议准据法时适用。[4]

---

[1] Lew, The Law Applicable to The Form and Substance of The Arbitration Clause, ICCA Congress Series No. 14,1998,para. 136.

[2] [2002] 1 ALL E. R. (Comm) 627.

[3] [2012] EWCA Civ 638.

[4] [2020] EWCA Civ 574。

(三) 适用仲裁地法

在当事人未明确约定仲裁协议适用法时,仲裁协议可以适用仲裁地法律。这体现了《纽约公约》中的观点。《纽约公约》第 5 条第 1 款 a 项规定,当仲裁协议依据当事人约定的法律无效,或者依据仲裁地法律(当事人无约定时)无效时,法院才可以拒绝承认与执行外国仲裁裁决。因此,根据第 5 条第 1 款 a 项,在当事人没有约定时,法院可以援引仲裁地法判断仲裁协议的效力。

英国法院的部分判例体现了上述观点。事实上,审理"Enka 案"的上诉法院指出,英国目前的判例对于仲裁协议适用仲裁地法还是主合同的准据法并无统一的标准,也不存在具有拘束力的先例。据此,上诉法院指出,主合同的准据法通常并不能推定适用于仲裁协议,在当事人无约定时应当推定适用仲裁地法。

(四) 最密切和最真实联系原则

这种观点认为,在当事人无约定时,仲裁协议应当适用与仲裁协议具有最密切和真实联系的法律。英国法院的"Sulamerica 案"中提出的"三阶段分析法"涉及通过合同解释判断当事人默示的真实意思。从逻辑上看,最密切和真实联系原则只有在通过合同解释也无法确定仲裁协议适用法时才适用。"Sulamerica 案"中法官指出,与仲裁协议具有最密切和真实联系的法律本身就是判断当事人默示选择适用法律的一项重要参考因素。

(五) 使之有效原则

使之有效原则(Validation Principle)并非通过适用冲突法规则判断仲裁协议适用的内国法;但其本身并不排斥内国法的适用,而是以适用使仲裁协议有效的内国法为基本原则。这种理论的依据在于,当事人签订仲裁协议的真实意思不是适用某个(可能导致仲裁协议无效的)内国法,而是寄希望于通过仲裁方式解决争议,所以对仲裁协议准据法的判断应以使其有效为出发点。这也与《纽约公约》推定仲裁协议有效的原则相契合。

《瑞士联邦国际私法典》首次在立法中体现了该原则,其中第 178 条第 2 款规定:"如果仲裁协议符合当事各方选择的法律、适用于争议的法律(特别是适用于主合同的法律)或瑞士的法律,则仲裁协议应为有效。"根据该条,若适用当事人约定的法律导致仲裁协议无效,法院将会转而选择适用其他使仲裁协议有效的法律。此外,使之有效原则也在诸多司法实践中得到了应用。例如,在前述"Sulamerica 案"中,当事人约定主合同的适用法为巴西法,仲裁地为英国。尽管英国法院认为主合同的适用法通常可以推定为仲裁协议的准据法,但是若适用巴西法可能会导致仲裁协议无效,那么应当适用仲裁地法即英国法,以使仲裁协议有效。

第四节　中国的立法与实践

一、我国关于仲裁协议法律适用的规定

(一) 仲裁协议效力的法律适用

我国《仲裁法》中未对仲裁协议的法律适用作出专门规定,但是在司法实践中,最高人民法院通过司法解释的形式已逐渐形成一套仲裁协议法律适用的规则。2005 年 12 月 26 日最高人民法院审判委员会第 1375 次会议通过了《仲裁法司法解释》。《仲裁法司法解释》第 16 条规定:"对涉外仲裁协议的效力审查,适用当事人约定的法律;当事人没有约定适用的法律但约定了仲裁地的,适用仲裁地法律;没有约定适用的法律也没有约定仲裁地或者仲裁地约定不明的,适用法院地法律。"此外,《涉外民事法律关系适用法》及其司法解释也对仲裁协议的法律适用问题作出了规定。《涉外民事法律关系适用法》第 18 条规定:"当事人可以协议选择仲裁协议适用的法律。当事人没有选择的,适用仲裁机构所在地法律或者仲裁地法律。"《涉外民事关系法律适用法的解释(一)》第 14 条规定:"仲裁机构所在地或者仲裁地不明的,人民法院可以适用中华人民共和国法律认定该仲裁协议的效力。"

在确定双方当事人选择的法律时,我国的司法实践偏重仲裁条款独立性原则。2005 年 12 月 26 日印发的《第二次全国涉外商事海事审判工作会议纪要》第 58 条指出,"当事人在合同中约定的适用于解决合同争议的准据法,不能用来确定涉外仲裁条款的效力。因此,主合同的准据法不视为仲裁协议的准据法。"2021 年 12 月最高人民法院印发的《全国法院涉外商事海事审判工作座谈会会议纪要》第 97 条再次在"主合同与从合同争议解决方式的认定"中明确规定,"当事人在主合同和从合同中分别约定诉讼和仲裁两种不同的争议解决方式,应当分别按照主从合同的约定确定争议解决方式。当事人在主合同中约定争议解决方式为仲裁,从合同未约定争议解决方式的,主合同中的仲裁协议不能约束从合同的当事人,但主从合同当事人相同的除外。"

此外,本着支持仲裁的精神,法院在判断仲裁协议效力时通常会遵循"尽量使其有效"的原则。比如 2021 年 12 月最高人民法院印发的《全国法院涉外商事海事审判工作座谈会会议纪要》第 93 条规定,"根据《仲裁法司法解释》第 3 条的规定,人民法院在审查仲裁协议是否约定了明确的仲裁机构时,应当按照有利于仲裁协议有效的原则予以认定。"这种做法也影响了仲裁协议的法律适用。

(二) 当事人行为能力的法律适用

我国在关于国际仲裁的司法实践中对当事人签订仲裁协议的行为能力适用我国国际私法的属人法原则。

在《最高人民法院关于香港享进粮油食品有限公司申请执行香港国际仲裁中心仲裁裁决案的复函》中,针对海南高富瑞公司总经理张根杰利用其持有的安徽粮油公司派驻海南高富瑞公司任职人员的相关文件的便利,采取剪取、粘贴、复印、传真等违法手段,盗用安徽粮油公司圆形行政公章,以安徽粮油公司的名义与香港享进粮油食品有限公司签订合同的事实,最高人民法院指出,由于张根杰没有得到安徽粮油公司的明确授权,而是采用违法的手段盗用其印章签订合同,且事后张根杰未告知安徽粮油公司,更未得到追认,根据当事人的属人法即我国内地相应的法律规定,张根杰无权代理安徽粮油公司签订合同,即其不具备以安徽粮油公司名义签订合同的行为能力,相应地,其亦不具有以安徽粮油公司名义签订合同中仲裁条款的行为能力。[①] 根据最高人民法院的上述复函,当事人签订仲裁协议的行为能力适用属人法原则。此外,上述复函中所述事实涉及的是授权代表是否有权代表法人签订仲裁协议,根据复函,适用的是法人属人法。

我国《仲裁法》第 17 条规定了无民事行为能力者或限制民事行为能力者订立的仲裁协议无效。在自然人行为能力的法律适用上,我国采取的也是当事人属人法为主,特殊情况下适用行为地(缔约地)法的方法。《涉外民事法律关系适用法》第 12 条规定:"自然人的民事行为能力,适用经常居所地法律。自然人从事民事活动,依照经常居所地法律为无民事行为能力,依照行为地法律为有民事行为能力的,适用行为地法律,但涉及婚姻家庭、继承的除外。"而法人的行为能力适用《涉外民事法律关系适用法》第 14 条的规定,即"法人及其分支机构的民事权利能力、民事行为能力、组织机构、股东权利义务等事项,适用登记地法律。法人的主营业地与登记地不一致的,可以适用主营业地法律。法人的经常居所地,为其主营业地。"至于国家缔结仲裁协议的能力问题,我国法律尚未作出明确规定,但鉴于国家一旦参与国际商事仲裁,其所涉之国家财产常与国家豁免问题密切相关。因此,一般来说,我国国家机关或政府部门除非得到中央政府的特别批准或法律的明确授权,否则不得擅自与外国当事人缔结任何形式的仲裁协议,原则上以禁止为宜。

(三) 争议事项可仲裁性的法律适用

我国《仲裁法》没有明确规定争议事项可仲裁性的法律适用规则,只规定了

---

① 《最高人民法院关于香港享进粮油食品有限公司申请执行香港国际仲裁中心仲裁裁决案的复函》[2003]民四他字第 9 号。

可仲裁的事项。根据《纽约公约》的规定,我国法院在承认和执行外国仲裁裁决的程序中,依据我国的法律确定争议事项是否具有可仲裁性。一般认为,在国际商事仲裁的其他阶段,我国法院也可以依据我国法律确定争议事项的可仲裁性。

二、我国关于仲裁程序法律适用的规定

(一) 关于仲裁自身进行的仲裁程序规则——仲裁的内部程序规则的确定

我国《仲裁法》未直接就国际商事仲裁中的程序规则的法律适用问题和仲裁规则的适用问题作出规定,但一些仲裁机构的仲裁规则对此做出回应。例如,《中国贸仲仲裁规则(2015版)》第4条规定:"凡当事人同意将争议提交仲裁委员会仲裁的,均视为同意按照本规则进行仲裁。当事人约定适用其他仲裁规则,或约定对本规则有关内容进行变更的,从其约定,但其约定无法实施或与仲裁地强制性法律规定相抵触者除外。"由此可见,当事人在仲裁中对于程序规则的适用享有充分的自主权,可以通过援引仲裁规则或对仲裁规则进行剪裁来约定仲裁庭进行仲裁时应遵守的程序规则,但以不违背仲裁地的强制性规定为限。

(二) 关于仲裁的外部程序规则的适用——法院对仲裁的监督

我国《仲裁法》中关于仲裁外部程序规则之适用的规定体现了"地域原则"。根据我国《仲裁法》第65条的规定,涉外经济贸易、运输和海事中发生的纠纷的仲裁,适用《仲裁法》第七章(涉外仲裁的特别规定)的规定。如果《仲裁法》第七章没有规定的,则适用《仲裁法》其他有关规定。此外,我国《仲裁法》第70条规定,我国法院对我国涉外仲裁机构作出的仲裁裁决行使撤销审查程序的管辖权。由此可见,在我国进行的国际商事仲裁必须遵守我国《仲裁法》中的强制性规定,并接受我国法院对仲裁裁决撤销审查程序的管辖。

三、我国关于仲裁协议实体争议法律适用的规定

我国《仲裁法》第7条规定:"仲裁应当根据事实,符合法律规定,公平合理地解决纠纷。"仲裁机构的仲裁规则对此也做出了类似规定,例如《中国贸仲仲裁规则(2015版)》第47条第1款规定:"仲裁庭应当根据事实,依照法律和合同规定,参考国际惯例,并遵循公平合理原则,独立公正地作出裁决。"

根据上述规定,我国的仲裁庭通常根据法律、合同规定和国际惯例对实体争议进行裁决。在涉外纠纷中,依据我国立法中的冲突规范来确定实体争议应适用的法律,例如我国《涉外民事法律关系适用法》的相关规定。对于一般涉外合同争议,我国仲裁庭将首先适用当事人选择的法律,在当事人没有选择法律时,适用与合同有最密切联系的国家的法律。而对于在我国境内履行中外合资经营企业合同、中外合作经营企业合同和中外勘探开发自然资源合同,以及其他类型的外商在我国进行直接投资的合同,必须适用我国的法律。

 拓展阅读

1. 国际商事仲裁协议的法律适用直接关系到仲裁协议效力的确定,并由此影响到仲裁庭的管辖权,关于这一问题在立法及实践中的体现,可以阅读刘晓红:《论国际商事仲裁协议的法律适用》,载《法学》2004年第4期。

2. 想要进一步了解国际商事仲裁实体问题的法律适用,可以阅读徐伟功:《论国际商事仲裁实体问题的法律适用》,载《法商研究》2001年第1期。

3. 关于国际商事仲裁协议中当事人意思自治原则、仲裁地国法的适用等问题,可以进一步阅读温树斌:《论国际商事仲裁协议的法律适用规则》,载《法学论坛》2000年第2期。

4. 有关强行法对国际商事仲裁实体法律适用的影响,可以进一步阅读薛非:《论强行法对国际商事仲裁实体法律适用的影响》,载《华东政法学院学报》2001年第5期。

5. 《纽约公约》的名称虽然只是承认和执行"仲裁裁决",但对"仲裁协议"的承认和执行确已成为该公约两大重要目的和内容之一,对《纽约公约》感兴趣的同学可以阅读黄亚英:《论〈纽约公约〉与仲裁协议的法律适用——兼评中国加入〈纽约公约〉二十年的实践》,载《法律科学》2009年第2期。

6. 想要进一步了解国际商事仲裁法律适用问题,可以阅读寇丽:《现代国际商事仲裁法律适用问题研究》,知识产权出版社2013年版。

7. 国际商事仲裁程序法具有重要意义,对此想要进一步了解的同学可以阅读谢新胜:《国际商事仲裁程序法的适用》,中国检察出版社2009年版。

8. 关于实体法在国际商事仲裁中的适用,可以进一步阅读 Chukwumerije, Okezie, Applicable Substantive Law in International Commercial Arbitration, *Anglo-American Law Review*, Vol. 23, 1994, pp. 265-310.

9. 想要进一步了解国际商事仲裁中的法律适用问题,可以阅读 Danilowicz, Vitek, Choice of Applicable Law in International Arbitration, *The Hastings International and Comparative Law Review*, Vol. 9 Winter 1986, pp. 235-284.

10. 对英国仲裁法感兴趣的同学可以阅读 Shackleton, Stewart R., Applicable Law in International Arbitration under the New English Arbitration Act 1996, *The Arbitration International*, Vol. 13, 1997, pp. 375-390.

11. 关于国际商事仲裁的法律适用诸多理论,可以进一步阅读 Heiskanen,

Veijo, Theory and Meaning of the Law Applicable in International Commercial Arbitration, *Finnish Yearbook of International Law*, Vol. 4, 1993, pp. 98-129.

思考题

1. 我国仲裁协议的法律适用规定与国际社会上有哪些不同？
2. 在仲裁实体法律适用中，当事人约定、国际条约和国内立法的地位如何？
3. 仲裁中和诉讼中实体问题的法律适用有什么不同？
4. 仲裁程序应当适用什么法律？仲裁争议适用的实体法能支配仲裁的程序问题吗？
5. 仲裁程序应当受当事人约定的法律约束，还是受仲裁地法的司法监督？
6. 如何看待当事人在仲裁协议中约定由某仲裁机构适用其他仲裁机构的仲裁规则进行仲裁？这种仲裁协议是否有效？
7. 仲裁实体法律适用是否受强行法的影响？

案例分析

【案例一】 菲律宾钢铁公司与国际钢铁服务公司案①

原告菲律宾钢铁公司向宾夕法尼亚西部地区法院申请确认外国仲裁裁决。被告国际钢铁服务公司请求撤销，理由是菲律宾某法院已经撤销了裁决，执行该裁决会违反《纽约公约》第5条第5项。双方合同中的仲裁条款规定合同的效力、履行和执行将适用菲律宾法律，并且仲裁将在新加坡进行。仲裁员就仲裁程序适用新加坡国际仲裁法，但适用菲律宾法律来解释合同。

法院认为，合同条款表明合同的执行是适用菲律宾法律，但这并不能表明当事人同意由菲律宾的程序法来支配在新加坡仲裁的程序。根据《纽约公约》，仲裁条款规定了仲裁地点，这意味着仲裁所在地的程序法律支配仲裁程序，因此菲律宾的法院没有撤销在新加坡作出的裁决的权力。

【案例二】 英国麦道公司与印度联邦政府案②

1987年7月30日，英国麦道公司与印度联邦政府订立了提供发射卫星服务

---

① 林一飞主编：《最新商事仲裁与司法实务专题案例(第八卷)》，对外经济贸易大学出版社2012年版，第127页。

② Union of India v. McDonnell Douglas Corp. [1993] 2 Lloyds Rep. 48.

的协议。该协议第11条规定,本协议受印度法支配,并按印度法解释。协议第8条是仲裁条款,内容如下:"由于本协议产生的和本协议有关的一切争议,如不能通过友好的方式解决,应提交由三名仲裁员组成的仲裁庭解决。任何一方当事人在决定提请仲裁时,应向对方发出通知。当事人应当在此后30天内各指定一名仲裁员,并协议指定首席仲裁员,如果在60天内不能就首席仲裁员的人选达成协议,应当由国际商会会长指定该首席仲裁员。首席仲裁员不得具有本协议任何一方当事人所属国的国籍。仲裁应当根据印度1940年《仲裁法》及其任何修订所规定的程序进行,仲裁所使用的语言为英文。裁决根据多数仲裁员的意见作出,裁决是终局的,对当事人双方具有法律上的拘束力。仲裁地为英国伦敦。各方自行负担准备陈述案情的费用……"

双方当事人在履行合同中发生争议,根据协议规定提交仲裁,仲裁庭确定于1993年1月11日在伦敦开庭审理。同时,当事人向英国商事法院请求确认仲裁程序的适用法律。

负责审理本案的萨维利大法官对本案仲裁程序适用法律问题作出如下裁定:根据本案卫星发射协议第8条作出的适当解释,对于本案正在伦敦进行的仲裁程序,仲裁庭作出的裁决应当受英国法院的监督,因为当事人在仲裁协议中明示地选择伦敦作为仲裁地点,即选择了由英国法支配在伦敦进行的仲裁程序。而当事人在协议中所选择的仲裁协议的适用法律,其所调整的是进行仲裁的内部行为,不同于他们所选择的对仲裁程序实施外部监督的英国程序法。

【案例三】 茵席玛公司与阿尔斯托姆案[①]

2004年茵席玛公司与被告阿尔斯托姆公司签署了允许茵席玛公司在中国有限制地使用被告工业降低天然气管道中硫磺含量的技术许可协议。该协议第18条第3款规定:"所有由于本协议产生的或者与本协议有关的一切争议,包括协议的存在、效力及其终止,应当通过双方主管代表友好协商的方法解决。如果自提出协商的一方当事人通知另一方当事人开始协商之日起40天内未能达成协议,任何一方当事人均可将争议提交仲裁解决。所有此项争议最终由新加坡国际仲裁中心(SIAC)按照届时有效的国际商会国际仲裁院仲裁规则仲裁解决。仲裁程序在新加坡进行,使用的语言为英文。仲裁庭由按照本条款规定所指定的三名仲裁员组成。仲裁裁决是终局的,对双方当事人具有拘束力。双方当事人应当执行裁决……"

---

① Insigma Technology Co. Ltd v. Alstom Technology Ltd. [2009] SGCA24, Civil Appeal No. 155 of 2008/C.

2006年11月23日,阿尔斯托姆公司在 SIAC 提起仲裁。仲裁庭于2007年2月23日正式成立,并于2007年9月11日就其管辖权问题举行了听证。此后仲裁庭于2007年10月22日致函 SIAC,表示仲裁庭"将根据 ICC 规则而不是 SIAC 规则进行仲裁"。2007年10月25日,SIAC 复函确认:SIAC 秘书处将行使 ICC 仲裁院秘书处的职能,ICC 仲裁院秘书长的职能由 SIAC 注册官行使,SIAC 董事会将行使 ICC 仲裁院的职能。

2007年12月10日,仲裁庭就本案仲裁协议的有效性和仲裁庭的管辖权问题作出裁定。

茵席玛公司不服仲裁庭裁定,向新加坡高等法院提起上诉,称仲裁协议规定由 SIAC 适用 ICC 规则仲裁。由于 ICC 规则具有许多独一无二的特征,它不允许 ICC 仲裁院以外的其他机构据此规则对仲裁程序进行管理。没有 ICC 秘书处和 ICC 仲裁院的参与,仲裁将不具有 ICC 仲裁的质量,仲裁庭通过"由 SIAC 行使 ICC 规则规定的管理职能"而对仲裁协议作出的解释,改写了当事人之间业已存在的仲裁协议。

新加坡高等法院裁定:本案许可协议第18条第3款的规定,清晰地表明了当事人约定由 SIAC 按照 ICC 规则管理仲裁程序这一共同的意思表示。既然 SIAC 已经确认了可以履行 ICC 规则规定的行政管理职能,包括履行规则规定的由 ICC 仲裁院和秘书处履行的职能,因而许可协议中的仲裁条款并非不能履行。况且,根据以往的判例,仲裁机构的仲裁规则可以合法地脱离于制定该规则的机构。因此,本案中的仲裁条款是有效的、可以强制执行和履行的。

【案例四】 英属维京群岛买方诉爱尔兰卖方关于石油销售争议仲裁案[①]

一家英属维京群岛公司和一家爱尔兰公司就一项石油合同发生争议。合同中的仲裁条款约定:产生于本合同或与本合同相关的所有争端或分歧,通过协商解决。协商不成,在被申请人所在地的仲裁院解决。[②] 合同约定了仲裁地在被申请人所在地仲裁院所在国,即爱尔兰或英属维京群岛,具体情况视谁是被申请人而定。

在本案中,英属维京群岛公司是申请人,爱尔兰公司是被申请人,所以仲裁地为爱尔兰,程序问题适用1998年爱尔兰《仲裁(国际商事法)》。由于合同未约定适用于实体问题的法律,仲裁庭发现,由于与合同和当事人有关系的国家很多,所以不大可能确认当事人本可能选择的法律。而爱尔兰是关于合同法律适

---

① 林一飞主编:《最新商事仲裁与司法实务专题案例(第一卷)》,对外经济贸易大学出版社2008年版,第99—100页。

② 该条原文为: All disputes or differences, which arises out of this Contract or in connection with it, will be settled by negotiations. In case of unreaching agreement they will be settled, in defendant's Arbitration Court.

用的《罗马国际合同义务法律适用的公约》(以下简称《罗马公约》)的成员国,因此仲裁庭决定适用《罗马公约》中的合同冲突规则来确定法律适用。仲裁庭适用了《罗马公约》第4条,确定适用与合同具有最密切联系的国家的法律。本案是石油销售合同,特征履行是石油的交付,因此,卖方即爱尔兰的法律应予适用。

【案例五】 四川华宏国际经济技术投资有限公司与韩国韩华株式会社买卖合同纠纷案[①]

华宏国际经济技术投资有限公司(以下简称华宏公司)与韩国韩华株式会社(以下简称韩华株式会社)签订的《销售合同》第14条约定:"本销售合同在执行中发生的所有纠纷应通过友好的协商解决。如果不能通过双方友好地解决,纠纷将呈递到买卖双方互相承认的第三国仲裁。"双方未约定认定该仲裁条款效力的准据法,该仲裁条款也未约定仲裁地点和仲裁机构。由于华宏公司已经对韩华株式会社提起诉讼,按照我国《仲裁法司法解释》第16条的规定,"对涉外仲裁协议的效力审查,适用当事人约定的法律;当事人没有约定适用的法律但是约定了仲裁地的,适用仲裁地法律;没有约定适用的法律也没有约定仲裁地或者仲裁地约定不明的,适用法院地法律。"

故本案应依据法院地法即中华人民共和国法律认定仲裁条款的效力。根据《仲裁法》第16条、第18条之规定,双方当事人没有约定明确的仲裁机构,在发生纠纷后,亦未对仲裁地点和仲裁机构达成补充协议,故该《销售合同》中的仲裁条款无效。根据《民事诉讼法》第243条的规定,成都市中级人民法院作为《销售合同》载明的合同签订地的人民法院对本案有管辖权。

【案例六】 成都七彩服装有限公司与创始时装有限公司确认仲裁协议效力案[②]

本案当事人在合同中约定:"因履行本协定所产生的一切争议,双方应首先友好协商解决,协商不成时,应提交澳门特别行政区相关仲裁委员会依其仲裁规则进行仲裁。"作为当事人一方的创始时装有限公司是在澳门特别行政区注册成立的公司,故本案应适用确认涉外仲裁效力的有关规定。我国《仲裁法司法解释》第16条规定:"对涉外仲裁协议的效力审查,适用当事人约定的法律;当

---

① 《最高人民法院关于四川华宏国际经济技术投资有限公司诉韩国韩华株式会社买卖合同纠纷一案仲裁条款效力问题的请示的复函》[2007]民四他字第13号。

② 《最高人民法院关于确认成都七彩服装有限责任公司与创始时装有限公司专营合同中仲裁条款效力一案的请示的复函》[2007]民四他字第16号。

事人没有约定适用的法律但是约定了仲裁地的,适用仲裁地法律;没有约定适用的法律也没有约定仲裁地或者仲裁地约定不明的,适用法院地法律。"

本案当事人虽然未在合同中明确约定确认仲裁协议效力所应适用的准据法,但在发生争议后,双方当事人一致认为应适用澳门特别行政区法律作为仲裁协议的准据法,故应视为当事人就确认仲裁协议效力的准据法达成了补充协议,本案应适用澳门特别行政区法律作为确认仲裁协议效力的准据法。

【案例七】 山东名流实业集团有限公司与韩弼淳(PIL SOON HAN)技术合作开发合同纠纷案①

本案双方当事人山东名流实业集团有限公司与韩弼淳在 2001 年 3 月 11 日签订《合作协议书》后,对协议中涉及纠纷解决方式的条款进行了多次修改并签订了修改协议,最后一次是双方于 2009 年 4 月 28 日达成的《合作协议书的修改协议》,该协议第 5 条约定:"未尽事宜,友好协商;协商不成,以英文版本提交日本任何一家仲裁机构进行仲裁。"

因本案所涉仲裁协议是在中国公司与外国公民之间达成的,因此,本案系属涉外仲裁协议效力认定的案件。首先应当确认仲裁协议效力应适用的准据法。《仲裁法司法解释》》第 16 条规定,"对涉外仲裁协议的效力审查,适用当事人约定的法律;当事人没有约定适用的法律但是约定了仲裁地的,适用仲裁地法律;没有约定适用的法律也没有约定仲裁地或者仲裁地约定不明的,适用法院地法律。"首先,本案双方当事人在《合作协议书的修改协议》第 5 条中并未约定确认该仲裁协议效力所适用的准据法;其次,该修改协议第 5 条虽然约定了"提交日本任何一家仲裁机构进行仲裁",但日本仲裁机构的仲裁地可能在日本,也可能在其他国家,具有不确定性。显然该修改协议亦未明确选定仲裁地。因此,应当适用法院地法,即中国法律来审查本案仲裁协议的效力。

根据《仲裁法》第 18 条"仲裁协议对仲裁事项或者仲裁委员会没有约定或者约定不明确的,当事人可以补充协议;达不成补充协议的,仲裁协议无效"之规定,本案当事人对仲裁机构约定不明,且未达成补充协议,本案仲裁条款应属无效条款。由于本案一方当事人已向山东省威海市中级人民法院提起诉讼,故可以认定双方无法就仲裁问题达成补充协议。

---

① 《最高人民法院关于山东名流实业集团有限公司与韩弼淳(PIL SOON HAN)技术合作开发合同纠纷一案中仲裁条款效力问题的请示的复函》[2009]民四他字第 47 号。

【案例八】 Enka Insaat Ve Sanayi AS v. Insurance Company Chubb [2020] UKSC 38 案

2016年2月1日,俄罗斯的一座发电厂因火灾受损。丘博保险(俄罗斯)公司是火灾风险的保险人。发电厂的所有权人与在发电厂进行工程建设的总承包人订有合同,总承包人又将部分工程分包给一家土耳其工程公司 Enka。分包合同中的争议解决条款约定:源于合同的争议应提交伦敦仲裁。2014年5月,总承包人将其在分包合同中的权利和义务一并转让给了发电厂的所有权人。2016年2月火灾发生后,丘博保险公司作出了保险赔偿并取得保险代位求偿权。

2019年5月,丘博保险公司在俄罗斯莫斯科的法院起诉 Enka 公司。作为回应,2019年9月,Enka 公司在英国伦敦高等法院起诉,主张丘博保险公司在俄罗斯法院起诉的行为违反了仲裁协议,并要求高等法院针对保险人在俄罗斯的诉讼签发禁诉令。高等法院驳回了 Enka 公司的诉求,主要理由是俄罗斯法院才是确定仲裁协议效力的方便法院。Enka 公司随即上诉。英国上诉法院推翻了一审判决,认为除非当事人明确选择了仲裁协议准据法,否则一般情况下,作为当事人的默示选择,仲裁协议的准据法应当是仲裁地法。因为该案的当事人并未明确选择仲裁协议准据法,所以仲裁协议应当受英国法管辖,英国法院有权向丘博保险公司签发禁诉令。丘博保险公司不服英国上诉法院的判决,上诉至英国最高法院。

2020年10月9日,英国最高法院作出该案的终审判决。最高法院5人合议庭以3比2的微弱多数意见维持了上诉法院的判决。最高法院判决的主要理由如下:

第一,英国法院会适用英国普通法而非《罗马条例 I》(the Rome I Regulation)来确定仲裁协议准据法,因为后者将仲裁协议排除在适用范围之外。根据英国普通法规则,仲裁协议准据法一般是:(1)当事人明示或默示选择的法律;(2)若当事人未选择,则是与仲裁协议有"最密切联系"的法律。在确定当事人是否已经选择法律时,英国法院应适用英国法下的合同解释规则对仲裁协议以及包含仲裁协议的主合同进行解释。

第二,若当事人未选择仲裁协议的适用法,但选择了包含仲裁协议的主合同的适用法时,此种选择通常将适用于仲裁协议。换言之,主合同和仲裁协议此时将适用相同的法律。这种认定有助于促进法律适用的确定性、一致性和连贯性。若当事人未选择主合同的适用法,但选择了仲裁地,法院不能仅凭此就认定主合同或仲裁协议应受仲裁地法管辖。

第三,若当事人既未特定地选择仲裁协议准据法,也未选择主合同准据法,法院必须确定与仲裁协议存在最密切联系的法律。通常而言,仲裁协议与仲裁地法存在最密切联系。这是因为:(1) 仲裁地是仲裁在法律上进行(而非实际进行)的地点;(2) 这与1958年《纽约公约》和联合国《示范法》等国际商事仲裁法律文件相一致;(3) 这有助于维护选择了仲裁地但未选择主合同适用法的当事人的合理期待;(4) 这有利于实现法律适用的确定性,使得当事人能轻而易举地预见法院在他们未作出选择时将会适用的法律。

该案当事人并未选择适用于主合同或仲裁协议的法律。此时,仲裁协议的效力、适用范围和可执行性等问题就将由当事人选择的仲裁地的法律管辖。当事人选择了伦敦作为仲裁地,所以英国法就是仲裁协议的适用法。尽管理由不同,但英国最高法院和上诉法院就仲裁协议的适用法问题得出了相同的结论。

第六章 仲 裁 员

与在法院诉讼不同,仲裁中的当事人可以推选自己认为合适的仲裁员组成仲裁庭审理他们之间的纠纷。什么人可以成为仲裁员呢?国际条约或各国国内法对仲裁员是否有资格条件的限制?当事人是否只能在仲裁机构公布的仲裁员名册中选择?仲裁员是否如同法官那样在个案中回避?在哪些情况下需要回避?仲裁员在案件审理中需要遵守哪些职业规范?享有哪些权利?应承担什么样的法律责任?这是本章要介绍的主要内容。

第一节 仲裁员资格与名册

国际商事仲裁是跨国商事争议的当事人通过意思自治方式选择的争议解决方法。当事人不仅可以约定将他们之间的争议通过仲裁方式解决,还可以约定仲裁庭的组成人员,选择自己认为合适的人担任仲裁员。有些仲裁机构为了方便当事人选择合适的仲裁员,还发布了仲裁员名册。[①] 本节主要内容包括仲裁员资格和仲裁员名册两个方面。

一、仲裁员资格

从理论角度看,只要一个自然人具有完全的民事行为能力,即可被当事人选为仲裁员。当然,仲裁案件的当事人不会随意选择仲裁员,而是会考虑一个人的公正性和独立性、相关的商业背景和法律知识、仲裁经验等。从实践角度看,目前没有相关国际公约统一各国有关仲裁员资格的要求。1958年《纽约公约》也没有将仲裁员的资格作为承认和执行在另一国作出的仲裁裁决的条件。由于仲裁员是由双方当事人各自推选,为防止一方当事人滥用其选择的权利,各国仲裁立法对此会有不同程度的限制。在商事仲裁发展历史比较长的国家,仲裁法对仲裁员资格的规定往往比较宽松;商事仲裁发展历史较短的国家,立法会相对严

[①] 例如,中国贸仲的《仲裁员名册》、深圳国际仲裁院的《仲裁员名册》、北京仲裁委员会的《仲裁员名册》。

格。总体上看，出于尊重当事人意思自治的考量，各国对于仲裁员任职资格较之法官任职条件而言，规定相对宽松一些。

（一）国外有关立法规定

1996年《英国仲裁法》没有对仲裁员资格的立法规定。这可以被视为最为宽松的立法例证。许多国家的仲裁立法只简单规定仲裁员应当是具有民事行为能力的自然人。例如，1981年《法国民事诉讼法典》第1451条规定，仲裁员的任务只能交由自然人担任；该自然人应能完全行使民事权利。[1] 从民法角度看，这意味着作为仲裁员的自然人应当具有完全的民事行为能力，即从年龄和智力两个方面符合法律规定。当然，不同国家有关成年的年龄要求不同，会影响到一个自然人是否符合仲裁员资格条件。

还有国家立法规定，仲裁员应当是没有受过刑事处罚的自然人。这是从仲裁员公正性角度提出的要求。[2] 不过，笼统规定受过刑事处罚的人一律不能担任仲裁员也存在争议。其中，有主张个别过失犯罪除外的，如交通肇事罪。

既然是国际商事仲裁，要使得仲裁过程和裁决结果具有公信力，仲裁庭的组成成员就不应局限在一个国家范围内。因此，绝大多数国家都没有在立法中限制外国人在本国仲裁案件中担任仲裁员。只有极个别国家还存在对仲裁员国籍的限制。例如，沙特阿拉伯法律规定，外国人不得作为仲裁员。与此相反，1986年《荷兰民事诉讼法典》第1023条规定："任何有民事行为能力的自然人可被指定为仲裁员。除非当事人另有约定，任何人不应由于国籍的原因而妨碍被指定。"

西班牙国内仲裁立法曾要求仲裁庭中至少有一名仲裁员是律师，不过，在2003年修订后的仲裁法中删除了这一规定。从仲裁产生的历史原因看，商业纠纷的当事人之所以选择不去法院诉讼，而是由行业协会中德高望重的专业人士居间裁判，其中一个重要的原因就是希望裁判者懂商业交易规则，从行业交易公平角度看待双方之间的是非，而不是从法律角度评判。因此，要求仲裁员拥有律师资格或从业经历并不符合当事人的意愿。

关于在职的法官和检察官等公务员能否担任仲裁员的问题，多数国家无明文规定，但实践中往往受到限制。在跨国商业纠纷的审理和裁判中，国家公职人员的身份可能会影响当事人对仲裁中立性的信心。因此，有一些国家如奥地利、荷兰等立法规定，公职人员在其任职期间内不得接受指定为仲裁员。当然，这种国内立法规定并不一定直接体现在该国仲裁法中，而可能出现在该国诉讼法或

---

[1] 《法国新民事诉讼法典》，罗结珍译，中国法制出版社1999年版，第306页。
[2] 陈治东：《国际商事仲裁法》，法律出版社1998年版，第147页。

(二) 我国立法规定

我国《仲裁法》对仲裁员资格规定比较严格。该法第 13 条规定,仲裁委员会应当从公道正派的人员中聘任仲裁员。仲裁员应当符合下列条件之一:

1. 通过国家统一法律职业资格考试取得法律职业资格,从事仲裁工作满八年的;

2. 从事律师工作满八年的;

3. 曾任法官满八年的;

4. 从事法律研究、教学工作并具有高级职称的;

5. 具有法律知识、从事经济贸易等专业工作并具有高级职称或者具有同等专业水平的。

上述资格可以从两个方面理解:

一是担任仲裁员的人应当是"公道正派"的自然人。这既是仲裁中立性特点的要求,也体现出舆论评价的特点。如果一个人有很丰富的法律从业经历,但口碑不好,也不能被聘任为仲裁员。

二是硬性的资格条件,即要求被聘的人应当是有丰富的法律知识和经验,或者有丰富的行业工作经验。这是仲裁专业性的体现。当然,硬性要求从业 8 年以上曾引起学术争鸣,认为没有必要。[①] 不过,在讨论修改现行《仲裁法》时,并没有太多要求取消该条规定的呼声。究其原因,一方面实践中确实出现了个别仲裁员枉法裁判的案例,另一方面当事人对于仲裁员的实际要求可能会高于立法规定。过于年轻,可能会因不理解商业交易实践而出现裁判偏差。虽然说仲裁员是当事人自己选择的,理应承担选择不当的后果,但我国仲裁实践的时间不长,当事人对于仲裁员的了解程度和选择理性还很有限。维持现行从业年限要求有利于建立一支高素质的仲裁员队伍。

我国最高人民法院就对现任法官担任仲裁员作出了限制。2004 年《最高人民法院关于现职法官不得担任仲裁员的通知》中规定:根据《法官法》《仲裁法》的有关规定,法官担任仲裁员,从事案件的仲裁工作,不符合有关法律规定,超出了人民法院和法官的职权范围,不利于依法公正保护诉讼当事人的合法权益。因此,法官不得担任仲裁员。2019 年修订后的《检察官法》第 23 条规定:"检察官不得兼任人民代表大会常务委员会的组成人员,不得兼任行政机关、监察机关、审判机关的职务,不得兼任企业或者其他营利性组织、事业单位的职务,不得兼任律师、仲裁员和公证员。"

[①] 马永双、赵金龙:《仲裁员制度的现状与改进》,载《河北法学》2005 年第 8 期。

2022年《仲裁法征求意见稿》对于仲裁员资格部分增加了排除担任仲裁员资格的条件。该征求意见稿规定：

有下列情形之一的，不得担任仲裁员：

（一）无民事行为能力或者限制民事行为能力的；

（二）受过刑事处罚的，但过失犯罪的除外；

（三）根据法律规定，有不能担任仲裁员的其他情形的。

可见，我国《仲裁法》对于仲裁员资格条件的要求是从严的。当然，该征求意见稿将所有过失犯罪都除外也可能并不妥当，例如，过失意味着当事人过于自信或疏忽大意，显示当事人缺乏责任心。另外，该征求意见稿中提到的"有不能担任仲裁员的其他情形的"主要指其他法律中要求在职人员不得兼职从事有关活动的规定。例如，在职检察官或法官担任仲裁员就不合适。

二、仲裁员名册

除了国家立法对仲裁员资格有所要求外，一些国际仲裁机构或行业协会在选择仲裁员时还会考虑其他一些条件。这不是法律的硬性要求，但反映了实际做法或倾向。仲裁机构会把自己认可的仲裁员列入名册向当事人推荐。当事人并非必须从仲裁员名册中选择自己认可的仲裁员人选，但能够进入这个名册表明该人选经过仲裁机构考察，在公道正派和业务素质方面得到了仲裁机构的认可。当事人也会通过其他方式对仲裁员提出要求，例如在仲裁条款中约定仲裁使用的语言、仲裁程序问题和实体的法律适用等方式间接地对仲裁员资格提出要求。

（一）仲裁机构或行业协会、当事人对仲裁员资格的要求

1. 在独任仲裁员和首席仲裁员的选择上，除非是双方当事人一致同意，仲裁机构或仲裁地的法院在代为指定仲裁员时倾向于指定有一定经验的律师担任。这是因为独任仲裁员或首席仲裁员需要处理程序和实体方面的法律问题，而不仅仅是对案件争议的是非判断。同时，独任仲裁员和首席仲裁员要有驾驭庭审节奏、掌控庭审程序的能力，如果有一定的法庭庭审经验，也有助于仲裁程序的顺利推进。独任仲裁员或首席仲裁员在制作仲裁裁决书时，需要对当事人有分歧的法律争议点表明观点、对裁判内容说明理由，以及回应当事人对程序事项的异议，这就需要独任仲裁员或首席仲裁员熟悉和了解相关的程序法和实体法。

2. 语言方面的要求。由于商业纠纷的国际性，当事人及其代理人可能来自不同国家。这就要求仲裁员能够熟练使用仲裁指定使用的语言。其中，英语是国际商事仲裁中常常被指定的语言。一方面，跨国商业交往的合同大多采用英

语写成;另一方面,英语也是不同国籍的仲裁员能够掌握的共同工作语言。当然,如果双方当事人国籍相同,也可能在合同中约定共同国籍的语言为仲裁语言。相应地,被指定的仲裁员应当具备运用当事人约定语言参与仲裁的能力。

3. 行业经验和专业知识。这是商事仲裁兴起的原始动力。跨国商业交易的当事人之所以选择仲裁方式解决争议,就是不希望裁判完全严格依照法律作出,而是考虑到行业和交易特点、交易习惯等。因而行业经验和交易惯例对商业纠纷的解决起到了重要的作用。在跨国商业交往中,商人相互之间可能根据不同的行业和商品交易特点形成了特定的交易习惯。如果仲裁员不了解这些商业交易特点和习惯,单纯依照自己对法律的理解和生活经验,难以判断当事人之间的是非。商业交往中的"公平"与人们在日常生活中形成的"公平"观念并不完全相同。某个特定的商业行为是否构成违约或商业侵权也需要放在特定的交易中考察。例如,在国际货物运输中,散货运输在交货时是允许有一定误差的。这是因为散货在长途海上运输中会因为潮湿、海浪或日照等因素有所损耗。因此,卖方在装船时就会适量多装一点,以弥补运输途中的损耗。另一方面,由于散货运量巨大,在交货时,也不一定能够在目的港码头边通过称重的方式核对重量。因此,在审理运输合同中双方围绕散货交易数量短缺的争议时,要充分考虑运输商品的具体物理化学特征,以及差额是否在合理的范围内。

4. 熟悉争议应当适用的准据法。例如,当事人在合同中约定,该合同适用某国法律。这样一来,也间接地要求仲裁员应当熟悉和了解该准据法。在跨国商业争议中,多数合同都约定适用英国法。这就要求仲裁员应当对英国合同法和其他商业法律有基本的常识。完全不了解准据法的仲裁员很难胜任具体案件的裁判工作。与此有关的另一个问题是,虽然双方当事人在合同中约定了准据法为某国法律,但合同履行地的法律有强制性规定,仲裁员也可能因为不熟悉履行地法律制度的特点而对该规定是否构成强制性规定产生不同的判断。

(二) 仲裁员名册

仲裁员名册存在于机构仲裁之中。临时仲裁的情况下,不存在仲裁员名册的话题。各仲裁机构出于方便当事人选择仲裁员、为当事人提供优质服务的目的,会广泛地聘任一些经过仲裁机构考察、认为品行和资历符合其条件的人担任该机构的仲裁员,通过名册的方式推荐给当事人。在仲裁员名册中会注明该仲裁员的基本情况,如国籍和身份、擅长处理的纠纷类别等。

1. 仲裁员名册的性质

仲裁员名册的本质是仲裁机构向社会公布的、适合在本机构担任仲裁员的人选名单。仲裁机构在受理仲裁申请时,会同时向双方当事人提供仲裁员名册,供当事人挑选自己认为合适的仲裁员。这并不意味着当事人只能选择名册中载明的仲裁员,具体要看当事人在仲裁条款中如何约定,以及仲裁规则中是否有限制。

就临时仲裁而言,由于没有常设的日常办公机构,也就没有仲裁员名册一说。当事人需要通过自己的代理律师寻找合适的仲裁员人选。具有丰富仲裁经验的代理人能够帮助当事人选择合适的仲裁员。

在机构仲裁类型中,仲裁机构提供的仲裁员名册有助于当事人根据名册上披露出来的信息了解仲裁员的专业长处和可能潜在的风险,方便当事人选择和申请回避。

我国《仲裁法》第 13 条规定:"仲裁委员会按照不同专业设仲裁员名册"。该条规定从立法语义看,仲裁机构需要把聘任的仲裁员列入名册。不过,该条文也难以推断出没有被列入名册的人不能担任该机构仲裁员。目前,已经有国内仲裁机构修改了仲裁规则,明确允许当事人选择不在仲裁员名册但符合仲裁员聘任条件的人出任具体案件的仲裁员。例如,《中国贸仲仲裁规则(2015 版)》第 26 条规定:"(一)仲裁委员会制定统一适用于仲裁委员会及其分会/仲裁中心的仲裁员名册;当事人从仲裁委员会制定的仲裁员名册中选定仲裁员。(二)当事人约定在仲裁委员会仲裁员名册之外选定仲裁员的,当事人选定的或根据当事人约定指定的人士经仲裁委员会主任确认后可以担任仲裁员。"

2022 年《仲裁法征求意见稿》明确将仲裁员名册定位为"推荐"性质。该意见稿第 18 条最后一款规定:"仲裁机构按照不同专业设仲裁员推荐名册"。这表明,仲裁员名册不应具有强制性是大势所趋。当事人可以在仲裁员名册之外选择符合仲裁法有关仲裁员资格条件但尚未被聘任为该仲裁机构仲裁员的人。当然,因为违反仲裁员职业操守和从业纪律而被除名的人不在此列。

2. 仲裁员名册的基本内容

我国仲裁法只要求按照不同专业设仲裁员名册,但考虑到名册的性质主要是推荐仲裁员供当事人选任,因此,名册中有关仲裁员信息的详细程度应当在有助于当事人选择和保护仲裁员个人信息安全之间寻求平衡。仅根据不同专业罗列仲裁员姓名的方式显然不能满足当事人选择仲裁员的需要。一般认为,仲裁员名册应当包括如下基本内容:

(1)仲裁员姓名。在载明仲裁员姓名时,如果是外籍仲裁员,除了要写明其惯用的英文名或中文名外,还应在括号中注明其护照上的姓名写法。有些仲裁机构的仲裁员名册上还附有该仲裁员的照片。[①] 一方面,这可以避免重名现象引起选择仲裁员的误会,另一方面,也有助于当事人根据仲裁员姓名查询其过往

---

① 如中国贸仲的《仲裁员名册》。

工作经历和可能存在的利益关联关系。

（2）仲裁员性别。当事人或其代理人可能会基于某种考虑,如有些女性代理人愿意选择女性仲裁员,从而希望了解仲裁员的性别。当然,对仲裁员性别的注明不应该成为性别歧视的手段。事实上,一些国际仲裁机构也在落实男女平等的社会责任方面不断努力,增加女性仲裁员的比例。

（3）仲裁员国籍。这也是当事人希望了解的重要信息之一。在跨国商事纠纷中,当事人可能希望选择本国国籍的仲裁员,认为这样的仲裁员更有可能理解本国交易习惯和本国法律,有助于对案情是非作出判断,或者基于国籍相同的亲近感,认为更好沟通。另一方面,可能不希望仲裁庭的仲裁员主要是对方当事人所在国的国民,认为可能会影响到作出不利于己方的裁判。还有可能是,愿意选择与本国文化相近国家的仲裁员,或者排除对本国政府有敌视情绪或偏见的国家的仲裁员。

（4）擅长的专业。这里所讲的专业并不是学科划分意义上的"专业"含义,而是行业领域、纠纷类型和专业问题的集合。表明该仲裁员擅长处理这些方面的法律争议,或者说在这些方面是专家,有丰富的专业知识和裁判经验。不过,这种信息一般是模糊的,还需要当事人根据这些信息进一步了解和判断。在国际商事仲裁中,有丰富仲裁经验的代理律师才能够在此基础之上了解更为准确的仲裁员特长。

（5）工作语言。在一般情况下,除非当事人明文约定在先,仲裁审理程序和裁决书将使用仲裁机构仲裁规则中指明的语言。因此,仲裁员不仅要懂自己国籍所在国的语言文字,还应当熟练掌握仲裁机构通用的语言,否则,可能会因为语言障碍影响对事实查明和案件是非的判断。除此之外,当事人可能在仲裁条款或仲裁协议中约定使用特定语言,表明开庭审理和裁判文书将使用该语言。这就要求仲裁员能够熟练使用该语言审理案件。因此,注明仲裁员擅长的语言有助于当事人选择仲裁员。

当事人可能还希望了解到名册上仲裁员所在的工作单位或以往工作经历等更为详细的信息,不过,这些信息一般不会写在仲裁员名册中。这是出于保护仲裁员个人信息安全或个人隐私的需要。因为仲裁员名册是公开的,可以是印刷的小册子,也可能是公布在仲裁机构网站上的仲裁员名单。公布过于详细的信息会对仲裁员带来不便。仲裁案件的当事人可以在仲裁程序启动后,在选择仲裁员时,向秘书处提出排除哪些条件的仲裁员,或者以排除事项要求仲裁员作出信息披露或承诺。

第二节 仲裁员选任

仲裁员的选任与仲裁庭的组成有关。有些教科书将其放在仲裁程序部分介绍。本教材考虑到仲裁员选任中的许多知识都与仲裁员资格、仲裁员职业规范等内容有紧密联系,认为放在本章更为合适一些。

所谓仲裁员选任,是指当一方当事人启动仲裁程序之后,当事人应当按照什么规则选择仲裁员、如何组建仲裁庭的问题。在此问题上,不同仲裁类型、不同类型仲裁庭,以及不同仲裁规则间可能存在差异。下面分情况介绍。

一、临时仲裁中仲裁员的选任

在临时仲裁情形下,当事人会在仲裁条款或仲裁协议中约定仲裁庭的组成人数和仲裁员的产生办法。当然,有了约定,也可能会在实际纠纷发生时出现仲裁员选任异议的问题,需要仲裁地的司法机构介入,协助其选任或者指定。1985年《示范法》第6条专门规定了"履行协助和监督仲裁的某种职责的法院或其他机构",要求采纳该示范法的国家应在国内法中明确相应的国内机构以协助解决相关问题。

(一) 三人仲裁庭中仲裁员的产生

在临时仲裁情形下,当事人常常会在仲裁条款或协议中约定:一旦双方之间的争议无法在规定的期限内协商解决,任何一方可以向对方发出仲裁通知、启动仲裁程序。同时还会约定,双方在仲裁通知发出之日或收到之日起多长时间内应指定一名仲裁员,并告知对方自己指定的仲裁员的姓名和联系方式。首席仲裁员由双方共同选定或者由双方指定的仲裁员共同推举产生。

实践中,可能会出现被申请人在接到仲裁通知后不按照约定指定仲裁员的情况,以拖延仲裁程序的启动。在此情形下,申请人不得不请求仲裁地法院协助,为被申请人指定仲裁员。因此,在临时仲裁协议中约定"仲裁地"具有重要意义。如果不约定仲裁地,就难以确定何地的司法机关能够出面帮助解决问题。另外,仲裁地的法律也应有相关立法规定。仲裁地的仲裁法应允许有临时仲裁类型,并且仲裁立法或民事诉讼立法中应有法院可以为临时仲裁中的当事人指定仲裁员的相关规定。以我国立法为例,我国现行《仲裁法》中并没有临时仲裁类型,由此,我国法院也不可能为仲裁地在我国的仲裁案件指定仲裁员。

实践中还可能出现双方当事人即使指定了己方仲裁员,但无法就首席仲裁员的产生达成一致的现象。在此情形下,也需要仲裁地的法院协助指定。1985年《示范法》第11条(3)款A项规定:"在仲裁员为三名的仲裁中,当事每一方均应指定一名仲裁员,这样指定的两名仲裁员应指定第三名仲裁员;如果当事一方未在收到当事他方提出这样做的要求三十天内指定仲裁员或两名仲裁员在被指定后三十天内未就第三名仲裁员达成协议,则经当事一方请求,应由第6条规定的法院或其他机构指定。"

(二) 独任仲裁庭中仲裁员的产生

在临时仲裁类型中,当事人很少会约定由一名仲裁员组成独任仲裁庭。这是因为双方当事人很难就共同人选达成一致,只能依靠仲裁地的法院协助指定。这样不利于双方之间争议的快速解决,容易形成僵局。

如果当事人约定在临时仲裁情形下,可以就争议数额少、案情简单的争议设立独任仲裁庭,常常会在仲裁协议中详细约定后续可操作的条款,如双方在仲裁程序启动时多长时间内应磋商独任仲裁员人选;一旦逾期不能产生共同协商同意的独任仲裁员人选,则任何一方可向仲裁地的法院申请指定独任仲裁员。1985年《示范法》第11条(3)款B项规定:"在独任仲裁员的仲裁中,如果当事各方不能就仲裁员达成协议,则应由第6条规定的法院或其他机构指定。"由此,当事人在前述此类合同条文缔结时就应当充分了解仲裁地的相关法律规定和司法实践状况,以避免仲裁程序无法推进的困境。

二、机构仲裁中仲裁员的选任

在机构仲裁情形下,仲裁员的产生相对容易一些。一方面,各仲裁机构有详细的仲裁规则规定如何产生仲裁员,可以弥补当事人在合同谈判中约定仲裁条款时的疏漏或空白;另一方面,仲裁规则中也规定了在当事人没有选择仲裁员或无法达成一致时的解决办法。

(一) 三人仲裁庭中仲裁员的产生

在机构仲裁情形下,一方当事人在收到仲裁通知后可能不选择仲裁员,或者因一方当事人人数较多而无法达成一致,或者因没有收到仲裁通知而不知道仲裁程序启动而没有选择仲裁员时,仲裁机构的仲裁规则一般都对相应情形下仲裁员的产生有明确规定。

例如,2013年《香港国际仲裁中心机构仲裁规则》第8.1条(a)款规定:"若当事人约定将争议提交三位仲裁员,则双方当事人应各自在仲裁通知和对仲裁通知的答复中提名一位仲裁员。若一方未提名,则由香港国际仲裁中心指定。"该条(c)款还对首席仲裁员无法产生时规定:"按上述方式产生的两位仲裁员应提名第三位仲裁员出任仲裁庭的首席仲裁员。若未能在第二位仲裁员被确认后30日内提名,则由香港国际仲裁中心指定。"

我国1994年《仲裁法》从立法层面对仲裁员的产生作出了明文规定。该法

第 31 条第 1 款规定:"当事人约定由三名仲裁员组成仲裁庭的,应当各自选定或者各自委托仲裁委员会主任指定一名仲裁员,第三名仲裁员由当事人共同选定或者共同委托仲裁委员会主任指定。第三名仲裁员是首席仲裁员。"第 32 条还规定:"当事人没有在仲裁规则规定的期限内约定仲裁庭的组成方式或者选定仲裁员的,由仲裁委员会主任指定。"可见,在我国,除了当事人可以选定仲裁员外,仲裁机构主任发挥了协助仲裁员产生的作用;如果当事人未选定,或者无法就首席仲裁员的产生达成一致,不是向仲裁地的法院申请协助,而是由仲裁机构的主任直接指定产生。

为最大限度尊重当事人意思自治,一些仲裁机构试图提高当事人合意选定首席仲裁员的概率。以 2015 年《北京仲裁委员会仲裁规则》为例,该规则第 19 条第 3 款规定:"双方当事人应当自被申请人收到仲裁通知之日起 15 日内共同选定或者共同委托主任指定首席仲裁员。双方当事人也可以在上述期限内,各自推荐一至三名仲裁员作为首席仲裁员人选;经双方当事人申请或者同意,本会也可以提供五至七名首席仲裁员候选名单,由双方当事人在第(二)款规定的期限内从中选择一至四名仲裁员作为首席仲裁员人选。推荐名单或者选择名单中有一名相同的,为双方当事人共同选定的首席仲裁员;有一名以上相同的,由主任根据案件具体情况在相同人选中确定,确定的仲裁员仍为双方当事人共同选定的首席仲裁员;推荐名单或者选择名单中没有相同的人选,由主任在推荐名单或者选择名单之外指定首席仲裁员。"

《深圳国际仲裁院仲裁规则》第 30 条第 4 款规定:"……在推荐人选中,双方当事人叠加排序名列最前的,为双方当事人共同指定的首席仲裁员;叠加排序有两名或两名以上并列最前的,由仲裁院院长在并列人选中确定一名为双方当事人共同指定的首席仲裁员。"[1]

(二) 独任仲裁员的产生

独任仲裁员的产生是在争议案件标的额较小、案件事实比较清楚的情况下,依照仲裁规则或当事人约定由一名仲裁员组成仲裁庭时出现的情形。如果双方当事人能够就独任仲裁员的人选达成一致,那么独任仲裁员就可以通过当事人协商的方式产生。不过,实践中,基于双方在争议发生后彼此之间的不信任,很难就独任仲裁员人选达成合意,常常需要仲裁机构代为指定。

与首席仲裁员产生方式相似,一些仲裁机构也会在启动简易程序时,要求当事人双方各自提供数名仲裁员人选,看其中是否有交叉人选;也可能会提供一份

---

[1] 《深圳国际仲裁院仲裁规则》,http://www.scia.com.cn/index.php/Home/index/rule/id/809.html,访问时间:2023 年 2 月 14 日。

推荐名单,列举数名仲裁员人选请双方当事人勾选其中几位,看是否能够形成合意。如果仍然不能形成合意,才由仲裁机构代为指定。

(三) 紧急仲裁员的产生

紧急仲裁员一般不会由当事人选定,而是在仲裁申请人提出仲裁申请前后,在正式的仲裁庭产生前,有紧急的事项需要处理时出现的一种现象。常见的情形是仲裁申请人提出仲裁保全措施,希望仲裁庭作出裁定查封、冻结对方当事人财产或者保全留存于对方当事人手中的证据。国际上一些仲裁机构为有效解决这种紧急发生的事项,在其仲裁规则中规定,可以由仲裁地的法院代为指定紧急仲裁员组成紧急仲裁庭审理保全申请和作出保全措施的裁定;或者规定由仲裁机构的秘书长代为指定一名仲裁员为紧急仲裁员,处理有关保全措施的问题。不论是仲裁地的法院代为指定,还是仲裁机构代为指定,该紧急仲裁员组建的紧急仲裁庭都是临时的,一旦正式的仲裁庭形成,相关事务都会移交给正式组成的仲裁庭处理。正式的仲裁庭可以维持、撤销或变更紧急仲裁庭已经做出的裁定。

依照我国《仲裁法》和《民事诉讼法》的规定,在我国境内的财产保全和证据保全等强制措施只能由人民法院作出,仲裁机构无权作出保全的裁定,也无执行保全措施的强制力。不过,在世界其他一些国家,仲裁机构或仲裁庭是可以作出保全措施的裁定的,法院认可并执行仲裁庭的保全措施。因此,在我国现行立法规定的情形下,如果是针对位于我国境内的财产或证据,当事人只能通过人民法院实施保全行为。依照我国法律规定,当事人可以在申请仲裁前后,直接向财产所在地的人民法院申请保全;也可以在申请仲裁后,向仲裁庭提出申请,由仲裁庭就有关保全申请向人民法院转交。

如果当事人在仲裁条款或仲裁协议中约定我国仲裁机构仲裁,但申请人需要保全被申请人位于我国境外的财产或证据时,我国《仲裁法》没有规定如何处理。一些仲裁机构为了弥补立法不足,在其仲裁规则中就紧急仲裁庭组成和紧急仲裁员的产生做出了规定。2014年上海国际经济贸易仲裁委员会《上海自贸区仲裁规则》是率先规定紧急仲裁庭和紧急仲裁员的国内仲裁规则。该规则第21条第2款规定:"仲裁委员会同意组成紧急仲裁庭的,当事人应当按照本规则所附的仲裁费用表的规定预缴费用。申请组成紧急仲裁庭手续完备的,仲裁委员会主任可在3日内在仲裁员名册中指定一名仲裁员组成紧急仲裁庭处理临时措施申请。秘书处应将紧急仲裁庭的组成情况通知当事人。"

当然,任何一方当事人都可以在仲裁规则规定的时间内对紧急仲裁员提出回避申请。同时,为了避免紧急仲裁员在采取紧急措施时可能对案件实体争议产生的先行判断和倾向,有的仲裁规则还规定:"除非当事人另有约定,组成紧急仲裁庭的仲裁员不再担任与临时措施申请有关的争议案件的仲裁员。"①

第三节 仲裁员职业道德与纪律

当事人选择仲裁是基于仲裁员能够在当事人之间保持中立、公正地审理案件。除了具有专业领域的知识和裁判能力外,仲裁员应当具备中立性和公正性。仲裁员的职业道德和纪律是其中立性和公正性的外在体现和内在要求。

仲裁员职业道德是指作为一个合格的仲裁员所应该具备的基本职业操守。其内容并没有法律的明文规定,而是仲裁员在道德上的自我约束。执业纪律则是仲裁机构通过规则表现出来的约束仲裁员行为规范的外在要求;如果仲裁员违反了执业纪律,则会面临被解聘或辞退的后果。情节严重的,还会受到其他处罚,甚至需要承担相应的刑事或民事责任。仲裁员职业道德和执业纪律在内容上存在交叉,但并不完全重叠:道德可以是内心观念上的,也可以是行为表现;执业纪律则仅仅指行为表现。

一、仲裁员职业道德

仲裁员作为居间裁判者,理应与争议当事人双方无利益上的牵涉。这是仲裁员独立性的要求。同时,仲裁员在主观情感上还应保持中立,对任何一方当事人及其代理人无特别的亲近和好恶感。

我国 1994 年《仲裁法》第 13 条规定:"仲裁委员会应当从公道正派的人员中聘任仲裁员。"这是立法对仲裁员职业道德和执业行为的原则性要求。其中,"公道"侧重于强调仲裁员保持中立、不偏向;"正派"侧重于强调仲裁员有良好品行和口碑。二者体现了对仲裁员在主观上和客观行为上的双重要求。不过,在具体情形下,如何才能做到"公道""正派"很难在法律上作出界定。从 2004 年开始,国际律师协会理事会通过《国际律师协会国际仲裁利益冲突指引》(IBA Guidelines on Conflicts of Interest in International Arbitration) 的方式为仲裁员职业道德作出规范。目前,该理事会已经发布了 2024 年版的指引,②主要就"公正、独立和披露的一般标准"作了具体规定。

总体上看,仲裁员职业道德的基本内涵应包括:主动披露与当事人或案件的联系信息;主动申请回避;保守案件秘密;不从案件裁判中获得报酬之外的利益;独立裁判与良好合作等。下面分别介绍相关内容的具体表现。

---

① 《上海自贸区仲裁规则》第 21 条第(6)款。
② 相关指引文本见国际律师协会网站,http://www.ibanet.org/Publications/publications_IBA_guides_and_free_materials.aspx,访问时间:2023 年 2 月 14 日。

(一) 主动披露与当事人或案件的联系信息

如果被指定的仲裁员与案件的当事人一方或者案件的处理结果存在某种联系,应主动将这种联系的信息披露给双方当事人和仲裁庭其他成员。这样,有助于案件当事人考虑是否继续指定其为该案的仲裁员,或者是否申请其回避。这种信息披露的义务主要针对仲裁员认为其不存在法定的需要主动回避的事由,但当事人对其能否公正裁判案件可能产生怀疑的情形。以下将区分当事人和案件两种情况分别说明。

1. 与当事人的联系信息

与当事人之间的联系包括利益联系和情感联系两个方面。有时候,这两种联系同时存在。

如果仲裁员与案件一方当事人存在亲属关系,那么仲裁员可能在案件是非判断上难以保持中立,其难免有意或无意地偏向其中一方。例如,基于亲属关系,该仲裁员可能比较相信该当事人对案件事实的陈述或者提供的证据材料,或者比较认可该当事人在庭审辩论中的意见,而对另一方当事人提供的证据材料或辩论意见持比较苛刻的态度,进而在对案件事实的认定上出现倾向性意见。

如果当事人不是自然人,而是企业法人,仲裁员与当事人的情感联系还可能表现为仲裁员的近亲属在一方当事人的企业中担任重要职务。仲裁员出于对该亲属的亲密关系情感而可能对案件裁判出现偏向性的判断。

在不同国家、不同文化风俗习惯下,甚至在具体个案的不同家庭之间,仲裁员与当事人亲属关系的亲疏远近程度都不完全一样。法律很难就这种亲属关系的远近作出明文规定,需要依靠仲裁员主动披露的道德保证才能保障仲裁活动的公正。

与当事人之间的利益联系主要体现为可能发生的利益影响。这里谈及的利益影响不是指行贿受贿和请客送礼,这属于触犯刑法的行为。如果当事人一方的输赢会直接影响到仲裁员作为亲属或者合伙人、股东的收益,或者影响到仲裁员的近亲属在公司的升迁时,该仲裁员与当事人之间就形成了利益关系。

2. 与案件处理结果的联系

与案件处理结果的联系既包括与案件当事人的联系,也包括与当事人的代理人的联系。与案件当事人之间的利益关系除了上文中谈到的直接利益关系外,还包括仲裁员所在的公司与一方当事人之间可能存在重大交易,或者仲裁员及其配偶持有当事人上市公司的股票等。因此,案件一方当事人的输赢会影响到仲裁员的利益。

与当事人的代理人的联系包括:仲裁员与代理人可能存在近亲属关系、仲裁员与代理律师属于同一律师执业机构等。若属前者,案件的裁判结果会影响到作为仲裁员近亲属的代理人的利益,后者还与仲裁员自身利益挂钩。这种利益有时候可能未必是直接的金钱利益,还涉及律师事务所的整体利益,如声誉。当然,如果仲裁员仅仅是与代理律师曾经共事过,或者仲裁员与代理律师曾经是师生关系等,这些并不属于仲裁员需要主动披露的义务范围。

仲裁员的信息披露义务是一直伴随整个仲裁程序的,并不限于接受指定之时。仲裁员在接到当事人或仲裁机构的指定通知时,就应当了解双方当事人及其代理人的基本情况。不过,由于仲裁员尚未看到相关的案件材料,对案件当事人的情况还不够了解,可能存在应当披露而没有披露的信息。例如,通过另一方当事人对仲裁员人选的质疑,才了解到指定自己的当事人上级母公司在仲裁员所在企业中持有相当比例的股份;或者仲裁员的近亲属在当事人关联公司中担任重要职务等。因此,仲裁员的信息披露义务很大程度上依赖于当事人的信息披露义务才能充分实现。①

有时候,当事人基于各种原因未能在仲裁程序启动之时就明确己方代理人,待仲裁庭组成后,仲裁员才得知其中一方当事人的代理人与自己存在亲属关系或利益联系。这时候,仲裁员应当在自己知晓该情形时及时向仲裁庭和双方当事人说明该情形,以便另一方当事人决定是否申请其回避,也便于仲裁庭其他仲裁员了解情况。

仲裁员与案件一方当事人的联系并不限于指定自己的一方当事人,也包括对方当事人和首席仲裁员等。有时候,一方当事人基于不了解情况而选定了与对方当事人有亲属关系或其他利益关系的仲裁员,这时候,该被选定的仲裁员应当及时披露和说明其与另一方当事人关系的情况,以便当事人考虑是否重新选择。

(二)主动申请回避

各国仲裁立法和仲裁规则大多规定了仲裁员回避制度。下一节中还会谈到这个问题。不过,立法对仲裁员申请回避事由的规定比较原则,需要仲裁员出于遵守职业道德的考量,主动申请才能发挥回避制度应有的作用。

由于仲裁员在接受指定时不一定了解到存在需要回避的情形,例如,一方当事人在仲裁庭组成后变更或追加被申请人、变更己方代理人等导致仲裁员在开庭后才知晓可能存在需要回避的情形。这时候,仲裁员应当基于职业操守,迅速判断该等情形是否构成需要主动申请回避的事由。如果构成,或者难以判断是否构成回避事由,都应当由该仲裁员主动申请回避,而不是告知仲裁庭和双方当事人,交由当事人选择是否申请其回避。

---

① 丁汉韬:《论第三方出资下商事仲裁披露义务规则之完善》,载《武大国际法评论》2016年第2期。

是主动申请回避,还是交由当事人决定是否申请其回避是判断仲裁员是否具备良好职业道德的重要表现之一。有时候,仲裁员出于各种因素考虑,不愿放弃参与该案审理。例如,仲裁员已经详细阅读了案卷材料、花费了一定精力和时间,自认为会秉持公正立场办案,希望通过继续审理获得仲裁员报酬等。

(三) 保守案件秘密

仲裁作为处理跨国商事纠纷的一种方式,其一大优点是非公开性。不仅庭审活动不公开,而且裁判结果也不公开。这不仅涉及当事人的商业秘密,而且还关乎当事人的商业信誉。关于仲裁员保守案件秘密,各国立法很少有明文规定。因此,仲裁员保守案件秘密就成为其重要的职业道德之一。保守案件秘密体现在以下几个方面:

1. 保守案件当事人主体信息

当事人是否涉讼关系到当事人的商业信誉。如果信息泄露,可能影响到当事人后续签约或者银行贷款等。因此,仲裁案件当事人的主体信息属于保密的范围。仲裁员不论是在案件审理期间,还是此后,都不应当对外透露。① 由于仲裁员都是兼职的,可能会在自己的本职工作中使用相关案件信息作为教学或宣传资料,这时候需要隐去当事人的名称。同时,要对案件信息进行技术处理,对于可能通过案件事实猜测出当事人主体的信息也要加工,避免间接泄露。例如,作为律师的仲裁员在介绍自己过往业绩,以吸引客户签约时,说明自己曾作为仲裁员处理过某省大型客户的矿山开采权纠纷。如果该省只有那么两三家从事矿山开采的企业,那么就容易让人猜想到具体是哪个企业,从而泄露当事人信息。

2. 保守案件中证人和证据信息

仲裁员还应当保守案件中的证人和证据信息。审理完的案件材料如果不再保存,应当销毁处理,不能简单地作为垃圾扔掉,也不能告诉案外人谁曾在某案中作证及如何作证。例如,在授课或讲座时无意中透露出证人姓名和证据具体内容。

3. 保守案件裁判信息

仲裁员可以在教学或讲座中谈及对某一类法律纠纷的裁判尺度和对具体法律问题的看法,但不能泄露个案中的具体裁判意见。个案的具体裁判意见是特定化的,容易让人了解当事人是谁及裁判结果对当事人的影响。

4. 保密义务的豁免

仲裁员对案件信息的保密义务不是无限的。如果案件裁判后,当事人申请撤销裁决或者不予执行裁决而起诉到法院,法院判决后公布了裁判结果。由于法院判决是公开的,从而能够为社会公众查询到,那么,仲裁员保守案件秘密的

---

① 张玉卿:《国际商事仲裁保密义务的探索与思考》,载《国际法研究》2016年第4期。

范围限于法院裁判文书所能了解到的内容之外,即仲裁员对于法院判决书所载明的内容不再负有保密义务,但对于判决书没有记载的事实和信息仍然负有保密的责任。

(四) 不从案件裁判中获得报酬之外的利益

这既是仲裁员的道德义务,也是仲裁员执业纪律或法律义务。如果一个仲裁员通过审理案件,还可能获得其他利益的话,那就无法保证其独立性和公正裁判。这里讲的仲裁员报酬是指仲裁员因为参与案件审理而应该获得的支出补偿和劳务所得。所谓支出补偿是指仲裁员因出差和通讯而发生的交通费、住宿费和通讯费等;所谓劳务报酬则是指仲裁员因办案所应获得的收入。不同国家、不同仲裁机构在仲裁员报酬方面的具体标准不一样。

不从仲裁报酬之外获得额外利益意味着仲裁员不得接受当事人的吃请和送礼,更不能接受当事人行贿或许诺的好处。这样才能保证仲裁员独立于当事人利益之外。

(五) 独立裁判与良好合作

独立裁判是指仲裁员应当根据案件审理情况,对当事人的请求作出独立判断,不能因为仲裁员相互之间的关系或情感而失职,例如,不表态、盲目附和另一仲裁员的意见等。①

实践中可能出现以下有违独立裁判义务的现象:在三人仲裁庭中某位仲裁员可能因为另一名仲裁员名气很大、声誉很高而不敢发表独立裁判意见,担心出丑;或者不经思考,随意附和首席仲裁员的裁决意见;甚至完全失职,不看案卷、不认真参与庭审,合议时表态服从多数意见等。

良好合作是指仲裁员在独立裁判的前提下,要在三人庭中具有合作精神。这表现为:不能因为自己是其中一方当事人指定的仲裁员,而不配合其他仲裁员的活动;不能因为是兼职仲裁员,碍于本职工作忙碌的原因,而不断拖延开庭时间;在合议时,不能因为自己持少数意见而阻扰裁判进程、找各种借口迟迟不签署合议笔录和裁决书等。

二、仲裁员执业纪律

仲裁员执业纪律是相关机构或组织以明文规定的方式出台的仲裁员行为规范。仲裁员执业纪律在内容上和职业道德存在交叉重叠的现象,但两者不完全相同。相对来说,执业纪律的内容是明确的和具体的,违反执业纪律的后果有明文规定。

---

① 唐云峰:《论仲裁员制度的相关问题(上)》,载《仲裁研究》2005 年第 3 期。

2004年3月,美国仲裁协会(American Arbitration Association)公布了《商业纠纷中仲裁员道德规范》(The Code of Ethics for Arbitrators in Commercial Disputes)。该规范从名称上看似乎是道德层面的,但从内容看,规范详细列举了仲裁员在仲裁程序中的行为要求,明确地要求仲裁员承担相应义务(obligation)。这表明该规范带有强烈的纪律色彩,仲裁员违反该规范将会面临仲裁协会的纪律处罚。这与国际律师协会《国际仲裁利益冲突指引》(以下简称《IBA利益冲突指引》)存在不同。后者不具有纪律性,对担任仲裁员的律师不具有直接约束力和明显的法律后果;前者则是美国仲裁协会制定的,违反该规范可能导致从协会中除名、公布其违反的信息从而提醒当事人在指定仲裁员时排除其名。

2016年2月,国际商会仲裁院通过了《仲裁员利益冲突信息披露指引》,要求该国际仲裁院的仲裁员在与所审理的案件及其当事人存在潜在的利益冲突时,及时披露相关信息。虽然说,该指引并没有明确规定仲裁员违反的法律后果,但仲裁院会在当事人提出质疑时以此为依据衡量仲裁员的行为是否适当,从而在聘期考核中决定是否延聘该仲裁员。

我国香港国际仲裁中心也曾出台类似的仲裁员道德行为规范,[①]要求仲裁员不应带有偏见、保持利益中立,并负有披露与当事人利益关系或情感关系的义务;不私下会见一方当事人,不接受案件一方当事人吃请和送礼;保守案件信息和秘密等。虽然条文不多,但总的原则是要求仲裁员的行为能够独立、公正。

中国贸仲、北京仲裁委员会、上海仲裁协会等也都发布了相应的仲裁员守则,对仲裁员在仲裁活动中的行为提出纪律要求。

以中国贸仲为例,该会不仅制定有《仲裁员守则》,还有《仲裁员行为考察规定》。[②] 对于仲裁员违反《仲裁员守则》的行为,仲裁委员会可以依照《仲裁员行为考察规定》作出处理,如提出建议和警告、取消仲裁员资格等。

由于仲裁员执业纪律主要是针对仲裁员行为作出的规范,所以内容明确、具体。下面以2021年5月修订后的中国贸仲《仲裁员行为考察规定》(以下简称《考察规定》)为例,说明相应内容。

(一)在仲裁员信息披露义务方面,该《考察规定》第6条要求仲裁员恪尽职守,在对当事人负责方面详细列举了应当披露的信息范围和条件:

1. 是本案当事人或者当事人、代理人近亲属的;
2. 仲裁员或其近亲属与本案有利害关系的;

---

① 全文见香港国际仲裁中心网站,https://www.hkiac.org/zh-hans/arbitration/arbitrators/code-of-ethical-conduct,访问时间:2023年2月1日。
② 全文见中国国际经济贸易仲裁委员会网站,http://www.cietac.org.cn/index.php?m=Page&a=index&id=59,访问时间:2023年2月1日。

3. 私自会见当事人、代理人,或者接受当事人、代理人不当利益的;

4. 与本案当事人、代理人有其他关系,可能影响公正仲裁的,主要包括:

(1) 事先就本案争议向当事人、代理人提供过咨询意见的;

(2) 为本案当事人推荐、介绍代理人的;

(3) 曾担任本案或与本案有关联案件的证人、鉴定人、勘验人、辩护人、诉讼或仲裁代理人的;

(4) 当前或两年内,与当事人、代理人曾在同一单位工作的;

(5) 当前或两年内,曾担任当事人或当事人关联单位法律顾问、代理人的;

(6) 近亲属在当事人或代理人所在单位工作的;

(7) 仲裁员或其近亲属对任何一方当事人可能存在追索权的;

(8) 仲裁员或其近亲属、所在工作单位,与当事人或代理人为共同权利人、共同义务人或有其他共同利益的;

(9) 其他可能影响公正仲裁的情形。

(二) 如果仲裁员在办案过程中存在下列有失勤勉尽职的行为,仲裁委员会有权提醒、建议或警告:

1. 借故拖延办案时间的;

2. 无正当理由不到庭审理案件的;

3. 无正当理由不参加合议、调查或者开庭迟到的;

4. 无正当理由随意变更开庭时间,或者未预留足够开庭时间,导致案件不得不再次开庭的;

5. 庭审中接打电话、收发短信微信、随意离庭,或者着装不得体的;

6. 办案过程中表现出偏袒倾向,包括代替或变相代替一方向另一方质证、辩论、提出请求或明显具有诱导性问题的;

7. 未经本委员会同意,擅自对外发表案件有关信息的;

8. 其他可能导致当事人对仲裁员产生合理怀疑的情形。

(三) 下列情况下,仲裁委员会的处分更加严厉:

1. 对本委员会《章程》《仲裁规则》认同度不高,公开反对或消极抵制本委员会《章程》《仲裁规则》实施,或者故意做出有损本委员会声誉行为的;

2. 受到刑事处罚的,或者因违法行为受到严重行政处罚的,或者近5年受到严重警告级别以上(不含)党纪政务处分的;

3. 故意隐瞒应当回避的事实,导致严重后果的;

4. 在案件审理中,违背仲裁员公正立场,多次受到本委员会警告的;

5. 对案件审理严重迟延负有主要责任的;

6. 向当事人透露仲裁员看法或仲裁庭合议情况的;

7. 违反仲裁员勤勉审慎义务,不认真阅卷,不熟悉案情,严重不负责任的;

8. 徇私舞弊,枉法裁决的;

9. 私自会见当事人或其代理人,接受当事人或其代理人请客、馈赠或提供的其他不当利益的;

10. 代人打听案件情况、请客送礼、提供好处和不当利益的;

11. 故意曲解事实和法律的,或执意支持或坚决反对一方当事人的请求和主张,且不能说明理由的;

12. 私下联络同案仲裁员,不顾事实和法律,人为制造多数意见,为当事人谋求不当利益的;

13. 本委员会仲裁员评价和反馈机制反映问题比较集中的,或者办案能力明显不足、不能胜任仲裁员工作的;

14. 未按照仲裁员培训规定参加培训的;

15. 存在故意或者重大过失行为,导致仲裁裁决被撤销或者不予执行的;

16. 被其他仲裁机构解聘,经核实确实存在不宜续聘情形的;

17. 近5年以来,从未与仲裁委员会有过工作联系的,包括但不限于:未参加仲裁员业务培训,也未在《仲裁与法律》等指定刊物上发表文章,且未按要求宣传推广本委员会等;

18. 其他不宜继续担任仲裁员的情形。

与上述仲裁机构自己制定仲裁员行为规范和执业纪律不同,上海市是我国第一个以地方仲裁协会名义发布仲裁员行为规范的。2021年,上海仲裁协会出台了《关于仲裁员聘任管理和行为准则的指引(2021版)》。对于违反仲裁员行为准则的仲裁员,除了仲裁机构可以设立纪律委员会作出处理外,上海仲裁协会也可以对会员仲裁员作出相应的处分决定。①

第四节 仲裁员回避制度

主动申请回避是仲裁员的一项道德义务。有些国家的仲裁立法甚至将其明文规定为法定义务。被指定的仲裁员如果与案件一方当事人或其代理人存在某种客观上的利益关系或者特殊的情感联系,应当主动申请回避。这是仲裁员保持中立的客观要求,也是其独立于当事人的需要。

当然,立法表述总是高度抽象的。前文中提到的中国国际经济贸易仲裁委

---

① 全文见上海仲裁协会网站,http://www.sharbitration.org.cn/#/newsDetails? id=73,访问时间:2023年2月14日。

员会、北京仲裁委员会和上海仲裁协会等组织在仲裁员守则或行为准则中对于回避条件和范围的规定都有所扩大。这既是基于实践所做出的经验总结,也说明了回避制度存在的客观必要性。

一、仲裁员回避制度的法律意义

从仲裁这种解决商业争议方式的起源看,当事人之所以不愿意去法院诉讼,主要原因有二:一是法官可能不了解商业交易的特点,难以判断商业行为中的是非;二是当事人不能选择自己信赖的法官办案,难以对司法裁判的结果产生信任。当事人信赖裁判者是其自愿服从裁判结果的基础。这种信赖不仅包含对其裁判水平和质量的信任,也包括对其公正、独立办案,不受关系情感困扰、不受外来压力影响的信任。正因如此,仲裁员对当事人而言,存在信赖义务。如果仲裁员自感存在上述因素,应当避免参与案件审理;不论仲裁员由哪一方当事人选定,都对另一方当事人承担信赖义务。如果一方当事人发现仲裁员与另一方当事人存在可能影响公正办案的因素,可以申请其回避。

可见,仲裁员回避制度是实现仲裁员独立、公正的制度保障。在法院诉讼中,为了保证司法裁判的公信力,各国民事诉讼法律制度中同样有法官回避制度,要求法官在与个案当事人一方存在利害关系时回避案件审理。如果当事人事后发现裁判者与当事人一方存在某种利害关系却没有主动回避,那么这将成为不服裁判结果进而上诉或申诉的主要理由,也是法院改判或发回重审的重要原因。如果情节严重,法官还可能会受到纪律处分或承担相应法律责任。

仲裁员回避制度与法官回避制度的相同之处在于都是为了保障独立、公正裁判,做到不偏不倚;不同之处在于二者背后的逻辑基础不同。仲裁员回避是因为仲裁员对于当事人而言负有道德义务和信赖义务;所谓道德义务是指仲裁作为居间裁判的一种方式,裁判者应当在当事人之间保持独立。如果裁判者本就与一方当事人有利害关系,就天然地打破了仲裁这种争议解决方式赖以存在的道德基础。因此,仲裁员在道德上负有保持中立的义务。所谓信赖义务是从信托契约角度作出的解释,认为仲裁员被指定时与双方当事人之间建立了一种信托契约关系。当事人基于对仲裁员独立、公正办案的信任而选择仲裁员,那就意味着仲裁员在接受指定时对这种义务的履行做出了承诺。如果不回避,便构成了对这种契约义务的违反。

法官回避更多地是出于法治要求。如果说法官也有道德义务和信赖义务的话,这种义务履行的对象是任命其为法官的国家权力机构,而非当事人。国家希望法官能够公正司法,因此,法官履行回避之法律义务的逻辑基础是国家的司法使命。也正因如此,法官回避制度是早已明文写入各国法律中的"金规铁律"。

与此相反,仲裁员回避制度的形成可追溯至仲裁制度的早期阶段,但明文写入各国仲裁立法却是最近百年内的事。

尽管当今各国仲裁立法大多都规定了仲裁员回避制度,但在回避事由的具体情形范围上也不完全相同。有的采取原则性规定,有的则采取列举加兜底的方式。

二、主动回避与被申请回避

仲裁员回避制度包括了主动回避与被申请回避两个方面。所谓主动回避是指仲裁员在被指定前后发现自己与该案或该案的当事人之间存在某种利害关系,不符合独立和中立的角色定位而主动申请回避。被申请回避则是指当事人发现仲裁庭的组成人员与案件的另一方当事人存在某种利害关系、可能影响案件公正审理时,向仲裁机构或仲裁庭申请其回避。二者有一定差别。

首先,启动回避制度的主体不同。主动回避的启动者是被选定或指定的仲裁员;被申请回避的启动者是案件当事人一方。在仲裁员主动提出回避时,仲裁员可以是任何一方当事人指定的。三人仲裁庭中的任何一名仲裁员如果发现自己与案件一方当事人存在利害关系就应当主动回避。被申请回避者往往是另一方当事人指定的仲裁员或者首席仲裁员。这是因为当事人不可能主动申请自己选定的、与其有利害关系的仲裁员回避。

其次,运行机制和法律后果不同。就运行机制而言,在仲裁员主动回避时,一般不需要仲裁庭其他成员或仲裁机构的同意或批准。实践中,即使是在立法规定有需要批准的国家(例如我国),仲裁机构也会尊重仲裁员的回避请求,不会驳回仲裁员主动申请回避的请求,除非该请求是不必要的。而在仲裁员被申请回避时,如果是机构仲裁,当事人需要向仲裁庭或者仲裁机构提出回避申请;如果是临时仲裁,当事人除了向仲裁庭提出申请外,还可以向仲裁地的法院提出申请。

有时,仲裁员发现其与案件或一方当事人及其代理人存在联系,但并非法律上要求必须主动回避的情形时,可能会采取两种不同的处理方式:一是直接主动申请回避;二是及时披露相关信息,由另一方当事人决定是否申请其回避。这取决于案件审理进程。如果是刚刚接受指定后,尚未进入庭审阶段前了解到相关信息,仲裁员可能会采取主动回避的行动;如果是在庭审已经开始的情况下,仲裁员出于提高效率等因素的考量,可能会采取当庭告知和披露相关信息,等待当事人决定的方式。

从法律后果看,主动回避是仲裁员的法律义务。如果仲裁员存在法定应当回避的情形而不主动申请回避,会被视为主观上有意隐瞒应当披露的信息,会受到相应的纪律处分。有关裁决也会因为此因素而构成违反正当程序,成为当事人请求撤销仲裁裁决或不予执行仲裁裁决的理由。情节严重的,还可能引发仲裁员的刑事责任。被申请回避时,申请回避是当事人的一项权利,是否行使由当事人自行决定。而是否同意接受当事人申请则是仲裁机构或仲裁庭的权力。如果仲裁庭或仲裁机构认为当事人提出的具体事由并不会影响仲裁员独立公正办案,也可能拒绝当事人的请求。至于是由仲裁庭还是仲裁机构决定取决于各国仲裁法的规定。我国《仲裁法》第36条规定:"仲裁员是否回避,由仲裁委员会主任决定;仲裁委员会主任担任仲裁员时,由仲裁委员会集体决定。"

三、回避的时间、条件和后果

回避制度的具体内容包含了回避制度行使的时间、回避制度行使的条件与后果等。下面分别介绍相关内容。

(一) 回避制度行使的时间

不论是仲裁员主动回避,还是当事人申请其回避,都应当在知晓存在回避情形时立即行使。

仲裁员在接到选定或指定通知后就应当尽合理的调查义务,通过对双方当事人及其代理人的初步了解,判断自己是否与其存在法定的利害关系。从实践情况看,仲裁员既可能在接到指定通知后、仲裁庭组成前通过初步了解就能判断出是否需要回避,也可能在仲裁庭组成后,甚至在开庭后才了解到相应信息。因此,仲裁员的主动回避义务是贯穿于整个庭审程序的。不能因为是开庭后才了解到相应情况就可以隐瞒或者不披露相关信息。

如果是当事人申请回避,则原则上应当在开庭前提出。如果是开庭后才了解到相关信息,各国立法规定不太一样。我国《仲裁法》第35条规定:"当事人提出回避申请,应当说明理由,在首次开庭前提出。回避事由在首次开庭后知道的,可以在最后一次开庭终结前提出。"这或许是出于节约时间成本,提高仲裁效率方面的考量,也可能是提醒当事人及时行使权利,在接到组庭通知后就应当尽可能地了解仲裁员相关信息,查询是否存在回避事由。如果真的出现仲裁员隐瞒相关信息,导致当事人在庭审后、案件作出裁决前才知晓存在相关回避事由的情形,仲裁机构出于谨慎考虑,有可能会重新组庭仲裁。

(二) 回避制度行使的条件与范围

如前所述,各国有关仲裁员回避制度的行使条件或者说需要回避的事由范围不尽相同。我国《仲裁法》第34条专门规定了仲裁员必须回避的法定情形,将此作为仲裁员的法定义务。这包括以下四个方面:

1. 被指定的仲裁员是案件当事人或代理人近亲属;

2. 与本案有利害关系;
3. 与本案当事人或代理人有其他关系,可能影响公正仲裁的;
4. 私自会见当事人、代理人,或者接受当事人、代理人的请客送礼的。

上述规定没有区分仲裁员主动回避和当事人申请回避,而是将两种情形一起合并规定。从立法规定看,上述前三种情形既可能由仲裁员主动回避,也可能由当事人提出回避申请;第四项则只可能是当事人申请回避。这是因为,仲裁员本就不应该私自会见当事人及其代理人,也不应该接受当事人的请客送礼。如果仲裁员存在上述情形,表明该仲裁员是有意为之,未打算主动回避。

上述前三项总结起来说,就是仲裁员与案件当事人、或其代理人、或者案件裁判结果存在可能影响公正裁决的关系,至于"近亲属""利害关系"等表述只是举例。第四项是指仲裁员在办案过程中存在违反执业纪律的行为。实践中,对上述立法条文不宜做过于僵化的理解。

1. 与案件当事人、代理人的亲属关系

如果案件一方当事人是自然人,那么该自然人不能指定自己为仲裁员。法谚"任何人不得为自己的法官"指的就是这个意思。当然,在实践中,这种情况一般不会出现,更多地是仲裁员与当事人或其代理人存在亲属关系,从而可能发生利益输送或者情感倾向。利益输送就无法保证仲裁员能够独立办案;情感偏向则会影响仲裁员的中立性。我国仲裁法规定的"近亲属"包括了三代以内的血亲关系,如配偶、父母、子女、兄弟姐妹、祖父母、外祖父母、孙子女、外孙子女。这个范围比较狭窄,没有包括兄弟姐妹,也没有包括子女、孙子女、外孙子女的配偶。如果仲裁员与案件代理人存在近亲属关系,也会对其独立性和公正性产生影响。这种亲属关系比较隐蔽,不易被当事人察觉。例如,仲裁员与一方当事人的代理律师之间是兄弟姐妹关系。

现实生活中,与这些近亲属的配偶及其近亲属的关系也可能是影响仲裁员中立性的重要因素。例如,案件一方当事人配偶的近亲属也可能和仲裁员存在比较浓厚的情感关系。虽然立法本身没有类似的禁止性规定,但被指定的仲裁员在道德义务上应该主动申请回避。这种情形被归入上述立法第三项,即"与本案当事人或代理人有其他关系,可能影响公正仲裁的"。

2. 与本案有利害关系

即使仲裁员与案件当事人没有亲属关系,若案件裁判后果与其有利害关系,仲裁员也应当回避。所谓"利害关系"包含了"利益"和"损害"两个方面,即裁判结果可能对仲裁员自身利益产生损益。例如,仲裁员持有一方当事人上市公司的股票,该当事人胜诉或败诉会对其股票损益产生重要影响等。

3. 与本案当事人或代理人有其他关系,可能影响公正仲裁

这是指仲裁员与案件一方当事人虽然不存在近亲属关系,但有其他密切关系,可能存在情感偏向而影响公正裁决的情况。该立法是一种兜底式规定,囊括了前述两项情形之外可能影响公正裁决的所有情形。需要说明的是,仲裁员与案件当事人或代理人的"其他关系"应当足以影响其公正仲裁时,才可能构成法定的回避事由。

例如,在当事人为法人时,仲裁员与当事人也可能存在类似"近亲属"关系的情况。例如,被指定的仲裁员是一方当事人的股东、董事会成员、总经理、监事等,或者仲裁员的近亲属是一方当事人的股东、董事会成员、总经理、监事等。

实践中,仲裁员可能与案件一方当事人或其代理人存在师生关系、同学关系、朋友关系等。这些关系并不一定当然导致仲裁员在办案时产生情感倾斜。如果仲裁员自我感觉可能会受到影响,或者认为参与审理可能影响到其与案件当事人或其代理人的关系时,应当主动申请回避;如果仲裁员自信自己不会偏离中立立场,也可以在向双方当事人披露相关信息后被动等待当事人决定是否申请其回避。

4. 私自会见当事人、代理人,或者接受当事人、代理人的请客送礼

毫无疑问,这是法律和道德都不允许的现象。从发生时间上看,上述行为既可能发生在仲裁员接受指定前,也可能发生在接受指定后。接受指定后,仲裁员一般可能会意识到这种行为的法律后果而有意识地避免私下会见和请客送礼。比较隐蔽的是,一方当事人或其代理人在指定仲裁员之前,先会见仲裁员或请客送礼,以请教或咨询的方式了解仲裁员所持法律立场和观点,然后指定持有利于该当事人观点的仲裁员。在此情况下,该仲裁员应当主动回避,否则可能承担法律责任。这是因为仲裁员隐瞒不报时,便已经具有了主观故意。

(三) 回避的法律后果

不论是仲裁员主动回避,还是当事人申请回避被批准,都会导致原仲裁庭解散。当事人需要按照仲裁协议的约定或仲裁规则的规定重新选择仲裁员,从而影响案件的审理期限。

如果是在仲裁庭开庭前回避,那么只会简单地影响案件审理期限。因为当事人需要在一个合理的期限内重新指定仲裁员,新组成的仲裁庭也需要重新商定开庭时间等,所以会导致案件审理期限延长。当然,在各仲裁规则中,也大多规定因此原因引起的延长不计算在后组建的仲裁庭审理期限范围内。

如果是在仲裁庭首次开庭后回避,则还有新组建的仲裁庭对于原仲裁庭已经审理过的部分内容是否需要重新审理的问题。例如,原仲裁庭已经针对案件事实开展了部分证据质证活动,或者作出过中间裁决、决定聘请专业鉴定机构对

案涉工程造价进行鉴定等。在这种情况下,新组成的仲裁庭需要根据具体情况决定是否需要重新审理。

首先是要征求双方当事人的意见。如果双方当事人对已经进行完毕的程序无异议,认为不会影响到后期裁判结果,那么新仲裁庭可以继续推进仲裁程序,不必重新审理。

其次,如果一方当事人要求重新开始审理程序,新仲裁庭应合议评估当事人请求的合理性,即已完成的审理程序是否对当事人有实质性影响。如果当事人是借故拖延,仲裁庭也可能不批准。如果当事人申请的理由是原仲裁庭因仲裁员没有回避等原因造成所发布的临时措施或中间裁决不合理,那么新仲裁庭应当认真合议,就异议部分作出撤销或维持的决定。

如果当事人仅仅因为有新的仲裁员加入仲裁庭就要求重新质证,推翻先前在庭审调查阶段对于案件事实所做的陈述,或者要求证人重新出庭作证、改变证言内容,那么可能不会被准许。这既是为了避免当事人滥用回避制度,也是提高仲裁效率的需要。新仲裁员完全可以通过阅读前期庭审记录了解相关质证情况。当事人应当遵守"不得反悔"或者说"禁止反言"的证据采信规则。[①]

我国《仲裁法》第37条第2款规定:"因回避而重新选定或者指定仲裁员后,当事人可以请求已进行的仲裁程序重新进行,是否准许,由仲裁庭决定;仲裁庭也可以自行决定已进行的仲裁程序是否重新进行。"从该立法规定看,当事人在仲裁庭新组成后有权申请重新审理,但是否批准的权力在新组成的仲裁庭。

总体上看,因仲裁员回避而重新组庭后,会影响审理期限和仲裁程序是否需要重新进行两个方面。不过,在仲裁庭作出最终裁决书时,应当在裁决中写明仲裁庭组成人员变动情况及重新组建的程序环节等事项、是否重新进行了审理,以及是否对原仲裁庭中间裁决作出过维持或变更的内容,不能对于前仲裁庭已经开展的仲裁活动避而不谈。

第五节 仲裁员法律责任

仲裁员违反了职业道德和执业纪律,不论是否会产生危害后果,都应当承担道德上和执业纪律上的责任。如果仲裁员有违反法律的行为,就需要承担法律责任。所谓仲裁员的法律责任是其违法的法律后果。当然,由于各国仲裁立法和文化背景的不同,仲裁员的哪些违法行为需要承担法律责任,承担什么法律责任的情形并不一样。

---

① 钟澄:《禁止反言原则在国际商事仲裁中的适用》,载《仲裁研究》2013年第4期。

一、围绕仲裁员法律责任的理论争议

关于仲裁员法律责任的理论争议主要围绕着仲裁员是否应当对其裁判行为承担法律责任、承担什么样的法律责任,以及承担责任的理论基础是什么等问题展开。

(一) 仲裁员是否应对其裁判行为承担法律责任

在仲裁方式发展的历史过程中,法律对仲裁员法律责任作出规定是晚近时期才兴起的立法现象。早期的各国仲裁立法对此并无明确规定。一方面,仲裁是当事人意思自治的产物。当事人出于对自身争议的重视,会选择有较高声誉和专业水平的人士担任仲裁员。历史上,仲裁员因审理过程中的不当行为而给案件当事人造成损害后果的例子并不多。同时,由于仲裁员审理案件并不完全严格地依照一国立法规定,更多地是基于自身的专业知识、对商业交易公平的理解和法律研判的水平。当事人对于案件实体裁判结果不能上诉,所以,也很难评价仲裁员的不当裁判行为给当事人造成了危害后果。因此,有观点认为,仲裁员在接受指定后的行为应当享受责任豁免,认为这是基于当事人与仲裁员之间的委托关系和信赖义务赋予的仲裁员特权(privilege)。只有这样,才能保障仲裁员在仲裁活动中充分行使裁判权。

不过,自进入现代以来,由于仲裁员行为不当,给当事人造成损害的裁判现象也不断增多。有观点认为,仲裁员不能因为仲裁的民间性就当然地享有豁免权。因此,理论上存在有限豁免或不完全豁免之说,认为仲裁员故意或恶意的错判行为应当承担法律责任。[1]

从我国情况来看,由于目前还没有临时仲裁这种争议解决方式,也有观点认为,应当由仲裁机构对当事人负法律责任。[2] 这种观点认为,仲裁机构才是仲裁裁决作出的主体,应当对错误的裁决承担法律责任。同时,也只有仲裁机构才有赔偿能力,能够弥补当事人的损失。不过,反对者认为,仲裁裁决实质上是仲裁庭作出的,仲裁机构不能干预裁决结论。如果要求仲裁机构对错误判决承担责任,反而会刺激仲裁机构干涉仲裁庭办案的独立性。这些争议主要是从民事赔偿责任角度出发,没有考虑到刑事方面的法律责任问题。

总体说来,既然法律规定了仲裁员应当独立、公正审理案件,那么,当仲裁员违反该规定时就应当承担相应的法律后果。否则,就没有从法律层面规范仲裁员行为的必要。因此,仲裁员承担法律责任并无逻辑障碍。

---

[1] 韩平:《论仲裁员的民事责任》,载《武汉大学学报(哲学社会科学版)》2011年第3期。
[2] 石现明:《仲裁机构的民事责任与豁免问题研究》,载《河北法学》2011年第2期。

(二) 仲裁员承担责任的理论基础

仲裁员承担法律责任的理论基础是解释论上的一个命题,即解释仲裁员承担法律责任的原因和根据。对仲裁特性的不同认识,可能会影响到仲裁员承担法律责任的理论基础,从而影响到法律对仲裁员责任的规范。

如果将仲裁员与当事人之间的关系解释为一种契约关系或合同关系,那么,仲裁员在接受指定参与审理案件时,就与当事人之间存在一种合同义务关系。仲裁员对当事人负有勤勉尽责、独立公正审理案件的义务。当事人为此支付相应的仲裁员报酬和其他仲裁费用。基于合同法原理上的权利义务关系,一旦仲裁员的行为偏离了独立公正的要求,就构成了违反合同,应当承担相应的违约责任。从这种关系角度出发,很容易得出仲裁员应当承担民事责任的结论。[1]

在准司法权关系论视角中,虽然仲裁员不一定是国家司法机关工作人员,但在接受指定后从事的裁判行为是国家仲裁法赋予的裁判行为。仲裁活动是国家授权或允许的民间司法活动。从准司法权论出发,如果认为仲裁员是在行使准司法权,那么应当承担与司法人员相应的法律责任。仲裁员某些严重的不当行为,如玩忽职守、收受贿赂、枉法裁判等会被认为构成刑事犯罪,应追究其刑事法律责任。

在混合论视角下,仲裁员与当事人之间构成了契约关系,仲裁机构又充当着准司法机关的职能,是故仲裁员会因其行为性质承担民事或刑事双重责任。对于仲裁员一般性的不当行为,如偏离公正立场裁判、超裁漏裁等给当事人造成损害,需要承担民事责任;如果仲裁员基于利益考量而故意错判,则可能需要承担刑事法律责任。

(三) 仲裁员应承担什么类型的法律责任

仲裁员应当承担什么法律责任与其可能实施的不当行为的性质有关。如果仲裁员只是一般性地违反其执业纪律,并没有造成什么严重后果,那么,可能只是会受到仲裁机构或仲裁行业协会的处理,例如警告、暂停仲裁员资格、解聘等。一些国家的仲裁立法也有此类规定。这虽然也是一种法律责任,但属于仲裁法范畴内的法律责任。国内有学者认为,这属于行政法律责任。[2] 不过,这种说法在理论上难以成立。这是因为,仲裁机构或仲裁协会与仲裁员之间虽然存在一定管理关系,但仲裁机构和仲裁协会并不是行政机关,也不是法律规定代为行使行政管理权力的社会组织。它们之间虽然存在管理法律关系,但并非行政管理法律关系。只有从事公共法律服务管理的行政机关与被管理的仲裁机构和仲裁

---

[1] 石现明:《仲裁员民事责任及其豁免之学理探析》,载《理论与改革》2007年第2期。
[2] 石现明:《略论我国仲裁员和仲裁机构民事责任制度的构建》,载《理论与改革》2011年第4期。

协会之间才构成行政法律关系。在我国,司法部及其下属的各地司法厅、局负责公共法律服务提供机构的管理。司法行政机关对于公共法律服务机构的违法行为可以从行政角度进行处罚,如责令整改、停业整顿、罚款、或者取缔该机构等,但不能直接处罚仲裁员个人。因此,不能因为不好划入民事责任或刑事责任,就简单地认为仲裁员承担行政责任。既然是仲裁法赋予仲裁员的责任,也可以直接将其定性为仲裁法律责任或简称为仲裁责任。

仲裁员如果因为不当行为给当事人造成损害,那么就会引发是否需要承担民事赔偿责任的问题。不论是从仲裁契约论还是从准司法权论角度看,都可能得出该仲裁员需要承担民事赔偿责任的结论。也正因为需要承担民事赔偿责任,才有了豁免的问题。即便仲裁员应当承担民事责任,也可以享受豁免。英美法系国家大多持此种法律立场,认为仲裁员只有享有责任豁免,才可能保持独立性,这是履行职务的需要和保障。[①] 当然,这种豁免也不是绝对的,如果仲裁员故意地实施违法行为,则不享受豁免。

仲裁员也可能承担刑事法律责任。如果仲裁员故意地实施违法行为、枉法裁判,也可能会触犯刑法。同样受制于仲裁性质的认知,有的国家将仲裁员与司法裁判人员类比,划入"枉法裁判罪"类型。我国刑法即是如此。[②] 还有其他一些国家没有简单地将仲裁员犯罪笼统作为一类,而是根据仲裁员违反行为的特点分别确定罪名。例如,仲裁员收受贿赂而枉法裁判时可以归结为收受商业贿赂罪。因为在此类罪名下的犯罪主体不是国家机关工作人员,而是企业或社会团体的工作人员,比较符合仲裁机构和仲裁员的身份特点。

二、仲裁员的刑事责任

世界上只有少数国家明确仲裁员也负有刑事法律责任。在刑事责任方面,英美法系国家基本持绝对豁免立场。[③] 这也符合仲裁契约论的解释。如果把仲裁员与当事人之间的关系视为一种契约关系,那么,当事人选择尽职尽责的仲裁员也是其合同义务。由于当事人在选择仲裁员时的疏忽大意而导致指定的仲裁员行为不当,当事人本身也有责任。从这个角度出发,英国和美国都没有对仲裁员刑事责任的法律规定。

无论对于仲裁员法律责任的性质持何种立场,仲裁员的刑事责任都应该限

[①] 刘俊、陈原斌:《中英两国仲裁法仲裁员制度之比较研究》,载《江西社会科学》2003年第8期。
[②] 《中华人民共和国刑法》第399条。
[③] HONG-LIN YU, Laurence Shore, Independence, Impartiality, and Immunity of Arbitrators-US and English Perspectives, 52 *International and Comparative Law Quarterly* 935(2003); Alan Redfem & Marfin Hunter, *Law and Practice of International Commercial Arbitration*, Sweet and Maxwell, 1986, pp. 202-206.

制在狭窄的范围内。只有当仲裁员的行为严重违背独立、公正立场、情节严重或危害后果严重时,才应当承担刑事法律责任。这是因为,仲裁员办案并不要求严格依照一国的程序法和实体法,如果单纯从行为本身看,即使仲裁员的一些行为可能不符合正当程序的要求,那也只是违反仲裁员职业道德和执业纪律的行为;如果是从裁判结果看,由于司法监督一般只针对仲裁的程序性事项,仲裁裁决的实体问题不属于司法监督的范畴,或者说,当事人本来就没指望仲裁结果与法院审理结果一致,因此,枉法裁判难以认定。

从司法实践看,确实出现过仲裁员因为收受贿赂而恶意仲裁的现象。例如,仲裁员与一方当事人私下交易,收受贿赂,而在仲裁过程中采信虚假证据;或者故意指定不合格的鉴定人出具虚假鉴定报告;或者帮助当事人伪造证据等。从犯罪构成角度看,仲裁员在主观故意和行为上都与司法裁判人员的犯罪特征相同,只是因为事实行为主体是仲裁员身份,而不是国家审判人员,才导致是否构成枉法裁判罪的争议。在这种情况下,个别国家基于本国国情而将仲裁员纳入枉法裁判罪的范畴是可以理解的。

当然,也有国家从商业贿赂罪的角度对仲裁员徇私枉法裁判定罪。这是因为,商业贿赂罪的犯罪主体不要求是国家机关工作人员,可以是企业(包括私人企业)的工作人员。例如,在商业交易中,一个企业的工作人员收受贿赂签订了明显对自己企业不利的商业合同,就可能构成此类犯罪。

我国《仲裁法》本身虽然规定了仲裁员的法律责任,但并没有直接规定刑事方面的法律责任。《仲裁法》第38条要求仲裁员承担法律责任的情形主要是该法第34条第4项和第58条第6项规定的两类情形:(1) 私自会见当事人、代理人,或者接受当事人、代理人的请客送礼的;(2) 仲裁员在仲裁该案时有索贿受贿,徇私舞弊,枉法裁决行为的。《仲裁法》明确的法律责任是仲裁委员会应当将其除名。

2006年6月29日,第十届全国人民代表大会常务委员会第二十二次会议通过了《中华人民共和国刑法修正案(六)》。其中,在《刑法》第399条后增加一条,作为第399条之一:"依法承担仲裁职责的人员,在仲裁活动中故意违背事实和法律作枉法裁决,情节严重的,处三年以下有期徒刑或者拘役;情节特别严重的,处三年以上七年以下有期徒刑。"此条文专门针对仲裁员的仲裁行为设立,成为我国仲裁法律制度中仲裁员要承担刑事法律责任的标志。

围绕该罪名的设立和刑事责任,学术界争论激烈,大多持否定立场。[①] 不过,实践中也确实发生过仲裁员被追究刑事责任的案例。例如,2015年,云南某

[①] 徐立:《枉法仲裁罪的立法正当性探讨》,载《法学杂志》2009年第5期;徐前权:《枉法仲裁罪之批判》,载《广西民族学院学报(哲学社会科学版)》2006年第3期;韩平:《"枉法仲裁罪"的学理质疑》,载《深圳大学学报(人文社会科学版)》2011年第3期。

仲裁机构仲裁员在审理两起房屋租赁纠纷案时,与一方当事人相互共谋,明知是伪造的证据仍予以采信,违背事实作出错误的昆仲裁(2015)295、296号裁决书,事后收受当事人报酬共计人民币53000元。一审法院以枉法裁判罪和收受贿赂罪数罪并罚作出判决。上诉后,二审法院撤销了收受贿赂罪的认定,仅以枉法裁判罪的罪名定罪量刑。[①]

三、仲裁员的民事赔偿责任

如前所述,有些国家从仲裁的契约论出发,也会认为仲裁员应当承担因违反仲裁员独立公正义务而给当事人造成的损失,认为这构成了仲裁员违约。不过,这种看法比较勉强。因为单纯从契约论角度看,虽然仲裁员有此等义务,却并没有明确的民事责任规定。如果从准司法权论看,则会将仲裁员的失职行为或不当行为视为对当事人合法权益的侵犯,认为属于职业疏忽所引发的职业过错侵权,就像医生对其病人、会计师和律师对其客户一样。当把仲裁员的不当行为视为侵权时,并不要求仲裁员一定具有主观上的直接故意,而是着重于行为的不当和损害结果。这似乎能够为仲裁员承担民事赔偿提供理论依据,不过,实践中,采纳这种侵权赔偿责任处理仲裁员不当行为的国家很少。这是因为,如果仅因不当行为和损害结果就要求仲裁员承担赔偿责任,那就没人敢做仲裁员了。事实上,仲裁员作为个人也没有这样的赔偿能力。仲裁报酬与当事人争议标的之间可能相差巨大。

由于我国实行的是机构仲裁,也有观点认为,仲裁机构应当对其过错造成裁决不当的结果承担民事责任。[②] 不过,这也存在法理上的障碍。因为仲裁立法规定,当事人对仲裁裁决不服的,可以在法定期限内向人民法院申请撤销仲裁裁决,还可以在此后申请不予执行仲裁裁决。因此,仲裁不当的后果一般能够得到救济或弥补。如果在这种情况下,仍然要求仲裁机构承担民事责任,那么可能引发一种推理:一审法院如果判决不当,是否也要承担赔偿责任?此外,仲裁机构也可能承担不起这样的赔偿责任。仲裁机构作为一种非营利性的公益组织,并没有这样的资金积累以解决赔偿问题。

有学术观点认为,应当建立仲裁员或仲裁机构赔偿保险机制,以分担和保障赔偿责任。[③] 不过,这样只会加大仲裁案件的费用成本,让其他案件的当事人承担其不该承担的仲裁费用。

---

① 见昆明市中级人民法院(2018)云01刑终703号刑事判决书。
② 石现明:《仲裁机构的民事责任与豁免问题研究》,载《河北法学》2011年第3期。
③ 彭丽明:《比较法视野下的商事仲裁员职业责任保险制度》,载《武大国际法评论》2016年第2期。

总体说来,仲裁是当事人自愿选择的一种争议解决方式,是尊重当事人意思自治的体现。因此,法律对于仲裁员资格不宜做苛刻的限制。当然,作为仲裁员,既然同意接受当事人的选择或指定,也就应当做到独立、公正,只有这样才能赢得当事人的信任和裁判的自愿履行。为了保障在办案时不偏不倚,仲裁员负有道德上和法律上的义务,及时披露与当事人及其代理人的联系信息,同时,在办案过程中尽到勤勉尽责的义务,避免不当行为,不应当从案件的裁决中获得仲裁报酬之外的利益。仲裁员是否承担法律责任,以及应承担什么样的法律责任,取决于实践中仲裁员的整体素质状况。立法是为了解决现实问题。只有在现实中极少发生仲裁员违法乱纪现象时,法律责任才不必要规定。

拓展阅读

1. 仲裁员充分履行披露义务,是仲裁的一个重要环节。由于错综复杂的现实环境,可能存在披露不完全的问题,对于第三方资助下仲裁员潜在利益冲突披露感兴趣的读者,可以阅读周清华、程斌:《第三方资助下仲裁员潜在利益冲突披露的体系建构》,载《中国海商法研究》2018年第4期。

2. 想进一步了解如何挑选合适的仲裁员、仲裁员与当事人间是何种法律关系的读者,可以阅读杜焕芳、李贤森:《仲裁员选任困境与解决路径——仲裁员与当事人法律关系的视角》,载《武大国际法评论》2020年第2期。

3. 想进一步了解仲裁监督,尤其是程序审查方面的读者,可以阅读周航、田洪鋆:《涉外仲裁监督中的当事人欺诈与仲裁员徇私枉法浅析——以"程序审查"为背景》,载《社会科学战线》2022年第7期。

4. 想进一步了解仲裁机构对仲裁员相关规定的读者,可以阅读中国贸仲的《仲裁员行为考察规定(2021修订)》和武汉仲裁委员会的《仲裁员管理办法》。

5. 想了解外国学者对仲裁员任命方面的研究,可以阅读 Michele Potesta, Appointment of Arbitrators in the Changing ISDS Landscape, *Swiss. Rev. Intl & Eun. L.*, Vol. 31, 2021; Dhiraj AbrahamPhilip, Neutrality vis-a-vis Party Autonomy in Appointment of Arbitrators, *International Journal of Law Management and Humanities*, Vol. 4, 2013。

思考题

1. 如何看待我国仲裁法有关仲裁员资格的规定?
2. 当事人是否可以从仲裁员名册外选择仲裁员?

3. 简述仲裁员信息披露义务与当事人信息披露之间的关系。
4. 如何看待仲裁员枉法裁判罪？

案例分析

【案例一】 北京新源国能科技集团股份有限公司请求撤销仲裁裁决案①

北京新源国能科技集团股份有限公司(以下简称新源国能)与中国核工业二三建设有限公司(以下简称核工业公司)关于《施工合同》项下的争议仲裁案,北京仲裁委员会于2021年9月30日作出裁决。新源国能认为,北京仲裁委员会作出的裁决符合《仲裁法》第58条第1款第(三)项、第(四)项规定的撤销仲裁裁决的情形,申请撤销该裁决。

申请人新源国能认为,本案仲裁员存在必须回避而未回避的情形,严重违反法定仲裁程序,该仲裁裁决应当依法撤销。首先,核工业公司选定的仲裁员系中国建筑业协会法律服务工作委员会副会长,其仲裁代理人某律师系中国建筑业协会法律服务工作委员会(以下简称中建协)委员,两人具有职务上的上下级关系,关系密切;其次,该仲裁员与该律师还同为某国际仲裁院仲裁员;最后,该仲裁员还与该律师所在律所主任之间关系亲密,两人同在全国律协建筑专业委员会任职,该律所主任还为该仲裁员撰写过书籍推荐。综上,核工业公司选定的仲裁员与核工业公司的代理人该律师之间具有十分亲密的关系,已严重影响仲裁公正,根据《仲裁法》第34条第(3)项,该仲裁员必须回避,还应当按照《仲裁员守则》第5条规定履行披露义务,但该仲裁员既未回避也未披露,违反法定仲裁程序,该仲裁裁决应当撤销。

被申请人核工业公司认为,中建协是中国建筑业协会下设的分支机构之一,是为建筑企业提供法律服务的社会团体,是由专业人士自愿结成的全国性、行业性、非营利性社会组织。该仲裁员与该律师虽都属于该委员会成员,但并不存在新源国能所述的"上下级关系",更不存在关系密切足以影响仲裁裁决客观公正审理的私人关系。仲裁委员会本质是自律性社会公益组织,且该国际仲裁委仲裁员包括国内、国外共计971名,案涉仲裁员只是仲裁员之一。上述两个机构,其成员与机构之间属于松散聘用关系,成员之间不构成同一单位工作情形,不属于《仲裁法》第34条规定的依法回避的情形。该律师并非仲裁案件的代理人,且与仲裁员之间也不存在所谓的亲密关系。

---

① 见北京市第四中级人民法院(2022)京04民特190号民事判决书。

如果你是本案法官,本案你将如何判决?案件中仲裁员与代理人的关系是否足以影响公正仲裁?对于申请人列举的用以支持仲裁员与代理人存在密切关系主张的理由,你分别怎么看?本案仲裁员与代理律师在该会担任会长或委员职务,是否可以据此认定两者存在上下级间领导与被领导的关系?何为能影响公正仲裁的直接利益往来?

【案例二】

一方当事人 A 收到仲裁裁决,随后 A 向法院申请撤销该裁决,理由是作出仲裁裁决的仲裁员 C 与当事人 A 的已发表文章存在学术观点分歧,导致仲裁员 C 未能公正地作出裁决。

仲裁员是否应当披露其发表的所有著作的列表(以及相关公开言论)?未进行上述内容的披露是否视为仲裁员未全面履行披露义务?倘若要求仲裁员披露其所有著作和公开言论,对于部分仲裁员而言,是否造成过于沉重的负担,尤其是职业生涯跨度较长的仲裁员?

第七章 仲裁程序

公平正义是人民的向往、幸福的尺度。党的十八大以来,在习近平法治思想指引下,法治中国建设取得重大进展,公平正义更加可触可感,收获的是亿万百姓对社会公平正义的更强信心。作为法律制度的基本价值,正义有两种实现方式,即实体正义和程序正义。仲裁作为我国多元争议解决机制的重要组成部分,在裁决纠纷时不仅要追求公平正义的结果,更应当保证过程公正。

第一节 仲裁程序概述

国际商事仲裁程序是仲裁制度的重要组成部分,通常意义上的仲裁程序是指从国际民商事案件一方当事人提请仲裁直至仲裁委裁决得到执行的整个过程,包括仲裁机构、仲裁员、申请人、被申请人、证人、代理人、鉴定人等参与仲裁活动所必须遵守的程序和规则,是仲裁制度的动态组成部分。

一、仲裁程序需符合程序正义

与诉讼程序相比,仲裁程序有其自身的特点:首先,仲裁实行"一审终审"制,当事人不得就同一事实再次申请仲裁,也不能对已仲裁的事项向人民法院起诉、上诉。而民事诉讼可经过一审、二审甚至再审等多个阶段。当事人采用仲裁程序解决纠纷,除了期待获得公正的审理以外,更注重的是争议的解决是否快捷、便利。这也是许多当事人放弃诉讼选择仲裁的一项重要考虑。其次,仲裁一般不公开审理,而民事诉讼无特殊情况必须公开审理。这是由商事仲裁的本质属性"约定一致性"所决定的。这既是出于对当事人争议方式选择的尊重,也是商事仲裁这一替代性争议解决方式的固有特征,有利于发挥商事仲裁在处理商业纠纷中的制度优势。在相对保密的状态下,当事人不必担心自己的有关信息因仲裁活动的开展而被公之于众,从而有效地保护了当事方的商业秘密和商业声誉。最后,有别于诉讼程序的强制性,意思自治原则可以在仲裁程序中灵活应用,这也构成了国际商事仲裁与诉讼程序的主要区别之一。

在国际商事诉讼中,不论受诉法院在哪一国,诉讼程序必须受制于该国诉讼程序法,这是因为该国的诉讼法基于其公法性质而得以适用。国际商事仲裁正好与之相反。当事人有权约定仲裁过程中所适用的程序,而不必然适用仲裁地的诉讼法,也不必然适用仲裁地的仲裁法。当事人在仲裁程序中的意思自治得到大多数国家国内仲裁法的支持,国际商事仲裁界亦普遍接受这类观点。例如,《示范法》第19条规定:"(1)在不违背本法规定的情况下,当事各方可以自由地就仲裁庭进行仲裁所应遵循的程序达成协议。(2)如未达成此种协议,仲裁庭可以在本法规定的限制下,按照它认为适当的方式进行仲裁。授予仲裁庭的权力包括确定任何证据的可采性、相关性、实质性和重要性的权力。"仲裁程序中的意思自治首先表现为当事人在仲裁协议或仲裁条款中就仲裁程序作出约定,许多国家都支持这种选择应当超过任何其他关于法律适用的理由。如果当事人未选择仲裁程序,而只是选定了仲裁机构,这仍然是意思自治的表现。当事人还可以在选择了A仲裁机构的同时选择B机构的仲裁规则。

当事人意思自治是确定仲裁程序的重要原则。此外,仲裁程序还需符合程序正义的要求,这也是仲裁裁决公正性的重要保障。程序正义理念来源于自然法的正义观,最早可以追溯到古希腊。柏拉图认为,正义存在于社会有机体各个部分间的和谐关系之中。每个公民必须在其所属的地位上尽自己的义务,做与其本性最相适合的事情。亚里士多德指出:"以正当方式制定的法律,而不是法律本身,应当具有终极性的最高权威。"[1]至古罗马和中世纪时期,"自然正义"(natural justice)成为一项程序正义的标准。[2]英国继承和发展了自然正义理论,形成了以"自然正义"为核心的程序正义理念。程序正义理念主要包含两个内容:第一,任何人均不得担任自己案件的法官;第二,任何人均有陈述和被倾听的权利。英国1215年的《自由大宪章》第39条即有关于程序正义的表达:"凡自由民,如未经其同级贵族之依法裁判,或经国法判决,皆不得逮捕和监禁,没收财产,剥夺法律权利,流放,或加以任何其他损害。"1354年颁布的《伦敦威斯敏斯特自由令》第三章第28条首次提到"正当法律程序":"未经正当法律程序应讯,对任何财产或身份的拥有者一律不得剥夺其土地或住所,不得逮捕或监禁,不得剥夺其继承权,或剥夺其生存之权利。"

美国在英国程序正义理念的基础上,发展出正当法律程序(due process of law)的理念,并以宪法原则的形式对正当法律程序予以确认和保障。1791年通过的美国《宪法》第5条修正案规定:"无论何人…未经正当法律程序,不得被剥

---

[1] 〔美〕埃德加·博登海默:《法理学:法哲学与法律方法》,邓正来译,中国政法大学出版社1999年版,第12页。

[2] 张亮:《程序正义论》,载《广西民族大学学报(哲学社会科学版)》2007年第1期。

夺生命、自由和财产。"1868 年通过的美国《宪法》第 14 条修正案第 1 款规定："任何一州…不经正当法律程序，不得剥夺任何人的生命、自由或财产；对于在其管辖下的任何人，亦不得拒绝给予平等法律保护。"该条修正案生效后，正当法律程序逐渐具有实质性正当的含义。理由在于，该修正案的规定适用于各州政府，但是没有列举应该尊重何种公民权利，而《权利法案》即美国《宪法》第 1 至第 10 条修正案，保障了公民的实体权利和程序权利。美国《宪法》第 14 条修正案成了连接州政府权力与公民权利的桥梁，并具备了实质性正当法律程序与程序性正当法律程序的双重含义。实质性正当法律程序强调的是对立法过程的约束，其要求联邦和州政府所制定的法律必须符合公平和正义，政府的行为必须受到必要的限制。在剥夺个人的生命、自由或财产时，如果政府制定的法律、实施的行政行为不符合公平与正义标准，法院将宣告该法律或行为无效。程序性正当法律程序则强调对裁判过程的约束。对于法院而言，正当法律程序具有双重意义。一方面，法院运用正当程序对立法机关和行政机关的行为进行司法审查时，正当法律程序是法院行使司法审查权的法律依据。另一方面，法院的审判活动也要受到正当法律程序的约束，与其他程序要求一同规范着司法行为。[①]

历经发展，程序正义理念与正当法律程序的内涵有了实质性的区别，但两者在程序性正义方面的基本内容是一致的，即任何人均不得担任自己案件的法官以及任何人均有陈述和被倾听的权利。美国哲学家罗尔斯在其著作《正义论》中，从过程和结果两个角度分别考察，将正义分为实体的正义或实质的正义（substantive justice）和程序的正义（procedural justice）。实质正义是指通过一定的过程，每个人得到了他应当得到的或同等情况下的人们都得到了同等对待的结果。程序正义则考虑程序自身的存在理由以及程序是否合乎正义，优先评价冲突的解决过程。[②] 程序正义是通过一定的约束，排除恣意因素，以保证决定的客观正确。程序正义与实质正义是相联系的，实质正义的实现需要程序正义的保障，程序正义可以支撑实体结果的正义性。

仲裁具备司法属性，仲裁裁决具有解决争议的效力，将对双方当事人的权益产生决定性影响，因此仲裁作为具有司法性质的争议解决方式，也应当符合司法程序中的有关程序正义的原则性要求。[③] 此外，效率与公正均是仲裁双方当事人的价值追求。符合程序正义要求是仲裁裁决公正性的重要保障。在仲裁中彰显程序正义要求仲裁程序本身是合理的，仲裁程序的过程能够保障当事人享有平等的机遇。仲裁程序的合理性主要表现为仲裁员的中立，这反映了自然正义

---

① 徐亚文：《程序正义论》，山东人民出版社 2004 年版，第 40—41 页。
② 〔美〕罗尔斯：《正义论》，何怀宏等译，中国社会科学出版社 1988 年版，第 79 页。
③ 乔欣：《比较商事仲裁》，法律出版社 2004 年版，第 9 页。

观的要求。前述自然正义观下程序正义有两个主要原则,一是任何人均不得担任自己案件的法官;二是任何人均有陈述和被倾听的权利。第一个原则为双方当事人解决纠纷、保护权益提供了一个公正的仲裁庭,仲裁员不得偏向或歧视任何一方当事人,确保不将自身利益牵涉其中,须以公正的态度对待双方当事人,因而任何人均不得担任自己案件的法官,这一原则催生了仲裁员的回避制度与披露义务等规则。第二个原则在仲裁员的中立性要求中表现为仲裁员应给予双方平等的陈述己见的机会,并同等地看待他们的意见。从当事人的视角而言,第二个原则即赋予当事人享有平等待遇的权利。在仲裁程序中,则表现为当事人双方具有平等的地位,都能够依照仲裁协议申请仲裁、使用仲裁程序下的权利,并享有相同或对应的程序手段。① 例如申请人与被申请人都有权申请回避、提出证据、质证和进行口头辩论等。针对申请人的仲裁请求,被申请人有权进行答辩,也有权提出反请求。

违反程序正义要求将可能导致依据仲裁程序作出的仲裁裁决被撤销。例如《纽约公约》第5条第1款第(b)项和《示范法》第34条第(2)款第(a)项第(ii)目均将违反程序正当要求列为申请撤销仲裁裁决的理由。②《示范法》第18条"当事人平等待遇"对程序正义的要求为:"当事人应当受到平等待遇,并应当被给予充分的机会陈述其案情。"平等对待当事人是所有文明的民事审判制度中的基本观念,③是仲裁程序必须达到的基本要求。例如《示范法》第19条规定,在当事人未达成关于仲裁程序的协议时,仲裁庭可以在本法规定的限制下,按照它认为适当的方式进行仲裁。依据程序正义要求,仲裁庭在按照其认为适当的方式进行仲裁时,必须平等对待当事人。依据《示范法》第34条第(2)款第(a)项第(ii)目,出现"未向提出申请的当事人发出指定仲裁员的适当通知或仲裁程序的适当通知,或因他故致使其不能陈述案情"的情形时,当事人可以申请撤销仲裁裁决。在《示范法》下,程序正义的要求包括当事人享受平等待遇的权利、获得充分机会陈述的权利以及享有规范的、非任意性的仲裁程序的权利。这些要求与程序正义的两个重要原则是相呼应的,程序正义的要求一般适用于仲裁程序的所有方面,包括组成仲裁庭、提出事实证据和法律论据以及对另一方的陈述作出答复的机会。④

---

① 肖建华:《仲裁程序的公正观与主体性价值》,载《河南省政法管理干部学院学报》2002年第1期。
② 《纽约公约》第5条第1款第(b)项规定:"受裁决援用之一造未接获关于指派仲裁员或仲裁程序之适当通知,或因他故,致未能申辩者";《示范法》第34条第(2)款第(a)项第(ii)目规定:"未向提出申请的当事人发出指定仲裁员的适当通知或仲裁程序的适当通知,或因他故致使其不能陈述案情"。
③ Blackaby Nigel, Constantine Partasides et al., *Redfern and Hunter on International Arbitration* (*Sixth Edition*), Oxford University Press, 2015, p.354.
④ Gary b. Born, *International Arbitration: Law and Practice*, Kluwer Law International, 2012, p.360.

二、仲裁的具体程序

如前所述,仲裁程序研究的是从申请到作出裁决所应遵循的程序性规则,本章讨论的内容有的在其他章节中已有提及,在此不详述。以下结合我国法律和实践,就仲裁程序作"流水线"式的描述:

1. 申请

国际商事仲裁申请,是指国际商事仲裁协议中所约定的争议事项发生以后,仲裁协议一方当事人依据协议将有关争议交给选定的仲裁机构或仲裁庭,请求以仲裁方式解决争议的行为,是启动仲裁程序的必要环节。

2. 受理

当事人仅仅向仲裁机构提出仲裁申请还不能进行仲裁,只有申请被仲裁机构受理后,仲裁程序才实质性地开始。有关仲裁机构在收到仲裁申请书后应进行初步审查,确定仲裁协议是否有效,争议事项是否属于仲裁协议的范围,从而确定其是否有合法有效的仲裁管辖权。一旦决定受理,仲裁机构便按仲裁规则的规定及时通知全体当事人,并开始准备下一步的仲裁程序。

3. 答辩

商事仲裁案件中的被申请人为了维护自己的权益,需要对申请人在商事仲裁申请书中所提出的商事仲裁请求和该项请求所依据的事实和理由作出回应,并提出自己的立场。

被申请人收到仲裁申请书后,应在一定期限内提出答辩书,对仲裁答辩书的要求与仲裁申请书相似,但强调答辩书的内容应当针对申请书的内容。在仲裁实务中,被申请人还常常需要在答辩期内选定仲裁员或委托指定仲裁员,申请仲裁员的回避,提出反请求,对仲裁庭管辖权进行抗辩等。被申请人既可以在仲裁庭开庭审理案件前通过书面形式进行答辩,也可以在开庭审理案件的当时以书面或口头的形式提出。一般地,如果被申请人不按期提交答辩书进行答辩,即可推定其自愿放弃答辩的权利,不影响仲裁程序的继续进行,仲裁庭可以根据已有证据作出裁决。

4. 反请求

针对已经提出的仲裁请求,申请人可以放弃或变更,被申请人可以承认或反驳。由被申请人提出的且与申请人的仲裁请求有直接联系的独立仲裁请求,即为反请求。

被申请人提出反请求时,应在答辩书中附有关证明文件,在反请求中附有关事实和证据,此外,反请求人还要预交一定的仲裁费用。仲裁庭受理反请求后,通常将原请求和反请求合并审理,但由于反请求的独立性特征,合并审理后的裁决还是应当分别作出,因此即使提出仲裁申请的申请人在审理过程中撤回申请,也不影响反请求审理的继续进行。

5. 保全措施

仲裁程序中的保全措施包括财产保全和证据保全两方面。在仲裁庭作出最后裁决前,为了防止有关当事人的财产被隐匿、转移、变卖,保证将来发生效力的仲裁裁决被执行,从而确保胜诉方及时获得损害赔偿,有必要对当事人有关财产采取临时强制措施。我国《仲裁法》未规定诉前财产保全,只规定了提起仲裁或进入仲裁后的财产保全,但是为了避免当事人的损失难以挽回,《民事诉讼法》第279条规定:"当事人申请采取保全的,中华人民共和国的涉外仲裁机构应当将当事人的申请,提交被申请人住所地或者财产所在地的中级人民法院裁定。"这里的保全并未区分诉前保全、诉讼中的保全及执行程序中的保全申请,因而,可以认为,2022年1月1日实施的新修订的《民事诉讼法》对涉外仲裁的保全制度之规定应当适用于仲裁的全过程。证据保全,则是在仲裁庭审理程序终结前对于那些可能灭失或以后难以取得的证据所采取的一种临时强制措施。我国《仲裁法》第68条对此作出了规定。

6. 组成仲裁庭

仲裁庭可由三名仲裁员或一名仲裁员组成。由三名仲裁员组成的,应由当事人各自选定或委托仲裁委员会主任指定一名仲裁员,第三名是首席仲裁员,由当事人共同选定或共同委托仲裁委员会主任指定。由一名仲裁员组成的,应由当事人共同选定或共同委托仲裁委员会主任指定仲裁员。当事人没有在仲裁规则规定的期限内约定仲裁庭的组成方式或者选定仲裁员的,由仲裁委员会主任指定。

7. 开庭审理

商事仲裁的审理方式有需要开庭庭审的口头审理方式,以及无须开庭仅依当事人提交的文件进行的书面审理方式两种。开庭审理是主要的案件审理方式。仲裁委员会应当在仲裁规则规定的期限内将开庭日期通知双方当事人。当事人有正当事由的,可以在仲裁规则规定的期限内请求延期开庭,是否延期由仲裁庭决定。申请人经书面通知,无正当理由不到庭或未经仲裁庭许可中途退庭的,可以缺席判决。开庭审理过程中,当事人可以当庭出示证据、质证和口头辩论。辩论终结时,由首席仲裁员或独任仲裁员征询当事人的最后意见。国内仲裁中,仲裁庭应当将开庭情况记入笔录,当事人和其他仲裁参与人认为对自己陈述的记录有遗漏或差错的,有权申请补正。如果不予补正,应当记录该申请。

第二节 仲裁申请与受理

当事人提出仲裁申请是开启一项仲裁活动的开始,不论是机构仲裁还是临时仲裁,只有当事人提出仲裁请求,仲裁机构或仲裁庭方考虑受理当事人的请求,对于满足仲裁要求的案件,就会进一步进入审查和审理阶段。

一、申请

仲裁申请是指当事人就他们之间已经发生的合同争议或其他财产权益争议,根据仲裁协议,依法提请有关的仲裁机构或仲裁庭按照程序规则进行审理、裁决的书面请求。[①] 仲裁申请的提出,需要满足一定的条件。尽管各国仲裁立法不尽相同,而不同仲裁机构的仲裁规则对仲裁申请的规定也略有差异,但整体而言,仲裁申请需满足的基本条件主要有:当事人须初步证实存在有效的仲裁协议;需提出明确的仲裁请求;陈述相应的事实和理由;提供必要的证据和证据来源等。以我国《仲裁法》第 21 条为例,当事人申请仲裁应当符合下列条件:(一) 有仲裁协议;(二) 有具体的仲裁请求和事实、理由;(三) 属于仲裁委员会的受理范围。

此外,仲裁机构中的仲裁规则也对仲裁申请做出了相似但更为细致的要求。例如,2010 年《斯德哥尔摩商会仲裁院仲裁规则》第 2 条规定,仲裁申请书应包括:(1) 当事人双方及其法律顾问的名称、地址、电话和传真号码以及电子信箱;(2) 争议要点;(3) 申请人索赔要求的初步说明;(4) 据以解决争议的仲裁协议或仲裁条款的副本或说明;(5) 有关仲裁员人数和仲裁地的意见;(6) 如果适用,申请人指定的仲裁员的姓名、地址、电话号码、传真号码以及电子信箱。

仲裁协议是仲裁制度的基石,是当事人之间达成合意的表现,也是仲裁机构受理争议、行使管辖权的依据。仲裁协议是当事人申请仲裁的前提条件,但个别情况下,如果申请仲裁时当事人之间不存在仲裁协议,而当事人一方又坚决要求向仲裁机构申请仲裁,仲裁机构在说明法律、法规的相关规定后,可尝试予以受理,并通知被申请人。[②] 如果被申请人没有明确表示反对,可让双方当事人补签仲裁协议,继续进行仲裁程序;反之,则仲裁机构应立即终止仲裁程序,撤销案件。对于仲裁协议的有效要件,前文已有详细介绍,在此不再赘述。

仲裁请求是申请人向被申请人提出的具体的权利主张,即申请人希望通过

[①] 韩健:《商事仲裁律师基础实务》,中国人民大学出版社 2014 年版,第 189 页。
[②] 邓杰:《商事仲裁法理论与实务》,兰州大学出版社 2005 年版,第 141 页。

仲裁来保护的具体权益,也是申请人请求被申请人履行的具体义务。因此,申请人的仲裁请求应具体、明确,同时还应说明相应的事实和理由,以证明自己要求的合法性及合理性。当然,对于申请人提供的事实理由,还有待仲裁机构和仲裁庭的进一步审查才能确定其真实性。当事人提出仲裁申请的事项还必须是仲裁机构受理的范围,有关身份关系方面的争议往往不属于仲裁机构受理的范围。

二、受理

申请是受理的前提,受理是申请的后位程序。所谓受理,是指仲裁机构收到当事人提交的仲裁申请后,经审查认为符合法定的申请仲裁的条件,决定予以接受并开始组织实施仲裁活动的行为。[①] 当事人提交仲裁申请就启动了仲裁程序,但案件要进入审理程序,还有待仲裁机构的进一步审查,才能确定是否受理当事人的申请。从仲裁实务来看,仲裁的受理问题主要集中于机构仲裁。这是因为在临时仲裁中,如果仲裁员不愿意或者认为自己不适合或不能解决当事人提交的商事争议,可以拒绝接受当事人的指定或任命,当事人则可以依协议或依法律规定另行组建仲裁庭,而不存在是否受理的问题。[②]

在仲裁机构决定受理案件之前要进行立案审查,只有满足了一定的条件,仲裁机构才会受理当事人的争议。对于立案审查,我国《仲裁法》第 24 条规定,仲裁机构收到仲裁申请书之日起 5 日内,认为符合受理条件的,应当受理,并通知当事人;认为不符合受理条件的,应当书面通知当事人不予受理,并说明理由。此处所指的受理的条件,即《仲裁法》第 21 条中关于当事人申请仲裁需满足的三个条件。除此之外,我国仲裁机构通常还对如下问题进行审查:仲裁当事人是否适格、案件是否属于仲裁机构的受案范围、申请仲裁的手续是否完备、是否已缴纳相关仲裁费用。仲裁机构决定受理案件后,就会向当事人送达受理通知,受理通知的送达可以采用书面形式,也可以采用口头形式。根据《仲裁法》的规定,仲裁机构在受理当事人的申请后,应当在仲裁规则规定的期限内将仲裁规则和仲裁员名册送达申请人;并将仲裁申请书副本和仲裁规则、仲裁员名册送达被申请人。若仲裁机构在审查后,决定不予受理的,则必须以书面形式通知当事人,并告知其不予受理的理由,以便当事人能及时采取措施,补正相关申请材料或寻求其他争议解决方式。

[①] 黄进、宋连斌、徐前权:《仲裁法学》,中国政法大学出版社 2008 年版,第 105—107 页。
[②] Blackaby Nigel, Constantine Partasides, et al. , *Redfern and Hunter on International Arbitration* (*Sixth Edition*), Oxford University Press, 2015, p. 142.

第三节 仲裁庭的组成与审理方式

在仲裁机构受理案件或当事人提出临时仲裁的申请后,仲裁机构或当事人就要按照仲裁协议的约定或仲裁规则之规定指定仲裁员,从而组成仲裁庭审理案件。

一、仲裁庭的组成

(一) 仲裁庭成员的资格及其认定

决策者的权威是争议解决的核心,在一个文明的法律秩序下,任何争议解决方式都要求决策者具有公平正义观念。[1] 仲裁员即仲裁庭成员,也即仲裁中的决策者,仲裁员是决定仲裁质量的关键因素,仲裁员的任职资格、人品、智慧、业务经验对争议的合理解决有着决定性的影响。[2] 因此,对仲裁员资格的认定显得尤为重要。但当前许多国家并没有对仲裁员的资格作出特别的规定,综观各国的实践,对仲裁员的资格一般包括两个方面的要求:一般要求和特别要求。

仲裁员应当是具备完全民事行为能力的自然人,这是作为仲裁员的一般资格要求。具备完全民事行为能力才能对其行为承担相应的责任,仲裁员具备完全民事行为能力,是其实施任何有效民事行为的基本要求。同时仲裁员还必须是未受过刑事处分或被开除公职的自然人,法人不能担任仲裁员,这点已在各国仲裁法立法和实践中达成普遍共识。

仲裁员还应具备相应的专业素养和职业道德,这是对仲裁员特殊的资格要求。仲裁员是对案件进行审理并作出裁决的人,为确保其能对案件作出公正合理的判断,仲裁员必须具备相应的专业知识。除此之外,仲裁员还应具备解决争议的能力和经验,专业的仲裁员能大大提高仲裁的效率和质量。仲裁员要独立、公正地对案件作出裁决,因此,仲裁员必须具备公正无私的道德品质,仲裁员的良好道德声誉也能增强当事人对仲裁庭的信心。许多仲裁机构的仲裁规则中都对仲裁员的个人品德提出了明确要求。此外,在具体案件中,还要求仲裁员不能与案件当事人具有亲属关系或利害关系,也不能具有其他可能影响案件公正的关系,以确保仲裁员能独立公正地作出裁决,而仲裁员回避制度也是为了保证仲裁员的公正独立性。在实际情况中,当事人对相对方或仲裁机构代为选定的仲裁员的情况可能并不是很了解,当事人可能需要通过多种途径才能确定仲裁员

---

[1] Hon James Allsop, The Authority of the Arbitrator, *4 Arbitration International 30*, 2014, pp. 639-660.
[2] 宋连斌:《中国仲裁员制度改革初探》,载《中国国际私法与比较法年刊》2001年第4卷。

是否有需要回避的情形,为解决当事人可能无法详尽了解仲裁员是否有回避事由的难题,仲裁员披露制度应运而生。许多仲裁机构的仲裁规则都有关于仲裁员披露制度的规定,如《国际商会仲裁规则》第 11 条、《伦敦国际仲裁院仲裁规则》第 10 条都对仲裁员的披露义务作了规定。《中国贸仲仲裁规则(2015 版)》对仲裁员的披露义务做了如下要求:"(一)被选定或被指定的仲裁员应签署声明书,披露可能引起对其公正性和独立性产生合理怀疑的任何事实或情况。(二)在仲裁程序中出现应披露情形的,仲裁员应立即书面披露。(三)仲裁员的声明书及/或披露的信息应提交仲裁委员会秘书局并由其转交各方当事人。"在新加坡中天投资(集团)有限公司申请撤销中国贸仲仲裁裁决案①(本章案例分析中的案例 2)中,中天公司提出的申请撤销裁决的理由之一就是仲裁员与被申请人物流公司的仲裁代理人具有师生关系,而仲裁员未向中国贸仲披露,影响对案件的公正审理。② 经查,虽然被申请人的仲裁代理人徐双泉与仲裁员杨松没有直接的师生关系,但在徐双泉任主任的律所开业时,仲裁员杨松曾作为嘉宾出席并致辞。北京市高级人民法院据此认为,中天公司有合理理由怀疑仲裁员杨松与物流公司仲裁代理人徐双泉之间存在较为密切的私人关系,而仲裁员未如实进行披露违背了仲裁规则。然而,最高人民法院在复函中作出了不同的认定,最高人民法院认为,从实际情况来看,仲裁员与物流公司的仲裁代理人只是拥有共同的教育背景和共同出席典礼活动的经历,他们之间不存在直接的授业指导关系和其他的利害关系,不足以构成对仲裁独立性和公正性的影响。实践中,对于利害关系的判断并没有一个统一、确定的标准,从北京市高级人民法院和最高人民法院对这一案件的不同认定也可以看出,对于同一案件,不同的法院会有不同的判断标准,从而导致截然不同的判断结果。

(二)仲裁庭与仲裁机构

仲裁庭是指由当事人选定,或者其他有权机构依据当事人的授权选定,或依据法律或仲裁规则之规定所指定的商事仲裁员组成的,具体负责对已交付的商事争议进行审理并作出裁决的组织。③ 仲裁庭的组成对案件的审理至关重要,是案件能够顺利进入审理程序的前提。仲裁机构并不负责对特定的案件进行审理,而是主要提供仲裁方面的服务。仲裁机构有专门的名称、固定的地点和相应办公机构,各常设仲裁机构也都有自己的仲裁规则。在机构仲裁的情况下,仲裁

---

① 《最高人民法院关于新加坡中天投资(集团)有限公司申请撤销中国国际经济贸易仲裁委员会仲裁裁决一案的请示的复函》[2012]民四他字第 47 号。
② 万鄂湘主编,最高人民法院民事审判第四庭编:《涉外商事海事审判指导(2012 年第 2 辑)》,人民法院出版社 2012 年版,第 148—155 页。
③ Blackaby Nigel, Constantine Partasides, et al., *Redfern and Hunter on International Arbitration (Sixth Edition)*, Oxford University Press, 2015, p.354.

机构主要职能是监督仲裁庭的活动,确保仲裁庭按照其仲裁规则进行仲裁活动。而在临时仲裁的情况下,临时仲裁庭是为解决某一特定争议而产生的,案件一旦审理结束,该仲裁庭也就不复存在。所以,无论是临时仲裁,还是机构仲裁,仲裁庭都是通过仲裁解决争议的主体,负责作出仲裁裁决的也是仲裁庭,而不是仲裁机构。①

(三) 仲裁庭的组成方式

仲裁庭的组成人数一般由当事人约定或者按照当事人约定适用的仲裁规则的规定。仲裁员的确定也一般由当事人选定或仲裁机构指定。实践中,仲裁庭的组成人数多为奇数,根据仲裁庭组成人数的不同,可将仲裁庭分为由一名仲裁员组成的独任仲裁庭、由两名仲裁员组成的仲裁庭和由三名或三名以上仲裁员组成的仲裁庭。其中最为常见的是独任仲裁庭和由三名仲裁员组成的仲裁庭。

1. 独任仲裁庭

独任仲裁庭是由当事人共同指定或由他们共同委托的第三方指定的一名仲裁员组成的仲裁庭。独任仲裁庭的最大优势在于简便、快捷、经济。独任仲裁庭只有一名仲裁员,其组成方式相对简单。而在案件审理上,独任仲裁员可直接对案件作出裁决,无需与其他人进行合议,这就极大地提高了案件审理的效率,既能加快案件审结的进程,同时也减少了费用的支出。但是,独任仲裁庭的独裁方式,对仲裁员提出了更严格的要求。案件的审理由独任仲裁员一人决定,其公正性往往会受到质疑,为确保案件审理的公正性,一些仲裁机构在其仲裁规则中明确规定,除当事人另有约定外,独任仲裁员的国籍一般与争议双方当事人的国籍都不相同。实践中,双方当事人往往难以找到一名为双方所共同依赖的人作仲裁员。所以,通过当事人协议指定独任仲裁员组成仲裁庭的情况较少。独任仲裁员大多是依法或依仲裁规则由有关机构或法院指定。② 从当前的实践来看,独任仲裁庭只适用于标的额小或争议比较简单而适用简易程序的案件,因为这类案件相对比较简单,独任仲裁员足以胜任对案件的审理,同时也为当事人节省了时间和费用。在我国的仲裁实务中,各仲裁机构的仲裁规则都对简易程序制度有明确的规定:在有关仲裁案件的标的额很小,低于一定的数额,或者虽然达到或超过了一定的数额,但案情比较简单的情况下,可由一名仲裁员组成独任仲裁庭,适用简易程序来审理和裁决案件。

2. 由两名仲裁员组成的仲裁庭

由两名仲裁员组成的仲裁庭在实践中并不常见,目前还只是存在于少数国

---

① 赵秀文:《国际商事仲裁法原理与案例教程》,法律出版社 2010 年版,第 123 页。
② 韩健:《现代国际商事仲裁法的理论与实践(修订本)》,法律出版社 2000 年版,第 154 页。

家和一些特殊行业中。在国际上一些商人或贸易者的组织协会内部成立了仲裁机构,按照通常的行业惯例,争议产生后,由双方当事人各指定一名仲裁员组成两人仲裁庭对案件进行审理。如果两名仲裁员能达成一致意见,则按此意见对案件作出裁决。但是,如果两名仲裁员无法形成一致意见,则须将案件交给他们共同指定的一位公断人进行审理。此时,两名仲裁员角色转换成为各当事人的辩护人参与到案件的裁决过程中,而这名公断人则像独任仲裁庭的独任仲裁员一样作出裁决,无需征求任何人的同意,公断人作出的裁决为终局裁决,对双方当事人都有约束力。这种做法是把仲裁作为"友好"解决争议的方法,具有迅速方便的特点。① 在两人制仲裁庭中,两名仲裁员的地位作用是相同的,案件的审理裁决,需要两人的默契配合,如果两人缺乏默契则会影响案件的正常进行,所以,两人制仲裁庭在国际商事仲裁实践中并没有得到推广,只是存在于小范围的特殊行业中。

3. 由三名仲裁员组成的仲裁庭

由三名仲裁员组成的仲裁庭,是当今国际商事仲裁实践中最为常见的仲裁庭组成方式。这种情况通常是由双方当事人各指定一名仲裁员,第三名仲裁员即首席仲裁员可由双方当事人共同指定,或者由双方共同指定的仲裁员代为选定,或由当事人共同委托的第三方指定。三人制仲裁庭的组成方式比较复杂,案件审理的时间也更长。但从实践来看,当事人还是更倾向于选择三人制仲裁庭。这类仲裁庭的组成更合乎当事人的意愿,因为仲裁庭的组成中包含了当事人自己选定的仲裁员,这在无形中增强了当事人对仲裁庭的信心。因此,三人制仲裁庭所作出的裁决也更易为当事人所接受。

国际商事仲裁最大的特点在于充分尊重当事人的意思自治,仲裁庭也是在尊重当事人意思自治的前提下组成的。因此,仲裁庭成员一般由当事人自己选定,在当事人已经达成合意的情况下,仲裁庭的组成将完全按照当事人的意思进行。在机构仲裁的情况下,各仲裁机构都备有自己的仲裁员名册,当事人无法在规定的时间内指定仲裁员时,有的仲裁机构仲裁规则规定,由仲裁机构代为指定。

(四) 仲裁员的回避

国际商事仲裁员的回避,是指国际商事仲裁中仲裁员被选定或被指定后发现其存在不宜、不能在该案中担任仲裁员的情况,该仲裁员应当退出案件,不再在该案中担任仲裁员的制度。② 与诉讼程序中的回避制度类似,仲裁中的回避

---

① Blackaby Nigel, Constantine Partasides, et al., *Redfern and Hunter on International Arbitration* (*Sixth Edition*), Oxford University Press, 2015, p. 155.

② 邓瑞平:《国际商事仲裁法学》,法律出版社2010年版,第247页。

同样有两种方式：主动回避和依申请回避。主动回避是指仲裁员认为自己存在不适合担任相应案件仲裁员的情形，主动提出回避请求。仲裁员回避的理由也与民事诉讼中审判人员的回避理由大体相同，如：仲裁员不具备完全民事行为能力，仲裁员与案件当事人存在亲属关系或利害关系及其他可能影响案件公正审理的情形等。我国《仲裁法》第34条规定了仲裁员应该回避的理由：第一，是本案当事人或者当事人、代理人的近亲属的；第二，与本案有利害关系的；第三，与本案有其他关系，可能影响公正仲裁的；第四，私自会见当事人、代理人，或者接受当事人、代理人请客送礼的。可以看出，我国《仲裁法》对仲裁员的回避理由的规定与我国现行《民事诉讼法》中关于审判人员回避的规定基本一致。①

当事人应当在一定期限内尽快提出回避申请，以确保仲裁程序不被过多地拖延。否则，超过申请期限将被视为放弃提出回避申请的权利，或者即使提出了回避申请，另一方当事人也可以超过时限为由提出抗辩。对于当事人提出回避申请的具体期限，各国仲裁立法中的规定都不尽相同，但一般都要求当事人在知道存在回避事由后尽快提出回避申请。例如，我国《仲裁法》第35条对当事人提出回避申请的期限作了明确规定："当事人提出回避申请，应当说明理由，在首次开庭前提出。回避事由在首次开庭后知道的，可以在最后一次开庭终结前提出。"

无论是当事人提出回避申请还是仲裁员自行提出回避申请，都需要相应的机构或人员进行审查处理。综观当前各国实践，一般是由仲裁庭或仲裁机构来决定，而当事人对仲裁庭或仲裁机构的决定不服可向法院起诉，由法院作出最终决定。例如，我国《仲裁法》第36条规定，"仲裁员是否回避，由仲裁委员会主任决定；仲裁委员会主任担任仲裁员时，由仲裁委员会集体决定"。

（五）仲裁庭的重组

仲裁庭的重组是针对仲裁庭组成出现瑕疵的一种救济。仲裁庭的组成出现瑕疵的原因有很多，譬如仲裁员生病、辞职、死亡等原因都会导致仲裁员不能及时履行职责。此外，当事人对仲裁员提出回避申请及仲裁员主动申请回避也会导致仲裁庭重组。一般来说，重新任命或选择仲裁员、重新组建仲裁庭的方式，与任命或选择原仲裁庭、组建原仲裁庭的方式基本一致。在美国和英国，必须按照任命被替换的仲裁员的方式任命新的仲裁员。② 在临时仲裁中，如果当事人约定了仲裁员空缺时的选任办法，则按约定重新选任仲裁员，但双方当事人没有

---

① 《中华人民共和国民事诉讼法》第44条。
② 万鄂湘主编，最高人民法院民事审判第四庭编：《涉外商事海事审判指导（2012年第2辑）》，人民法院出版社2012年版，第185页。

约定仲裁员空缺时的选任办法的,首先应尊重当事人的意思自治,如果双方当事人仍未就仲裁庭重组的办法达成一致意见,那么一般将由法院来决定仲裁员的选择或决定选择仲裁员的方法。在仲裁庭重组阶段,因为原先已组建过仲裁庭,仲裁地多半也已经确定。因此,确定由哪个国家或哪个地方的法院来处理仲裁员补缺的问题也较为容易。重新任命或选择仲裁员的申请,可以直接向仲裁地法院提出。在大多数商事仲裁立法比较完备的国家,都已明确授予法院这种选择权。

仲裁庭重组的一个直接影响就是中断了原来正在进行或将要进行的仲裁程序,使案件的审理进入中止状态。而重新组建的仲裁庭面临的首要问题,就是如何继续进行仲裁程序,是完全推翻重来还是在原来已进行过的仲裁程序基础上继续展开未尽的程序。如果完全推翻原先的仲裁程序,恐怕会造成重复审理的情况,极大地增加了当事方的时间成本。但如果延续先前的仲裁程序,那么客观上会剥夺新任仲裁员听取当事人陈述和辩论、询问证人的权利,这也会导致替代仲裁员无法真正熟悉案件,甚至影响其作出公正的裁决。需要说明的是,如果仲裁庭在首次开庭审理前重组,则不会出现重复审理的问题,因为此时案件尚未进入庭审程序,毫无疑问,所有仲裁员都有完整参与庭审程序的机会。但如果仲裁庭在首次开庭后重组,则会出现前述的重复审理的问题。就仲裁庭重组后的重复审理问题而言,各国的仲裁立法一般规定,由重新组成的仲裁庭自行决定是否需要重新进行庭审程序。例如,我国《仲裁法》第37条对仲裁庭重组后的审理问题作出了明确规定,"重新选定或者指定仲裁员后,当事人可以请求已进行的仲裁程序重新进行,是否准许,由仲裁庭决定;仲裁庭也可以自行决定已进行的仲裁程序是否重新进行"。由此可见,按照我国《仲裁法》规定,仲裁庭重组后也是由仲裁庭决定是否需重新进行审理程序。

二、仲裁庭的审理

仲裁庭在接到当事人的仲裁申请后,该纠纷所涉的仲裁程序即已开始。仲裁庭首先会将申请人的仲裁请求送达被申请人,然后由被申请人提出答辩,同时亦可提出反请求,随后进入具体案件的审查。

(一)答辩

仲裁答辩是指仲裁案件的被申请人为维护自己的权益,对申请人在仲裁申请书中提出的仲裁请求和所依据的事实和理由进行答复和辩解的行为。[①]

根据我国《仲裁法》第25条,被申请人收到仲裁申请书副本后,应当在仲

---

① 蒋新苗、舒细麟编著:《仲裁法实例说》,湖南人民出版社2003年版,第119页。

规则规定的期限内向仲裁委员会提交答辩书。被申请人未提交答辩书的,不影响仲裁程序的进行。因此,在仲裁程序中,答辩期限从被申请人收到仲裁申请书副本后开始,具体时限通常由仲裁规则规定。另外,在国际商事仲裁中,通常要求答辩的形式为书面答辩,即提交答辩书。

以《中国贸仲仲裁规则(2015版)》为例,其主要对答辩作出了如下规定:第一,将答辩期的计算起点设置为被申请人收到仲裁通知之日;第二,规定答辩期限为45天;第三,被申请人确有正当理由请求延长答辩期限的,由仲裁庭决定是否延长答辩期限;第四,规定了答辩书的基本格式和内容,答辩书应由被申请人或被申请人授权的代理人签名及/或盖章,并应包括被申请人的名称和住所、对仲裁申请书的答辩及所依据的事实和理由、答辩所依据的证据材料以及其他证明文件;第五,逾期提交的答辩书并非当然无效,仲裁庭有权决定是否接受。

(二) 反请求

反请求是指在仲裁程序进行中被申请人针对原申请人提出的独立的请求。[①] 根据我国《仲裁法》第27条的规定,被申请人有权提出反请求。在仲裁程序中,赋予被申请人提出反请求的权利体现了案件双方当事人法律地位的平等。被申请人提出反请求以后,双方当事人互为申请人和被申请人。反请求与请求应是基于同一法律关系产生的,被申请人的反请求与申请人的仲裁请求属于同一仲裁协议中约定的仲裁事项。反请求具有独立性、对抗性和牵连性。独立性体现在申请人撤回仲裁申请并不影响反请求的效力,仲裁机构仍应对其作出裁决。对抗性表现在反请求的目的是为了抵销、吞并申请人的请求,以维护自己的合法权益。反请求与仲裁请求具有牵连性,在仲裁程序中提起的反请求与仲裁请求合并审理,可以避免仲裁机构就同一事实或法律问题作出矛盾的判决,节省人力、物力。

提起反请求必须具备相应的条件:(1) 反请求只能由被申请人提起;(2) 只能向受理原仲裁申请的仲裁委员会提起;(3) 只能在仲裁委员会受理原仲裁申请后,作出仲裁裁决前提出;(4) 反请求应以书面的形式提出。

仲裁委员会收到被申请人提出的反请求后应进行审查,对于符合仲裁申请的一般条件和提出反请求的特定条件的予以受理,并在一定期限内将反请求申请书副本送达申请人。申请人应当自收到反请求申请书之日起在与原申请答辩期限相同的期限内向仲裁委员会提出书面答辩;未提出书面答辩的,不影响仲裁程序的进行。对于原仲裁请求和被申请人的反请求,仲裁庭一般合并审理。

---

① 蒋新苗、舒细麟编著:《仲裁法实例说》,湖南人民出版社2003年版,第119页。

(三) 仲裁庭审的方式

依据我国《仲裁法》第 39 条的规定,仲裁审理的方式可以分为开庭审理和书面审理两种。其中,开庭审理是仲裁审理的主要方式。

1. 开庭审理

如前所述,开庭审理是仲裁审理的主要方式。所谓开庭审理,指的是在仲裁庭的主持下,双方当事人和其他仲裁参与人按照法定程序参与仲裁程序,并由仲裁庭对案件审理并最终作出裁决的过程。

我国《仲裁法》第 40 条规定,仲裁不公开审理。当事人协议公开的,可以公开进行,但涉及国家秘密的除外。该规定进一步明确了开庭审理的仲裁方式以不公开审理为原则,以公开审理为例外。所谓不公开审理是指仲裁庭在审理案件时不对社会公开,不允许群众旁听,也不允许新闻记者采访和报道。不公开审理的目的在于保守当事人的商业秘密,维护当事人的商业信誉。需要注意的是,仲裁最大的特点在于尊重当事人的意愿,所以在当事人协议公开审理的情况下,可以将公开审理作为不公开审理原则的补充。换言之,在当事人协议公开审理的情况下,其将允许仲裁审理对社会公开,允许群众旁听,允许新闻记者采访和报道,但涉及国家秘密的则不允许当事人协议公开审理。

仲裁开庭的审理程序具体如下:

(1) 开庭仲裁,由首席仲裁员或者独任仲裁员宣布开庭。随后,首席仲裁员或者独任仲裁员核对当事人,宣布案由,宣布仲裁庭组成人员和记录人员名单,告知当事人有关的仲裁权利义务,询问当事人是否提出回避申请。

(2) 仲裁庭通常按照下列顺序进行开庭调查:当事人陈述;告知证人的权利义务,证人作证,宣读未到庭的证人证言;出示书证、物证和视听资料;宣读勘验笔录、现场笔录;宣读鉴定结论。

(3) 所有与案件有关的证据应当在开庭时出示,并经双方当事人质证。证据是指能够证明案件真实情况的一切客观事实材料,它是仲裁裁决作出的依据。《仲裁法》第 43 条规定:当事人应当对自己的主张提供证据。仲裁庭认为有必要收集的证据,可以自行收集。根据这一规定,仲裁中的证据一是来源于当事人,即当事人按照"谁主张,谁举证"的原则提出证据。二是来源于仲裁庭,即在必要时,仲裁庭可以自行收集证据。仲裁庭对专门性问题认为需要鉴定的,可以交由当事人约定的鉴定部门鉴定,也可以由仲裁庭指定的鉴定部门鉴定。但仲裁庭对证据的收集不能免除当事人的举证责任。

如果证据可能灭失或者以后难以取得时,根据《仲裁法》第 46 条的规定,当事人可以申请证据保全。当事人申请证据保全的,仲裁委员会应当将当事人的申请提交证据所在地的基层人民法院,由人民法院按照民事诉讼法的有关规定采取保全措施。不论是当事人提供的证据,还是仲裁庭收集的证据,都应当在开庭时出示,并由当事人相互质证。

(4) 庭审辩论。《仲裁法》第47条规定,"当事人在仲裁过程中有权进行辩论。辩论终结时,首席仲裁员或者独任仲裁员应当征询当事人的最后意见"。当事人辩论既是开庭审理程序的重要组成部分,也是辩论原则在仲裁程序中的直接体现。

2. 书面审理

所谓书面审理是指在双方当事人及其他仲裁参与人不到庭参加审理的情况下,仲裁庭根据当事人提供的仲裁申请书、答辩书以及其他书面材料作出裁决的过程。书面审理是开庭审理的必要补充。我国《仲裁法》第39条在规定仲裁应当开庭进行的同时,也规定如果当事人协议不开庭的,仲裁庭可以根据仲裁申请书、答辩书以及其他材料作出裁决。该条规定表明,我国允许仲裁庭通过书面审理的方式作出仲裁裁决。

第四节 证据的提交、交换与质证

证据是指能够用来证明案件真实情况的一切客观事实材料,其对民事案件的正确审理起着至关重要的作用,也被视为诉讼制度的核心。[①] 仲裁作为一种替代性的争议解决方式,在程序规则上或许有别于诉讼制度,但两者的相近之处在于,证据在程序推进、查明事实、定分止争的过程中发挥着同等重要的作用。

国际商事仲裁证据制度是指在国际商事仲裁程序进行过程中,规范证据的种类、效力、收集、审查和评价等证明活动的一系列准则的总和。[②] 就仲裁过程而言,参与仲裁的各方当事人进行仲裁的目标无外乎在于说服仲裁员采纳对本方有利的事实,并在此基础上作出公正裁决。由此可见,证据对事实证明起着重要的作用,而仲裁庭在庭审进程的推进也建立于是否采纳证据的基础之上。就此而言,在国际商事仲裁中,从仲裁程序启动直至仲裁庭就案件作出最终裁决的过程,也许是仲裁员对当事人双方按照特定规则呈现的证据技巧的运用进行判断而获得结论的过程。

一、仲裁证据制度

仲裁证据是当事人提供的,或仲裁庭主动收集的,或在人民法院协助下所获

[①] 常怡主编:《民事诉讼法学》,中国政法大学出版社1999年版,第177页。
[②] 刘晓红:《从国际商事仲裁证据制度的一般特质看我国涉外仲裁证据制度的完善》,载《政治与法律》2009年第5期。

得的一切可以由仲裁庭自行裁量并据之以查明案件真实情况的客观事实。仲裁证据制度则是一套以仲裁证据为架构中心的规则体系。就这一规则体系所应当包含的板块结构,目前大致有两种观点:其一,按照仲裁活动的流程将仲裁证据制度划分为举证规则、查证规则与采证规则;其二,将仲裁证据规则划分为外在表现的形式证据规则与运作的实体证据规则。[①]

证据问题可能引发仲裁裁决的撤销,因而证据规则的适用就显得非常重要。国际商事仲裁证据制度同时反映公正与效率两大基本价值取向。一方面,为保证仲裁的效率,商事仲裁证据制度独立于一般诉讼证据制度;另一方面,为实现公正价值,仲裁证据规则需要在法律的框架内进行。在国际商事仲裁证据制度设计上,更多考虑突出其效率价值,赋予仲裁当事人和仲裁员最大的自主性及自由裁量权,在证据规则的合法性上,仅需满足自然法上维系最低限度程序公正要求的某些内容即可。因此,仲裁对效率价值的偏重决定了其证据制度具有开放性和非法定性,使其与诉讼证据制度的严格性和法定性存在本质的区别。

二、仲裁的证据规则

按照仲裁庭发现事实的时间顺序以及仲裁争议结构中各参与者的地位和角色之不同,仲裁证据规则可以分为举证程序规则、查证程序规则和采证程序规则。

1. 举证程序的一般规则

仲裁中的举证责任即仲裁中的证明责任,是指承担责任的当事人对自己的主张事实必须举出证据证明其真实性,否则将承担对己不利的后果,也就是当事人负有提出证据的行为责任和不履行行为责任时承担不利争讼的结果责任。

2. 举证责任的分配方式

在民事诉讼领域,举证责任的配置方式有两种,即法定配置(谁主张谁举证、举证责任倒置)和酌定配置。相较于民事诉讼,仲裁在"谁主张谁举证"这一举证责任分配规则上的差异性不大,但是在"举证责任倒置"和"酌定配置"这两点上具有其特殊性。首先,举证责任倒置原则往往由法律明文规定。根据《最高人民法院关于适用〈中华人民共和国民事诉讼法〉若干问题的意见》第74条以及《最高人民法院关于民事诉讼证据的若干规定》第4条,共有八类案件实行举证责任倒置。然而,鉴于可仲裁性的基本要求,这八类案件中所体现的举证责任倒置原则并不能完全适用于仲裁。例如,就我国而言,知识产权侵权、产品质量侵权、海事侵权纠纷中涉及财产权益的事项可以提请仲裁,且在仲裁中可以适

[①] 汪祖兴:《民事诉讼证据规则与仲裁证据规则的差异性解读》,载《广东社会科学》2005年第4期。

用举证责任倒置原则;但一般环境污染侵权、汽车交通事故侵权、地面施工致人损害、物件致人损害、动物致人损害、医疗事故损害赔偿、高度危险作业侵权等涉及人身权利的事项因其不具有可仲裁性,故而不存在举证责任倒置的适用问题。

3. 证据的获取

仲裁程序中存在着仲裁庭、法院、双方当事人之间的互动关系。由此,在证据的获取过程中可以按照主体差异分为三种证据的获取方式:其一,仲裁庭直接获取证据;其二,当事人提供证据;其三,法院协助获取证据。我国民事诉讼过程中的举证是以当事人为主,法院适当参与、法院享有最终的裁决与监督权,并在特定情况下予以协助。相较而言,仲裁中的证据获取及举证质证则是以当事人为主、仲裁庭适当参与的过程。

三、证据审查

证据审查程序是指在诉讼或者仲裁中依据一定规则对证据进行调查而开展的诉讼活动。具体而言,仲裁的证据审查是在当事人开展举证活动的基础上,向仲裁庭或者法院提交、展示证据材料的证据能力与证据力所进行的调查活动。证据审查的程序规则主要包括审查标准和质证程序。

1. 审查标准。审查判断证据的标准是证据理论的核心问题之一,也是任何证据制度都需要解决的问题。查证所要达到的标准关键要看证据的证明力,而证据的证明力来自五个方面的要求,即证据的真实性、关联性、合法性、充足性和唯一性要求。仲裁证据制度规则与民事诉讼的证据制度规则在这一点上基本上是一致的。

2. 质证程序。质证是仲裁当事人的一项重要权利。质证是指在仲裁庭主持下,一方当事人对另一方当事人提供的证据的真实性、可靠性进行询问、质疑,从而判断证据的证明力的活动。① 我国《仲裁法》第45条规定,"证据应当在开庭时出示,当事人可以质证"。此外,仲裁机构规则也对质证做出进一步的规定。例如,《中国贸仲仲裁规则(2015版)》第40条对书面质证进行了规定:对书面审理的案件的证据材料,或开庭后提交的证据材料且当事人同意书面质证的,可以进行书面质证。书面质证时,当事人应在仲裁庭规定的期限内提交书面质证意见。仲裁制度中质证程序可以划分为三个阶段:出示证据——辨认证据——对证据咨询和辩驳。一方出示证据后,另一方可以基于客观性、关联性和合法性等否认对方证据的可采纳性。在质证方否认后,证据的出示方仍然可以就质证方否认的理由加以反驳,如此循环往复,直至转换穷竭。当案件有两个以

---

① 高言、刘璐主编:《仲裁法理解适用与案例评析》,人民法院出版社1996年版,第136页。

上诉讼请求时,当事人可以按照诉讼请求逐个出示证据并进行质证,以便提高质证实际效果。因为,当一个案件有两个或两个以上仲裁请求时,通常这两者之间存在密切联系,容易混淆案件的争执点,妨碍质证程序的进行。

四、证据认定

证据认定是指裁判者在解决纠纷过程中尤其在庭审时,就当事人举证、质证、法庭辩论过程中所涉及的与待证事实有关联的证据材料加以审查认定,以确认其证据能力上的可采性、证明力的大小与强弱并决定是否采信以及如何采信的行为和活动。证据认定与举证和证据审查组成密不可分的三位一体的庭审阶段构造。当事人的举证程序与查证程序体现的是一种利害关系的对抗状态,与举证程序、查证程序的动态方式相比,证据认定程序基本上处于一种静态位势。仲裁证据制度的认定规则主要有仲裁推定规则、仲裁认可规则以及经验规则。

1. 仲裁推定规则。我国《民事诉讼法》中关于"全面、客观"审查证据从而判定证据"真伪"的原则规定含有证据推定的色彩。参照民事诉讼法的原则,中国贸仲、海仲的仲裁庭可以依其自由裁量推定证据促使仲裁当事人全面、客观地向仲裁庭出示证据。仲裁推定规则在不止一起的国际商事仲裁案件中得到证实。一位仲裁员曾就其做出的对一方当事人不利的证据推定做出过具体说明。

2. 仲裁认可规则。仲裁认可是指仲裁庭有权决定某些事实无需通过一般举证程序加以证明,这些事实可能是常识性的、也可能由于某些原因,如证据灭失等,当事人无法提供通常所需的证据,这时仲裁庭可依自由裁量权认定这些事实的存在。如果仲裁庭就当事人无法提供的证据进行仲裁认可,被认可的事实甚至可具有最佳证据的效力。仲裁认可的特点是:第一,形式公正不明显。司法认知通常具有严格的程序,在普通法系国家的证据规则中尤其如此;而仲裁认可相对在形式上富有弹性。第二,客观不能并不当然阻滞仲裁认可的启动。若当事人由于客观原因不能提出证据时,不得启动司法认知;而在仲裁程序中,即使当事人是由于客观原因不能提供证据,只要该事实属于专业常识或惯常商业实践,仲裁庭仍然可以行使仲裁认可的权力。国际仲裁实践中赋予仲裁庭在"审定"证据方面的权力可表述为:只要仲裁庭认为适合,证据即有效力。与此观点相适应,仲裁认可在很大程度上取决于仲裁庭的自由裁量。

3. 经验规则。在仲裁活动中,当事人主张的事实需要证据证明。倘若事实为真,则证据也应当为真。在此逻辑下,该证据也应当得到其他证据证明,这就导致证据的无限循环。为了克服这一问题,经验规则应运而生。根据经验规则,如果多数人能够认可某一证据的真实性,达成共识,或对相关证据的认定符合常理与经验,则可以合理认为该证据是真实的。经验规则的弊端在于,经验规则极具主观性,其内容并不明确,经验规则的逻辑推理也不严格。因此,通过经验规则对相关证据的认定并不具有绝对性,可以被其他证据推翻。此外,经验规则也不等同于概率统计,概率统计是通过计算的高度理性产物,经验规则则聚焦于结论的可接受程度。

第五节 仲 裁 辩 论

辩论是指在仲裁庭的主持下,双方当事人依据在庭审中审查核实的事实和证据,就如何认定事实,适用法律,以解决当事人之间的纠纷,提出自己的主张和意见,进行言词辩论的过程。当事人辩论是开庭审理的重要程序,也是辩论原则的重要体现。在庭审调查的基础上,通过言词辩论,可以使当事人之间所争执的事实更加清楚,双方当事人之间的权利义务关系更加明确,为仲裁庭公正地裁决案件奠定基础。

一、仲裁辩论的意义

无论是何种法系和国家,商事仲裁在庭审理念、辩论方式上均会受到其所属法系和所在国民事诉讼的较大影响。我国也不例外,民事诉讼对商事仲裁的影响力非常之大,民事诉讼中的优良传统和存在的弊端,在商事仲裁中都有不同程度的体现。要了解和分析商事仲裁的庭审,首先需要了解我国民事诉讼庭审的发展状况。1982年《民事诉讼法(试行)》的颁布,标志着新中国第一部民事诉讼法典的问世。该法典的内容主要是在吸取了根据地和新中国成立以来的优良诉讼传统,借鉴了苏联民事诉讼制度部分内容的基础上形成的。从该法律对庭审核心内容的规定来看,主要是借鉴了苏联法庭调查和法庭辩论两阶段划分。上世纪90年代,伴随着我国法院案件数量的快速增长所带来的审判压力,传统庭审的着重调解以及法官包揽诉讼的强职权主义开始弱化,两大法系辩论主义的内容开始引进,庭审逐步向当事人主义演进。但由于缺乏对现代庭审理论的关注和借鉴,早期民事审判方式改革很大程度变成了法院减负的工具,在程序正当性方面呈现明显缺陷。从司法实践来看,我国传统民事诉讼庭审最大的弊端是法庭调查与法庭辩论两阶段不当划分,争点确定时间滞后,不能围绕争点审理,庭审释明不到位,大量时间浪费在许多不需要审查的证据上,并在此基础上形成了法庭调查阶段主要是审查证据三性的落后审判方式。①

我国仲裁法虽然对仲裁程序一章规定的篇幅较大,但具体到庭审理念和方式则少有规定。比较而言,《中国国际经济贸易仲裁委员会仲裁规则》对开庭审理做了较多的不同于诉讼法的规定。例如,该规则第 35 条规定:(一)除非当事人另有约定,仲裁庭可以按照其认为适当的方式审理案件。在任何情形下,仲裁庭均应公平和公正地行事,给予双方当事人陈述与辩论的合理机会。(二)除非当事人另有约定,仲裁庭可以根据案件的具体情况采用询问式或辩论式的庭审方式审理案件,必要时可以就所审理的案件发布程序令、发出问题单、制作审理范围书、举行庭前会议等。经仲裁庭其他成员授权,首席仲裁员可以单独就仲裁案件的程序安排作出决定。该规则第 42 条在质证部分规定:(一)开庭审理的案件,证据应在开庭时出示,当事人可以质证。(二)对于书面审理的案件的证据材料,或对于开庭后提交的证据材料且当事人同意书面质证的,可以进行书面质证。书面质证时,当事人应在仲裁庭规定的期限内提交书面质证意见。此外,中国贸仲参考中国民事诉讼中适合于仲裁的证据原则以及国际律师协会制订的《国际商事仲裁取证规则》,制定了《中国国际经济贸易仲裁委员会证据指引》。②

二、仲裁辩论的流程

当事人辩论与最后陈述是仲裁庭审程序中的两个重要环节,既影响到仲裁庭作为裁判主体对争议解决结果的决断,也对当事人的实体权利义务配置具有直接的现实意义。我国《仲裁法》第 47 条明确规定:"当事人在仲裁程序中有权进行辩论。辩论终结时,首席仲裁员或独任仲裁员应当征询当事人的最后意见。"

在庭审程序之前,仲裁庭往往已经对待决案件有了一定的把握,但通过开庭程序的口头辩论程序往往能使案情越辩越明。以香港国际仲裁中心(HKIAC)为例,仲裁庭组成后,如果确定通过开庭审理的案件,通常要由仲裁员与各方当事人及其代理人在当事人交换陈述前召开程序会议,书面审理的案件则无此必要。程序会议的目的有三方面:其一,仲裁员通过与双方当事人会见,当面确认仲裁庭的组庭情况;其二,仲裁庭通过审前程序会议与当事人商定程序诸事项及仲裁程序的时间表,并对案件所涉的争点进行初步确定;其三,仲裁庭通过此次会议与当事人确定,根据《香港仲裁条例》以及《示范法》,只有在当事人不存在相反约定的前提下才能由仲裁庭行使的各项权力。程序会议后,仲裁庭往往会

---

① 章武生:《现代庭审理论在我国商事仲裁中的应用》,载《商事仲裁与调解》2020 年第 3 期。
② 见《中国国际经济贸易仲裁委员会证据指引》,该指引自 2015 年 3 月 1 日起施行。

发出一项"指示",列出整个程序中各步骤的时间表,直至作出裁决。程序会议不同于开庭环节,其通常仅解决程序问题,如管辖权争议,暂不介入事实与法律等实体问题。

在当事人辩论程序中,我国《仲裁法》没规定仲裁庭审的具体顺序,因此往往参照《民事诉讼法》,先由仲裁庭进行庭审调查,再由当事人及其代理人进行辩论。具言之,仲裁庭在调查阶段遵循以下顺序:(1)当事人陈述;(2)告知证人权利义务并由证人作证或宣读未出庭证人的书面证词;(3)出示书证、物证及视听资料;(4)宣读勘验笔录和鉴定结论。而在法庭辩论阶段则遵循以下顺序:(1)仲裁申请人及其代理人发言;(2)被申请人及其代理人发言;(3)双方交叉辩论;(4)辩论终结时,仲裁庭询问当事人最后意见。

根据现行《仲裁法》,在开庭审理时进行口头辩论属于当事人的程序性权利,通过辩论,当事人围绕双方争议的关键问题或围绕仲裁庭总结的焦点问题,阐明己方看法,陈述己方意见或反驳对方主张,指出对方错误,都属于辩论权运用的体现。辩论权的行使可以更加有针对性地围绕案件焦点问题或仲裁庭关心的问题发表意见,从而尽可能使仲裁庭采信己方观点、质疑对方意见。就辩论权行使的方式而言,既可以口头辩论,也可以提交书面辩论意见,但必须能够围绕焦点进行,条理清楚、逻辑严谨、针对性强的辩论意见在仲裁程序推进中意义重大。在各方单方陈述请求与答辩后,自由辩论环节堪称庭审程序的核心,在仲裁庭的主持下,各方可充分就有争议的事项分别展开激辩。在辩论环节,当事人既可以就具体问题针锋相对,也可就先前已陈述的问题予以核实。仲裁庭的角色更主要是确保双方平等地行使辩论权,对不善辩论的当事人适时加以引导、启发。庭审辩论终结前,首席仲裁员或者独任仲裁员可以按照申请人、被申请人的顺序征询当事人的最后意见。我国《仲裁法》第 47 条规定:当事人在仲裁过程中有权进行辩论。辩论终结时,首席仲裁员或者独任仲裁员应当征询当事人的最后意见。

 拓展阅读

1. 想要进一步了解仲裁具体程序的读者,可直接在相关仲裁机构的官网上阅读该机构最新发布的仲裁规则及规则解读。

2. 想要了解国际商事仲裁程序的法律适用的问题,可以进一步阅读谢新胜《国际商事仲裁程序法的适用》(中国检察出版社 2009 年版)第三章"意思自治与国际商事仲裁程序法的适用";第四章"仲裁地与国际商事仲裁程序法的适用"。

3. 想要了解线上仲裁的程序及线上仲裁的新变化、新发展的，可以进一步阅读 Contemporary Asia Arbitration Journal 2020 年第 1 期刊登的专刊文章。

4. 想要从比较的角度详细了解国际商事仲裁程序的读者，可以阅读杨良宜《仲裁法：从1996年英国仲裁法到国际商务仲裁》（法律出版社2006年版）第三章"委任仲裁员和启动仲裁的程序"。

思考题

1. 简述程序正义对仲裁程序要求与诉讼程序要求的异同。
2. 采取线上仲裁的形式是否是对传统仲裁程序的革新？
3. 简述仲裁程序中的证据采纳标准与诉讼中的证据采纳标准的异同。
4. 当事人可否约定与仲裁规则不同的程序？
5. 仲裁员在仲裁过程中应当注意什么？

案例分析

【案例一】 上海城通轨道交通投资开发建设有限公司、林敏申请撤销仲裁裁决案①

上海城通轨道交通开发建设有限公司（以下简称城通公司）、北京庄胜房地产开发有限公司（以下简称庄胜公司）、建采有限公司（系香港公司，以下简称建采公司）共同出资设立了上海庄城置业发展有限公司（以下简称庄城公司），合资合同第五十七条约定：凡执行本合同所发生的或与本合同有关的一切争议，合营各方应通过友好协商或调解解决，如经过协商调解无效，应提交中国国际经济贸易仲裁委员会上海分会进行仲裁，仲裁裁决是终局的，对各方都有约束力，合营各方应执行裁决，仲裁费用由败诉方承担。

因林敏、庄胜公司以及建采公司未按约履行出资义务，庄城公司于2004年2月13日再次召开董事会，并作出《董事会决议》。该《董事会决议》的主要内容是：(1) 各投资方必须于2004年2月23日前对庄城公司增资到位，未按时增资到位的投资方，则同意退出庄城公司，其他股东对其股份拥有优先购买权。……

---

① 《最高人民法院关于上海城通轨道交通投资开发建设有限公司、林敏申请撤销仲裁裁决一案的请示的复函》，2007年9月18日，[2007]民四他字第12号。

2004年3月,庄城公司各投资方通过了一份《会议纪要》,该《会议纪要》的主要内容是:(1)在《董事会决议》的基础上,各投资方同意资金到位的最后时间为2004年3月23日;(2)各投资方必须于2004年3月23日前,严格按照《董事会决议》履行各自义务,不得拖延时间;(3)各投资方在注入资金时,不得以交通枢纽内已中标的土地进行抵押、转让,不得通过质押庄城公司股权等方式取得资金;(4)各投资方如不能履行本决议的,如有纠纷,由上海仲裁委员会进行仲裁。2004年4月,城通公司和林敏以庄胜公司及建采公司未按约履行义务为由,向上海仲裁委员会提起仲裁。6月8日,庄胜公司向上海市第一中级人民法院提出申请,请求确认《会议纪要》中的仲裁条款无效,上海仲裁委员会无权受理城通公司、林敏与庄胜公司、建采公司股权转让纠纷一案,该案应按照合资合同中的仲裁条款由中国贸仲上海分会进行仲裁。6月28日,城通公司以其与林敏已向上海仲裁委员会提起仲裁为由,请求中国贸仲上海分会撤销庄胜公司在中国贸仲上海分会申请仲裁的案件。7月,中国贸仲作出管辖权决定,确定中国贸仲上海分会对该案享有管辖权。8月,城通公司和林敏向上海市第二中级人民法院提出申请,请求确认合资合同中约定的由中国贸仲上海分会进行仲裁的仲裁条款对《会议纪要》不具有约束力。9月,上海市第一中级人民法院认定中国贸仲上海分会对有关庄城公司增资事项不具有管辖权,同时裁定《会议纪要》中关于由上海仲裁委员会仲裁的条款有效。11月,上海市第二中级人民法院作出民事裁定,以中国贸仲已在先对该案作出管辖权决定为由,驳回城通公司、林敏前述申请。2004年11月25日,中国贸仲上海分会作出[2004]中国贸仲沪裁字第0167号仲裁裁决(以下简称涉案仲裁裁决),裁决《董事会决议》未生效。2004年12月6日,城通公司和林敏向上海市第二中级人民法院申请撤销涉案仲裁裁决。

最高人民法院在对该案作出答复时认为,该案争议的实质问题是解决合资合同中仲裁条款和《会议纪要》中仲裁条款效力范围的冲突问题,亦即两仲裁条款约定的仲裁事项的冲突问题。本案所涉仲裁裁决解决的是当事人对《董事会决议》效力问题的争议。根据目前查明的事实,《董事会决议》是对合资各方增资问题作出的决议,作为本案当事人的各合资方在《董事会决议》作出后,又召开股东会议,形成一份《会议纪要》,《会议纪要》进一步对《董事会决议》的履行作出了约定,并明确"各投资方如不能履行本决议的,如有纠纷,由上海仲裁委员会进行仲裁"。如当事人未在《会议纪要》中约定新的仲裁条款,则对于因履行《董事会决议》产生的纠纷,中国贸仲上海分会依据合资合同中的仲裁条款当然有权进行仲裁,但由于当事人在《会议纪要》中约定了新的仲裁条款,依据该约定,因履行《董事会决议》(包括对其效力)产生的争议,当事人均应依照《会议纪要》中仲裁条款的约定，由上海仲裁委员会仲裁解决。因此中国贸仲上海分会无权对因《董事会决议》产生的纠纷进行仲裁。

【案例二】 新加坡中天投资(集团)有限公司申请撤销中国国际经济贸易仲裁委员会仲裁裁决案①

新加坡中天投资(集团)有限公司(以下简称中天公司)与葫芦岛港物流有限公司(以下简称物流公司)在履行《股权托管协议》的过程中发生争议，物流公司依据仲裁条款于2009年12月向中国贸仲提起仲裁申请，请求：中天公司继续履行《股权托管协议》，并支付仲裁律师费、差旅费、仲裁费和保全费。中天公司在仲裁过程中主张《股权转让合同》未经审批无效，《股权托付协议》依附于《股权转让合同》，实为变相的股权转让协议，亦为无效。

仲裁庭于2010年11月作出如下裁决：(1)物流公司与中天公司于2007年10月8日签订的《股权托管协议》的托管事项继续履行；(2)中天公司支付物流公司律师代理费；(3)驳回物流公司其他仲裁请求；(4)仲裁费由中天公司承担90%，由物流公司承担10%等。

后中天公司向北京市第一中级人民法院申请撤销该仲裁裁决，理由之一即为仲裁员杨松与物流公司的代理人徐双全之间系师生关系，存在可能引起对仲裁员独立性或公正性产生合理怀疑的事实或情况，但仲裁员对此并未进行披露，不符合2005年《中国国际经济贸易仲裁委员会仲裁规则》第二十五条的规定，因此，应当因我国《民事诉讼法》第二百五十八条第一款第(三)项规定的"仲裁的程序与仲裁规则不符"而撤销该裁决。

北京市第一中级人民法院和北京市高级人民法院经审理后认为，仲裁员杨松系辽宁大学法学院院长，物流公司的仲裁代理人徐双泉毕业于辽宁大学，取得了法律硕士学位。虽然杨松与徐双泉之间并不存在直接的授业指导关系，但徐双泉系北京盈科(沈阳)律师事务所筹备组的负责人，开业后成为该律师事务所的主任，而仲裁员杨松在该律师事务所开业时作为嘉宾出席并致辞。根据上述事实，中天公司对于仲裁员杨松与物流公司仲裁代理人徐双泉之间是否存在较为密切的私人关系，有理由产生合理的怀疑。而仲裁员对前述事实并未进行披露，符合我国《民事诉讼法》第二百五十八条第一款第三项规定的"仲裁的程序与仲裁规则不符的"法定撤销情形，故中天公司的该项撤销理由应予支持。

---

① 《最高人民法院关于新加坡中天投资(集团)有限公司申请撤销中国国际经济贸易仲裁委员会仲裁裁决一案的请示的复函》[2012]民四他字第47号。

最高人民法院在对该案的答复中认为,从现有的实际情况看,徐双泉与杨松二人只是拥有共同的教育背景和共同出席典礼活动的经历,他们之间不存在直接的授业指导关系和其他的利害关系,尚不足以构成对仲裁独立性和公正性的影响。因此,仅以上述事实不足以认定徐双泉与杨松二人之间存在较为密切的社会关系且可能影响仲裁的独立性或公正性。

【案例三】 日本信越化学工业株式会社申请承认日本商事仲裁协会东京07-11号仲裁裁决案①

江苏中天科技股份有限公司(以下简称中天公司)与日本信越化学工业株式会社(以下简称信越会社)签订了一份《长期协议》,协议第10条约定:本协议由日本国的法律进行管辖和解释。由本协议产生的和与本协议相关的所有纠纷在双方无法协商解决的情况下,根据日本商事仲裁协会规则和程序在日本东京进行仲裁。仲裁裁决应是终局的,对双方当事人均有约束力。之后双方发生纠纷,2004年4月,信越会社向日本东京商事仲裁协会申请仲裁。2006年2月,日本东京商事仲裁协会仲裁庭作出04-05号裁决。信越会社向南通市中级人民法院提出申请承认上述04-05号裁决,南通市中级人民法院裁定驳回信越会社的申请,不予承认日本商事仲裁协会东京04-05号裁决。随后信越会社再次依据双方的《长期协议》向日本商事仲裁协会东京仲裁机构提出仲裁申请。2008年9月8日,仲裁庭作出了07-11号仲裁裁决,后信越会社向南通市中级人民法院申请承认该仲裁裁决。

在答辩过程中,中天公司提出了以下理由:(1)07-11号仲裁裁决再次审理了04-05号仲裁案已经仲裁过的争议,并做出了明显与04-05号仲裁裁决相违背的裁决,违反了仲裁条款关于仲裁裁决约束力和终局性的规定;(2)仲裁庭在信越会社变更仲裁请求的情形下,未能给予中天公司充分答辩期,违反了仲裁规则规定。

江苏省高级人民法院在审理后认为:(1)双方签订的《长期协议》在2004年1月至2008年12月31日的协议期间依其条款可执行"的请求一方面包含请求认定双方签订的《长期协议》是合法有效的协议,双方当事人均有履约的义务,另一方面也包含请求认定若一方当事人违反该协议约定的义务,另一方当事人可依约主张违约赔偿。鉴于04-05号仲裁裁决已经驳回了信越会社提出的关于"双方签订的《长期协议》在2004年1月至2008年12月31日的协议期间依其

---

① 《最高人民法院关于不予承认日本商事仲裁协会东京07-11号仲裁裁决一案的请示的复函》[2010]民四他字第32号。

条款可执行"的请求,故07-11号仲裁裁决再次审理并裁决中天公司需承担信越会社在2005年8月至2008年3月间因违约所导致的利润损失,违反了仲裁裁决的终局性规定。(2)日本商事仲裁协会仲裁规则第20.4条规定,"对变更过的申请的答辩或者反请求适用第18条或者第19条的规定。但是,期限为自协会或者仲裁庭向对方当事人发出申请变更的通知之日起三周以内。"即仲裁庭向中天公司发出信越会社的变更仲裁请求通知之日起,中天公司依照仲裁规则应拥有三周的答辩期,该权利不应被无故剥夺。本案中,信越会社于2008年3月28日向仲裁庭提交了变更仲裁请求的申请后,仲裁庭于第二日将该变更申请通知了中天公司,但仲裁庭在当年4月10日开庭听证时就当庭决定接受信越会社的变更申请,并未给予中天公司三周的答辩期,违反了仲裁规则关于对变更申请答辩期的规定。因此,上述仲裁庭违反仲裁规则的行为构成了《纽约公约》第五条第一款(丁)项规定的"仲裁机关之组成或仲裁程序与各造间之协议不符,或无协议而与仲裁地所在国法律不符者"的情形。

【案例四】 俞影如申请撤销仲裁裁决案[①]

林周毅是旅美台胞。1992年12月21日,林周毅与杭州青少年活动中心(以下简称活动中心)签订《合作经营慈光幼稚园有限公司合同书》(以下简称合作合同)及《杭州慈光幼稚园有限公司章程》(以下简称公司章程),约定由林周毅提供60万美元作为合作公司的注册资金,活动中心提供土地使用权(不作价)作为合作条件设立杭州慈光幼稚园有限公司(以下简称合作公司),合作公司由林周毅负责经营管理,林周毅不在杭州时,由俞影如(为林周毅的养子女)全权代理。合作合同中约定有仲裁条款。公司章程中无关于林周毅去世后排除股东资格继承的规定。林周毅在公司章程中确认其住址为"台北市景美区育英街45巷15号",并确认其在美国的住址为"355 BARBARA LANE,DATYCITY,CA94105U.S.A."。合作公司的地址与活动中心的地址相同,即杭州市昭庆寺里街22号。1993年1月11日合作公司取得企业法人营业执照。

由于双方在合作经营过程中长期存在纠纷难以解决,2004年4月29日,活动中心以林周毅为仲裁被申请人向中国贸仲上海分会提起仲裁,请求裁决终止履行合作合同。仲裁期间,2004年7月10日,林周毅因病在沪去世。2005年1月13日,中国贸仲上海分会做出裁决。

仲裁期间,中国贸仲上海分会向林周毅送达相关仲裁文件的情况如下:

(1)2004年4月29日,按前述台湾地址向林周毅寄送仲裁通知等文件,该

[①] 《最高人民法院关于俞影如申请撤销仲裁裁决一案的请示的复函》[2007]民四他字第25号。

信件因收件人已搬迁被退回。

（2）同年6月9日，按前述美国地址再次向林周毅寄送仲裁通知等文件，该信件被名为"JUDY"的人签收。

（3）同年7月28日，按前述美国地址向林周毅寄送仲裁庭组成及开庭通知，该信件投递情况不明。

（4）同年8月24日，按前述美国地址向林周毅寄送延期开庭通知，该信件被退回。

在此情况下，中国贸仲上海分会要求活动中心进一步提供林周毅其他通讯地址，活动中心答复称无法提供。中国贸仲上海分会遂按照2000年《中国国际经济贸易仲裁委员会仲裁规则》第八十七条的规定，将前述美国地址认定为林周毅最后为人所知的地址。

（5）2005年1月13日，中国贸仲上海分会按照前述美国地址向林周毅寄送裁决书，该信件被签收，但具体签收人不明。

除上述仲裁外，活动中心为确认林周毅在履行合作合同中存在违约行为，曾于2002年7月17日向中国贸仲上海分会另案申请仲裁。在该案审理中，活动中心曾于2002年12月22日向林周毅寄送信件，地址为"杭州市昭庆寺里街22号"；中国贸仲上海分会于2003年1月30日向林周毅寄送仲裁文件的地址也为该地址。该两封信件均成功送达。

后俞影如向上海市第二中级人民法院申请撤销该仲裁裁决。最高人民法院在对该案的答复中认为：林周毅在公司章程中确认了其在我国台湾地区与美国的通讯地址，中国贸仲上海分会在杭州青少年活动中心表示难以提供林周毅其他通讯地址的情况下，推定林周毅在美国的地址为其最后一个为人所知的地址，并按照该地址送达相应文书。但是，在另外的仲裁程序中，杭州青少年活动中心于2002年12月按照"杭州市昭庆寺里街22号"地址向林周毅送达了有关文件，俞影如也提供证据证明仲裁期间寄往该地址的信件被仲裁被申请人签收的事实。杭州青少年活动中心在仲裁过程中并未向中国贸仲上海分会提供仲裁被申请人真实的最后为人所知的通讯地址，并导致了仲裁被申请人在仲裁程序当中未能提出申辩并行使相关权利。根据《民事诉讼法》第二百六十条第一款第二项的规定，仲裁裁决具有法定应予撤销的情形。

第八章 仲裁中的临时措施

国际商事仲裁中的临时措施在国际仲裁实务中至关重要。当事人能否成功申请临时措施并得以实行，在一定程度上影响着仲裁裁决的结果。在国际商事仲裁中，临时措施包括哪些种类？其与诉讼中的临时措施有何区别？究竟是法院还是仲裁庭有权发布临时措施？作出临时措施需要满足哪些条件？临时措施作出之后如何得到执行？这是本章要介绍的主要内容。

第一节 临时措施的种类

在国际商事仲裁中，临时措施旨在防止当事人在仲裁程序进行中利用其所处的优势地位，转移或销毁证据或财产，致使仲裁裁决不能合理地作出，或者即便作出后，也难以执行。"临时措施"这一名称源于《示范法》和《联合国国际贸易法委员会仲裁规则》中的"临时性保全措施"（interim measures of protection），而在1998年《国际商会仲裁院仲裁规则》的文本中则表述为"临时或保全措施"（interim or conservatory measures）。

我国民事诉讼法和仲裁法中一般将临时措施称为财产保全或证据保全措施。尽管这些措施的名称各异，但其性质和特点却是相同的，即：第一，这些措施都是在争议解决之前，即在仲裁裁决作出之前采取的，包括在仲裁程序开始之前或者在仲裁程序的进行之中采取的；第二，这些措施只是临时性的；第三，采取这些措施的要求通常是紧急的，如果不采取这些措施，存在着可能给一方当事人造成伤害的威胁。[①]

依据2006年《示范法》第17条第1款规定，临时措施包括：(a) 在争议得以裁定之前维持现状或恢复原状；(b) 采取行动防止目前或即将对仲裁程序发生的危害或损害，或不采取可能造成这种危害或损害的行动；(c) 提供一种保全资产以执行后继裁决的手段；或(d) 保全对解决争议可能具有相关性和重要性的

---

① 李晶：《国际商事仲裁中临时措施在中国的新发展——以民诉法修改和仲裁规则修订为视角》，载《西北大学学报》2014年第6期。

证据。本节将围绕证据保全、财产保全和行为保全展开介绍。

一、证据保全

证据是仲裁庭查明事实、处理当事人争议的重要依据,因而证据本身对于裁决结果具有极其重要的意义。在仲裁裁决作出之前,如果一方当事人将对己方不利的证据销毁或隐匿,另一方当事人恐将无法获得公正的裁决。即便当事人不存在故意销毁证据的恶意,但一旦作为证据的货物或财产存在灭失的可能时,就有必要对它们采取相应的保全措施。例如,在涉及产品质量的争议中,如果涉案产品具有易腐烂、易变质的属性,就有必要在产品被处置或变质、腐烂之前对这类货物采取特定的措施,并及时聘请专家进行鉴定,以免关键证据在案件审理过程中毁损。

另一方面,许多国家的法律规定,除非得到法院的许可,当事人或仲裁庭不能自行调查取证。即使立法规定当事人或仲裁庭可以自行取证,但如果没有各国法院的协助,自行取证将面临诸多阻碍。为此,法院或者仲裁庭对那些与仲裁案件有关的、可能灭失或者以后难以取得的证据予以提取、保存或者封存发布采取临时措施命令。实践中,证据保全的方式体现为通过录音、录像、拍照、扣押、制作笔录、鉴定、勘验等方法。

二、财产保全

财产保全通常限于对与仲裁案件有关的财产所实施的查封、扣押、冻结等措施,或者是发布禁止当事人转移财产的禁令,或者将这些财产交由第三者保管等,其目的是防止当事人在最终裁决作出前隐匿、转移、变卖有关财产导致裁决无法得到切实有效的执行。例如,为了防止易腐货物由于双方当事人之间的争议而不能得到及时处理而给当事人造成损失,令一方当事人先行处理此项货物,并将处理此项货物的收入存放于特定的银行帐户上;或者令当事人在裁决作出之前不得转移存放的财产,并对其采取特殊的保护措施等。为了保障裁决的执行,可以要求一方当事人不得将与争议有关的财产出售或转移,对相关的财产进行查封或冻结银行帐户,令当事人提供可供执行仲裁裁决的担保等。

财产保全的核心,是针对被申请人的财产所采取的强制措施,它的意义在于保证将来仲裁裁决能得以实现。在大多数国家,财产保全程序的启动有赖于当事人的主动申请,即仲裁庭不主动采取财产保全的行为。另外,除向仲裁庭申请外,当事人也可以向法院申请财产保全。

需要注意的是,在各国仲裁实践中,财产保全往往会要求申请人提供相应的担保。临时措施通常是根据事态的可能性而发布,如果事后证明仲裁庭不应采取临时措施,那么被申请人因不当的临时措施而遭受的损失应该得到补偿。为了保证对被申请人的救济能够兑现,同时也为了避免临时措施被滥用,请求临时措施的一方往往需要提供相应担保。例如,《示范法》第17E条规定:"仲裁庭可以要求请求临时措施的一方当事人提供与这种措施有关的适当担保。"根据该条的规定,仲裁庭可以根据具体案情自由裁量是否要求申请人提供担保,即意味着申请人提供担保并不是仲裁庭下达临时措施的必要条件。按照《示范法》第17H条关于临时措施承认与执行的规定,受理寻求承认或执行的国家的法院如果认为情况适当,在仲裁庭尚未就担保作出决定的情况下,或者在这种决定对于保护第三方的权利是必要的情况下,可以命令请求方当事人提供适当担保。依据该条款的规定,申请人向法院申请执行该措施时,如果法院认为申请人提供担保确有必要,而仲裁庭又没有要求申请人提供担保的,法院可以要求申请人提供担保,因此被申请人的利益仍然可以在法院承认与执行该措施的阶段得到保护。

财产保全措施的发布时间一般分为仲裁前和仲裁后:

(一)仲裁开始之前

在国际商事仲裁实践中,当事人间的争议所涉事项紧迫的情况下,当事人订有仲裁协议,但是在仲裁程序开始之前,或在仲裁庭还没有组成之时,法院或仲裁庭能否根据一方当事人的请求作出采取临时措施的决定,是一个极具争议的问题。下节将详细阐述。

(二)仲裁开始之后

国际商事仲裁程序进行期间,或者在作出终局裁决之前,当事人可以寻求对仲裁争议项下的事项采取临时措施。例如,《贸法会仲裁规则》第26条规定:"临时措施是仲裁庭在下达决定争议的终局裁决之前的任何时候下令一方当事人采取的任何临时性措施……。"

三、行为措施

结合《示范法》的规定,除了财产保全和证据保全之外,临时措施还包括行为措施,即包括仲裁庭发布禁止当事人做某事的禁令、签发继续或停止的强制令、签发停止非法竞争的强制令、发布针对第三人的禁令,以及保密措施和临时接管措施等。

在实践中,行为措施主要包括两个方面,即知识产权仲裁中的禁令和维持现状的措施。

1. 知识产权仲裁中的禁令。当知识产权转让合同中的违约方存在实施侵权行为的可能性,准备大规模销售其侵权产品或应用该项专利或技术秘密时,采取财产保全措施并不能使违约方立刻停止实施侵权行为,只有通过仲裁庭或法院发出禁令,才能制止违约方的侵权行为,从而避免非违约方和善意第三人的不必要损失。"停止侵害"的命令也很常见,且多出现在知识产权纠纷中。比如,在一个技术许可合同纠纷中,甲方认为技术许可合同已经因乙方违约而解除了,但乙方认为许可合同继续有效,因此继续使用甲方的技术生产某种产品。这种情形下,如允许甲方继续使用许可技术进行生产,会给乙方造成重大经济损失,甲方可以申请仲裁庭做出"停止侵害"的决定作为一种"临时救济措施"。

2. 维持现状的措施。例如,在工程建设过程中,合同双方当事人因是否应增加工程款而发生了争议:一方当事人要求兑现增加的工程款,否则就要停工;另一方当事人不愿意马上就支付新增加的工程款,要求按原来的约定继续履行。在这种情况下,如果一方当事人要求法院或仲裁庭发布继续按原合同履行的裁定,而另一方当事人则要求发布暂时停工的裁定,法院或仲裁庭将面临两难的境地。此时,只有通过维持现状措施才能避免因一方停止施工或停止付款而引发的更大损失。再如,在某一股权纠纷的案件中,甲方与乙方就股权转让协议发生纠纷,在纠纷发生时,乙方拥有目标公司董事会的三个席位,但甲方则主张乙方持有的股权比例不足以提名三名董事,因此在国际商事仲裁程序进行期间,甲方打算通过股东大会的决议,进行工商登记的变更,撤销乙方提名的三位董事的董事席位。在这种情况下,乙方为了保护自己的权益,就可以向仲裁庭申请作出一个"维持现状"的决定,命令甲方在股权纠纷的审理完成之前,维持现状。[①]

第二节 临时措施的发布

第一节介绍了临时措施的定义和不同类型,本节将针对在实践中发布临时措施的发布主体、条件和基本程序展开介绍。

一、临时措施的发布主体

考察各国的仲裁立法以及国际商事仲裁的实践,可以看出临时措施的发布主要有以下三种模式:一是法院排他性发布临时措施的模式;二是仲裁庭排他性发布临时措施的模式;三是仲裁庭和法院均能发布临时措施的模式。

(一)法院排他性发布临时措施模式

所谓的法院排他性发布临时措施模式,指的是仲裁机构或者仲裁庭无权发布临时措施,法院是发布临时措施的唯一权力机构。该模式强调临时措施具有

[①] 叶渌:《〈UNCITRAL 商事仲裁示范法〉下的临时措施》,https://www.kwm.com/cn/zh/insights/latest-thinking/Record-of-International-Arbitration----interim-measures-under-the-UNCITRAL-Model-Law-on-Commercial-Arbitration.html,访问时间:2023 年 4 月 8 日。

强制性，应当由具有公权力的司法机关决定，而仲裁机构及仲裁庭并非公权力机关，因此不得采取保全措施。

有些国家和地区在法律中规定，发布临时措施的权力专属于法院。例如我国《仲裁法》规定，仲裁当事人申请财产保全和证据保全的，由仲裁委员会将当事人的申请依照《民事诉讼法》的有关规定提交人民法院。

（二）仲裁庭排他性发布临时措施模式

在仲裁庭排他性发布临时措施模式之下，法院无权发布临时措施，仲裁庭是发布此措施的唯一主体。目前，这种由仲裁庭单独享有发布临时措施之权力的情况尚不存在于任何国家的立法中，是一种仅存在于美国少数法院司法实践之中的现象。

（三）法院与仲裁庭并存权力模式

目前，对于临时措施决定权的权力分配，国际上比较普遍的立法模式是并存权力模式，即在赋予仲裁庭发布临时措施权力的同时，也仍然允许法院保留该项权力。不过，该模式内部在具体规定上又存在一定差异，主要表现为三种：第一种是法院优先模式；第二种是法院辅助模式。法院辅助模式是指在当事人已约定同意仲裁庭行使临时措施决定权的情况下，法院一般不得行使发布临时措施的权力，除非仲裁庭无权行使或是暂时不能行使该权力；第三种是当事人自由选择模式。自由选择模式是指当事人可以自由选择向仲裁庭或是法院申请采取临时措施，该模式以《示范法》中的规定为典型，并为许多国家所采用，例如德国、法国、瑞士、荷兰、俄罗斯、澳大利亚、加纳、埃及和印度尼西亚等国。

修订后的《示范法》第17J条规定：“法院发布与仲裁程序有关的临时措施的权力应当与法院在诉讼程序方面的权力相同，不论仲裁程序的进行地是否在本国境内。法院应当根据自己的程序，在考虑到国际仲裁的具体特征的情况下行使这一权力。”因此，在《示范法》的体系下，当事人可以自主选择是向法院抑或是仲裁庭申请临时措施，并且就立法而言，没有对该选择做出具体限制。

在申请证据保全时，绝大多数国家的国内立法和仲裁规则都要求临时措施应由当事人通过申请来启动，仲裁庭不能依职权主动发布临时措施。这些规定的出发点在于保证当事人对仲裁程序推进的主导权，避免仲裁庭可能对当事人未加提交的事项做出决定，从而导致仲裁庭超越其权力范围行使职权。

另外，仲裁机构规则也明确了向司法机关提出临时措施请求的效力。例如，《贸法会仲裁规则》第26(9)条明确规定："任何一方当事人向司法当局提出临时措施请求，不得视为与仲裁协议不符，或视为放弃仲裁协议。"《示范法》第9条也有类似规定，"在仲裁程序开始前或进行期间，一方当事人请求法院采取临时保全措施和法院准予采取这种措施，并不与仲裁协议相抵触。"由此可知，当事人也可以向法院请求采取临时措施,这一请求本身与当事人之间订立的仲裁协议并不相抵触。还有一些国家的仲裁法规定,当事人没有提出申请的,法院在必要时也可以采取临时措施。

临时措施对于仲裁审理和仲裁裁决的作出和执行而言有着重要的意义。尽管仲裁庭有权作出关于临时措施的决定,但此项决定的执行仍然需依靠临时措施执行地法院的协助,仲裁庭本身不能强制执行临时措施的决定。此外,在仲裁开始前,法院或仲裁庭能否根据一方当事人的请求作出采取临时措施的决定仍然是一个具有争议的问题,不同国家的做法不一。

1. 法院能否发布临时措施

美国第三上诉巡回法院在 1982 年 Cooper v. Ateliers de la Motobecane 案中认为:在《纽约公约》项下,法院在仲裁庭作出裁决之前,不宜干预仲裁中的程序事项。该案中的 Cooper 是纽约州公民,另一方当事人为法国公司。双方当事人在协议中约定争议将在瑞士解决。1978 年 4 月 13 日,Cooper 欲将其在该美国公司的股份转让给该法国公司,但双方不能就该股票的价格达成一致。1979 年 1 月,Cooper 向纽约高等法院对该法国公司提起了第二次诉讼,并得到了法院签发的单方面扣押合资企业欠该法国公司的债务的命令。纽约高等法院认为:"仲裁的性质是在没有司法程序干预的情况下解决争议。在涉及国际贸易时,为了避免对外国法的不熟悉,这一性质更加明显。《纽约公约》考虑到这一问题并提出了解决方案,即司法干预只能等到裁决作出之后。公约的目的和政策贯彻实施的最好方法,就是限制开始仲裁之前提出的关于是否应当强制仲裁的司法诉讼。"①

然而,上述案件中上诉法院的反对意见认为,鉴于对外国仲裁裁决的执行条件与国内裁决相同,国内裁决作出前可以依法采用临时措施,而《纽约公约》规定的只是裁决后的执行问题,并没有专门就裁决前的措施作出规定。因此,不能认为公约默示地禁止此项措施。此后的 1991 年美国第二上诉巡回法院对 Borden Inc. v. Meiji Milk Products Co. 案的裁决中认定,准许当事人申请预先禁令是对仲裁的支持,与美国《联邦仲裁法》第 206 条的规定没有抵触。②

在印度的司法实践中,尽管当事人之间订有仲裁协议,在仲裁程序开始之前,当事人可以向法院申请保全措施。这一点可以在印度最高法院于 1999 年 1 月 13 日对 Sundaram Finance Ltd. v. NEPC India Ltd. 案作出的裁定中得以证明。③ 该案中,金融公司与印度公司之间订立了关于买卖双向鼓风机的融资租

---

① 57 N. Y. 2d 408 (1982).
② 919 F. 2d 822, 826 (2d Cir. 1990).
③ Sundaram Finance Ltd. v. NEPC India Ltd., *Arbitration Law Reporter* 1999, pp. 305-314.

赁合同,采用分期付款的方式支付。合同中含有通过仲裁解决争议的仲裁条款。印度公司向金融公司按照合同规定支付了部分货款后,不再支付。金融公司则向地方法院提出申请,要求法院根据 1996 年《仲裁法》指定一位专员,负责对该鼓风机的保管,并将其追回。该项请求得到地方法院的准许。印度公司不服,上诉至高等法院,理由是地方法院准许采取临时措施的裁定不当,因为仲裁程序尚未开始,仲裁员也未指定。1998 年 6 月 22 日,高等法院准许了此项上诉,认为:"只有当将争议提交仲裁之后在仲裁庭审理的过程中,或者将争议提交法院解决的情况下,或者在作出仲裁裁决后,当事人才能申请采取第 9 条规定的措施。"该案经特别准许后上诉至印度最高法院,结果最高法院推翻了高等法院的裁定。最高法院认为,"法院有权在其管辖范围内,满足当事人根据 1996 年《仲裁与调解法》第 9 条规定的临时性保全措施的申请,无论此项申请在仲裁开始之前提出,还是在仲裁程序进行期间,或者是在仲裁裁决作出之后。"

2. 仲裁庭能否发布临时措施

一般而言,仲裁庭在其组成前无权发布临时措施。在国际商会仲裁的案件中,文件提交仲裁庭之前,仲裁庭无权发布临时措施。但是,仲裁庭的组成往往需要花费较长的时间,在此期间,关键证据或财产存在被销毁或转移的风险。因此,在仲裁庭组成前需要依靠法院协助来处理这类紧急事件。

然而,近年来,通过规则修订、扩大原有规则的解释等方式,多家仲裁机构的仲裁规则都规定了仲裁庭组成前由仲裁机构发布临时措施的程序,以应对当事人的临时救济需求。例如,《新加坡国际仲裁中心仲裁规则》在附则 1 中规定了"紧急仲裁员"制度:主簿在收到申请通知及缴费之日起一个营业日内,指定一名紧急仲裁员;紧急仲裁员有权作出其视为必要的任何临时措施命令或中期裁决;仲裁庭组成后,可以对紧急仲裁员作出的临时救济命令或中期裁决重新考虑,作出修改或废止的决定;紧急仲裁员命令或裁决作出后的 90 天内未组成仲裁庭或申请人撤回申请的,该命令或裁决当然失去效力。

新加坡国际仲裁中心(SIAC)官方网站上曾公布了这样一个案例:申请人根据《新加坡国际仲裁中心仲裁规则》第 26(2) 条的规定申请临时性的紧急救济,以阻止被申请人兑现该保函。新加坡国际仲裁中心于当地时间晚上九点半收到该申请,仲裁中心主席决定接受申请并于第二天指定了紧急仲裁员。在得到指定的当天,紧急仲裁员即作出了受理临时救济申请的工作表。根据该工作表,当事人递交了书面陈述书。在紧急仲裁员指定后的一个星期内进行了一次电话审理并于其后一天发布了一项临时命令。据此,通过紧急仲裁员制度,申请人得以在仲裁庭组成前获得临时救济措施命令,有效保障了当事人的利益。

《示范法》第 17D 条规定:"仲裁庭可以在任何一方当事人提出申请时修改、

中止或终结其已准予采取的临时措施或已下达的初步命令,在非常情况下并事先通知各方当事人后,亦可自行修改、中止或终结其已准予采取的临时措施或已下达的初步命令。"由此可知,不同于仲裁终局裁决,仲裁庭作出的财产保全措施的裁决可以被修改、中止或终结,临时措施所针对的当事人有寻求救济的机会。

如果仲裁庭裁定根据情形本不应当准予采取临时措施或下达初步命令,则请求临时措施或申请初步命令的一方当事人应当就该措施或命令对其所针对的当事人造成的任何费用和损害承担赔偿责任。仲裁庭可以在仲裁程序的任何时候判给这种费用和损害赔偿金。

二、临时措施发布的条件

不同的仲裁立法和仲裁规则规定的临时措施的适用条件是不同的。例如《示范法》第17条规定了准予采取临时措施的条件,即当事人请求仲裁庭采取临时措施时,应当使仲裁庭确信:(a) 不下令采取这种措施可能造成损害,这种损害无法通过判给损害赔偿金而充分补偿,而且远远大于准予采取这种措施而可能对其所针对的当事人造成的损害;以及(b) 根据索赔请求所依据的案情,请求方当事人很有可能会胜诉。但对于证据保全这一类型的临时措施,只有当仲裁庭认为适当的情况下,才需要适用上述要求。大多数仲裁规则没有给出决定采取临时措施的可参考性标准,通常只规定仲裁庭在认为其需要或者适当的时候,即可采取临时措施。

通常而言,仲裁庭采取临时措施一般会考虑以下因素:[①]

(一) 不采取临时措施可能造成的损害

首先,仲裁庭往往会要求申请临时措施的当事人证明,如果仲裁庭不采取临时措施,那么其将会遭受无法弥补或者严重的损害。若申请方能够证实确实存在难以弥补之危害的威胁,或者只有一方当事人的行为能够导致或者使得请求的权利受到严重的威胁时,才应采取临时措施。一般而言,现实中大多数临时措施的下达不要求损害风险达到难以弥补的程度,只需要具备存在严重损害的风险即可。实践中,仲裁庭可能采取一种"利益平衡"标准来权衡是否采取临时措施。

(二) 紧迫性

很多机构宣称临时措施必须在"紧迫"的情况下才能进行。也就是说,当事人必须说服仲裁庭为了阻止给申请人造成严重的损害,立即采取行动是必须的。

[①] Gary Born, *International Commercial Arbitration*, Wolters Kluwer, 2014, pp.1981-1993.

"仲裁庭同意当一个问题不能等到对案件实体做出裁决再解决时,紧迫性的要件就满足了。"①虽然 2006 年《示范法》已经删除了紧迫性这一要件,然而有关紧迫性的要求仍然会体现在仲裁裁决中。仲裁员可能认为,在作出最终决定前,当一个行为可能对任何一方当事人的权利造成危害时,则该措施就是紧迫的。

(三) 通常不涉及实体内容的预判

临时措施一般不会就实体内容进行预先的"审理"或判断。如果在后续庭审中发现先前的临时措施存在错误,那么仲裁庭可以通过最终裁决的方式否定先前申请的临时措施。

(四) 依据表面证据胜诉的可能性

一般而言,申请临时措施的当事人必须就其仲裁请求中的实体内容建立表面的证据(或者其仲裁请求有依法被支持的可能性)。仲裁庭应当基于申请人提供的表面证据,对当事各方的观点进行评估。与之对立的观点则认为,仲裁庭不应当考虑双方当事人所提供的表面证据,主张这与临时措施不对仲裁终局裁决的实体内容进行预判相抵触。

(五) 管辖权

通常认为,为了能够采取临时措施,仲裁庭应当具备管辖权。事实上,大多数权威观点认为,尽管存在管辖权异议,但是仲裁庭仍然可以采取临时措施。这样的情况并不少见,在国际仲裁庭的管辖权建立之前,只要依据表面证据可以确定存在管辖权,则可以采取临时措施。

三、临时措施发布的一般程序

(一) 申请

各国立法和仲裁规则均给予当事人请求临时措施救济的权利,并将申请时间限制在仲裁裁决作出之前。《示范法》第 17 条规定:"除非当事各方另有约定,仲裁庭可应当事各方的请求准予临时措施。"《香港仲裁规则》(HKIAC Rules 2018)第 23.3 条规定:"临时措施,无论取指令或裁决或其他形式,是指仲裁庭在最终解决争议的裁决作出前暂时指令一方作出例如(但不限于)以下行为……"申请临时措施时,仲裁庭有权命令申请方提供与申请救济有关的适合的担保。例如,《示范法》第 17E 条规定:"(1) 仲裁庭可以要求申请采取临时措施的一方提供与该措施有关的适当担保;(2) 仲裁庭应要求申请初步命令的当事一方提

---

① Eric A. Schwartz, The Practices and Experiences of the ICC Court, Conservatory and Provisional Measures in International Arbitration, 1993, pp. 45-60.

供与该命令有关的担保,除非仲裁庭认为这样做是不适当或没有必要的。"

(二) 决定的作出

各机构对临时措施决定的形式规定有所不同,但总体而言主要有两种形式:一是裁决(award),二是命令(order)。例如,2021 年《国际商会仲裁规则》第 28 条第 1 款规定:"这些措施应以裁令的形式作出并附具理由,或者在仲裁庭认为适当的时候,采用裁决的形式。"再如,2017 年《斯德哥尔摩商会仲裁院仲裁规则》第 37 条第 3 款规定:"临时措施应采取命令或裁决的形式。"《美国仲裁协会商事仲裁规则和调解程序规则》(AAA Rules)第 38 条第 B 款规定:"此类临时措施可采取临时裁决的形式。"

根据《示范法》第 4 章的规定,作出临时措施的主要形式是裁决。临时措施的内容主要与财产、证据、行为保全相关。同时,当事人可以在申请临时措施的同时申请初步命令(preliminary order),旨在使另一方当事人不得妨碍所请求的临时措施。初步命令的主要目的是防止仲裁庭即将作出的采取临时性措施的决定落空,而仲裁庭作出的关于对争议标的采取临时性措施裁决的主要目的,则是防止当事人在裁决作出之前转移仲裁协议项下争议标的物,进而致使裁决作出后不能得到执行。①

第三节 临时措施的执行

一、临时措施在仲裁地的执行

对在本国作出的临时措施的执行,各国的规定不同,但基本可以分为以下四类:

(一) 将仲裁庭所发布的临时措施直接作为法院的命令

这相当于认为仲裁庭发布的临时措施等同于法院发布的临时措施。例如,厄瓜多尔《仲裁与调解法》规定,如仲裁当事人作此约定,则仲裁庭发布的临时措施无需法院介入即可得到执行。尽管这一方法最大限度地有利于仲裁的独立性,但难以获得国际社会与各国国内法的普遍认同。

(二) 仲裁庭或当事人向法院申请执行临时措施

这类规定允许内国司法机构为临时措施的执行提供必要的协助,仲裁庭发布的临时措施可以由仲裁地法院执行而无需司法审查。这是国际上较为普遍的做法。法院依职权或依当事人申请而进行必要的司法监督,但对临时措施进行司法审查时,其审查标准应当契合临时措施本身的特点,而不应当对其进行类似

---

① 赵秀文:《国际商事仲裁法》,中国人民大学出版社 2012 年版,第 178 页。

于裁决的审查,尤其是不能进行任何实体问题的审查。例如,1996 年《英国仲裁法》规定,法院可根据仲裁庭或任意当事人的申请就仲裁庭临时措施发布执行强制令(preemptory orders),但当事人要用尽所有仲裁的救济程序,而且该临时措施应属在规定时间后没有得到执行。

(三)将仲裁庭的临时措施转化成国内法院的命令

德国《民事诉讼法》采用的便是这种方法。依当事人申请,法院可以将仲裁临时措施命令按照法院命令来予以执行,但法院也可以根据德国法不能执行为由拒绝执行临时措施。法院还可以为执行方便而修改命令,或根据当事人申请而撤销命令。与前述的模式略有不同,法院在执行中的地位和作用得到增强,法院有可能对争议的实体问题进行司法审查。

(四)法院在仲裁庭所作临时措施的基础上重新作出临时措施的命令

根据这种方式,法院应当事人的申请自己发出具有执行力的执行命令来执行。如肯尼亚《仲裁法》便体现了这一方式。显然,这种做法会大大增加费用和时间成本,直接影响到临时措施的效率。

二、临时措施在仲裁地之外的国家或地区的执行

在全球化背景下,当事人选择国际性仲裁机构的情形日益增多,这也增加了临时措施所涉及的财产或者证据位于仲裁地国以外的可能性,由此引发了仲裁临时措施的域外承认和执行问题。

(一)《纽约公约》是否适用于临时措施的域外执行

目前,在全球范围内没有统一的国际商事仲裁临时措施跨境执行公约,《纽约公约》中并未界定"仲裁裁决"是否包含临时措施,因此临时措施是否得以依据《纽约公约》在缔约国范围内被承认与执行,各国尚存争议。

有国家主张外国仲裁临时措施不得通过《纽约公约》获得执行。例如,在 Resort Condominiums International Inc. v. Ray Bolwell and Resort Condominiums (Australia) Pty. Ltd.[①]案件中,Resort Condominiums International Inc. (RCI)在世界范围内开展分时业务。1986 年 2 月 18 日,RCI 与 Resort Condominiums (Australia) Pty. Ltd. (RCI Aust.)签订了一份许可协议。根据该协议,因该协议产生的任何主张、争议或其他事项,均应根据《美国仲裁协会仲裁规则》在美国印第安纳州的印第安纳波利斯进行仲裁,并且仲裁员的裁决对于 RCI 和被许可方具有终局裁决的约束力。争议产生后,RCI 在印第安纳州法院提出了禁令申请并

---

① Resort Condominiums International Inc. v. Ray Bolwell and Resort Condominiums, Pty. Ltd., Supreme Court of Queensland, 29 October 1993 in Albert Jan van den Berg (ed.), *Yearbook Commercial Arbitration* 1995, Volume XX, Kluwer Law International, 1995, pp. 628-650.

请求仲裁。1993年2月24日，RCI被授予了临时性约束命令（以下简称TRO）要求被申请人提供部分信息。1993年3月10日，RCI提交了请求仲裁通知书和临时措施申请。RCI Aust.将案件起诉到联邦地区法院并要求撤销TRO和州法院的提供信息命令。1993年6月2日，仲裁庭举行了两场听证会，第一场关于仲裁的程序性事项，第二场关于RCI申请的临时措施。1993年7月14日，联邦地区法院法官作出了对于被申请方的禁令，禁止RCI Aust.在仲裁庭作出终局裁决之前进行任何与许可协议相关的活动，并进一步要求RCI Aust.在仲裁程序中解决与许可协议相关的所有争议。1993年7月16日，仲裁员作出了一份临时性仲裁命令与裁决（Interim Arbitration Order and Award）。该裁决与法院7月14日所作出的禁令存在多条相同的条款，只是存在一些补充性内容。RCI向澳大利亚昆士兰州最高法院申请执行该裁决。昆士兰州最高法院拒绝执行外国仲裁庭作出的"临时性仲裁指令与裁决"，认为该临时性禁令显然不具有仲裁裁决的效力，而根据《纽约公约》的精神，只有具有终局性、拘束力的裁决才能得到承认与执行。

然而，美国的部分司法实践呈现出了与澳大利亚昆士兰州法院截然相反的观点。在特定的条件下，美国部分法院认为仲裁庭发布的临时措施可以依《纽约公约》予以执行。例如，在Sperry International Trade Inc. v. Government of Israel案[1]中，仲裁庭以"裁决"的形式发布了一项临时措施，要求以色列政府禁止使用信用证。以色列政府辩称该项裁决不是终局性的，因此不能被执行。法院拒绝了以色列政府的主张，认为从本质上讲，这项临时裁决旨在协助解决案件的实体争议，临时裁决虽冠以"临时"之名，但对于其所解决的事实而言，却具有终局性，因此也应该适用于联邦仲裁法案关于最终裁决的规定。再如，在Publicis Communication & Publicis SAV v. True North Communications Inc.案[2]中，美国联邦第七巡回法院认为，仲裁庭作出的虽系"命令"而非"裁决"，但从其内容分析，其具有终局性，能根据《纽约公约》的规定获得执行。

（二）《示范法》规定的临时措施执行制度

1. 临时措施的拘束力和域外可执行性

《示范法》第17H条第1款明确规定，由仲裁庭发出的临时措施是有约束力的，并且可在遵守第17I条的各项规定的前提下，向有管辖权的法院提出申请后

---

[1] Sperry International Trade Inc. v. Government of Israel, 689 F. 2d 301.
[2] Publicis Communication & Publicis SAV v. True North Communications Inc., 206 F3d. 725 (7th Cir., 2000).

加以执行,而不论该措施由哪一国发出。

2. 执行申请人的义务

《示范法》第17H条第2款规定了执行申请人的义务。首先,寻求或已经获得对某项临时措施的执行的当事人,应将该临时措施的任何终结、中止或修改迅速通知法院。其次,在两种情形下,执行法院可以命令执行申请人提供适当担保。一是仲裁庭在作出临时措施时没有要求提供担保,但执行法院认为"情况适当"时;二是执行法院认为对于保护第三方的权利是必要的情况下,可以命令申请方提供适当担保。

(三) 执行地国的国内立法和法院实践

尽管《示范法》对临时措施的强制执行问题作出了明确规定,但因其本身的效力不能达到公约的普遍约束力的高度,现阶段国际商事仲裁临时措施的强制执行问题只能依靠各国国内法进行调整。

目前,大多数国家的法律仅明确规定法院对本国仲裁中的临时措施应协助执行,而对于外国仲裁中发布的临时措施则或者未作规定,或者明确规定不予协助。世界上仅有极少数的国家和地区在其立法中规定了法院应当对外国仲裁中仲裁庭发布的临时措施予以执行。这些国家和地区包括德国、澳大利亚、瑞士和我国香港地区等。例如,《德国民事诉讼法》第1041条明确规定了法院执行仲裁庭发布的临时措施。法院执行对象既包括仲裁地在德国发布的临时措施,也包括仲裁地在德国境外发布的临时措施。该法第1062条进一步规定了执行仲裁庭发布的临时措施的法院,一般情形下由仲裁协议中指定的地区高等法院或无此指定时仲裁地的地区高等法院执行,在仲裁地不在德国境内的时候,则可以由被申请人的住所地、营业所所在地、惯常住所地或者该方财产所在地或争议财产所在地或临时措施涉及的财产所在地的高等法院管辖,在无上述任何联系时,则由柏林地区高等法院执行。我国香港行政区2013年《香港仲裁条例》第61(1)条明确规定:"仲裁庭就仲裁程序而作出的命令或指示,不论是在香港或香港以外地方作出的,均可犹如具有同等效力的原讼法庭命令或指示般,以同样方式强制执行,但只有在原讼法庭许可下,方可如此强制执行。"并且第61(5)条进一步明确:"本条所提述的命令或指示,包括临时措施。"

香港法院在 The Lady Murriel[1995]2HKC 320 案确认了由香港法院协助其他国家和地区执行仲裁庭发布的临时措施的原则。该案涉及轮船 The Lady Murriel 的适航性。争议涉及租约条款,按约定在伦敦仲裁。仲裁已开始,仲裁员也已指定,但船当时锚泊在香港。承租方向香港高等法院申请检查船只的命令。承租方希望获取相关证据,以便将此作为在伦敦仲裁中的关键证据;这一申请非常急迫,因为承租方担心其在开庭时可能拿不出证据(例如,船有可能因故沉没)。上诉法院裁决认为:"(a)法院可凭其固有的司法管辖权,超越成文法授权的范围,判给仲裁一方'中间措施',但在行使此权力时,法院应非常谨慎;(b)此类中间措施不必只能是香港法院判给救济的辅助;(c)如果香港境外的国际商事仲裁的一方没有仲裁庭的批准向香港法院申请中间措施,香港法院应拒绝该申请,除非其认定给予救济是必须的,不然,申请人将遭受严重的不可弥补的损害。申请人有很重的举证责任证明这一点。"

(四) 拒绝承认和执行临时措施

《示范法》第17I条第1款穷尽地列举了法院得以拒绝承认与执行临时措施的理由。这些理由依启动程序不同可以分为两类:一类是由临时措施所针对的当事人向法院提出,法院不会主动审查;另一类是法院依职权进行审查,无须当事人提出申请。

第一类的依申请审查事由一般涵盖如下6种,具体包括:(1)仲裁协议无效的;(2)该方当事人未得到指定仲裁员或者进行仲裁程序的适当通知,或因其他理由未能陈述其案情的;(3)超出请求仲裁范围的;(4)仲裁庭的组成或者仲裁程序与当事人的协议不一致或者不合法的;(5)未遵守仲裁庭的担保决定;或者(6)该临时措施被终止或中止的。

第二类是法院依职权审查事由,包括三种:(1)临时措施不符合法律赋予法院的权力;(2)临时措施违背执行地的可仲裁性规则和(3)执行地的公共政策。

第17I条第2款要求法院在作出拒绝承认和执行临时措施的决定时,不应对"临时措施的实质内容进行审查",这是"法院适度监督和支持仲裁"这一现代商事仲裁的发展理念在临时措施执行上的具体体现。

第四节 中国的立法与实践

在我国,根据《民事诉讼法》和《仲裁法》等法律的规定,国际商事仲裁临时措施一般包括财产保全、证据保全和行为措施。

一、国际商事仲裁临时措施的发布

(一) 发布临时措施的机构

我国仲裁制度中对临时措施发布权的分配采用的是法院排他性模式,根据我国法律规定,仲裁庭无权发布临时措施。我国《民事诉讼法》第272条规定:"当事人申请采取保全的,中华人民共和国的涉外仲裁机构应当将当事人的申请,提交被申请人住所地或者财产所在地的中级人民法院裁定。"《仲裁法》第28条规定:"一方当事人因另一方当事人的行为或者其他原因,可能使裁决不能执行或者难以执行的,可以申请财产保全。当事人申请财产保全的,仲裁委员会应当将当事人的申请依照民事诉讼法的有关规定提交人民法院。"《仲裁法》第68条规定:"涉外仲裁的当事人申请证据保全的,涉外仲裁委员会应当将当事人的申请提交证据所在地的中级人民法院。"由此可见,在我国,根据现有法律,仲裁庭无权发布临时措施,而是仲裁机构将当事人要求采取保全措施的申请,转交给有管辖权的法院作出裁定。

在现代"支持仲裁"理念的推动下,我国的仲裁机构尝试着在相应的仲裁规则中对仲裁庭的临时措施发布权进行一定程度的规定。《中国贸仲仲裁规则(2015版)》中提到"经一方当事人请求,仲裁庭依据所适用的法律可以决定采取其认为必要或适当的临时措施,并有权决定请求临时措施的一方提供适当的担保"。2015年1月1日起实施的《上海自贸区仲裁规则》中规定:"当事人可以根据临时措施执行地所在国家/地区有关法律的规定向仲裁委员会及/或具有管辖权的法院提出如下一种或数种临时措施的申请:1. 财产保全;2. 证据保全;3. 要求一方作出一定行为及/或禁止其作出一定行为;4. 法律规定的其他措施。"由此可见,仲裁庭是否有权发布临时措施,取决于执行地国家/地区法律是否赋予仲裁庭这一权力。就目前而言,我国涉外仲裁机构即使发布临时措施,也很难得到中国法院的承认与执行。

(二) 发布临时措施的时间

1. 仲裁前

以民事诉讼制度为参照,可以视情况紧急程度决定是否能在仲裁前和诉讼前采取临时措施。例如,我国《民事诉讼法》第84条规定:"因情况紧急,在证据可能灭失或者以后难以取得的情况下,利害关系人可以在提起诉讼或者申请仲裁前向证据所在地、被申请人住所地或者对案件有管辖权的人民法院申请保全证据。"《民事诉讼法》第101条规定:"利害关系人因情况紧急,不立即申请保全将会使其合法权益受到难以弥补的损害的,可以在提起诉讼或者申请仲裁前向被保全财产所在地、被申请人住所地或者对案件有管辖权的人民法院申请采取保全措施。申请人应当提供担保,不提供担保的,裁定驳回申请。"

与诉讼不同但相类似的是,《中国贸仲仲裁规则(2015版)》和《上海自贸区仲裁规则》中规定了紧急仲裁员制度,规定在仲裁案件受理后仲裁庭组成前,紧急仲裁员可以作出紧急临时措施的决定。例如,《上海自贸区仲裁规则》第21条第1款规定:"当事人需在仲裁案件受理后至仲裁庭组成前提出临时措施申请的,可以根据执行地国家/地区有关法律的规定向仲裁委员会提交组成紧急仲裁庭的书面申请。当事人提交组成紧急仲裁庭的书面申请,应当说明理由;是否同意组成紧急仲裁庭,由仲裁委员会决定。"在此基础上,该仲裁规则对紧急仲裁庭组成人员的指定、担任紧急仲裁庭的仲裁员应承担的披露义务以及应遵守的回避制度、仲裁庭组成后紧急仲裁庭的案卷材料移送义务等事项予以详尽的规定。

2. 仲裁程序中、仲裁裁决作出前

我国《民事诉讼法》和《仲裁法》都对仲裁程序中、仲裁裁决作出前的财产保全和证据保全问题作出了明确规定。《民事诉讼法》第 279 条规定:"当事人申请采取保全的,中华人民共和国的涉外仲裁机构应当将当事人的申请,提交被申请人住所地或者财产所在地的中级人民法院裁定。"《仲裁法》第 28 条规定:"一方当事人因另一方当事人的行为或者其他原因,可能使裁决不能执行或者难以执行的,可以申请财产保全。当事人申请财产保全的,仲裁委员会应当将当事人的申请依照民事诉讼法的有关规定提交人民法院。"《仲裁法》第 68 条规定:"涉外仲裁的当事人申请证据保全的,涉外仲裁委员会应当将当事人的申请提交证据所在地的中级人民法院。"

3. 仲裁裁决作出后、受理承认和执行仲裁裁决申请之后的司法审查程序中

在人民法院受理承认与执行外国仲裁裁决的申请后的司法审查程序中,对于申请人提出财产保全的申请应当如何处置?在我国,申请承认与执行外国仲裁裁决的案件,司法审查期间规定为两个月。但人民法院在审查过程中,因当事人办理域外证据的公证认证手续、外国法查明等原因造成不能在两个月内审结的情形并不少见。同时,由于拒绝承认与执行外国仲裁裁决的还要执行内部报告制度,层报至最高人民法院审查同意后方能裁定,审查期间更长。而在此期间,由于仲裁裁决的效力悬而未决,迟迟不能进入执行程序,不采取财产保全确实难以防范不诚信的被申请人转移、隐匿财产,使得仲裁裁决的执行最终难以得到有效保障。但是,目前我国《民事诉讼法》《仲裁法》等的有关规定仅限于仲裁前或仲裁中的临时措施,对司法审查程序中的临时措施问题尚未做明确规定。

不过,《民诉法解释》第 163 条规定:"法律文书生效后,进入执行程序前,债权人因对方当事人转移财产等紧急情况,不申请保全将可能导致生效法律文书不能执行或者难以执行的,可以向执行法院申请采取保全措施。"《最高人民法院关于内地与澳门特别行政区相互认可和执行仲裁裁决的安排》第 11 条明确规定:"法院在受理认可和执行仲裁裁决申请之前或者之后,可以依当事人的申请,按照法院地法律规定,对被申请人的财产采取保全措施。"

二、国际商事仲裁临时措施的种类

（一）证据保全

1. 证据保全的管辖

《仲裁法》第 68 条规定："涉外仲裁的当事人申请证据保全的，涉外仲裁委员会应当将当事人的申请提交证据所在地的中级人民法院。"涉外仲裁中的证据保全的管辖法院为证据所在地的中级人民法院。

《民事诉讼法》第 104 条规定："利害关系人因情况紧急，不立即申请保全将会使其合法权益受到难以弥补的损害的，可以在提起诉讼或者申请仲裁前向被保全财产所在地、被申请人住所地或者对案件有管辖权的人民法院申请采取保全措施。申请人应当提供担保，不提供担保的，裁定驳回申请。"涉外仲裁前证据保全的管辖法院为证据所在地、被申请人住所地或者对案件有管辖权的人民法院。

2. 证据保全的申请

申请仲裁中证据保全的主体是仲裁申请人；申请仲裁前证据保全的主体只能是申请仲裁前证据保全的利害关系人。证据保全申请人应提供存在紧急情况、证据可能灭失或者以后难以取得的情况的证明。

《民诉法解释》第 98 条规定："证据保全可能对他人造成损失的，人民法院应当责令申请人提供相应的担保。"

（二）财产保全

1. 财产保全的管辖

《仲裁法》第 28 条规定："一方当事人因另一方当事人的行为或者其他原因，可能使裁决不能执行或者难以执行的，可以申请财产保全。当事人申请财产保全的，仲裁委员会应当将当事人的申请依照民事诉讼法的有关规定提交人民法院。"《民事诉讼法》第 299 条明确规定："当事人申请采取财产保全的，中华人民共和国的涉外仲裁机构应当将当事人的申请，提交被申请人住所地或者财产所在地的中级人民法院裁定。"这一规定既明确了涉外仲裁程序中申请财产保全的地域管辖，即被申请人住所地或者财产所在地法院，也明确了级别管辖，即中级人民法院。

2. 财产保全的申请

申请仲裁中财产保全的主体是仲裁申请人；仲裁前财产保全的申请主体只能是仲裁前财产保全的利害关系人。当事人没有提出申请的，人民法院在必要时也可以裁定采取保全措施。

一般而言，申请财产保全应提交的材料包括：(1) 保全申请书。申请书中应当详细注明案件事实及理由、仲裁请求、申请保全的财产数额或标的,便于法院据此作出判断。其中,申请保全的财产价值不得高于仲裁请求(反请求)或欲提起的仲裁请求的标的额。(2)用以确认申请人与被申请人基本身份信息的材料,包括自然人的身份证复印件、企业法人营业执照或境外企业存续证明文件、法定代表人身份证明等。(3)仲裁中财产保全还应提交仲裁申请书或仲裁反请求申请书。(4)被申请人的财产线索等。

根据《民事诉讼法》第103条、第104条以及《民诉法解释》第152条的规定,所有的仲裁前财产保全必须提供担保。对于仲裁中财产保全是否必须提供担保分不同情况,国内仲裁案件的仲裁中财产保全,法院可以根据案件情况决定是否要求申请人提供担保,但涉外仲裁的财产保全申请人则必须依法提供担保。如果法律规定应当提供担保或法院认定需要提供担保,但是申请人拒绝提供担保的,法院有权驳回保全申请,且法院作出的驳回财产保全申请的裁定不能上诉。

按照《民诉法解释》第152条规定,在依法或依法院要求提供担保时,申请人应当提供全额担保,提供担保的数额应相当于请求保全的金额。

3. 财产保全的受理

法院受理财产保全申请后,审查申请是否符合保全条件,并在四十八小时内,根据情况分别作出进行财产保全或者驳回财产保全申请的裁定。

法院作出财产保全裁定后,应当立即开始执行,在仲裁请求标的额的范围内,对被申请人的相应财产采取查封、冻结、扣押、变卖保存价款等保全措施,采取何种保全措施视被保全财产的不同性质而定。

针对财产保全的相关裁定不允许上诉,但是可以根据《民事诉讼法》第111条的规定向法院申请复议一次,复议期间不停止裁定的执行。当事人或者利害关系人对财产保全裁定不服的,可以自收到裁定书之日起五日内向作出裁定的人民法院申请复议。人民法院应当在收到复议申请后十日内审查。裁定正确的,驳回当事人的申请;裁定不当的,变更或者撤销原裁定。

4. 财产保全的解除

(1)仲裁前财产保全的解除

《民事诉讼法》第104条规定,申请人在人民法院采取保全措施后三十日内不依法申请仲裁的,人民法院应当解除保全。

(2)仲裁中财产保全的解除

《民诉法解释》第166条规定:"在下列情况下,法院应当解除财产保全:(1)保全错误的;(2)申请人撤回保全申请的;(3)申请人的起诉或者诉讼请求被生效裁判驳回的;(4)人民法院认为应当解除保全的其他情形。"

(3) 执行前财产保全的解除

《民诉法解释》第163条规定：仲裁裁决生效后，进入执行程序前，债权人向执行法院申请采取保全措施，债权人在法律文书指定的履行期间届满后五日内不申请执行的，人民法院应当解除保全。

(三) 行为保全

行为保全是2012年《民事诉讼法》修订后在保全部分新增的一种保全类型，是指法院为了保护当事人一方的合法权益，保证生效的判决或裁定得以顺利执行，避免造成损失或损失扩大，在仲裁前或仲裁过程中，责令另一方当事人作出一定行为或禁止其作出一定行为的强制性措施。

顺应这种变化，《自贸区仲裁规则》中也规定："当事人可以根据临时措施执行地所在国家/地区有关法律的规定向仲裁委员会及/或具有管辖权的法院提出如下一种或数种临时措施的申请：1. 财产保全；2. 证据保全；3. 要求一方作出一定行为及/或禁止其作出一定行为；4. 法律规定的其他措施。"可见，该规则既包括了我国传统意义上的财产保全、证据保全措施，也引入了《民事诉讼法》修改后的行为保全制度。

1. 行为保全的管辖

《仲裁法》中并没有关于行为保全的规定。不过，《民事诉讼法》第272条已经把旧法表述的"财产保全"修改为"保全"，即已将行为保全纳入到涉外仲裁的规定之中。据此，在涉外仲裁程序中当事人申请行为保全的，仲裁机构应当将当事人的申请，提交被申请人住所地的中级人民法院裁定。

2. 行为保全的申请

申请仲裁中行为保全的主体为当事人；申请仲裁前行为保全的主体是行为保全的利害关系人。当事人没有提出申请的，人民法院在必要时也可以裁定采取保全措施。

行为保全的申请人须证明：(1) 有初步证据表明申请人的合法权益正在或者将要受到被申请人的侵害；(2) 如不采取行为保全将会给申请人造成损害或者使其损害扩大；(3) 如不采取行为保全可能给申请人造成的损害大于如采取行为保全可能给被申请人造成的损害。但如采取行为保全会损害公共利益的，不得采取行为保全。

人民法院依申请或者依职权在仲裁中采取行为保全的，应当根据案件的具体情况，决定当事人是否应当提供担保以及担保的数额。利害关系人申请仲裁前行为保全的，应当提供担保，担保的数额由人民法院根据案件的具体情况决定。申请人应当提供担保，不提供担保的，裁定驳回申请。

3. 行为保全的受理

人民法院接受申请后,情况紧急的,必须在四十八小时内作出裁定;裁定采取保全措施的,应当立即开始执行。

当事人或利害关系人对行为保全裁定不服的,可以自收到裁定书之日起五日内向作出裁定的人民法院申请复议,复议期间不停止裁定的执行。人民法院应当在收到复议申请后十日内审查。裁定正确的,驳回当事人的申请;裁定不当的,变更或者撤销原裁定。

4. 行为保全的解除

(1) 仲裁中的行为保全不得因担保而解除

财产保全可以通过金钱给付保证判决的执行,被申请人提供担保即可达到与采取财产保全措施相同的功能,因而可以解除保全。但在行为保全中,被申请人提供担保未必能够解决申请人权利保护问题,尤其在申请人通过制止型行为保全来保护所涉案件请求以外的其他合法权益时,更不得因被申请人的担保而解除。

(2) 仲裁前的行为保全的解除

对于仲裁前的行为保全,申请人在人民法院采取保全措施后三十日内不依法申请仲裁的,人民法院应当解除保全。

5. 行为保全申请错误的赔偿

申请人申请保全错误,致使法院采取的保全措施错误的,申请人应当赔偿被申请人因财产保全所遭受的损失。在采取诉前或诉讼保全时,法院责令申请人提供担保,目的就在于一旦申请保全错误,就可以用其提供的担保来赔偿被申请人的损失。

三、国际商事仲裁临时措施的执行

中国的仲裁立法并没有对国际商事仲裁临时措施的域外执行问题做出明确规定,与此相关的内容是《仲裁法》第 68 条和《民事诉讼法》第 272 条的规定。从这两条看出,涉外仲裁当事人申请保全措施,需要首先向仲裁机构提出申请,然后由仲裁机构将申请转交有关中级人民法院。这种程序与国内仲裁并无太大区别,只是将有权法院由基层法院提升为中级法院。其并不是严格意义上的有关临时措施的域外承认和执行的规定,因为其只适用于中国涉外仲裁机构处理的案件,即在中国进行的带有国际因素的商事仲裁当事人需要向我国境内法院申请保全措施的情况,而对于境内仲裁机构做出的临时措施决定需要向境外司法机关请求协助,或者境外仲裁机构做出的相关裁决或命令需要境内司法机关给与协助的情形,中国仲裁法律和机构仲裁规则等尚未有明确规定。

根据《民事诉讼法》第290条的规定,申请承认与执行外国仲裁裁决案件,人民法院应当依照中华人民共和国缔结或者参加的国际条约,或者按照互惠原则办理。审判实践中,人民法院主要依据《纽约公约》审查外国仲裁裁决,而《纽约公约》仅在第6条规定了特殊情形下的临时措施制度,即"倘裁决业经向第五条第一项(戊)款所称之主管机关声请撤销或停止执行,受理援引裁决案件之机关得于其认为适当时延缓关于执行裁决之决定,并得依请求执行一造之声请,命他造提供妥适之担保"。除此之外,并未明文规定缔约国关于财产保全方面的协助义务。

一方面,我国相关立法和司法解释对有关外国仲裁庭发布的临时措施在中国的承认与执行问题没有明确规定。无论临时措施以"命令""禁令"还是"裁决"的形式作出,都可能因其未具备终局性,且不符合《纽约公约》规定的裁决的条件而得不到执行。再者,依据程序问题适用法院地法的规则,外国仲裁庭临时措施在中国的执行必须符合中国相关法律,而中国目前立法并未规定仲裁庭可以作出临时措施,因而很可能以仲裁庭的行为与我国法律不符为由,不执行该临时措施。

另一方面,外国当事人在中国贸仲申请仲裁时,当事人如果选择适用该仲裁机构仲裁规则以外的规则,经仲裁委员会同意后,也可以适用当事人选择的仲裁规则,如《贸法会仲裁规则》,而根据此规则,仲裁庭有权就临时性措施作出决定。此外,国际商会仲裁院受理的案件也有将中国作为仲裁地点的,当这些仲裁庭在中国审理仲裁案件时,依据应当适用的仲裁规则也可以作出临时性措施的决定。这种做法本身,与我国现行《民事诉讼法》和《仲裁法》中的规定不符。假定适用《贸法会仲裁规则》或者《国际商会仲裁规则》在我国境内进行仲裁时,如涉及仲裁庭根据应当适用的仲裁规则决定对位于我国境内的争议标的物采取临时措施,仲裁庭的此项决定将不能得到我国法院的执行,因为我国法律并没有赋予仲裁庭此项权力。

四、商事仲裁临时措施在区际的申请与执行

如上所述,国际商事仲裁临时措施在国际上一般难以执行,其法律效力也难以确定。但在区际层面,在我国"一国两制"的制度优势下,近年来达成了相互协助保全的安排,便于当事人申请和执行临时措施。下文将详细介绍内地与香港以及内地与澳门之间的仲裁保全安排。

(一)内地和香港特别行政区法院就仲裁程序相互协助保全

2019年4月2日,中华人民共和国最高人民法院与香港特别行政区政府律政司签署并发布了《关于内地和香港特别行政区法院就仲裁程序相互协助保全的安排》(以下简称《内地与香港仲裁保全安排》),已于 2019 年 10 月 1 日正式生效。

《内地与香港仲裁保全安排》的启动被视为促进内地和香港特别行政区之间仲裁程序的又一里程碑。其重要性在于,它使香港成为中国内地以外的第一个司法管辖区,可以向内地法院寻求协助仲裁的临时措施;换言之,除内地以外,只有在香港进行的仲裁,申请人可以在仲裁裁决前针对内地被申请人,通过申请保全的方式采取对其内地财产进行查封、抵押、冻结、对证据进行保护等强制性措施。当然,当事人系内地仲裁程序当事人的情况下,亦可以在香港申请并获得保全。但由于香港已有既有的保全申请机制,该安排针对内地被申请人的临时性救济具有更大意义。

1. 相互协助的临时救济措施种类

根据《内地与香港仲裁保全安排》,香港特别行政区仲裁程序的当事人可以在内地获得的保全类型,包括财产保全、证据保全和行动保全。当事人系内地仲裁程序当事人的情况下,可以在香港获得的保全包括强制令和其他临时措施,以维持现状或恢复原状、防止目前或即将对仲裁程序产生的危害或损害、保全资产以及保全证据。

就像香港的情况一样,内地根据《内地与香港仲裁保全安排》现在可用的保全措施不仅适用于香港正在进行中的仲裁程序("诉中保全"),还适用于将要启动的仲裁程序("诉前保全")。这点在实践中具有非常重要的意义,因为它能够在程序上有效防止被申请人转移资产或另行破坏仲裁目的。

获批准的香港仲裁机构包括在下列六个香港仲裁机构进行的仲裁可受惠于本安排,即:香港国际仲裁中心;中国国际经济贸易仲裁委员会——香港仲裁中心;国际商会国际仲裁院——亚洲事务办公室;香港海事仲裁协会;华南国际仲裁中心(香港);一邦国际网上仲调中心。以香港为仲裁地的临时仲裁不可受益于安排。

2. 申请程序

《内地与香港仲裁保全安排》载明申请内地保全有两种方式。拟以香港为仲裁地的仲裁申请人可直接向内地有管辖权的法院提出保全申请,但申请人必须在内地法院批准保全后的 30 天内,提供香港仲裁机构受理仲裁的证明。而对于已经在香港启动的仲裁,申请人申请内地保全的,必须向香港仲裁机构提出申请,然后由该机构将申请转递内地有管辖权的法院。

同时,《内地与香港仲裁保全安排》提供了向内地法院提交保全申请书应载明的具体事项,可能根据申请人寻求的保全类型而有所不同。根据我们经验,事先与有管辖权的内地人民法院进行充分沟通以确保提供符合法院审查要求的证明材料至关重要。同时,对于保全金额巨大的财产保全申请,提供事先由相关保险公司出具的、符合法院审查要求的担保函以及充足的担保金额及担保有效期同样至关重要。

申请书需要包括:当事人的基本情况;请求事项,包括申请保全财产的数额以及申请行为保全的内容和期限;请求所依据的事实和理由,以及相关证据;申请保全的财产和证据的明确信息,或可能形成询问链的具体线索;用于提供担保的内地财产信息或资信证明;及是否已在任何其他法院、有关机构或常设办事处提出《内地与香港仲裁保全安排》所规定的申请和申请情况。

3. 申请保全的相关程序

(1) 申请保全的时间规定

根据《内地与香港仲裁保全安排》第3条的规定,香港仲裁程序的当事人可以在仲裁裁决作出前申请保全。因此,香港仲裁程序的当事人既可以在仲裁申请前也可以在仲裁程序进行中向内地法院提起保全申请。

(2) 保全申请的受理法院

根据《内地与香港仲裁保全安排》第3条的规定,保全申请应当由香港仲裁程序的当事人向被申请人住所地、财产所在地或者证据所在地的内地中级人民法院申请保全。同时,为避免因向多个人民法院申请而产生超标的保全等情况,被申请人住所地、财产所在地或者证据所在地在不同人民法院辖区的,应当选择向其中一个人民法院提出申请,不得分别向两个或者两个以上人民法院提出申请。

另外,根据《〈最高人民法院关于内地与香港特别行政区法院就仲裁程序相互协助保全的安排〉的理解与适用》的说明,为了保障终局性仲裁裁决的执行,发挥保全的作用,受理仲裁保全申请的法院应当与受理仲裁裁决执行申请案件的法院一致。

(3) 保全申请的提交方式

根据《内地与香港仲裁保全安排》第3条的规定,关于仲裁中保全,香港仲裁程序的当事人应通过仲裁机构或者办事处将申请材料提交人民法院,或者由当事人将保全申请书连同仲裁机构或者办事处的转递函自行提交给内地人民法院。针对仲裁前保全,香港仲裁程序的当事人应在采取保全措施后30日内向保全法院提交有关机构或者常设办事处已受理仲裁案件的证明函件。

(4) 保全申请的审查

《内地与香港仲裁保全安排》第8条强调被请求法院应当尽快审查,按照《民事诉讼法》的规定,对仲裁前保全申请应当于四十八小时内作出裁定;根据最高人民法院《关于人民法院办理财产保全案件若干问题的规定》第4条的规定,对于仲裁中保全申请,内地法院在接受财产保全申请后,应当在五日内作出裁定;需要提供担保的,应当在提供担保后五日内作出裁定;裁定采取保全措施的,应当在五日内开始执行。

(5) 保全申请的费用

根据《诉讼费用交纳办法》第14条的规定,申请保全措施的,财产数额不超过1000元或者不涉及财产数额的,每件交纳30元;超过1000元至10万元的部分,按照1%交纳;超过10万元的部分,按照0.5%交纳。但是,当事人申请保全措施交纳的费用最多不超过5000元。

(二) 内地与澳门特别行政区就仲裁程序相互协助保全的安排

2022年2月25日,最高人民法院和澳门特别行政区政府行政法务司的代表签署了《关于内地与澳门特别行政区就仲裁程序相互协助保全的安排》(以下简称《内地与澳门仲裁保全安排》)。《内地与澳门仲裁保全安排》已于2022年3月25日在两地同时生效,这标志着两地仲裁协助的全面覆盖,实现"一国"之内比与其他国家更加紧密的司法协助。这既是"一国两制"制度优势的充分体现,又是两地贯彻落实"一国两制"方针和《中华人民共和国澳门特别行政区基本法》的具体举措,有利于内地和澳门创新和完善跨境商事争议多元化解决机制,推进法律规则深度衔接,为粤港澳大湾区建设和横琴粤澳深度合作区建设提供高效便捷的法律服务和保障。

《内地与澳门仲裁保全安排》贯彻《横琴粤澳深度合作区建设总体方案》关于加强粤澳司法交流合作的要求,通过临时性救济措施保障两地仲裁裁决的有效执行,体现了司法对仲裁的引领、支持作用,有利于澳门仲裁业发展,有利于两地仲裁机构为粤港澳大湾区乃至"一带一路"沿线国家和地区商事主体纠纷解决提供更有效服务,有利于推动完善国际商事审判、仲裁、调解等多元化商事纠纷解决机制。

根据澳门仲裁法,内地有关仲裁程序开始前或者进行中,当事人可向澳门法院申请保全措施;但根据内地《民事诉讼法》《仲裁法》《海事诉讼特别程序法》等相关法律规定,除海事案件外,内地人民法院不能对包括澳门在内的域外仲裁提供保全协助。《内地与澳门仲裁保全安排》旨在建立允许有关澳门仲裁程序当事人向内地人民法院申请保全的机制,同时,进一步明确内地仲裁程序当事人向澳门法院申请保全的程序。《内地与澳门仲裁保全安排》共十二条,对保全的类型、适用的仲裁程序、申请保全的程序、保全申请的处理等作了规定。

1. 关于保全的类型

(1) 向内地人民法院申请的保全。依据《仲裁法》,一方当事人因另一方当事人的行为或者其他原因,可能使裁决不能执行或者难以执行的,可以申请财产保全;在证据可能灭失或者以后难以取得的情况下,当事人可以申请证据保全。依据《民事诉讼法》,人民法院对于可能因当事人一方的行为或者其他原因,使判决难以执行或者造成当事人其他损害的案件,根据对方当事人的申请,可以责令其作出一定行为或者禁止其作出一定行为。《内地与澳门仲裁保全安排》赋予澳门仲裁程序当事人与内地仲裁程序当事人相同的权利,将上述法律规定的财产保全、证据保全、行为保全悉数纳入,真正体现了"一国"之内更紧密的合作。

此外,澳门仲裁法规定,仲裁庭应任一方当事人的请求,并在听取他方当事人的意见后,可命令采取临时措施,包括:① 在解决争议的过程中,维持现状或恢复原状;② 采取措施防止目前或即将对仲裁程序造成的损害或损失,或不采取可能造成此等损害或损失的措施;③ 提供保全资产的必要手段以执行后续的仲裁裁决;④ 保全对解决争议可能具相关性和重要性的证据。仲裁庭命令采取的临时措施应被确认为具约束力,可以通过向法院提出声请加以执行。

(2)向澳门法院申请的保全。依据澳门仲裁法,在仲裁程序开始前或进行期间,当事人可以向法院申请采取保全措施。澳门的保全分为普通保全和特定保全,规定于《澳门民事诉讼法典》第三编。普通保全是指,任何人有理由恐防他人对其权利造成严重且难以弥补之侵害,得声请采取具体适当之保全或预行措施,以确保受威胁之权利得以实现。同时,法院有权命令采取非为所声请人具体声请采取之措施。特定保全包括占有之临时返还、法人决议之中止执行、临时扶养、裁定给予临时弥补、假扣押、新工程之禁制、制作清单等七种。《内地与澳门仲裁保全安排》意在涵盖澳门法律规定的所有保全类型,考虑澳门民事诉讼法典对于保全设定了较为灵活和开放的机制,为最大限度保护当事人合法权利,采用概括方式表述可向澳门法院申请的保全措施。

2. 适用的仲裁程序

《内地与澳门仲裁保全安排》将适用的仲裁程序限定于内地与澳门仲裁机构管理的仲裁程序,不包括临时仲裁程序和其他国家或者地区仲裁机构管理的仲裁程序。考虑到澳门仲裁机构数量较少,《内地与澳门仲裁保全安排》未再限定澳门仲裁机构的条件。

3. 关于受理保全申请的管辖法院

(1)内地受理保全申请的法院。《内地与澳门仲裁保全安排》第2条第1款规定,内地的管辖法院为被申请人住所地、财产所在地或者证据所在地的内地中级人民法院。采取仲裁保全措施的目的是保障终局性仲裁裁决的顺利执行,故受理仲裁保全申请的法院一般应与受理仲裁裁决申请认可和执行案件的法院相一致。参照最高人民法院《关于涉外民商事案件诉讼管辖若干问题的规定》,有关案件由具有涉港澳案件管辖权的法院受理;依据最高人民法院《关于审查知识产权纠纷行为保全案件适用法律若干问题的规定》等,有关案件由相应的专门法院管辖。被申请人住所地、财产所在地或者证据所在地在不同人民法院辖区的,应当选择向其中一个人民法院提出保全申请,不得分别向两个或者两个以上人民法院提出保全申请。

(2)澳门受理保全申请的法院。依据澳门仲裁法,澳门初级法院具有行使保全措施的管辖权。《内地与澳门仲裁保全安排》第5条第1款规定,依据《仲裁法》向内地仲裁机构提起民商事仲裁程序的当事人,在仲裁裁决作出前,可以根据澳门特别行政区法律规定,向澳门特别行政区初级法院申请保全。需要说明的是,根据《关于内地与澳门特别行政区相互认可和执行仲裁裁决的安排》(以下简称《仲裁裁决互认安排》)相关规定,澳门特别行政区有权受理认可仲裁裁决申请的法院为中级法院,有权执行的法院为初级法院。

4. 关于可申请保全的阶段

《民事诉讼法》和《仲裁法》规定的保全包括仲裁前保全和仲裁中保全。根据澳门仲裁法,不论仲裁地是否为澳门特别行政区,法院均有管辖权命令在仲裁程序开始前或者仲裁程序进行中采取与仲裁程序有关的保全措施。因此,即便在仲裁保全安排签署之前,无论在内地仲裁程序开始前还是仲裁程序进行中,仲裁程序当事人均可向澳门特别行政区法院申请保全。安排在保全方面将澳门仲裁程序与内地仲裁程序同等视之,同时不减损内地仲裁程序当事人依据澳门法律享有的权利,既包括仲裁中的保全,也包括仲裁前的保全。

(1)仲裁中的保全。《内地与澳门仲裁保全安排》第2条第1款规定,按照澳门特别行政区仲裁法规向澳门特别行政区仲裁机构提起民商事仲裁程序的当事人,在仲裁裁决作出前,可以参照《民事诉讼法》《仲裁法》以及相关司法解释的规定,向内地人民法院申请保全。第5条第1款规定,依据《仲裁法》向内地仲裁机构提起民商事仲裁程序的当事人,在仲裁裁决作出前,可以根据澳门特别行政区法律规定,向澳门法院申请保全。此处限定"民商事"仲裁程序,是因为依据澳门仲裁法规定,任何可由当事人订立和解协议的争议,包括行政性质的争议,均可作为仲裁的标的,而根据内地《仲裁法》的规定,只有平等主体之间发生的合同纠纷和其他财产权益纠纷,才可仲裁。

需要说明的是,根据内地《民事诉讼法》第279条的规定,内地涉外仲裁机构受理的案件,当事人申请采取保全的,应当由该涉外仲裁机构将当事人的申请提交人民法院。《内地与澳门仲裁保全安排》将澳门的仲裁机构视为内地涉外仲裁机构处理,如参照上述规定,当事人在仲裁过程中申请保全的,应由受理仲裁案件的澳门仲裁机构向内地人民法院提交当事人的保全申请。为体现"一国"之内两地更紧密的司法合作,以及考虑到保全的临时性、紧急性,《内地与澳门仲裁保全安排》未要求仲裁程序中的保全申请由澳门仲裁机构转递,澳门仲裁程序的当事人可以直接向内地人民法院申请保全,以减少转递环节、提高保全效率。

(2)仲裁前的保全。《内地与澳门仲裁保全安排》第2条第2款参照《民事诉讼法》第104条,规定在澳门仲裁机构受理仲裁案件前当事人向内地人民法院申请保全的,如内地人民法院采取保全措施后三十日内未收到澳门仲裁机构已受理仲裁案件的证明函件的,内地人民法院应当解除保全。《内地与澳门仲裁保全安排》第5条第2款根据澳门《仲裁法》第15条第2款、第3款,规定了内地仲裁机构受理仲裁案件前当事人向澳门法院申请保全的,应当按照澳门法律采取开展仲裁程序的必要措施,否则保全措施失效,并应当及时将已作出必要措施及作出日期的证明送交法院。

此外,《内地与澳门仲裁保全安排》与《仲裁裁决互认安排》有机结合,可实现两地就仲裁程序相互协助保全的全流程覆盖。《仲裁裁决互认安排》涵盖仲裁裁决作出后、法院受理认可和执行仲裁裁决申请之前或者之后的保全,但不包括仲裁裁决作出前的保全。仲裁保全安排进一步将两地相互协助保全向前延伸至仲裁前和仲裁中,从而实现了从仲裁程序开始前到仲裁程序进行中,从申请认可和执行仲裁裁决前到法院裁定做出前的全流程保全协助。

5. 关于应当提交的申请材料

(1)向内地人民法院申请保全应当提交的材料及申请书内容。《内地与澳门仲裁保全安排》第一款第(一)项保全申请书,包括当事人基本情况、保全事实、理由和证据等。第(二)项规定仲裁协议,主要为方便内地人民法院判断当事人之间的基础法律关系,此为形式审查,并不对仲裁协议的效力等实质问题进行审查。第(三)项规定身份证明材料。第(四)项规定仲裁申请文件及相关证明材料、仲裁机构出具的已受理有关仲裁案件的证明函件。第(五)项为兜底条款,如内地人民法院根据具体案情认为还需其他材料,可要求提供。为了更好体现"一国"原则,方便两地当事人,第二款参照《内地与香港仲裁保全安排》放宽了对申请材料"公证、认证"的要求,仅针对在内地以外形成的身份证明材料作出需要依照内地法律规定履行相关证明手续的规定。

《内地与澳门仲裁保全安排》第四条参考《内地与香港仲裁保全安排》《中华人民共和国民事诉讼法》及相关司法解释、最高人民法院《关于人民法院办理财产保全案件若干问题的规定》、最高人民法院《关于审查知识产权纠纷行为保全案件适用法律若干问题的规定》,规定了保全申请书应当载明的内容,包括当事人的基本情况,请求事项,请求所依据的事实、理由和相关证据,申请保全的财产、证据的明确信息或者具体线索,用于提供担保的内地财产信息或者资信证明,是否已提出其他保全申请和保全情况,以及其他需要载明的事项。

(2)向澳门法院申请保全应当提交的材料及内容。《内地与澳门仲裁保全安排》第6条列明了当事人向澳门法院申请保全应当提交的材料以及应当载明的内容,包括仲裁协议、申请人信息、请求的详细资料;在仲裁机构受理仲裁案件后申请保全的,应当提交该仲裁机构出具的已受理有关仲裁案件的证明,是否已提出其他保全申请以及保全情况,法院要求的其他资料。

如向澳门法院提交的文件并非使用澳门特别行政区的其中一种正式语文,即中文或葡文,则申请人应当提交其中一种正式语文的译本。

6. 关于保全申请的审查以及救济

《内地与澳门仲裁保全安排》第7条规定,被请求方法院应当尽快审查当事人的保全申请,可以按照被请求方法律规定要求申请人提供担保。当事人的保全申请符合被请求方法律规定的,被请求方法院应当作出保全裁定。第一,关于要求"尽快审查"。因保全具有紧迫性,如审查拖延将可能使保全失去意义。根据《民事诉讼法》第104条的规定,对于申请仲裁前保全的,对案件有管辖权的人民法院接受申请后,应当在四十八小时内作出裁定;裁定采取保全措施的,应当立即开始执行。申请人在人民法院采取保全措施后三十日内不依法提起诉讼或者申请仲裁的,人民法院应当解除保全。根据澳门民事诉讼法典的规定,就保全申请,第一审时应于两个月期间内作出裁判;如无保全措施所针对之人,应于十五日期间内作出裁判。第二,向内地人民法院申请保全的,申请人应当根据内地法律以及司法解释规定提供担保;向澳门法院申请保全的,根据澳门法律规定,法院可命令申请人提供担保。第三,是否采取保全、要求申请人提供何种担保,都依据被请求方法律来判断。

《内地与澳门仲裁保全安排》第8条规定,对被请求方法院裁定不服的救济途径,按照被请求方法律规定处理。在内地,当事人对保全裁定不服的,可以自收到裁定书之日起五日内向作出裁定的人民法院申请复议。人民法院应当在收到复议申请后十日内审查。裁定正确的,驳回当事人的申请;裁定不当的,变更或者撤销原裁定。

在澳门,当事人若认为法院不应批准保全措施的,可按一般程序对法院采取措施的批示提起上诉;当事人若认为法院采取的措施不当,比如超标的查封等,可以提出申辩,由法官作出裁判,当事人对该裁判也可以上诉。[①]

---

① 司艳丽、张鑫萌、刘琨、吴延波:《〈关于内地与澳门特别行政区就仲裁程序相互协助保全的安排〉的理解与适用》,载《中国应用法学》2021年第3期。

拓展阅读

1. 对香港仲裁感兴趣的同学可以阅读李剑强:《香港仲裁机构的临时仲裁及其启示》,载《北京仲裁》2006年第3期;莫石、郑若骅:《香港仲裁实用指南》,法律出版社2004年版。

2. 有关仲裁裁决的承认与执行问题的研究可以阅读 Publicis Communication & Publicis SAV v. True North Communications Inc., 206 F3d. 725 (7th Cir. 2000)。

3. 临时保全措施制度在国际商事仲裁中具有重要地位,有关国际商事仲裁中的临时保全措施可以进一步阅读任明艳:《国际商事仲裁中临时保全措施研究》,上海交通大学出版社2010年版。

 ## 思考题

1. 国际商事仲裁的当事人应当选择向法院还是仲裁庭申请临时措施?中国的情况如何?

2. 在中国的国际商事仲裁程序中,除证据保全和财产保全外,当事人能否申请行为保全?

3. 申请承认与执行外国仲裁裁决的司法审查案件中,人民法院对于申请人提出的针对被申请人在我国境内的财产进行财产保全的申请,应当如何处置?

4. 当事人如何申请保全措施?是否需要提供担保?如果申请错误,是否要向被申请人进行赔偿?

5. 当事人如果不服保全裁定能否上诉?法院在什么情况下解除保全?

6. 在中国,外国仲裁庭发布的临时措施如何得到执行?

7. 可否根据《纽约公约》执行外国仲裁庭发布的临时措施?如果可以,有什么条件?

 ## 案例分析

【案例一】 如皋市玻璃纤维厂申请证据保全案①

申请人英瑞开曼有限公司(以下简称英瑞公司)与被申请人如皋市玻璃纤

---

① 杜开林:《仲裁证据保全评析——从一仲裁证据保全案看现行法律规定的不足》,载《中国对外贸易》2003年第2期。

维厂(以下简称玻纤厂)签订协议成立合资企业南通泰慕士服装有限公司(以下简称泰慕士公司)。英瑞公司根据协议约定以及不断增资与扩股,在合资企业中控股。因出资问题,英瑞公司依据仲裁条款以玻纤厂出资不实为由向中国贸仲申请合资争议仲裁,中国贸仲予以受理。玻纤厂收到仲裁申请书后,于2001年8月30日向中国贸仲提出证据保全申请,要求对合资企业泰慕士公司2001年6月之前的所有账册凭证进行证据保全,理由为:仲裁焦点在于是否存在出资不实的事实,此事实在合资企业泰慕士公司账上应该清楚反映,有据可查,因此合资企业泰慕士公司的账册、凭证在仲裁中起着至关重要的作用;而合资企业目前在英瑞公司的控制下,账册、凭证极有可能被涂改、灭失,为维护合法权益,便于顺利仲裁和裁决公正,故申请。中国贸仲收到玻纤厂的证据保全申请,根据《仲裁法》第68条的规定,于2001年9月6日将玻纤厂的证据保全申请一式一份提交给证据所在地中级人民法院——江苏省南通市中级人民法院,同时表明"是否采取措施由南通市中级人民法院根据仲裁法的有关规定予以裁定"。因本案涉及仲裁机构与法院在仲裁证据保全审查权分配以及可否对案外第三人所持有的证据采取保全措施等法律问题,南通中院经审查并向江苏省高级人民法院请示于2002年2月6日作出裁定,同意对泰慕士公司2001年6月之前的财务账册、凭证进行证据保全。鉴于财务账册凭证数量非常多,法院采取了就地封存的方式,并通知中国贸仲派人交接,中国贸仲接到通知后,组织专家在法院的陪同下对所保全的财务账册凭证进行了查看鉴定。

【案例二】 Grupo Mexicano de Desarrollo v. Alliance Bond Fund[①]

在美国"Grupo Mexicano de Desarrollo v. Alliance Bond Fund 案"中,债务人未按合同义务支付到期款项,双方将争议提交仲裁。仲裁进行过程中,债权人向法院提出,债务人有破产危险且可能处置其大部分的资产,法院认为确有可能出现这样的情况,因此签发了一项临时命令,禁止债务人分散、支付、转移、运输、阻碍或以其他方式分配其财产或财产权利。

【案例三】 洪胜有限公司申请解除仲裁财产保全案[②]

洪胜有限公司(以下简称洪胜公司)与辉影媒体销售有限公司(以下简称辉影公司)均为香港法人,因合资经营合同发生纠纷,辉影公司向大连仲裁委员会

[①] Grupo Mexicano de Desarrollo v. Alliance Bond Fund, 527 U.S. 308, 332-333 (1999).
[②] 《最高人民法院关于洪胜有限公司申请解除仲裁财产保全一案的请示的复函》民四他字[2004]第25号。

申请仲裁。2003年5月29日,大连仲裁委员会向大连市中级人民法院提交了辉影公司的财产保全申请,大连市中级人民法院依法组成合议庭进行审查后作出(2003)大民特字第49号民事裁定,冻结洪胜公司对第三人中国华录集团有限公司到期债权人民币124万元。2004年2月20日,大连仲裁委员会对辉影公司与洪胜公司合资经营合同纠纷一案作出(2003)大仲字第083号裁决。裁决结果:一、申请人辉影公司的仲裁请求成立,被申请人洪胜公司以其持有的对申请人350万元港币的债权抵销欠付申请人2430471元货款及利息644328元人民币;二、本案仲裁费29300元,由申请人承担。

2004年2月25日,洪胜公司向大连中院提出解除财产保全申请。2004年3月1日,辉影公司向大连中院申请撤销[2003]大仲字第083号仲裁裁决,案号为(2004)大民特字第21号,该案经大连中院审判委员会讨论,拟裁定撤销仲裁裁决,并按照最高人民法院《关于人民法院撤销涉外仲裁裁决有关事项的通知》的规定报请省院审查。

该案的主要问题为:一方当事人申请撤销仲裁裁决,另一方当事人申请解除涉外仲裁程序中采取的财产保全,应当立即解除还是比照《仲裁法》第64条的规定中止执行?

最高人民法院答复如下:《仲裁法》第64条明确规定:"一方当事人申请执行裁决,另一方当事人申请撤销裁决的,人民法院应当裁定中止执行。"而本案中并未有当事人申请执行仲裁裁决,因此也不涉及中止执行的问题。

《仲裁法》第28条规定:"一方当事人因另一方当事人的行为或者其他原因,可能使裁决不能执行或者难以执行的,可以申请财产保全。"根据该条的规定,当事人申请财产保全的目的应当是为了保证仲裁裁决的执行。最高人民法院《关于适用〈中华人民共和国民事诉讼法〉若干问题的意见》第109条规定:"诉讼中的财产保全裁定的效力一般应维持到生效的法律文书执行时止。"对于仲裁程序中当事人申请人民法院作出的财产保全裁定的效力,可以参照该条规定确定,即仲裁程序中人民法院作出的财产保全裁定的效力应维持到生效的仲裁裁决执行时止。因此,如仲裁裁决发生法律效力后,一方当事人申请撤销仲裁裁决,另一方当事人则申请解除在仲裁程序中采取的财产保全,在人民法院审查是否撤销仲裁裁决的阶段,不应解除财产保全。

《仲裁法》第64条第2款规定:"人民法院裁定撤销裁决的,应当裁定终结执行。"《仲裁法》第9条第2款规定:"裁决被人民法院依法裁定撤销或者不予执行的,当事人就该纠纷可以根据双方重新达成的仲裁协议申请仲裁,也可以向人民法院起诉。"因此,如果人民法院裁定撤销仲裁裁决,则该仲裁案件不再存在,且终结执行,仲裁程序中采取财产保全的目的亦已消失,故人民法院在作出撤销仲裁裁决裁定的同时,亦应解除财产保全。

第九章　仲　裁　裁　决

习近平总书记多次提出统筹推进国内法治和涉外法治,推动构建人类命运共同体。国际商事仲裁作为多元化纠纷解决机制中的重要一环,能够妥善化解经贸和投资争端,平等保护中外当事人合法权益,营造稳定、公平、透明的法治化营商环境。习近平总书记高度重视仲裁事业发展,要求"把涉外法治保障和服务工作做得更有成效",而仲裁裁决的作出及撤销与执行制度,作为当事人利益实现的最终环节,很大程度上有赖于仲裁地和执行地国的司法保障,有赖于国内法治与涉外法治的互动机制。那么,仲裁裁决是怎样作出的?仲裁庭在确立了管辖权、按照仲裁程序进行仲裁庭审之后会作出怎样的裁判?这些裁判是否会像法院的判决或裁定那样,有不同类型?由于仲裁是一裁终局制度,裁决一经作出即为生效而产生既判力,当事人不可再次就同一争议提交仲裁或诉讼,那败诉方将如何获得救济?若败诉方不主动履行裁决项下的义务,胜诉方又将怎样保障自己的权利?本章将重点讨论上述问题。

第一节　仲裁裁决的概念与分类

仲裁裁决是仲裁庭在审理案件中作出的决定。由于国际商事仲裁案件往往非常复杂,仲裁庭在作出最终仲裁裁决之前可能会先行作出一部分决定以辅助审理顺利进行。因而,一个仲裁案件有可能存在多个仲裁裁决。仲裁裁决具有多种类型,并非仲裁庭作出的所有决定都是仲裁裁决,也并非所有的仲裁裁决都具有最终执行力。因此,有必要澄清仲裁裁决的概念和类型。

一、仲裁裁决的概念

仲裁裁决是指仲裁庭就当事人提交仲裁的事项作出的,具有法律效力的书面决定。裁决无论在仲裁的什么阶段作出都对当事人具有约束力。关于仲裁裁决的定义,无论是《纽约公约》还是《示范法》都没有对裁决概念本身作出明确的定义。有学者将其归纳为,"处理提交仲裁庭的所有问题的终局裁决,以及仲裁庭作出的,关于最终确定的任何实体问题或者是否有权管辖的问题及其他问题的任何决定。但在后一种情形下,仅在仲裁庭将其决定称为'裁决'时方为如此"①。

仲裁裁决既包括临时仲裁庭作出的仲裁裁决,也包括仲裁机构的仲裁庭作出的仲裁裁决。《纽约公约》第1条第2款对此作了说明:"仲裁裁决"一词不仅指临时仲裁庭的仲裁员作出的裁决,亦指当事人提请常设仲裁机构的仲裁庭作出的裁决。一些仲裁规则也对仲裁裁决作出的时间和效力作出概括性规定,如2021年联合国《贸法会仲裁规则》第34条规定:"1. 仲裁庭可在不同时间对不同问题分别作出裁决。2. 所有仲裁裁决均应以书面形式作出,仲裁裁决是终局的,对各方当事人均具有拘束力。各方当事人应毫不延迟地履行所有仲裁裁决。"

二、仲裁裁决的分类

在实践中,仲裁裁决有多种类型。仲裁裁决不限于对管辖权等程序问题的决定、对部分处理提交给仲裁庭所有争议的决定,以及解决完毕所有问题之后的终局性决定。需要注意的是,仲裁裁决与仲裁程序进行当中的程序指令存在区别,如通知当事人、延期开庭、交换书面证据、文件制作和听证安排的决定不具备裁决的地位。以仲裁裁决的内容是程序问题还是实体问题而言,就程序性事项,仲裁庭可以发布先决裁决、中间裁决;就实体事项,仲裁庭可以发布部分裁决、终局裁决和追加裁决;若以裁决是否根据当事人和解意愿而作出为标准,可以将基于当事人和解协议或调解协议作出的裁决归为合意裁决;若以当事人是否全部参加仲裁程序为标准,可以将仅有一方当事人出庭情况下作出的裁决归为缺席裁决。

(一) 先决裁决(preliminary award)

仲裁程序开始后,如果一方当事人对仲裁庭的管辖权提出异议,仲裁庭应当先行解决管辖权问题,否则仲裁程序无法继续进行。为了确立仲裁庭对所审理案件的管辖权,仲裁庭可以就管辖权问题作出先决裁决。而当事人尽管拿到了该裁决,也依旧可以向法院主张仲裁庭无管辖权以寻求司法救济,但仲裁庭有权继续进行仲裁。

(二) 中间裁决(interim award)

在仲裁程序进行过程中,仲裁庭可以应当事人请求作出中间裁决或部分

---

① 〔英〕艾伦·雷德芬、马丁·亨特等:《国际商事仲裁法律与实践(第四版)》,林一飞、宋连斌译,北京大学出版社2005年版,第378页。

裁决。

中间裁决也称临时裁决,主要是解决审理过程中的程序性问题,多为仲裁中的财产保全、证据保全等问题,如要求当事人采取措施,保存或出售容易腐烂、变质、贬值的货物,以避免损失进一步扩大,管辖权争议也可能采用中间裁决的方式作出。中间裁决不是终局裁决,当事人不履行并不影响终局裁决的作出,但这不排除当事人要承担不履行中间裁决造成的不利后果,如不采取措施保存货物,导致货物损失扩大,则不得不承担更高额的赔偿。

(三)部分裁决(partial award)

部分裁决,也称作先行裁决,是仲裁庭对当事人提交的所有争议当中的一部分已经审理清楚,为了保护当事人利益、提升争议解决的效率或有助于解决剩余的问题,先行对这些问题作出的具有终局性的裁决。在实践中,由于案情复杂,对全部问题作出裁决可能需要相当长的时间,短期内不能得出结论;或当事人有迫切要求,不尽快解决可能会对商业利益产生重大影响。此时仲裁庭可以作出部分裁决,先行对部分争议予以解决,符合仲裁本身灵活和高效的价值需求。仲裁庭可以对诸如合同是否成立、是否有效、合同无效过错方归属、侵权责任是否存在等问题先作出部分裁决。部分裁决相比于中间裁决,是针对实体争议作出的裁决,具有强制性和终局性,可以得到法院的承认执行。我国《仲裁法》对部分裁决作了规定,第55条规定"仲裁庭仲裁纠纷时,其中一部分事实已经清楚,就可以就该部分先行裁决"。

(四)终局裁决(final award)

仲裁庭在审理案件结束后就提交仲裁的全部争议作出的最后裁决即为终局裁决。仲裁程序以终局裁决的作出而告终。最终裁决可以将部分裁决作为内容包含其中,如果当事人已经就部分裁决当中的义务履行完毕,也可以不提及那些争议已经解决的部分。终局裁决具有既判力,当事人不可再就同一争议交由法院或者其他仲裁机构解决。

(五)追加裁决(additional award)

追加裁决是仲裁程序结束后,仲裁庭如果在裁决当中漏裁了当事人请求的某些事项,在应适用的法律或仲裁规则规定的期间内,可以就漏裁事项作出追加裁决。根据本应适用的法律或相应的仲裁规则的规定,可以应当事人申请追加或仲裁庭自行发现主动追加。

(六)合意裁决(consent award)

合意裁决是指仲裁庭根据当事人之间达成的和解协议或仲裁调解协议而作出的裁决。当事人在仲裁程序进行中自行达成和解,可以请求仲裁庭依照和解协议制作仲裁裁决,和解协议因此具有终局裁决的效力,当事人不能以同一事实和理由再次提起仲裁或诉讼。当事人也可以在仲裁庭的主持下达成调解协议,当事人达成调解协议后,仲裁庭应当据此制作调解书,或者根据调解协议作出仲裁裁决,同样具有终局性和强制执行力。依照应当适用的法律或仲裁规则,相比于其他终局裁决,合意裁决可以不写明争议的事实和裁决理由。

(七) 缺席裁决(default award)

缺席裁决是指一方缺席仲裁程序时仲裁庭作出的裁决。当一方当事人经过仲裁庭的充分适当通知仍未出庭参加仲裁程序,仲裁庭可以作出缺席裁决。缺席裁决作出的前提必然是仲裁庭履行了充分的通知义务,而当事人未参与仲裁程序,自愿放弃提出抗辩或主张的机会。例如,仲裁机构已经把开庭日期、时间地点通知了双方当事人及代理人,被申请人及代理人无正当理由拒不到庭,或者未经仲裁庭允许中途退庭,或者双方约定书面审理但被申请人未按照仲裁庭要求出具答辩书等情形。缺席裁决同样属于终局裁决,具有终局性和强执行力,但法院执行此类裁决时,往往会审查仲裁庭是否履行了充分通知义务,若仲裁庭未对被申请人予以适当通知,则仲裁裁决会因违反正当程序而无法得到承认执行。

三、我国《仲裁法》中裁决的种类

我国现行《仲裁法》当中规定的仲裁裁决,除终局裁决之外,裁决包括以下几种:

(一) 合意裁决

《仲裁法》第 49 条规定,"当事人申请仲裁后,可以自行和解,达成和解协议的,可以请求仲裁庭根据和解协议作出裁决书,也可以撤回仲裁申请。"第 51 条第 2 款规定:"调解达成协议的,仲裁庭应当制作调解书或者根据协议的结果制作裁决书。调解书与裁决书具有同等法律效力。"从我国现行立法来看,和解协议和调解书都可以做成仲裁裁决。但两者存在区别。仲裁和解是当事人自发行为,当事人达成和解协议,可以请求据此作出裁决书,也可以撤回仲裁申请,若当事人撤回仲裁申请后又反悔的,根据第 50 条规定,可以根据仲裁协议再次申请仲裁。而仲裁调解是仲裁庭行使职权的活动,调解要在仲裁员的主持下进行,当事人达成调解协议后,仲裁庭可以就此制作调解书或者裁决书,当事人不得违反也不得再次提请仲裁。根据调解协议作成的仲裁裁决与仲裁调解书也存在差异,尽管二者法律效力相同,但是裁决书作出即生效,而调解书并非作出后马上生效,根据第 52 条,是要待当事人签收后才发生法律效力,当事人一经签收即发生法律效力,签收之前允许当事人反悔,反悔后仲裁庭应当及时作出仲裁裁决,此时的仲裁裁决不属于合意裁决,而是普通意义上的最终裁决。

(二) 先行裁决

《仲裁法》第 55 条规定:"仲裁庭仲裁纠纷时,其中一部分事实已经清楚,可以就该部分先行裁决。"该先行裁决主要是针对实体问题进行的裁决,属于前述的部分裁决。需要注意的是,《仲裁法征求意见稿》第 74 条当中规定了针对程序事项的中间裁决:"仲裁庭仲裁纠纷时,其中一部分事实已经清楚,可以就该部分先行作出部分裁决。仲裁庭仲裁纠纷时,其中有争议事项影响仲裁程序进展或者需要在最终裁决作出前予以明确的,可以就该问题先行作出中间裁决。部分裁决和中间裁决有履行内容的,当事人应当履行。当事人不履行部分裁决的,对方当事人可以依法申请人民法院强制执行。部分裁决或者中间裁决是否履行不影响仲裁程序的进行和最终裁决的作出。"

(三) 补充裁决

《仲裁法》第 56 条规定:"对裁决书的文字、计算错误或者仲裁庭已经裁决但在裁决书中遗漏的事项,仲裁庭应当补正;当事人自收到裁决书之日起三十日内,可以请求仲裁庭补正。"仲裁庭可以主动或经当事人申请补正错误事项,或补充之前当事人请求的漏裁事项。但该规定并未规定仲裁庭作出补充裁决的期限。一些仲裁机构的仲裁规则当中会对作出补充裁决的期限作出规定,如《中国贸仲仲裁规则(2015 版)》第 54 条规定:"(一) 如果裁决书中有遗漏事项,仲裁庭可以在发出裁决书后的合理时间内自行作出补充裁决。(二) 任何一方当事人可以在收到裁决书后 30 天内以书面形式请求仲裁庭就裁决书中遗漏的事项作出补充裁决;如确有漏裁事项,仲裁庭应在收到上述书面申请后 30 天内作出补充裁决。(三) 该补充裁决构成裁决书的一部分,应适用本规则第四十九条第(四)至(九)款的规定。"

第二节 裁决意见的形成

通常情形下,各国仲裁法以及一些仲裁规则都规定了仲裁裁决的基本形式要件,如裁决应当以书面形式作出,并附有仲裁员的签名等。《示范法》第 31 条规定:"(1) 裁决应当以书面作出,并应当由仲裁员签名。在有一名以上仲裁员的仲裁程序中,仲裁庭全体成员的多数签名即可,但须说明缺漏任何签名的理由。"2021 年联合国《贸法会仲裁规则》第 34 条规定:"……2. 所有仲裁裁决均应以书面形式作出,仲裁裁决是终局的,对各方当事人均具有拘束力。各方当事人应毫不延迟地履行所有仲裁裁决……4. 裁决书应由仲裁员签名,并应载明作出裁决的日期和指明仲裁地。仲裁员不止一名而其中有任何一名仲裁员未签名的,裁决书应说明未签名的理由。"

仲裁裁决应当依照当事人在仲裁协议中约定的仲裁语言作出。裁决书使用的语言应当与当事人约定或庭审中使用的语言相同。2021年《贸法会仲裁规则》第19条规定,"在不违反各方当事人约定的情况下,仲裁庭应在其被指定后迅速确定仲裁程序中所使用的一种或数种语言。此决定应适用于仲裁申请书、答辩书和任何进一步书面陈述;进行开庭审理的,亦适用于开庭审理中将使用的一种或数种语言。"

在形式上,仲裁裁决要求书面形式及仲裁员署名、使用仲裁语言;在内容上,仲裁裁决中还应包括其他必要的内容,并在特定期限内作出。当仲裁员之间的意见不一致时,还需要确定仲裁裁决依照何意见作出。仲裁机构为了保证本机构的服务质量,对仲裁裁决规定了核阅程序。

一、裁决的内容

仲裁裁决的内容,一般需要考虑当事人之间的约定、仲裁适用的程序规则以及相关仲裁法的规定。如2022年《北京仲裁委仲裁规则》第49条规定:"……(二)裁决书应当写明仲裁请求、争议事实、裁决理由、裁决结果、仲裁费用的承担和裁决日期、仲裁地。当事人另有约定的,以及按照当事人的和解协议作出裁决的,可以不写明争议事实和裁决理由。(三)裁决书由仲裁员签名。对裁决持不同意见的仲裁员,可以签名,也可以不签名;不签名的仲裁员应当针对裁决出具个人意见。本会将其个人意见随裁决书送达当事人,但该意见不构成裁决书的一部分。(四)裁决书经仲裁员签名后,加盖本会印章。"也有仲裁规则规定较为简单的要求,如2021年《国际商会仲裁规则》第32条第2款规定:"裁决应说明其所依据的理由。"仲裁法也有可能对裁决的内容进行规定。如1996年《英国仲裁法》第52条规定:"……(4)裁决书应附具理由,除非它是一个和解裁决或当事人约定不附具理由"。

与法院判决不同,仲裁理由不一定是仲裁裁决当中必备事项。很多仲裁规则都规定,裁决需写明当事人约定必须写明的内容,当事人约定不在裁决书中写明争议事实和裁决理由的,可以不写明。如2021年《贸法会仲裁规则》第34条规定:"3. 仲裁庭应说明裁决所依据的理由,除非各方当事人约定无须说明理由。"《中国贸仲仲裁规则(2015版)》第49条第3款规定:"当事人协议不写明争议事实和裁决理由的,以及按照双方当事人的和解协议的内容作出裁决书的,可以不写明争议事实和裁决理由。"

以机构仲裁为例,仲裁裁决可能包括以下内容:

1. 仲裁机构名称;仲裁申请人和被申请人的名称和联系地址、当事人委托的代理人;裁决作出的地点和时间。

2. 仲裁庭受理案件的依据,即仲裁机构受理仲裁申请人提出的仲裁申请以及所依据的仲裁协议、仲裁规则。

3. 仲裁庭组成的基本情况,包括申请人和被申请人指定的仲裁员、首席仲裁员如何产生;如果是独任仲裁员,应当写明独任仲裁员的产生方式。

4. 仲裁程序的推进情形,包括申请书、答辩状以及其他书面材料的受理和送达,开庭审理的时间和地点、是否书面审理,双方当事人及代理人出席情形等。

5. 有必要列明的特殊性程序事项,如仲裁庭对管辖权异议的决定、回避事项、当事人申请保全措施的处理、仲裁庭调解的情形、中间裁决或部分裁决的作出和执行的情形等等。

6. 争议事实,申述案件的基本事实,双方当事人的主张和理由。

7. 裁决理由,即仲裁庭意见,是仲裁裁决文书中的最重要内容,包括裁决依据的法律、对当事人主张的分析和判断。

8. 裁决结果,是对申请人提出的仲裁请求的最终判断,支持或驳回或部分地支持申请人的仲裁请求和内容,以及仲裁费用的承担。

9. 仲裁员的签名,或说明少数仲裁员持有的不同意见及其签名,裁决的日期和地点,仲裁机构的签章。

我国《仲裁法》第 54 条规定:"裁决书应当写明仲裁请求、争议事实、裁决理由、裁决结果、仲裁费用的负担和裁决日期。当事人协议不愿写明争议事实和裁决理由的,可以不写。裁决书由仲裁员签名,加盖仲裁机构印章。对裁决持不同意见的仲裁员,可以签名,也可以不签名。"

二、裁决作出的期限

仲裁裁决的期限是指仲裁庭必须作出裁决的特定时限。仲裁庭作出裁决的时间决定了仲裁的效率和费用,关涉到当事人利益,若仲裁庭迟迟作不出裁决,不仅因程序的拖延导致费用的增加,也使得当事人之间的权利义务处在不确定状态,甚至扩大损害程度,影响商业活动和商业利益。其次,在期限到达时,仲裁庭的权限即为终止,从而丧失管辖权,超过仲裁裁决作出的期限而作出的裁决,可能被视为仲裁程序违反当事人的约定而成为裁决被撤销的理由之一。因此,仲裁庭应当注意在期限截止之前作出仲裁裁决,或在期限即将截止之前延长时限。一些仲裁机构的仲裁规则对仲裁庭作出裁决的期限以及期限的延长作了规定。不同的仲裁机构的仲裁规则对此作出的规定也不尽相同,以各自彰显本机构更好的服务质量。各国仲裁法鲜有对仲裁裁决作出的期限做明确具体的规定。与法院审理案件的审限不同,仲裁裁决作出的期限属于当事人意思自治的范畴,当事人对仲裁规则的选择,就视为对仲裁程序中的各类程序事项,包括对裁决作出的期限作了约定。

首先,仲裁机构的仲裁规则中通常会规定本机构项下的仲裁庭作出仲裁裁决的期限。如2021年《国际商会仲裁规则》第31条"作出终局裁决的期限"规定:"1. 仲裁庭必须作出终局裁决的期限为六个月。该期限自仲裁庭成员在审理范围书上最后一个签名之日或者当事人在审理范围书上最后一个签名之日起算,或者,在第23条第(3)款的情况下,自秘书处通知仲裁庭仲裁院已批准审理范围书之日起算。仲裁院可基于按第24条第(2)款制定的程序时间表,另行确定一个不同的期限。2. 仲裁院可依仲裁庭说明理由的请求延长该期限,或在其认为必要时自行决定延长该期限。"2021年《北京仲裁委员会仲裁规则》第48条"裁决作出期限"规定:"仲裁庭应当自组庭之日起4个月内作出裁决。有特殊情况需要延长的,由首席仲裁员提请秘书长批准,可以适当延长。"

其次,裁决作出期限的规定不属于法律的强制性规定,特定情况下可进行延长。延长的具体适用情形和申请延长的程序,取决于各机构的仲裁规则以及个案情形。有国家的仲裁法会对裁决期限的延长问题作出规定,如1996年《英国仲裁法》第50条规定:"(1)如仲裁协议限定了裁决作出的期限,除非当事人之间另有约定,法院可以根据以下规定命令延长该期限。(2)仅在用尽所有可资取得延期的仲裁程序后,方可申请根据本条作出裁定:(a)仲裁庭(经通知当事人)提出;或(b)当事人(经通知仲裁庭或其他当事人)提出。(3)法院仅在其认为不作出裁定将导致实质性的不公平时方可作出此项命令。(4)法院可以按其认为合适的期限和条件延长期限,无论之前确定(双方的约定或之前的命令确定)的期限过期与否。(5)针对本条项下法院决定的上诉应取得法院的准许。"

三、仲裁庭意见的达成

在仲裁员不止一名时,难免会产生仲裁员之间意见不一致的情形。因此,很多仲裁规则都会规定在此种情形下仲裁庭的决定依照何种方式作出。通常情形下仲裁庭的意见按照少数服从多数的原则作出。如2021年《贸法会仲裁规则》第33条第1款规定:"1. 仲裁员不止一名的,仲裁庭的任何裁决或其他决定均应以仲裁员的多数作出。"若仲裁庭无法达成多数意见时,一些规则规定在特定情形下首席仲裁员的意见具有决定作用。如2021年《国际商会仲裁规则》第32条"作出裁决"规定:"1. 仲裁庭由数名仲裁员组成的,应根据多数意见作出裁决。如果不能形成多数意见,裁决将由首席仲裁员独自作出。"2021年《贸法会仲裁规则》第33条第2款规定:"2. 出现程序问题时,达不到多数的,或者经仲裁庭授权,首席仲裁员可单独作出决定,但仲裁庭可作出任何必要修订。"《示范法》第 29 条"仲裁庭作出的决定"规定:"在有一名以上仲裁员的仲裁程序中,除非当事人另有约定,仲裁庭的任何决定应当按其全体成员的多数作出。但是,经各方当事人或仲裁庭全体成员授权的,首席仲裁员可以就程序问题作出决定。"我国《仲裁法》第 53 条规定:"裁决应当按照多数仲裁员的意见作出,少数仲裁员的不同意见可以记入笔录。仲裁庭不能形成多数意见时,裁决应当按照首席仲裁员的意见作出"。可以看出,我国《仲裁法》在仲裁庭意见方面,采取的是修正的多数表决制,即原则上依照少数服从多数意见,但当多数意见无法形成时,以首席仲裁员的意见为准。不过我国《仲裁法》的规定不同于一些仲裁规则,可以将少数意见写入裁决,而是规定少数意见可以记入笔录,不构成仲裁裁决的组成部分。

四、裁决的核阅、更正与解释

当仲裁裁决当中存在部分错误或有表意不清的情形时,一些机构的仲裁规则或一些国家的仲裁法允许对裁决进行补正,在机构仲裁的情形下,仲裁机构也会通过核阅程序保证仲裁裁决无误。

(一) 核阅

在机构仲裁的情况下,有的仲裁规则规定,裁决发出前需经过仲裁机构的核阅。核阅的目的在于,确保裁决书形式上的正确性,以及对认为不适当的实体问题处理提出意见,以保证裁决书的质量,维护仲裁机构的声誉。但核阅意见一般不对仲裁庭产生强制力,仲裁庭可自由选择是否需要回应仲裁机构对实体问题的处理意见。

2021 年《国际商会仲裁规则》第 34 条规定:"仲裁庭应在签署裁决书之前,将其草案提交仲裁院。仲裁院可以对裁决书的形式进行修改,并且在不影响仲裁庭自主决定权的前提下,提醒仲裁庭注意实体问题。裁决书形式未经仲裁院批准,仲裁庭不得作出裁决。"2015 年《中国贸仲仲裁规则》第 51 条规定:"仲裁庭应在签署裁决书之前将裁决书草案提交仲裁委员会核阅。在不影响仲裁庭独立裁决的情况下,仲裁委员会可以就裁决书的有关问题提请仲裁庭注意。"

(二) 更正

当仲裁裁决中存在书写或计算错误时,仲裁庭可以主动进行更正,当事人也可以要求仲裁庭更正。在当事人申请承认执行仲裁裁决的过程中,法院发现裁决当中存在内容不明确的情形,也可以退回仲裁庭要求补正。仲裁规则当中往往会规定更正的期限和程序。更正均以书面形式作出,并作为裁决书的一部分,具有终局效力。

2021 年《国际商会仲裁规则》第 36 条规定:"1. 仲裁庭可以自行更正裁决

书中的誊抄、计算、打印错误或者其他类似性质的错误,但该等更正必须在秘书处依据第 35 条第(1)款发送裁决书通知后的三十天内提交仲裁院批准。2. 当事人要求更正第 36 条第(1)款所述错误的请求,或者要求解释裁决书的请求,必须自其收到裁决书之日后三十天内提交秘书处。3. 当事人要求就仲裁庭在仲裁程序中所遗漏的仲裁请求作出附加裁决的任何申请,必须在该当事人收到裁决之日起三十天内提交秘书处。4. 在依据第 36 条第(2)款或第 36 条第(3)款提出的请求转送仲裁庭之后,仲裁庭应给予其他当事人一个短的期限,一般不超过该当事人收到请求之后三十天,提交评论。仲裁庭应当在对方当事人评论期限届满后三十天内,或仲裁院规定的其他期限内,向仲裁院提交其对请求的决定草案。更正或解释裁决书的决定应采用附件的形式,它将构成裁决书的一部分。批准第(3)款下的申请的决定应当采用附加裁决书的形式。5. 第 32 条、34 条和 35 条应当在适用时予以必要的变通。6. 如果法院将裁决书退回仲裁庭,第 32、34、35 和本 36 条的规定在细节上作必要修正后,适用于根据该退回令的各项条款所作出的任何附件或裁决,仲裁院可以采取任何必要措施保证仲裁庭遵守上述条款,并可确定一笔预付金以支付仲裁庭的任何额外费用和支出及任何额外的国际商会管理费。"

2021 年《贸法会仲裁规则》第 38 条规定:"1. 一方当事人可在收到裁决书后 30 天内,在通知其他各方当事人后,请求仲裁庭更正裁决书中的任何计算错误、任何笔误或排印错误,或任何类似性质的错误或遗漏。仲裁庭认为此项请求有正当理由的,应在收到请求后 45 天内作出更正。2. 仲裁庭可在发送裁决书后 30 天内,自行主动作出此种更正。3. 此种更正应以书面形式作出,并应构成裁决书的一部分。应适用第 34 条第 2 款至第 6 款的规定。"

(三)解释

当事人可以要求仲裁庭对裁决中的某一部分进行解释。仲裁庭对裁决书的解释也属于裁决书的一部分。如 2021 年《贸法会仲裁规则》第 37 条规定:"1. 一方当事人可在收到裁决书后 30 天内,在通知其他各方当事人后,请求仲裁庭对裁决书作出解释。2. 裁决书解释应在收到请求后 45 天内以书面形式作出。裁决书解释应构成裁决书的一部分,并应适用第 34 条第 2 款至第 6 款的规定。"

《示范法》第 33 条规定:"(1)除非当事人约定了另一期限,在收到裁决书后三十天内:……(b)当事人有约定的,一方当事人可以在通知对方当事人后请求仲裁庭对裁决书的具体某一点或某一部分作出解释。仲裁庭认为此种请求正当合理的,应当在收到请求后三十天内作出更正或解释。解释应构成裁决的一部分。"

我国《仲裁法》第 56 条规定:"对裁决书中的文字、计算错误或者仲裁庭已经裁决但在裁决书中遗漏的事项,仲裁庭应当补正;当事人自收到裁决书之日起三十日内,可以请求仲裁庭补正。"《仲裁法征求意见稿》还对法院要求补正的情形作了规定,如第75条第2款规定:"申请执行的裁决事项内容不明确导致无法执行的,人民法院应当书面告知仲裁庭,仲裁庭可以补正或者说明。仲裁庭的解释说明不构成裁决书的一部分。"

第三节 仲裁裁决的撤销

仲裁裁决的撤销是指法院依据当事人的请求,对已经生效的仲裁裁决进行司法审查,若有符合法定无效的情形,则认定该裁决无效,使其自始失去效力而无法执行的程序。

尽管国际商事仲裁崇尚私法自治,当事人意思自治原则在这一领域得到了充分发挥,但是国际商事仲裁并非法律真空,若没有法律对仲裁裁决效力的认可,也就失去了强制力的支持。在败诉方当事人不主动履行裁决时,如果没有司法权保障实施,国际商事仲裁也就失去其定分止争的制度本意。对于败诉方来说,如果仅仅是对败诉的结果无法接受而怠于履行,司法权则起到强制执行的作用,为仲裁裁决效力的实现保驾护航。如果败诉方拒绝履行的原因是因为裁决本身存在瑕疵,由于仲裁裁决具有终局性,裁决作出即产生法律约束力,败诉方无法再获得其他救济,此时出于公平正义的考虑,司法权则不得不起到审查监督的作用,为当事人提供救济途径。若符合法律规定的事由,法院则可以撤销该仲裁裁决,使得被裁决的权利义务关系回复到初始未被裁决的状态。据此,仲裁裁决的撤销,一方面是法院对仲裁活动的监督,另一方面也是为败诉方提供的必要救济途径。

由于司法活动与仲裁活动之间并非管理与被管理的关系,司法权不能阻碍仲裁的独立性,法院不能过分干预仲裁活动。只有遵循严格的程序和法定事由,才可以撤销仲裁裁决,当事人不能滥用撤销权从而阻挠仲裁裁决的执行。仲裁裁决的撤销事由极其有限,法院的自由裁量权受到严格限制,以免构成对当事人意思自治的妨害侵扰。

一、有权撤销仲裁裁决的法院

仲裁活动当中的仲裁程序往往是依据仲裁地的法律进行的,仲裁裁决的作出也不应当违反仲裁地的法律,因此,仲裁活动必然受到仲裁地法院的监督。由仲裁地法院撤销仲裁裁决是国际社会普遍接受的规则。《纽约公约》第5条第1款第5项规定:"被请求承认或执行裁决的管辖当局只有在作为裁决执行对象的当事人提出有关下列情况的证明的时候,才可以根据该当事人的要求,拒绝承认和执行该裁决……(五)裁决对当事人还没有约束力,或者裁决已经由作出裁决的国家或据其法律作出裁决的国家的管辖当局撤销或停止执行。"有权作出撤销的法院包括仲裁地国法院和裁决所依据的法律的国家的法院。

(一)仲裁地国法院

大多数国家都认为仲裁地国法院作为有权撤销仲裁裁决的法院。《示范法》第6条规定,各国可以自行规定本国法院对境内的仲裁活动提供协助或监督的事项,其中就包括第34条的仲裁裁决的撤销。以《示范法》为蓝本的国家均赋予了本国法院对仲裁地在本国的仲裁裁决予以撤销的权利,德国、英国和法国都有类似规定。在"美国标准电器公司诉布里达斯公司案"中,[1]美国标准电器公司和阿根廷布里达斯公司依照仲裁协议将争议提交ICC仲裁,仲裁在墨西哥进行并作出裁决。标准电气公司向美国纽约南区地方法院申请该裁决无效,而布里达斯公司认为美国法院对撤销事项无管辖权。法院认为,墨西哥是案件的仲裁地,只有墨西哥的法院才有撤销该仲裁裁决的权利。在"卡罗公司诉马科斯贸易公司案"中,[2]当事人向中国贸仲提交仲裁,仲裁裁决在北京做出,卡罗公司向美国康涅狄格州地区法院申请撤销仲裁裁决,而法院认为,仲裁地国法院即中国法院才对仲裁裁决的撤销有管辖权,故美国康涅狄格州地区法院对此无管辖权,最终驳回卡罗公司的撤销申请。

尽管绝大多数国家都认为,仲裁地国对本国境内作出的仲裁裁决有撤销的管辖权,但在国内立法上,一些国家为了支持仲裁活动、吸引更多的外国企业来本国仲裁,也会主动限制本国法院撤销仲裁裁决的权力。如比利时法律排除对比利时以外的当事人在比利时境内作出仲裁裁决的撤销权力,仅仅审查一方或双方当事人有比利时国籍或享有住所的仲裁裁决。瑞士法律也规定任何一方当事人若在瑞士没有住所、惯常居所,可以书面约定放弃在瑞士提起撤销全部或部分仲裁裁决的权利。

(二)裁决所依据法律的国家的法院

根据《纽约公约》第5条第1款第5项,除了仲裁地国法院有权撤销申请之外,"据其法律作出裁决的国家"的法院也有权撤销仲裁裁决。

在"卡雅哈诉佩尔坦班案"案中,[3]双方当事人在瑞士申请仲裁,仲裁庭支持了卡雅哈一方,而佩尔坦不满该裁决,就该裁决向瑞士最高法院上诉,与此同

---

[1] International Standard Electric Corporation v. Bridas Sociedad Anonima Petrolera, 745 F. Supp. 172 (1990).
[2] Coutinho Caro & Co USA v. Marcus Trading Inc, 2000 WL 435566 (D. Conn. March 14, 2000).
[3] Karaha Bodas v. Perusahaan Pertambangan Minyak, 335 F. 3d 357 (5th Cir. 2003).

时卡雅哈向美国德州南区地方法院申请执行仲裁裁决。美国法院见瑞士最高法院驳回了佩尔坦班的请求，便裁定执行该判决。而佩尔坦班继续在印尼雅加达中央地方法院申请撤销该仲裁裁决。而卡雅哈为了阻止这一行为，又向美国德州南区地方法院申请禁令，禁止佩尔坦班作出妨碍裁决执行的行为，也禁止在印尼撤销仲裁裁决，还在几个地区包括加州、我国香港地区申请承认执行该判决。从该案复杂的案情和裁判说理中可知，雅加达法院认为尽管它不是裁决作出的法院，但是也认为基于适用了印尼的法律而享有撤销的权力。美国法院并没有对此作出过多评价，但从其态度可知，美国法院认为，瑞士法院享有当之无愧的撤销裁决的"优先"管辖权，而对雅加达法院的管辖权，法院不置可否，反而强调加入《纽约公约》的意义就在于尽可能地支持仲裁活动，雅加达法院撤销的仲裁裁决，并不影响在其他国家和地区的执行。

在前述的美国标准电器公司案中，美国公司认为美国法院有权撤销该仲裁裁决，因为该裁决适用的法律是纽约州的法律，而阿根廷公司认为，《纽约公约》当中所述的"裁决应当适用法律的国家"当中被适用的法律，应当指的是程序法，而非解决争议的实体法。纽约州法只是实体争议适用的法律，因此美国法院并无管辖权。法院支持了阿根廷公司的抗辩理由。印度早在1961年《外国仲裁裁决法》就采纳了"裁决应当适用法律的国家"的标准，规定如果一项仲裁裁决的作出是受印度法支配的，即使该裁决是在外国作出的，印度法院也有权撤销该裁决。不过1996年通过的《印度仲裁法》以联合国《示范法》为蓝本，放弃了前述的规则，仅仅对在印度境内作出的仲裁裁决予以司法审查。实践中当事人选择向裁决适用法律的国家申请撤销国际商事仲裁裁决的情形并不多见。从卡雅哈案也可以看出，如果在仲裁地国法院和仲裁所依据法律所属国法院都有管辖权的情形下，极有可能产生撤销裁决的法律冲突，更使得裁决在其他国家的承认执行处在不确定的状态。因此，极少有国家的法院支持裁决所依据法律的国家的法院对撤销有管辖权。

二、撤销仲裁裁决的事由

各国都通过国内仲裁法或判例规定了本国能够撤销仲裁裁决的法院级别、程序以及事由。由于法律制度与文化的差异，撤销裁决的理由各不相同，但往往都对撤销的条件作出相对严格的限制，以避免司法对仲裁活动的过分干涉。具体而言可以包括以下几类：

（一）仲裁协议无效

仲裁协议是仲裁庭享有管辖权的基础，只有有效的仲裁协议才能够赋予仲裁庭合法的管辖权。判断仲裁协议是否有效，要符合基本的形式要件和实质要件。而形式要件和实质要件的有效性应当依照仲裁协议的准据法确定。《示范法》第34条第2款(a)项(i)规定,当事人无缔约能力,或仲裁协议根据准据法(《示范法》中规定当事人约定的法律,或无约定时法院地法)无效,则可撤销仲裁裁决。根据当前国际立法与实践,仲裁协议若存在以下情形,则可能被视为无效:

首先,订立仲裁协议的当事人无相应的行为能力。如果当事人不具有订立仲裁协议的行为能力,则意味着无法作充分的意思表示,不合一般民事法律行为的有效要件。在国际商事仲裁当中,当事人往往为商事主体,而并非仅仅因为没有达到法定年龄而无法进行特定的民商事活动。当事人的行为能力往往要符合国际商事交易的特定情形和条件,尤其是在无权代理或超越代理权限的问题上显得尤为突出。

其次,仲裁协议形式存在瑕疵。目前各国普遍要求仲裁协议是书面的,《纽约公约》也规定仲裁协议要采用书面形式,但《纽约公约》中所谓"书面"不限于纸质形式,还包括互换函电。而随着网络技术的发展,各国对仲裁协议形式的要求也逐渐放宽,仲裁协议的形式早已突破纸媒和互换函电,越发灵活。

最后,仲裁协议内容不合法。若根据仲裁协议的准据法,该协议约定的事项属于不可仲裁的事项,如对专利有效性的争议,在很多国家因专利授予需要行政登记,因而属于不可仲裁的范畴,则该协议无效。

(二) 被申请人未被赋予平等抗辩机会

正当程序背后蕴含的程序正义一直是法律公信力的基石所在。在国际商事仲裁当中,正当程序意味着给与双方当事人平等充分的表达各自意见的机会。这包括:在仲裁组成过程中指定仲裁员的机会、在程序开始前获得进行仲裁程序的充分适当通知、在程序开始后平等充分地陈述案情和请求抗辩。如果申请人证明存在违反程序的上述事实,或者有正当理由丧失了表达机会而仲裁庭并不理会,则法院可以撤销该仲裁裁决。《示范法》第34条第2款(a)项(ii)规定,如果申请人有证据证明仲裁庭"未将有关指定仲裁员或仲裁程序的事项适当地通知提出申请的当事一方,或因其他理由未能陈述其案情",法院就可以撤销该仲裁裁决。

(三) 仲裁庭超越权限

仲裁庭的裁判权限源于当事人之间的仲裁协议,对于约定外的事项无管辖权。如当事人约定,"对于本合同事项下货物质量问题引发的争议,交由仲裁解决",则仲裁庭就只能够对货物质量问题进行裁决,如果裁决还涉及其他问题,比如延迟履行所产生的损害赔偿问题,则属于超越权限。如当事人约定"因本合同履行所产生的争议均应提交仲裁",而仲裁庭就一方当事人在履行合同中对另外一方当事人因诋毁商誉造成的侵权损失作出裁决,则属于超越权限。如当事人仲裁协议当中约定应当在双方友好协商无法达成一致的 30 天内提起仲裁,若一方当事人超出 30 天的期限后再提起仲裁,则仲裁庭无权对该案争议作出裁决。如当事人合同中约定,"只有在特许人及时书面通知授权人违约事由并给予不少于 60 天的补救时间仍不能挽回损失时,授权人才构成违约,仲裁庭不得变更或修改以上规定",但仲裁庭在认定授权人是否违约时,认为这一规定是完全没有必要的,否定了该规定,就超越了当事人对仲裁庭权力的授权范围。

需要注意的是,如果存在仲裁庭超越权限作出的仲裁裁决,未必会被法院全部撤销。如果仲裁裁决是可分的,则只撤销超越权限的那一部分裁决即可,对于其他的裁决依旧可以得到承认执行。《示范法》第 34 条第 2 款(a)项(iii)规定,裁决涉及未被提交仲裁或不属于提交仲裁的条款的争议,或包含对提交仲裁范围之外的事项的决定,但如果关于提交仲裁的事项的决定可以与未提交仲裁的事项分开,则只有裁决中载有关于未提交仲裁的事项的决定的部分可以撤销。我国《仲裁法司法解释》第 19 条也规定,"当事人以仲裁裁决事项超出仲裁协议范围为由申请撤销仲裁裁决,经审查属实的,人民法院应当撤销仲裁裁决中的超裁部分。但超裁部分与其他裁决事项不可分的,人民法院应当撤销仲裁裁决。"该规定被《仲裁法征求意见稿》第 77 条第 3 款所采纳:"当事人申请撤销的情形仅涉及部分裁决事项的,人民法院可以部分撤销。裁决事项不可分的,应当裁定撤销。"

(四) 仲裁庭组庭不当或仲裁程序不当

仲裁庭组成不当涉及仲裁员的指定或者独任仲裁员的指定不当。如当事人在协议中约定,仲裁员应当由有经验的商业人士组成,如果仲裁庭当中的仲裁员并非具有商业背景,而是法律专家或者律师,则属于组庭不当。若仲裁员与一方当事人存在利害关系、有偏袒之嫌,应当回避而未回避,也有可能构成组庭不当的理由。

仲裁程序不当,可能涉及仲裁进行的方式、仲裁裁决作出的期限不符合当事人选定的仲裁规则的规定或者仲裁地法的规定,如送达仲裁文书不符合仲裁规则规定、当事人申请仲裁庭调查证据而仲裁庭未调查、仲裁庭鉴定程序不合仲裁规则等等。《示范法》第 34 条第 2 款(a)项(iv)规定,仲裁庭的组成或仲裁程序不符合当事人的约定,除非该协议与本法中当事人不得减损的规定相抵触,或者,如果没有这种约定,则不符合本法。我国《仲裁法司法解释》第 20 条规定,《仲裁法》第 58 条规定的"违反法定程序",是指违反仲裁法规定的仲裁程序和当事人选择的仲裁规则可能影响案件正确裁决的情形。为了防止当事人滥用程序不当这一理由阻碍仲裁裁决的顺利执行,我国《仲裁法征求意见稿》第 77 条规定违反程序达到一定严重程度,当事人可以申请撤销仲裁裁决:"(四)仲裁庭的组成或者仲裁的程序违反法定程序或者当事人约定,以致于严重损害当事人权利的"。

(五)仲裁裁决违反法院地公共政策

公共政策无论在法律适用、判决承认执行还是仲裁裁决的承认执行当中,都是涉外关系当中法院保护本国公序良俗和重大公共利益的最后一道防御机制。然而,公共政策的概念非常抽象,不同国家对公共政策的理解不尽相同,为了防止滥用公共政策造成对仲裁裁决执行的阻碍,对于公共政策的违反程度,往往限于非常严重违反的程度。国际法协会国际商事仲裁委员会(International Law Association Committee on International Commercial Arbitration)在2003年发布了《关于以公共政策为由拒绝执行国际仲裁裁决的最终报告》,根据该报告,公共政策可以分为实体性公共政策(substantive public policy)和程序性公共政策(procedural public policy)。程序性公共政策包括受欺诈影响作出、违反自然公正和正当程序、当事人指定仲裁员时地位不平等。而实体性公共政策属于兜底性条款,交由各国根据本国需要个案考虑,而报告不方便一一列举,否则可能构成对执行国司法权的过分干涉。

需要注意的是,对于上述理由,法院的自由裁量权和当事人的证明责任存在差异。对于仲裁协议的有效性、未赋予平等抗辩机会、仲裁庭超越权限、仲裁庭组成不当或程序不当事项,往往应当由当事人自行主张并承担证明责任,法院只能就当事人提出的理由进行审查,不能主动就当事人提出的情形之外的其他事项进行审查。而对于仲裁裁决是否违反公共政策,则可以由法院主动审查,无需当事人主动提出及证明,法院享有有限的自由裁量权。如《示范法》第34条第2款(b)项规定,法院若发现争议事项依照法院地法属于不可仲裁事项,或裁决与本国公共政策相冲突,则可以撤销该仲裁裁决。

(六)其他理由

除了上述列举的几项理由,一些国家的国内法还规定了其他的理由。《英国仲裁法》第68条中有"仲裁程序严重不规范"(serious irregularity),严重不规范的行为除了上述提及的,还包括诸如仲裁庭未能处理向其提出的所有问题、裁决结果不确定或模糊、通过欺诈获得的裁决、未能遵守裁决形式的要求。如果存在严重不规范的行为,法院可以全部或部分将裁决发回仲裁庭重新审议,或者全部或部分撤销裁决,或宣布裁决全部或部分无效。《美国联邦仲裁法》中也规定"裁决不是由全体仲裁员签署的"、"仲裁员有偏见、腐败"、美国习惯法中的"显然漠视法律"等等构成撤销仲裁裁决的理由。

三、撤销仲裁裁决的后果

若法院受理了当事人撤销申请,如果审查后存在法定撤销的理由,则应当撤销仲裁裁决。若仲裁裁决是可分的,可以撤销违反法定事由的裁决的部分。该撤销行为意味着,该裁决仅仅在法院所在地国失去效力。对于是否也意味着在法院地以外的所有国家都失去效力,在理论和实践上存在争议。传统观点认为,一旦裁决被撤销,则该裁决效力不复存在,在任何国家都失去了可执行性。根据《纽约公约》第 5 条第 1 款 e 项规定,如果裁决被仲裁地国或裁决依据的法律的国家法院撤销,可以成为其他国家拒绝承认执行的理由。

但根据非内国裁决理论,国际性裁决本来与裁决地国没有天然的、实质性的法律联系,仅仅是由于当事人选择该地作为仲裁地或选择该国法作为程序适用的法律,才将其与仲裁裁决联系在了一起,其本身并不构成仲裁地国或裁决适用法律地国的法律秩序。因此,仲裁裁决不受到任何一个国家法律的支配,不应当接受任何国家法院的司法监督。这种观点意味着,即便该仲裁裁决被撤销,也不影响撤销地国之外的法院对该仲裁裁决的承认与执行。

是否执行在别国已撤销的仲裁裁决,很大程度上取决于执行地法院对于仲裁地国或裁决适用法律地国法院撤销事项管辖权的态度。如前述的卡雅哈案中,裁决在印度尼西亚被撤销,美国法院也并不因此认为影响了在美国地区的承认与执行。尽管该案当中核心的争议焦点不在于裁决被撤销后的效力问题,而在于美国法院与印尼法院各自签发的禁令和禁诉令之间效力的承认与协调问题,但是从裁决书当中可以看出,美国法院认为应当优先尊重仲裁地法院对于撤销裁决的管辖权。

四、仲裁裁决在我国的撤销

我国现行《仲裁法》规定的仲裁裁决的撤销存在国内裁决与涉外裁决之分,此处重点论述涉外仲裁裁决的撤销。值得关注的是,《仲裁法征求意见稿》意图取消双轨制,统一国内仲裁与涉外仲裁的规定,关于这些问题的讨论,将在后文理论专题处详细论述。另需要注意的是,2021 年《全国法院涉外商事海事审判工作座谈会会议纪要》第 99 条规定,仲裁调解书与仲裁裁决书一样具有同等法律效力,当事人申请撤销仲裁调解书的,人民法院应予受理。人民法院应当根据《仲裁法》第 58 条的规定,对当事人提出的撤销仲裁调解书的申请进行审查。当事人申请撤销涉外仲裁调解书的,根据《仲裁法》第 70 条的规定进行审查。

(一) 撤销的程序

我国当前《仲裁法》规定了涉外仲裁裁决撤销有管辖权的法院。第58条规定,"当事人提出证据证明裁决有下列情形之一的,可以向仲裁委员会所在地的中级人民法院申请撤销裁决。"第七十条规定,"当事人提出证据证明涉外仲裁裁决有民事诉讼法第二百五十八条第一款规定的情形之一的,经人民法院组成合议庭审查核实,裁定撤销。"而该条所指的第258条为现行《民事诉讼法》第281条,该条规定了不予执行涉外仲裁裁决的具体情形。而对于涉外仲裁裁决撤销的管辖法院,根据现行《民事诉讼法》第280条,经中华人民共和国涉外仲裁机构裁决的,当事人不得向人民法院起诉。一方当事人不履行仲裁裁决的,对方当事人可以向被申请人住所地或者财产所在地的中级人民法院申请执行。需要注意的是,《仲裁法征求意见稿》引入了仲裁地的概念,规定有管辖权的法院为仲裁地的中级人民法院:"当事人提出证据证明裁决有下列情形之一的,可以向仲裁地的中级人民法院申请撤销裁决:……"

对于申请撤销的期限,《仲裁法》第59条规定,当事人申请撤销裁决的,应当自收到裁决书之日起六个月内提出。第60条规定,人民法院应当在受理撤销裁决申请之日起两个月内作出撤销裁决或者驳回申请的裁定。《仲裁法征求意见稿》则缩短了申请撤销裁决的期限,促使当事人尽快地执行仲裁裁决或申请撤销,第78条规定,"当事人申请撤销裁决的,应当自收到裁决书之日起三个月内提出。"

我国有对于仲裁裁决向上级法院的报核程序。如果法院认为仲裁裁决应当得到撤销,应当向上一级法院报核,以保证司法活动中对于裁决撤销标准的统一性。无论是国内仲裁裁决还是涉外仲裁裁决的撤销都需要报核,只是法院级别上略有不同。国内仲裁裁决的撤销通常只要报核至高级人民法院即可,只有基于违反公共利益这一事由的撤销需要报核到最高人民法院。而涉外仲裁裁决则最终要报核到最高人民法院。2021年修订的《最高人民法院关于仲裁司法审查案件报核问题的有关规定》第2条第1款规定,各中级人民法院或者专门人民法院办理涉外涉港澳台仲裁司法审查案件,经审查拟认定仲裁协议无效,不予执行或者撤销我国内地仲裁机构的仲裁裁决,不予认可和执行香港特别行政区、澳门特别行政区、台湾地区仲裁裁决,不予承认和执行外国仲裁裁决,应当向本辖区所属高级人民法院报核;高级人民法院经审查拟同意的,应当向最高人民法院报核。待最高人民法院审核后,方可依最高人民法院的审核意见作出裁定。其第2条第2款规定,各中级人民法院或者专门人民法院办理非涉外涉港澳台仲裁司法审查案件,经审查拟认定仲裁协议无效,不予执行或者撤销我国内地仲裁机构的仲裁裁决,应当向本辖区所属高级人民法院报核;待高级人民法院审核后,方可依高级人民法院的审核意见作出裁定。第3条规定,本规定第2条第2款规定的非涉外涉港澳台仲裁司法审查案件,高级人民法院经审查,拟同意中级人民法院或者专门人民法院以违背社会公共利益为由不予执行或者撤销我国内地仲裁机构的仲裁裁决的,应当向最高人民法院报核,待最高人民法院审核后,方可依最高人民法院的审核意见作出裁定。

  在撤销仲裁裁决的过程中,如果法院认为可以重新仲裁,则可以通知仲裁庭重新仲裁。根据《仲裁法》第61条,人民法院受理撤销裁决的申请后,认为可以由仲裁庭重新仲裁的,通知仲裁庭在一定期限内重新仲裁,并裁定中止撤销程序。仲裁庭拒绝重新仲裁的,人民法院应当裁定恢复撤销程序。2021年《全国法院涉外商事海事审判工作座谈会会议纪要》中进一步明确了重新仲裁的程序性规定,第104条规定,申请人申请撤销仲裁裁决,人民法院经审查认为存在应予撤销的情形,但可以通过重新仲裁予以弥补的,人民法院可以通知仲裁庭重新仲裁。人民法院决定由仲裁庭重新仲裁的,通知仲裁庭在一定期限内重新仲裁并在通知中说明要求重新仲裁的具体理由,同时裁定中止撤销程序。仲裁庭在人民法院指定的期限内开始重新仲裁的,人民法院应当裁定终结撤销程序。仲裁庭拒绝重新仲裁或者在人民法院指定期限内未开始重新仲裁的,人民法院应当裁定恢复撤销程序。《仲裁法征求意见稿》第80条当中进一步明确了可以通知重新仲裁的情形和程序,对于仲裁活动中的一些程序瑕疵和客观原因导致的证据瑕疵予以弥补:"当事人申请撤销裁决的,人民法院经审查符合下列情形,可以通知仲裁庭重新仲裁:(一)裁决依据的证据因客观原因导致虚假的;(二)存在本法第七十七条第三项、第四项规定的情形,经重新仲裁可以弥补的。人民法院应当在通知中说明要求重新仲裁的具体理由。人民法院可以根据案件情况在重新仲裁通知中限定审理期限。重新仲裁由原仲裁庭仲裁。当事人以仲裁庭的组成或者仲裁员的行为不规范为由申请撤销的,应当另行组成仲裁庭仲裁。"[1]

---

  [1] 《仲裁法征求意见稿》第77条规定:"当事人提出证据证明裁决有下列情形之一的,可以向仲裁地的中级人民法院申请撤销裁决:
  (一)没有仲裁协议或者仲裁协议无效的;
  (二)裁决的事项不属于仲裁协议的范围或者超出本法规定的仲裁范围的;
  (三)被申请人没有得到指定仲裁员或者进行仲裁程序的通知,或者其他不属于被申请人负责的原因未能陈述意见的;
  (四)仲裁庭的组成或者仲裁的程序违反法定程序或者当事人约定,以致于严重损害当事人权利的;
  (五)裁决因恶意串通、伪造证据等欺诈行为取得的;
  (六)仲裁员在仲裁该案时有索贿受贿,徇私舞弊,枉法裁决行为的。
  人民法院经组成合议庭审查核实裁决有前款规定情形之一的,应当裁定撤销。
  当事人申请撤销的情形仅涉及部分裁决事项的,人民法院可以部分撤销。裁决事项不可分的,应当裁定撤销。
  人民法院认定该裁决违背社会公共利益的,应当裁定撤销。"

（二）撤销的理由

我国现行《仲裁法》第 70 条规定了涉外仲裁裁决撤销的理由，其内容与《示范法》规定基本一致："当事人提出证据证明涉外仲裁裁决有民事诉讼法第二百五十八条第一款规定的情形之一的，经人民法院组成合议庭审查核实，裁定撤销。"该条提及的《民事诉讼法》第 258 条即现行《民事诉讼法》第 281 条，该条规定："对中华人民共和国涉外仲裁机构作出的裁决，被申请人提出证据证明仲裁裁决有下列情形之一的，经人民法院组成合议庭审查核实，裁定不予执行：（一）当事人在合同中没有订有仲裁条款或者事后没有达成书面仲裁协议的；（二）被申请人没有得到指定仲裁员或者进行仲裁程序的通知，或者由于其他不属于被申请人负责的原因未能陈述意见的；（三）仲裁庭的组成或者仲裁的程序与仲裁规则不符的；（四）裁决的事项不属于仲裁协议的范围或者仲裁机构无权仲裁的。人民法院认定执行该裁决违背社会公共利益的，裁定不予执行。"

需要注意的是，如果是国内仲裁裁决，撤销的理由不限于程序审查，《仲裁法》第 58 条规定："当事人提出证据证明裁决有下列情形之一的，可以向仲裁委员会所在地的中级人民法院申请撤销裁决：（一）没有仲裁协议的；（二）裁决的事项不属于仲裁协议的范围或者仲裁委员会无权仲裁的；（三）仲裁庭的组成或者仲裁的程序违反法定程序的；（四）裁决所根据的证据是伪造的；（五）对方当事人隐瞒了足以影响公正裁决的证据的；（六）仲裁员在仲裁该案时有索贿受贿，徇私舞弊，枉法裁决行为的。人民法院经组成合议庭审查核实裁决有前款规定情形之一的，应当裁定撤销。人民法院认定该裁决违背社会公共利益的，应当裁定撤销。"其中第四项至第六项审查的事项关涉仲裁裁决本身是否公正。我国现行仲裁法对于国内仲裁裁决的审查范围要比涉外仲裁裁决广泛，不限于程序审查，还包括实体审查。

2021 年《全国法院涉外商事海事审判工作座谈会会议纪要》第 101 条至第 103 条当中还对上述情形的认定作了解释。首先，关于仲裁庭组成以及仲裁程序违法，包括违反仲裁法规定的仲裁程序、当事人选择的仲裁规则或者当事人对仲裁程序的特别约定；其次，不属于仲裁协议范围应当包括超裁的情形，即仲裁裁决的事项超出当事人仲裁请求或者仲裁协议约定的范围，但仲裁裁决在查明事实和说理部分涉及仲裁请求或者仲裁协议约定的仲裁事项范围以外的内容，但裁决项未超出仲裁请求或者仲裁协议约定的仲裁事项范围，当事人以此请求撤销或者不予执行仲裁裁决的，人民法院不予支持；最后，关于仲裁机构无权仲裁的情形可包括，作出仲裁裁决的仲裁机构非仲裁协议约定的仲裁机构、裁决事项系法律规定或者当事人选择的仲裁规则规定的不可仲裁事项。

第四节 仲裁裁决的承认与执行

仲裁庭作出仲裁裁决之后,如果败诉方当事人不履行裁决项下的义务,胜诉方就无法实现自己的权利,裁决也就成了一张废纸。为了督促败诉方履行裁决义务,胜诉方可以向法院申请承认与执行该仲裁裁决。被请求国的法院需要审查是否符合承认执行的条件,如果符合条件将为该裁决提供强制执行的保障,若不符合执行的条件,则裁定该裁决不予执行。

仲裁裁决的承认与执行既是法院对仲裁活动的协助,也是对仲裁活动的监督。如果裁决符合执行条件,法院将会为裁决的执行提供必要的强制力保障,协助冻结败诉方、查封财产等等。而法院审查该裁决是否符合执行条件本身就是对仲裁活动的一种监督,若不符合执行条件,则将阻却当事人在本国执行该仲裁裁决。仲裁裁决的承认与执行是两个不同的概念,承认仲裁裁决是执行的前提,不予承认的裁决必然不可执行。当事人可以申请承认或申请执行,法院也可以作出不予承认或不予执行的裁定。两者在申请人、被申请人以及审查事由上是完全一致的。当事人申请承认裁决可能仅仅是为了确认法律关系,也可能是为了在其他争议案件中将仲裁裁决作为合法有效的证据或依据而使用。

一、仲裁裁决的撤销与执行的区别

仲裁裁决的撤销与执行存在区别。首先,申请人不同。仲裁裁决撤销的申请人通常是败诉方,如败诉方举证证明仲裁庭存在组庭程序瑕疵继而导致裁决可撤销;而仲裁裁决执行的申请人是胜诉方,败诉方作为被申请人可以就仲裁庭存在组庭程序瑕疵提出不予执行的抗辩。撤销制度是为败诉方提供救济,执行制度则是为胜诉方提供保障。其次,两者管辖法院不同。有权撤销的法院只能是仲裁地法院或裁决所依据法律的国家的法院,而执行裁决的管辖法院不限于前两者,可以是多个法院,如败诉方的财产所在地、主营业地等等,胜诉方可以结合客观实际情况,选择对自己更有利的法院,或者选择多个法院执行该仲裁裁决。再次,法律事由不同。截至2023年底,《纽约公约》已经有172个缔约国,缔约国之间相互承认执行外国仲裁裁决将依照《纽约公约》当中规定的条件。可见,在承认执行方面,多数国家都采取《纽约公约》的统一标准,拒绝承认执行的理由事项相同,都限于程序事项。而在撤销仲裁裁决时,依据是仲裁地国或裁决依据国的国内法,不存在全球范围内的统一公约。一国的国内法对于撤销事由存在不同规定,不限于程序事项,还包括欺诈、贿赂等涉及裁决实体公正的事由。

最后,法律后果不同。如果仲裁裁决被撤销,裁决本身的效力丧失,当事人只能通过重新仲裁或者诉讼以解决纠纷。裁决一旦被撤销,可能无法得到其他国家的承认与执行。如果裁决被一国法院裁定不予执行,并不会对裁决本身的效力产生影响,也不产生阻碍裁决在其他财产所在地国家被执行的效果。

二、被承认执行的仲裁裁决的籍属

一国法院承认执行仲裁裁决有内国裁决与外国裁决之分。承认执行内国裁决与外国裁决可能存在不同的条件和程序,对于外国仲裁裁决的承认执行要比内国裁决更加复杂,有的国家规定在承认外国裁决之前要先提出承认程序。因此区分内国裁决和外国裁决的标准就显得尤其重要。国际商事仲裁的理论与实践对这种区分有以下标准:

(一) 领域标准

领域标准即以仲裁裁决的作出地为籍属的判断标准。仲裁地在本国即为内国裁决,仲裁地在外国就是外国裁决。《纽约公约》即采用领域标准,其第1条第1款规定,"因自然人或法人间之争议而产生且在申请承认及执行地所在国以外之国家领土内作成者,其承认及执行适用本公约"。目前大部分国家都采用这种标准来区分内国裁决与外国裁决。

(二) 非内国裁决标准

除上述领域标准外,《纽约公约》第1条第1款还规定,"对承认与执行地国认为不属于本国裁决的,本公约同样适用"。也就是说,如果执行地国法院根据其本国法并不认为该裁决属于内国裁决,从而拒绝对该裁决予以撤销救济,则可以按照公约的规定,承认执行该裁决,该裁决即为"非内国裁决"。在订立公约时,德国和法国极力主张将非内国裁决纳入到公约范畴,这两个国家当时坚持采纳"裁决依据的法律的国家"作为判断内国裁决和外国裁决的标准。依照德国当时的法律,仲裁裁决即使在德国作出,但依照的法律是外国法,德国也并不将之视为内国裁决。但后续随着法国和德国的民事诉讼法律的修改,明确表示放弃了这个标准,转而采取领域标准。此后,在德国作出的裁决视为内国裁决,哪怕该裁决依照外国法作出。

《纽约公约》将非内国裁决纳入到承认执行的范畴,实质上扩大了公约的适用范围。当执行地国是裁决作出地国时,依照领域标准,本应当纳入内国裁决范畴,承认执行只需要依照本国国内法即可,但若执行地(裁决作出地)国法院依照本国法的规定,认为该裁决并不属于内国裁决,而是外国裁决,则应当依照《纽约公约》当中规定的条件承认执行。

三、拒绝承认执行仲裁裁决的理由

一国承认与执行在另一国家作出的仲裁裁决的情形非常常见。执行地国法院承认执行仲裁裁决的依据有二：一是执行地国的国内法，主要体现在一国的民事诉讼法或仲裁法当中，法院根据本国法规定的程序和条件，作出是否承认与执行的裁定；二是执行地国缔结的双边或多边公约，如《纽约公约》。而《纽约公约》的意义在于，统一缔约国承认执行仲裁裁决的审查标准，避免因缔约国国内法中过分严苛的执行条件给国际仲裁活动带来阻碍，使得国际商事仲裁裁决能够在世界范围内最大程度地得到执行保障，从而提升国际商事仲裁作为争议解决机制的优先选择地位。根据《纽约公约》，拒绝承认执行仲裁裁决的理由分为两种：当事人主动证明事项和法院主动查明事项。

（一）当事人主动证明不予执行的情形

依照《纽约公约》第 5 条第 1 款，下列事项应当由当事人提出证据证明，如果当事人未提出证据证明，则法院无权主动审查下列事项：

1. 当事人无行为能力或裁决依据的仲裁协议无效

仲裁协议应依据执行地法院确立的仲裁协议的准据法认定其效力。根据《纽约公约》第 5 条第 1 款 a 项，如果存在当事人无相应行为能力，或协议根据当事人选择的仲裁协议准据法无效，或当事人没有指定仲裁协议的准据法时，根据裁决作出地国法协议无效。

2. 仲裁违反正当程序

根据《纽约公约》第 5 条第 1 款 b 项，违反正当程序存在两种情形：当事人没有得到指定仲裁员的适当通知；当事人没有得到仲裁程序开始的适当通知，使其失去了陈述案情的机会。

这两者本质上是正当程序的根本要求，若仲裁庭没有经过当事人同意就指定仲裁员或没有按照当事人的约定而组成，或仲裁程序开始的时间没有适当通知当事人，使其无法充分地陈述案情、提出主张和抗辩、举证与质证，使得当事人丧失了公平抗辩机会，则构成对当事人申辩权利的违反。所谓的适当是指充分、及时的通知，当事人以此能够知晓仲裁庭后续的活动并有所准备，如仲裁庭仅仅只是送达给被申请人仲裁规则的规定，但并没有详细地列明当事人的名称、案由、具体的答辩和组庭期限，或者仲裁通知没有使用仲裁约定的语言书写，如当事人约定仲裁语言是英语，但是通知是用中文书写并没有附上英文附件，使得当事人不明白仲裁程序即将开始，使其丧失了陈述意见的机会，可能就构成了不适当通知。又如申请人就某一事项提交了专家鉴定结论，但是仲裁庭并没有把该鉴定结论转交给被申请人，被申请人并不知晓该专家鉴定结论的存在，也就无法对此提出质证意见,丧失了陈述意见的机会,导致仲裁庭作出了不利于被申请人的裁决。如果仲裁庭履行了充分、及时的通知义务,但是当事人由于自身原因没有出庭,属于无正当理由拒绝出庭或者放弃抗辩的情形,则法院并不会据此支持当事人不予执行的抗辩。

3. 仲裁庭超越权限

仲裁庭的审理权限都来自于当事人的仲裁协议,如果审理的争议并不属于仲裁协议标的的范围,则由于缺乏当事人合意授权,不具有合法的权力来源,作出的仲裁裁决也就不具有执行力。比如仲裁庭将不属于仲裁协议缔约方的第三人作为被申请人,就申请人、被申请人和第三人三方的纠纷作出了仲裁裁决,可能构成了超越权限。根据《纽约公约》第5条第1款c项,如果仲裁庭裁决的事项与仲裁协议不符,或超出了仲裁协议的范畴,则属于不予承认执行的事项。不过,如果超越权限作出的这一部分裁决可以与其他部分分开,则可以部分地拒绝执行,其余的部分依旧可以得到承认执行。

4. 仲裁庭组成或仲裁程序不合当事人约定

《纽约公约》第5条第1款d项规定,仲裁庭的组成或仲裁程序与当事人之间的约定不符,或者当事人无此项约定时,与仲裁地法不符,裁决可能被拒绝执行。如当事人在仲裁协议当中约定,双方当事人各自指定一名仲裁员,第三名仲裁员由双方指定的仲裁员共同指定,仲裁庭由三名仲裁员组成。而在双方当事人分别指定各自的仲裁员后,这两名仲裁员并没有再共同指定第三名仲裁员,而是两名仲裁员共同就案件作出了裁决。尽管这种两人仲裁庭可能符合一些国家仲裁法律当中规定的两人仲裁庭的情形,若两名仲裁员达成一致意见无需再指定第三名仲裁员,但依旧由于与当事人协议约定的三人仲裁庭组成方式不符而可能被执行地法院拒绝承认执行。

5. 仲裁裁决无拘束力或已被撤销

依照《纽约公约》第5条第1款e项规定,若裁决对当事人尚不具有约束力,或者根据仲裁地国法已经被撤销、停止执行,则执行国法院可以拒绝承认执行。这一条是为了保证仲裁地国对于仲裁裁决的司法审查监督的权力,如果依照仲裁地国法,该仲裁裁决尚未生效,如有的国家规定该仲裁裁决可以在国内特定法院上诉,若上诉法院认定该仲裁裁决合法有效,则该裁决可以在执行地国得到承认执行。而若在上诉法院审理期间,胜诉方正在执行地法院申请承认执行该裁决,则执行地法院可以裁决尚无约束力为由,不予承认和执行。若执行地法院在仲裁地国法院作出撤销裁决之前就裁定执行,而该裁决后续被仲裁地国法院撤销,则有可能与国际礼让原则相冲突。

（二）法院依职权查明不予执行的情形

根据《纽约公约》第 5 条第 2 款的规定，即使当事人没有提出相应的抗辩理由，法院也应当主动审查的两种情形是：根据执行国法律该事项属于不可仲裁事项，以及仲裁裁决违反执行地国的公共政策。这两项规定为维护执行地国法院的公共秩序而设置，执行地国法院就此有自由裁量权。

1. 争议事项不具有可仲裁性

根据执行地国的国内法，如果仲裁协议当中约定的争议属于不可仲裁的事项，则该裁决无法得到执行地国的承认执行。如搁浅的军舰与外国海难救助公司签订合同后发生的争议，可能涉及国家主权豁免问题而不可仲裁。由于每个国家的国内法规定不同，在不可仲裁事项上略有差异，为了尊重各执行地国的司法权与仲裁自治之间权限划分的差异，仲裁裁决不能触及到执行地国不可仲裁事项。近些年来随着意思自治领域的扩张和对争议解决效率与专业性的需求，曾经很多不可仲裁的事项，在一些国家也被纳入或部分纳入了可仲裁的范围，如证券争议、反托拉斯争议都可以进行仲裁，知识产权争议当中的合同争议和侵权事项都可以仲裁。因此，某一争议是否可以提交仲裁需要交由执行地国法院来判断。

2. 仲裁裁决的执行违反公共政策

公共政策涉及一国国内最根本的法律原则、根本利益、普遍道德观念。由于每个国家对于公共政策内涵的理解不同，《纽约公约》将其交由各缔约国自行解释，从而使得各缔约国能够在广泛的国际商事活动中保护本国最基本的法律秩序。有的国家将惩罚性赔偿纳入了公共政策范畴，也有的国家将欺诈、腐败贿赂纳入公共政策范畴，尽管各国理解不同，但只对严重地、明显地违反公共政策的仲裁裁决，谨慎地拒绝承认执行，已经成为缔约国的基本共识。

四、仲裁裁决在我国的承认与执行

根据我国《仲裁法》规定，仲裁裁决存在撤销和不予执行两种制度。国内仲裁裁决可以申请撤销和不予执行，涉外仲裁裁决（我国涉外仲裁机构作出的裁决在我国境内作出）同样可以申请撤销和不予执行，而国外仲裁机构的裁决往往由于仲裁地不在我国，只能向我国法院申请不予承认执行。我国当前仲裁法关于仲裁裁决的籍属问题，尚未采用领域标准，而是采用机构标准来判断，对于这个问题将在理论专题部分予以阐述。此处重点讨论涉外仲裁裁决和外国仲裁裁决在我国的承认执行。需要注意的是，这些仲裁裁决在撤销或承认执行的过程中，法院援引的法律依据不同。人民法院对申请执行我国内地仲裁机构作出的非涉外仲裁裁决案件的审查，适用《民事诉讼法》第 244 条的规定，对申请执行我国内地仲裁机构作出的涉外仲裁裁决案件的审查,适用《民事诉讼法》第281条的规定。人民法院原则上只能对被申请人主张的不予执行仲裁裁决事由进行审查,对被申请人未主张的事由或其主张事由超出《民事诉讼法》第244条第2款、第281条第1款规定的法定事由范围的,不予审查。而对于公共政策事项,则属于法院主动审查的范围,法院将根据《民事诉讼法》第244条第3款、第281条第2款的规定,依职权审查执行裁决是否违反社会公共利益。

(一) 承认执行仲裁裁决的法院

关于申请不予执行的法院,无论是涉外仲裁裁决还是国外仲裁机构的裁决都应当到被申请人住所地或财产所在地的中级人民法院申请。现行《民事诉讼法》第280条规定,经中华人民共和国涉外仲裁机构裁决的,当事人不得向人民法院起诉。一方当事人不履行仲裁裁决的,对方当事人可以向被申请人住所地或者财产所在地的中级人民法院申请执行。第290条规定,国外仲裁机构的裁决,需要中华人民共和国人民法院承认和执行的,应当由当事人直接向被执行人住所地或者其财产所在地的中级人民法院申请,人民法院应当依照中华人民共和国缔结或者参加的国际条约,或者按照互惠原则办理。

(二) 承认与执行仲裁裁决的程序

申请承认与执行的期限为两年,自法律文书规定履行期间的最后一日起算。无论是我国仲裁机构在我国境内作出的涉外仲裁裁决还是国外仲裁机构作出的裁决,都应当遵循报核制度,若裁定不予执行,则应当向本辖区所属高级人民法院报核;高级人民法院经审查拟同意的,应当向最高人民法院报核。待最高人民法院审核后,方可依最高人民法院的审核意见作出裁定。当事人在申请承认执行时,可以申请财产保全,法院可以参照民事诉讼法及相关司法解释的规定执行。申请人应当提供担保,不提供担保的,裁定驳回申请。

(三) 承认与执行仲裁裁决的理由

而对于申请承认执行的理由,对于我国仲裁机构在我国境内作出的涉外仲裁裁决,依照现行《民事诉讼法》第281条审查:对中华人民共和国涉外仲裁机构作出的裁决,被申请人提出证据证明仲裁裁决有下列情形之一的,经人民法院组成合议庭审查核实,裁定不予执行:(一) 当事人在合同中没有订有仲裁条款或者事后没有达成书面仲裁协议的;(二) 被申请人没有得到指定仲裁员或者进行仲裁程序的通知,或者由于其他不属于被申请人负责的原因未能陈述意见的;(三) 仲裁庭的组成或者仲裁的程序与仲裁规则不符的;(四) 裁决的事项不属于仲裁协议的范围或者仲裁机构无权仲裁的。人民法院认定执行该裁决违背社会公共利益的,裁定不予执行。从该条规定可见,我国仲裁机构在我国境内作出的涉外仲裁裁决的撤销与不予执行的情形完全相同,也与《纽约公约》的规定类似。被裁定不予执行后,当事人可以根据双方达成的书面仲裁协议重新申请仲裁,也可以向人民法院起诉。

而对于国外仲裁机构作出的裁决,则应当依照《纽约公约》或双边司法协助协议、互惠原则审查。首先,申请人应当提供《纽约公约》当中规定提交的材料。若提交的材料不符合《纽约公约》第4条规定的,人民法院应当认定其申请不符合受理条件,裁定不予受理。已经受理的,裁定驳回申请。其次,人民法院适用《纽约公约》审理申请承认和执行外国仲裁裁决案件时,应当根据《纽约公约》第5条的规定,对被申请人主张的不予承认和执行仲裁裁决事由进行审查。对被申请人未主张的事由或者其主张事由超出《纽约公约》第5条第1款规定的法定事由范围的,人民法院不予审查。人民法院应当根据《纽约公约》第5条第2款的规定,依职权审查仲裁裁决是否存在裁决事项依我国法律不可仲裁,以及承认和执行仲裁裁决是否违反我国公共政策。再次,在认定是否符合约定的仲裁程序时,若当事人在仲裁协议中约定"先协商解决,协商不成再提请仲裁"的,一方当事人未经协商即申请仲裁,另一方当事人以对方违反协商前置程序的行为构成《纽约公约》第5条第1款丁项规定的仲裁程序与各方之间的协议不符为由主张不予承认和执行仲裁裁决的,人民法院不予支持。最后,在认定公共政策时,如人民法院生效裁定已经认定当事人之间的仲裁协议不成立、无效、失效或者不可执行,承认和执行该裁决将与人民法院生效裁定相冲突的,应当认定构成《纽约公约》第5条第2款乙项规定的违反我国公共政策的情形。

拓展阅读

1. 有关仲裁裁决籍属的认定,可阅读高晓力:《司法应依仲裁地而非仲裁机构所在地确定仲裁裁决籍属》,载《人民司法》2017年第20期;陈力:《ICC国际仲裁院在我国作成的仲裁裁决的承认与执行——兼论〈纽约公约〉视角下的"非内国裁决"》,载《法商研究》2010年第6期;刘晓红:《非国内仲裁裁决的理论与实证论析》,载《法学杂志》2013年第5期。

2. 有关仲裁裁决书的种类、作成、撤销与执行,可阅读杨良宜:《仲裁法——从开庭审理到裁决书的作出与执行》,法律出版社2010年版,第429—768页。

3. 有关仲裁裁决撤销,可阅读张卫平:《仲裁裁决撤销程序的法理分析》,载《比较法研究》2018年第6期;宋连斌、颜杰雄:《申请撤销仲裁裁决:现状、问题、建言》,载《法学评论》2013年第6期;傅攀峰:《未竟的争鸣:被撤销的国际商事仲裁裁决的承认与执行》,载《现代法院》2017年第1期。

4. 有关仲裁裁决的承认与执行,可阅读张圣翠:《论我国仲裁裁决承认与执行制度的矫正》，载《上海财经大学学报》2013 年第 1 期；杜新丽：《论外国仲裁裁决在我国的承认与执行——兼论〈纽约公约〉在中国的适用》，载《比较法研究》2005 年第 4 期；高晓力：《中国法院承认和执行外国仲裁裁决的积极实践》，载《法律适用》2018 年第 5 期。

5. 有关撤销以及承认执行仲裁裁决中公共政策的考量，可阅读何其生：《国际商事仲裁司法审查中的公共政策》，载《中国社会科学》2014 年第 7 期。

思考题

1. 仲裁裁决撤销后当事人能否就相同纠纷继续提交仲裁解决？
2. 仲裁调解书、仲裁决定书、驳回仲裁申请的裁决书能否撤销？
3. 我国是如何界定国内仲裁裁决、涉外仲裁裁决以及外国仲裁裁决的？
4. 撤销仲裁裁决与不予执行仲裁裁决之间是什么关系？两者的审查事由是否应当一致，或不一致的话，为什么？

案例分析

【案例一】 巴黎上诉法院撤销 ICC 仲裁裁决案

本案争议涉及在喀麦隆的主要港口和商业中心杜阿拉经营集装箱港口码头的特许权协议。2004 年，DIT（法国企业集团 Bollore 与 A. P. Moller-Maersk 组成的财团）和 Douala Port Authority（DPA）之间达成了特许权协议。双方就特许区的集装箱和货物储存费的分配产生了争议，DPA 要求 DIT 就此进行赔偿。2018 年，DPA 对特许权进行了新的公开招标；DIT 认为该招标的条件使其被排除在外，并拒绝参与。2019 年 1 月，DIT 根据特许权协议对 DPA 提起了国际商会仲裁。国际商会仲裁庭于 2020 年 11 月 19 日作出部分裁决，认定其对本案争议具有管辖权，认定 DPA 新招标将 DIT 排除在外违反了特许权协议，并要求 DPA 组织一次新的招标，并给出了计算损失的详细方法，同时驳回了 DIT 关于精神损害赔偿的请求和 DPA 的反请求。

2020 年 12 月 14 日，DPA 向巴黎上诉法院申请撤销上述裁决。2021 年 4 月 1 日，DIT 前代理人伊曼纽尔·盖拉德突然去世。当月，该案首席仲裁员 Thomas Clay 发表了对盖拉德先生的悼词，赞扬了他作为学者和仲裁员的杰出水平，并表示两个人一直是朋友。2021 年 4 月 20 日，DPA 依据上述悼词中的披露在仲裁程序中对 Thomas Clay 提出挑战。2021 年 5 月 12 日，国际商会仲裁院驳回了这一挑战。

　　DPA 在申请撤销仲裁裁决程序中继续以 Thomas Clay 没有披露其与 DIT 的前代理人伊曼纽尔·盖拉德的亲密私人关系为由提出撤销仲裁裁决申请。DIT 抗辩称，根据《法国民事诉讼法典》第 1466 条的规定，DPA 已经放弃了在撤裁阶段主张 Clay 先生缺乏独立性和公正性的权利。

　　巴黎上诉法院认为，依照《法国民事诉讼法典》第 1466 条，未及时对已知的不端行为提出异议的一方，应视为放弃了在撤销仲裁裁决阶段依赖这一不端行为的权利。这一弃权条款适用于《法国民事诉讼法典》规定的所有撤裁理由，但关于违反国际公共政策的事由除外。此外，法院指出，根据 2017 年国际商会仲裁规则第 14.2 条，关于仲裁员的挑战必须在知道引起挑战的事实后 30 天内提出。法院同意 DPA 的主张，即 Clay 先生和盖拉德先生之间的友谊是在 Clay 先生 2021 年 4 月 15 日所写的悼词中首次披露的。考虑到 DPA 在上述悼词发表后迅速在仲裁中对 Clay 先生提出挑战，法院认为 DPA 没有弃权。巴黎上诉法院强调，根据国际商会仲裁规则和法国仲裁法，仲裁员和律师之间密切的职业和个人关系必须披露。根据《法国民事诉讼法典》第 1520 条，如果"仲裁庭的组成不适当"，可以撤销裁决。此外，《法国民事诉讼法典》第 1456-2 条规定，仲裁员应持续披露"可能影响其独立性或公正性的任何情况"。

　　虽然《法国民事诉讼法典》没有详细规定这一披露义务，但国际商会仲裁规则第 11 条规定要求披露"任何可能对仲裁员的公正性产生合理怀疑的情况"。此外，国际商会《就仲裁程序致当事方和仲裁庭的说明》(Note to Parties and Arbitral Tribunals on the Conduct of the Arbitration) 明确规定，仲裁员与一方当事人的律师或律师事务所之间的"密切个人关系"应予披露。因此，Clay 先生有责任披露任何可能引起合理知情者对其公正性和独立性产生合理怀疑的事实（包括与一方律师的密切个人关系）。

　　本案中，除了 Clay 先生和盖拉德先生之间的友谊关系外，DPA 还主张 Clay 先生还与申请人在仲裁中指定的 Barbier 先生关系密切，而 Barbier 先生的妻子在本案仲裁启动前曾在 Shearman & Sterling 律师事务所工作。法院认为，这些事实仅仅表明 Barbier 先生曾与 Clay 先生一起担任过博士生答辩组成员。"律师和法学教授之间可能存在的专业联系，特别是在国际仲裁领域，尤其是在博士级别的学术领域和博士生答辩组，就其性质而言，并不意味着存在国际商会说明中所说的'密切'的专业或个人关系"。法院还认为，Barbier 先生的妻子曾在 Shearman & Sterling 律师事务所工作这一事实无关紧要，认为 Clay 先生没有理由要披露这一情况。法院同样认为，对于 Clay 先生和盖拉德先生之间过去的学术关系，也没有必要披露，但就 Clay 先生和盖拉德先生之间的私人友谊而言，情况有所不同。虽然法院也同意 DIT 的观点,即悼词的内容包含了"葬礼悼词中固有的夸张成分",但法院认为,悼词中也详细表明了两个人之间的密切友谊。例如,Clay 先生说,他曾就"每一个重要的决定"咨询过盖拉德先生,而且盖拉德先生曾向 Clay 先生倾诉(而他通常不这样做)。对法院来说,这些细节只能导致两个人之间存在着"密切的个人关系"的结论。虽然 Clay 先生曾在国际商会仲裁院表示自 2019 年以来没有见过盖拉德先生本人,但法院认为这一说法无关紧要,因为仲裁是在 2019 年 1 月提起的,Clay 先生本应披露这些关系。法院接下来指出,只有在当事人认为相关事实对仲裁员的独立性和公正性产生合理怀疑的情况下,未披露相关事实才有理由撤销裁决。对法院来说,一位学者向另一位学者致敬的事实,以及这种类型中固有的夸张,不足以对仲裁员的独立性和公正性产生合理的怀疑。但是,法院也注意到在悼词中 Clay 先生明确表示,他期待着一个由盖拉德先生担任律师、Clay 先生担任仲裁员的案件的审理(似乎暗指本案仲裁)。因此,法院认为,悼词使 DPA 有理由怀疑 Clay 先生是否能完全独立和公正地裁决该案。据此,上述仲裁裁决应予以撤销。

从该案有限的案情来看,ICC 作出的裁决是什么类型的裁决?是否具有终局效力和可执行力?本案中撤销仲裁裁决的请求应当向哪一个机构提出,适用何法律进行审查?仲裁员与代理人之间的私人关系是否可以视为撤销仲裁裁决的理由?本案中 Clay 与盖拉德的关系以及 Clay 与 Barbier 的关系是否可以构成对仲裁员公正性提出挑战的理由?

【案例二】 M 银行申请承认执行新加坡仲裁裁决案

M 银行是一家在澳大利亚注册并经澳大利亚证券与投资委员会许可的金融服务机构。2017 年 9 月 2 日,M 银行与案外人 H(新加坡)有限公司(以下简称 H 公司)签订了一份《保证合同》,约定被申请人 W 集团有限公司(以下简称 W 公司)为案外人 H 公司与申请人之间的全部现有及将来的原油买卖交易提供担保。《保证合同》约定,"因本保证合同及其签订而引起或与之有关的任何和所有纠纷或其他分歧,包括有关其成立、有效性、撤销或终止的任何问题,应根据当时有效的新加坡国际仲裁中心的仲裁规则在新加坡提交仲裁,并通过该等仲裁得到终局性解决"。2019 年 12 月 18 日,申请人与 H 公司签署相关原油买卖合同,申请人依约履行了合同。而 H 公司未履行其支付货款的义务,被申请人亦未承担保证责任。

2020 年 2 月 25 日,申请人针对被申请人向新加坡国际仲裁中心提起仲裁,要求被申请人为 H 公司的未付债务承担保证责任。2020 年 10 月 5 日,新加坡国际仲裁中心仲裁庭正式作出仲裁裁决,裁决被申请人立即向申请人支付本金、利息、仲裁费用等。2021年2月4日,M银行依据中国《民事诉讼法》和《纽约公约》向上海金融法院申请承认与执行仲裁裁决。

审理中,W公司辩称,本案存在《纽约公约》第5条规定的情形,不应予以承认及执行。理由是:(1)案涉《仲裁裁决》主体有误,该裁决书上主体名称为"XXX HOLDINGS GROUP CO.,LTD",并非W公司在山东省某区工商局和国家外汇管理局中备案登记的英文名称,即分别为China XXX Group Co.,Ltd与XXX HOLDING GROUP CO.,LTD。(2)申请人M银行向法院提交的《保证合同》每页无小签、无骑缝章、存在多次改动,属于瑕疵证据,不能作为确定被申请人应承担担保责任的依据。(3)本案的《仲裁裁决》是在被申请人缺席审理的情形下作出的,因疫情原因被申请人W公司未收到有效的送达,剥夺了被申请人举证及抗辩的权利,该裁决程序错误,不应予以承认及执行。(4)仲裁庭中一名仲裁员的所属律师事务所被我国制裁,故该裁决本身有失公正。(5)被申请人系从事液化气管道业务影响到社会民生工程的中国企业,符合商务部关于《阻断外国法律与措施不当域外适用办法》规定。(6)本案中申请承认及执行的金额在本金扣减保证金后应为51,710,878.96美元。上海金融法院经审查认为,案涉仲裁裁决由新加坡国际仲裁中心在新加坡领土内做出,鉴于我国和新加坡均为《纽约公约》缔约国,根据我国《民事诉讼法》第283条之规定,案涉仲裁裁决的承认和执行应当适用《纽约公约》的相关规定进行审查。

你认为上海金融法院是否应当承认执行该仲裁裁决?当事人提出的理由是否符合不予执行的条件?

第十章 区 际 仲 裁

为什么要单独讨论区际仲裁？区际商事仲裁与国际商事仲裁之间存在哪些区别？同一主权国家中不同法域的商事仲裁制度是否需要统一？如何协调区际仲裁中的法律冲突？什么是区际仲裁裁决执行的安排？为什么区际仲裁裁决不能按照《纽约公约》等条约予以执行？区际仲裁裁决执行与仲裁保全的安排一般涵盖了哪些内容，其在区际仲裁中发挥着什么样的功能和作用？这些是本章将要介绍的重点内容。

第一节 区际仲裁概论

本书以专章形式讨论"区际仲裁"，是因为"区际仲裁"既不同于"国内仲裁"，也有别于"国际商事仲裁"，在部分问题上具有特殊性。

从字面理解，"区际"意指"地区之间"。但在法学概念中，"区际"往往理解为"法域之间"，"法域"亦是探讨区际仲裁和区际法律冲突无法回避的重要概念。一般认为，法律有效管辖的范围，称为"法域"。[①] 但"法域之间"又不完全等同于"区际"。例如，法域之间的法律冲突包括了国家与国家之间的法律冲突和一国内部不同法域的冲突，而区际往往意指"一个主权国家内部的不同法域之间"。

比较而言，国际商事仲裁往往用以解决具有涉外因素的商事纠纷，即商事纠纷中的主体、客体、内容三要素中至少有一项与境外存在联系；国内仲裁是一国内部的仲裁制度，主要用以解决国内当事人之间的商事纠纷。而区际仲裁是指"不同法域的当事人就具有区际因素的商事争议于争议前或争议后达成仲裁合意，约定将已发生或将要发生的争议提交指定仲裁机构或临时仲裁庭按约定或仲裁庭指定仲裁规则进行审理并作出裁决，而由法院予以监督和执行的一种区际商事争议解决制度"[②]。

[①] 黄进：《区际冲突法研究》，学林出版社1991年版，第1页。
[②] 詹礼愿：《中国区际商事仲裁制度研究》，中国社会科学出版社2007年版，第25页。

一国国内存在法律冲突,是立法不统一的结果。复合法域的主权国家可以同时存在不同的仲裁制度是区际仲裁问题产生的源头。在不违反宪法的前提下,各法域的仲裁法对于仲裁协议、仲裁员选任、仲裁程序等具体内容可以作出不同规定。区际仲裁所讨论的重点不在于如何统一不同法域之间的仲裁制度,而在于如何跨法域承认、执行不同法域所作出的仲裁裁决,发挥仲裁在商事交易领域中定分止争的功能以促进不同法域之间的经贸往来。

党的二十大报告指出,"'一国两制'是中国特色社会主义的伟大创举,是香港、澳门回归后保持长期稳定繁荣稳定的最佳制度安排,必须长期坚持。"[①]我国作为一个复合法域的国家,允许不同法域下存在不同商事仲裁制度,并形成了一系列跨法域承认、执行仲裁裁决的安排,这既是我国"坚持中央全面管治权和保障特别行政区高度自治权相统一"的体现,也是我国不断"提升全面治理能力和管治水平,完善特别行政区司法制度和法律体系,促进香港、澳门长期繁荣稳定"的表现。

第二节 我国区际仲裁中的法律冲突

一、我国区际仲裁法律冲突的产生

一般而言,单一制国家比联邦制国家的立法统一化程度要高。但即便在单一国家内,由于存在多个不同层次的立法机关,也不能完全实现立法的统一化。不同的立法主体可能会导致出现不同法律调整同一社会关系上的法律适用上的冲突。根本而言,法律冲突的产生源于宪法,其解决方法也有赖于宪法。就我国而言,冲突法意义上的国内法律冲突表现为三个方面:一是我国参加的国际条约与国内立法之间的冲突;二是不同地方性立法之间的冲突;三是不同法域之间的法律冲突。[②] 应当认为,我国区际仲裁中的法律冲突属于第三类,是不同法域之间因仲裁法律制度差异产生的冲突。

在"一国两制"的政治构想之下,中、英两国于 1984 年 12 月 19 日签署了《中华人民共和国政府和大不列颠及北爱尔兰联合王国政府关于香港问题的联合声明》,中、葡两国于 1987 年 3 月 26 日签署了《中华人民共和国政府和葡萄牙共和国政府关于澳门问题的联合声明》。随后,1990 年 4 月 4 日第七届全国人民代

---

① 习近平:《高举中国特色社会主义伟大旗帜 为全面建设社会主义现代化国家而团结奋斗——在中国共产党第二十次全国代表大会上的报告》,http://www.gov.cn/xinwen/2022-10/25/content_5721685.htm,访问时间:2023 年 3 月 15 日。

② 袁发强:《宪法对冲突法的影响》,法律出版社 2007 年版,第 286 页。

表大会第三次会议通过了《中华人民共和国香港特别行政区基本法》(以下简称《香港基本法》),1993年3月31日第八届全国人民代表大会第一次会议通过了《中华人民共和国澳门特别行政区基本法》(以下简称《澳门基本法》)。依据上述两个联合声明和两部基本法,中国政府分别于1997年和1999年恢复行使了对香港和澳门的主权。将台湾地区考虑在内,中国实际上呈现出"一国两制三法系四法域"局面。① 这四个不同的法域分别是:我国内地社会主义法律制度、香港普通法制度、澳门源于葡萄牙的大陆法系法律制度和我国台湾地区的大陆法系制度。

基于我国的政策国情和商事仲裁的特点,可以认为我国的区际仲裁是"在'一国两制'体制下,各法域的当事人就具有区际因素的商事争议约定将已发生或将要发生的争议提交仲裁的争议解决制度"。② 由于海峡两岸暨香港、澳门的法律体系和制度的不同,其仲裁制度也存在着差异。我们可以通过比较以下三种情形来进一步理解我国的区际仲裁:

第一种:居住在港澳台地区的外国自然人,包括持英国、葡萄牙本土护照的华人,或者港澳台同胞在外国登记成立的企业法人,与内地的自然人、法人或者与港澳台地区的自然人、法人之间因经济纠纷提起仲裁。在这种情况下,因为纠纷中的主体涉外,应当属于国际商事仲裁而非区际仲裁。

第二种:港澳台同胞在内地登记设立的企业法人,与内地的自然人、法人之间签订了履行地为内地且客体亦位于内地的合同。当事方因合同纠纷而提起的仲裁,应当属于普通的国内商事仲裁(或称之为"纯域内商事仲裁"),而不属于区际仲裁。这是因为该企业属于内地法人,该法律关系中不存在任何位于不同法域的域外因素。

第三种:港澳台同胞在内地登记设立的企业法人,与港澳台地区的自然人、法人之间因经济纠纷提起仲裁,则因其主体分属不同的法域,故该仲裁属区际仲裁。③

二、港、澳、台地区仲裁法律制度的差异

我国海峡两岸暨香港、澳门地区的仲裁立法和仲裁制度由于历史、文化和社会环境的差异,存在诸多不同,区际仲裁所处理的争议往往涉及我国不同的法域,仲裁庭在审理、裁决过程中,将面临与区际民商事诉讼相类似的法律冲突和

---

① 黄进:《论宪法与区际法律冲突》,载黄进主编:《我国区际法律问题探讨》,中国政法大学出版社2012年版,第3页。
② 詹礼愿:《中国区际商事仲裁制度研究》,中国社会科学出版社2007年版,第25页。
③ 洪莉萍:《试论在中国区际商事仲裁》,载《国际商务——对外经济贸易大学学报》2009年第6期。

法律适用的问题,这是不同法域之间仲裁制度存在差异所引起的。

(一) 香港特别行政区仲裁制度

从历史沿革来看,香港地区的仲裁制度的成文法化肇始于1963年由港督第22号令所发布的《香港仲裁条例》,其被列为香港法律第341章。该法是以英国1951年《仲裁法》为蓝本所制定的一部法规,其采取了区分国际仲裁和本地仲裁的两分制度。在香港仲裁制度的发展史上有两个值得注意的重要事件:其一,1979年4月,英国依据1975年《仲裁法》的规定,将《纽约公约》扩大适用于香港地区。由此,《香港仲裁条例》(香港法律第341章)增订了第四部分"公约裁决的执行",也使得香港地区的仲裁裁决可以被《纽约公约》的缔约方承认和执行;其二,香港在1990年4月将联合国贸易法委员会《示范法》纳入了《香港仲裁条例》,率先成为当时采用《示范法》的少数地区,也推动了香港国际仲裁中心(Hong Kong International Arbitration Center, HKIAC)成为世界领先的仲裁服务机构。

当前,2011年6月1日生效的《香港仲裁条例》(香港法律第609章)取代了1963年的《香港仲裁条例》(香港法律第341章),是目前香港仲裁制度最主要的立法渊源。从这部法律的内容上看,香港地区的仲裁制度存在着自身的特点。例如,其对"仲裁标的"之规定最为宽泛。仲裁标的即可仲裁事项。2011年生效的《香港仲裁条例》仅在释义部分对"争议"宽泛地解释为"分歧",而未做过多限制。这是最大限度尊重当事人意思自治的表现。再如,其对"仲裁协议"的书面形式要求作了详尽、细致的规定。现行《香港仲裁条例》第19条第1款对仲裁协议作出了详细的界定,充分列举了仲裁协议的形式,并规定了构成仲裁协议的特殊情况。①

(二) 澳门特别行政区仲裁制度

澳门地区仲裁制度的形成可以追溯至1962年《葡萄牙民事诉讼法典》第四

---

① 《香港仲裁条例》(2011年第38号法律公告)第19条第2款、第3款。具体条款为,"仲裁协议的内容以任何形式记录下来的,即为书面形式,无论该仲裁协议或合同是以口头方式、行为方式还是其他方式订立的。电子通信所含信息可以调取以备日后查用的,即满足了仲裁协议的书面形式要求;其中,'数据电文'是指经由电子手段、磁化手段、光学手段或类似手段生成、发送、接收或储存的信息,这些手段包括但不限于电子数据交换、电子邮件、电报、电传或传真。

仲裁协议如载于相互往来的索赔声明和抗辩声明中,且一方当事人声称有协议而另一方当事人不予否认的和在合同中提及载有仲裁条款的任何文件的,只要此种提及可使该仲裁条款成为该合同一部分,即构成书面形式的仲裁协议。

在不影响第19条第1款的原则下,仲裁协议如符合以下规定,即属以书面订立:

(a) 该协议是载于文件之内的,不论该文件是否由该协议的各方签署;或

(b) 该协议虽然并非以书面订立,但却是在该协议的每一方的授权下,由协议的其中一方或由第三者记录下来的。"

卷中有关仲裁的规定在澳门的延伸适用。尽管葡萄牙民事诉讼改革一度中止了仲裁制度在澳门的适用,但澳门在1991年8月29日通过《澳门司法组织纲要法》(第112/91号法律),确立了仲裁制度的框架。① 随后,澳门立法会在此基础上于1996年制定并出台了M/29/96/M号法令。该法令在内容上涵盖了仲裁协议的形式、仲裁庭的组成、仲裁员的选任、仲裁程序、仲裁裁决等部分。需要指出的是,这部法律尚未规定有关涉外仲裁的处理问题。为解决涉外仲裁立法缺失的问题,澳门在1998年11月23日出台了《涉外商事仲裁专门制度》,旨在有效吸引外资和配合发展对外贸易政策。② 《涉外商事仲裁专门制度》主要参照《示范法》并结合澳门的司法制度和实践情况而制定,其将澳门的仲裁制度界分为了本地仲裁和涉外仲裁。但不论是本地仲裁抑或是涉外仲裁,关于仲裁协议和仲裁裁决的执行都需要适用《澳门特别行政区民事诉讼法典》相关规定。整体而言,澳门现行的仲裁法规体系较为复杂,其包括法典、法令、规章、国际公约和区际安排。③

(三) 台湾地区仲裁制度

台湾地区的仲裁制度起源于北洋政府时期的"公断"。1921年颁布并于1935年修订的《民事公断暂行条例》规定了仲裁可适用于一般民事争议,但其在实践中主要用以解决商务争议。

1955年,台湾地区核准设立"商务仲裁协会"。为适应商务仲裁的需要,台湾地区于1961年1月通过并发布了"商务仲裁条例"。1998年6月24日,台湾地区在原"商务仲裁条例"的基础上进行了修订并将其更名为"仲裁法"。当前,台湾地区现行的"仲裁法"共历经2002年、2009年、2015年三次修订,在体例上共计八章、五十六条,涵盖了仲裁协议、仲裁庭、仲裁程序、仲裁判断之执行、撤销仲裁判断之诉、和解与调解、外国仲裁判断和附则。

台湾地区的"仲裁法"广泛借鉴了英、美、德、日等国家的仲裁制度,并且着重吸收了《示范法》的相关规则,其立法思想和集体规范符合仲裁制度的发展趋势,既注重扩大当事人意思自治的程度与范围,又赋予仲裁庭较大的裁量权;而在法院与仲裁庭的关系上,台湾仲裁制度强调"更多之协助"与"更少之干预",维护仲裁机制中权力与权利的平衡。④ 台湾地区的仲裁制度和大陆之间存在差异,例如在仲裁裁决的执行上,台湾地区不区分涉外仲裁和本地仲裁,仅要求法

---

① 《澳门司法组织纲要法》第5条第2款规定:"得设立仲裁庭,并得设非司法性质之方法及方式,以排除冲突。"
② 刘高龙、赵国强主编:《澳门法律新论》(下卷),社会科学文献出版社2011年版,第1085页。
③ 赵琳琳:《澳门司法制度新论》,社会科学文献出版社2016年版,第288页。
④ 齐树洁主编:《台湾地区民事诉讼制度》,厦门大学出版社2016年版,第425页。

院对裁决的程序问题进行审查,审查的范围较小。[1]

三、区际仲裁中的法律选择问题及其解决路径

(一) 区际仲裁中的法律选择问题

区际法律冲突和区际法律选择是我国"一国两制三法系四法域"局面下无法回避的现实问题,其随着我国区际民商事交往、区际商事纠纷的产生和解决而不断显现。因此,区际法律冲突和法律选择的问题也会在区际商事仲裁领域出现。具体而言,区际商事仲裁中的法律冲突和法律选择问题可能会表现在以下方面:

(1) 属人法的法律冲突。区际仲裁中的属人法包括选任仲裁员的资格所适用的属人法、仲裁协议有效性判断中契约主体应当具备的权利能力和行为能力所适用的属人法。

(2) 仲裁管辖权的法律冲突。仲裁的管辖权依据是仲裁协议。不同法域对仲裁协议的有效性规范存在着差异,而不同法域下的作为仲裁监督机关的法院在审查仲裁协议有效性时,往往依据法院地法加以审查。由此,在仲裁管辖上会产生判断仲裁协议有效性的法律适用冲突。

(3) 实体法的法律冲突。仲裁庭在审理某一含区际因素的商事争议时,都会涉及某一法域具体的实体法之适用。例如,动产或不动产的物权争议问题、违约问题、股权转让问题等实体纠纷中应当适用哪一法域之法的问题。

(二) 我国区际仲裁法律冲突的解决路径

就一般理论而言,区际法律冲突的解决包括区际冲突法和区际统一实体法两种解决途径。在区际冲突法的解决途径下,又包括制定全国统一的实体法、制定仅适用于部分法域的统一实体法、各法域采用相同或类似的实体法以求得统一、多法域的统一。[2] 在商事仲裁方面,海峡两岸暨香港、澳门四个法域都以《示范法》为蓝本,发布或修改了自己的仲裁法律制度。尽管四个法域的仲裁制度呈现一定的相似性,但仍存在着制度差异和法律冲突。

解决区际法律冲突较为常见的方法主要有当事人协议选择仲裁准据法和适用仲裁地法。其中,对于商事合同的实体问题、合同有效性、仲裁协议有效性等问题,较为常见的是通过当事人协议选择准据法之方法以解决法律冲突;在仲裁裁决的撤销和仲裁程序等问题上,较为常见的则是通过仲裁地法的适用来解决法律冲突的问题。

---

[1] 王利明:《海峡两岸仲裁立法的比较研究》,载《法学评论》2004年第1期。
[2] 韩德培:《国际私法新论》,武汉大学出版社2003年版,第309—311页。

诚然,区际统一实体法即统一各法域的仲裁制度同样也可以解决区际仲裁法律冲突的问题。但如前所述,一方面,在我国"一国两制"的局面下,四个法域存在不同的法律体系,不同法域之间的仲裁制度难以统一;另一方面,一国的国内法律体制也并不会因立法程度的高度统一而愈发优越。更为重要的是,区际仲裁的重点不在于同化各法域的仲裁制度,而在于如何积极推动不同法域之间相互承认、执行跨法域的仲裁裁决,以推动区际经贸往来和商业繁荣。有鉴于此,本章的重点在于第三、四节,讨论区际仲裁之间如何实现司法协作,尤其是如何解决各法域之间相互承认与执行仲裁裁决的问题。

第三节 我国区际仲裁中的司法协助

一、区际司法协助

理解"区际司法协助"概念有助于理解"区际仲裁中的司法协助"。一般地,我国不同法域之间的法律适用冲突可以参照适用国际私法的基本规定。这种参照适用在法律适用和确定管辖权方面比较容易进行,因为在这方面通常不会涉及不同区域法院之间的相互合作问题。各法域的法院只需要根据自己的法律确定本法院的管辖权和应适用的法律。但是在跨境送达、调查取证和判决的承认与执行方面,就很难套用国际民事诉讼程序中的规定。因为在这些领域,通常是通过国家间的司法协助来进行的,而这种司法协助大都是基于各国间的多边或双边条约的规定,或者通过外交途径。而在我国海峡两岸暨香港、澳门地区之间的民事司法合作中,由于是在一国框架之下,所以无法借助于国际条约,也不能采取外交途径。

我国香港地区和澳门地区在回归祖国之前,分别通过英国和葡萄牙加入了一些有关国际司法协助的国际条约,如香港参加了1961年的《海牙取消外国公文认证要求公约》、1965年的《海牙送达公约》、1970年的《海牙取证公约》和1958年的联合国《纽约公约》。[①] 但是,无论是在香港和澳门回归前还是回归后,香港和澳门都不是这些条约的独立缔约方。在香港和澳门回归祖国前,对于我国内地和香港、澳门共同适用的国际条约,我国内地和香港、澳门之间可以依照该国际条约的规定。例如1992年3月4日,最高人民法院、外交部、司法部联合发出《关于执行〈关于向国外送达民事或商事司法文书和司法外文书公约〉有关

---

① 关于国际条约在香港和澳门特别行政区适用的具体情况见王西安:《国际条约在中国特别行政区的适用》,广东人民出版社2006年版;饶戈平、李赞:《国际条约在香港的适用问题研究》,中国民主法制出版社2008年版。

程序的通知》①,最高人民法院经征询国务院港澳办公室的意见后规定,香港最高法院和内地人民法院送达司法文书和司法外文书,可以参照该通知的有关规定办理。②

二、区际仲裁的司法协助

区际仲裁司法协助是指复合法域国家的某一法域的法院或其他主管机关,根据另一法域法院或其他主管机关或有关当事人的请求,代为实施或协助与仲裁有关的特定事项,通常包括区际商事仲裁的相互承认与执行、区际商事仲裁裁决临时措施的协助执行和相关文书送达等。一般而言,在区际仲裁司法协助过程中,最为重要的是跨法域的商事仲裁裁决的承认与执行。

在香港、澳门回归之后,由于香港、澳门和内地都同属一个中国,因而在不同法域之间不能适用国际条约的规定。例如,在 1997 年 7 月 1 日之前,我国内地仲裁机构作出的仲裁裁决可以依照《纽约公约》的规定,在香港申请承认与执行。在实践中,截至 1997 年 7 月 1 日之前,我国内地有 160 多件仲裁裁决都是通过这种途径在香港得到承认与执行的。但是在 1997 年 7 月 1 日之后,对此类裁决就不能再依照《纽约公约》在香港承认与执行了。③ 至于台湾地区,由于不是国际法主体,因此更不能参加任何以国家身份订立的国际条约。

因此,对于我国海峡两岸暨香港、澳门地区之间的区际司法协助问题,只能根据各地区自己的法律规定以及各地区之间的合作安排来解决。

三、区际仲裁司法协助的方式——双边安排

我国区际私法合作的法律基础为《香港基本法》第 95 条和《澳门基本法》第 93 条。④ 这两个条文除其中指定的区域名的差异外,单从条文内容和表述来看,其都旨在表达"香港特别行政区(或澳门特别行政区)可与全国其他地区的司法机关通过协商依法进行司法方面的联系和相互提供协助"。

在区际仲裁方面,以 1958 年《纽约公约》为模板,先后达成了《关于内地与

---

① 见外发〔1992〕8 号文件。
② 见《最高人民法院办公厅关于"送达公约"适用于香港的通知》(法办〔1992〕86 号),1992 年 7 月 15 日公布。
③ 见香港高等法院在"河北进出口公司诉保利得工程有限公司执行仲裁裁决案"的判决,转引自董立坤:《国际私法论》,法律出版社 2000 年版,第 508 页。
④ 《中华人民共和国香港特别行政区基本法》第 95 条规定:香港特别行政区可与全国其他地区的司法机关通过协商依法进行司法方面的联系和相互提供协助。
《中华人民共和国澳门特别行政区基本法》第 93 条规定:澳门特别行政区可与全国其他地区的司法机关通过协商依法进行司法方面的联系和相互提供协助。

香港特别行政区相互执行仲裁裁决的安排》(以下简称《内地与香港执行仲裁裁决安排》)、《关于内地与澳门特别行政区相互认可和执行仲裁裁决的安排》(以下简称《内地与澳门执行仲裁裁决安排》)。需重点指出的是,在内地和港澳之间重新达成仲裁协助执行的"安排"而非直接适用《纽约公约》,是因为香港、澳门属于特别行政区,而不是国际条约的缔约国。需进一步说明的是,"区际安排"之所以称为"安排"(arrangement)而非"协议"(agreement),也是考虑到区际之间有别于国家之间的特殊性质。

截至目前,即便我国区际私法合作的现实是我国缺乏统一区际私法立法的机构,也不能够通过解释宪法相关条文来为三个法域提供统一区际私法指引。[①]但各法域之间的仲裁法律制度差异并不会阻碍各法域之间仲裁裁决的相互承认与执行,更不会因此而阻碍各法域之间的经贸往来。这是因为,我国通过区际安排的形式有效解决了区际仲裁司法协助的问题。下一节将详尽介绍我国海峡两岸暨香港、澳门地区的区际仲裁裁决承认与执行以及仲裁保全的安排。

第四节 我国区际仲裁裁决执行与仲裁保全的安排

一、内地与香港之间的安排

(一) 内地与香港之间相互执行仲裁裁决的安排

在仲裁裁决的相互执行方面,在1997年7月1日之前,我国内地仲裁机构作出的仲裁裁决可以依照《纽约公约》的规定,在香港申请执行。但在1997年7月1日之后,《纽约规约》不再适用于内地和香港之间。由于双方已经有《纽约公约》的基础,因此在1999年6月21日,最高人民法院与香港特别行政区政府在深圳达成《内地与香港执行仲裁裁决安排》,[②]该安排在内地以最高人民法院发布司法解释的方式发布和实施,在香港则由香港特别行政区通过修改仲裁条例的方式予以实施,其内容与《纽约公约》大致相同。

具体而言,1999年《内地与香港执行仲裁裁决安排》的主要内容包括以下几点:

(1) 在内地或者香港特区作出的仲裁裁决,一方当事人不履行仲裁裁决的,

---

① 涂广建:《港、澳回归后的我国区际私法:成就、反思与展望》,载《国际法研究》2021年第2期。
② 《最高人民法院关于内地与香港特别行政区相互执行仲裁裁决的安排》(法释[2000]3号),1999年6月18日最高人民法院审判委员会第1069次会议通过,2000年1月24日最高人民法院公告公布,自2000年2月1日起施行。

另一方当事人可以向被申请人住所地或者财产所在地的有关法院申请执行。[①]

(2)《内地与香港执行仲裁裁决安排》中的"有关法院",在内地指被申请人住所地或财产所在地的中级人民法院,在香港特区指香港特区高等法院。被申请人住所地或者财产所在地在内地不同的中级人民法院辖区内的,申请人可以选择其中一个人民法院申请执行裁决,不得分别向两个或者两个以上人民法院提出申请。被申请人的住所地或者财产所在地,既在内地又在香港特区的,申请人不得同时分别向两地有关法院提出申请。只有一地法院执行不足以偿还其债务时,才可就不足部分向另一地法院申请执行。两地法院先后执行仲裁裁决的总额,不得超过裁决数额。[②]

(3)申请人向有关法院申请执行在内地或者香港特区作出的仲裁裁决的,应当提交执行申请书、仲裁裁决书、仲裁协议。提交的执行申请书应当载明申请人和被申请人的基本信息、申请执行的理由与请求的内容、被申请人的财产所在地及财产状况。[③]

(4)申请人向有关法院申请执行内地或者香港特区仲裁裁决的期限依据执行地法律有关时限的规定。有关法院接到申请人申请后,应当按执行地法律程序处理及执行。[④]

(5)有关法院可裁定不予执行仲裁裁决的情况包括:a. 仲裁协议当事人依对其适用的法律属于某种无行为能力的情形;或者该项仲裁协议依约定的准据法无效;或者未指明以何种法律为准时,依仲裁裁决地的法律是无效的;b. 被申请人未接到指派仲裁员的适当通知,或者因他故未能陈述意见的;c. 裁决所处理的争议不是交付仲裁的标的或者不在仲裁协议条款之内,或者裁决载有关于

---

① 见《最高人民法院关于内地与香港特别行政区相互执行仲裁裁决的安排》(法释[2000]3号)第1条。

② 见《最高人民法院关于内地与香港特别行政区相互执行仲裁裁决的安排》(法释[2000]3号)第2条。

③ 最高人民法院《关于内地与香港特别行政区相互执行仲裁裁决的安排》(法释[2000]3号)第4条规定,执行申请书的内容应当载明下列事项:

"(一)申请人为自然人的情况下,该人的姓名、地址;申请人为法人或者其他组织的情况下,该法人或其他组织的名称、地址及法定代表人姓名;

(二)被申请人为自然人的情况下,该人的姓名、地址;被申请人为法人或者其他组织的情况下,该法人或其他组织的名称、地址及法定代表人姓名;

(三)申请人为法人或者其他组织的,应当提交企业注册登记的副本。申请人是外国籍法人或其他组织的,应当提交相应的公证和认证材料;

(四)申请执行的理由与请求的内容,被申请人的财产所在地及财产状况;

执行申请书应当以中文文本提出,裁决书或者仲裁协议没有中文文本的,申请人应当提交正式证明的中文译本。"

④ 见《最高人民法院关于内地与香港特别行政区相互执行仲裁裁决的安排》(法释[2000]3号)第5条。

交付仲裁范围以外事项的决定的;但交付仲裁事项的决定可与未交付仲裁的事项划分时,裁决中关于交付仲裁事项的决定部分应当予以执行;d. 仲裁庭的组成或者仲裁庭程序与当事人之间的协议不符,或者在有关当事人没有这种协议时与仲裁地的法律不符的;e. 裁决对当事人尚无约束力,或者业经仲裁地的法院或按仲裁地的法律撤销或者停止执行的;f. 依据执行地法律,争议事项不能以仲裁解决的,则可不予执行该裁决;g. 内地法院认定在内地执行该仲裁裁决违反内地社会公共利益,或者香港特区法院决定在香港特区执行该仲裁裁决违反香港特区的公共政策,可不予执行该裁决。①

(6) 申请人向有关法院申请执行仲裁裁决的,应当根据执行地法院有关诉讼收费的办法交纳执行费用。②

在1999年《内地与香港执行仲裁裁决安排》的基础上,最高人民法院于2009年发布《最高人民法院关于香港仲裁裁决在内地执行的有关问题的通知》,③该通知对临时仲裁裁决和国外仲裁机构在香港特区的仲裁裁决的执行进行了新的制度安排。按照该通知规定,当事人向人民法院申请执行在香港特别行政区作出的临时仲裁裁决、国际商会仲裁院等国外仲裁机构在香港特别行政区作出的仲裁裁决的,人民法院应当按照《内地与香港执行仲裁裁决安排》的规定进行审查。不存在《内地与香港执行仲裁裁决安排》第7条规定的情形的,该仲裁裁决可以在内地得到执行。

2020年最高人民法院与香港特别行政区政府经协商达成《最高人民法院关于内地与香港特别行政区相互执行仲裁裁决的补充安排》(以下简称《补充安排》),④对《内地与香港执行仲裁裁决安排》进行了如下补充:

(1) 释明《内地与香港执行仲裁裁决安排》中所指的执行内地或者香港特别行政区仲裁裁决的程序,应当解释为包括认可和执行内地或香港特别行政区仲裁裁决的程序。⑤

(2) 《补充安排》将《内地与香港执行仲裁裁决安排》序言及第一条修改为:"根据《中华人民共和国香港特别行政区基本法》第九十五条的规定,经最高人

---

① 见《最高人民法院关于内地与香港特别行政区相互执行仲裁裁决的安排》(法释[2000]3号)第7条。
② 见《最高人民法院关于内地与香港特别行政区相互执行仲裁裁决的安排》(法释[2000]3号)第8条。
③ 《最高人民法院关于香港仲裁裁决在内地执行的有关问题的通知》(法[2009]415号),最高人民法院于2009年12月30日公布。
④ 《最高人民法院关于内地与香港特别行政区相互执行仲裁裁决的补充安排》(法释[2020]13号),该安排第1条、第4条自2020年11月27日起施行,第2条、第3条自2021年5月19日起施行。
⑤ 见《最高人民法院关于内地与香港特别行政区相互执行仲裁裁决的补充安排》(法释[2020]13号)。

民法院与香港特别行政区政府协商,现就仲裁裁决的相互执行问题作出如下安排。内地人民法院执行按香港特别行政区《仲裁条例》作出的仲裁裁决,香港特区法院执行按《仲裁法》作出的仲裁裁决,适用本安排。"这一修改扩大了香港特别行政区法院可执行的内地仲裁裁决的范围。

(3)《补充安排》将《内地与香港执行仲裁裁决安排》第2条第3款修改为:"被申请人在内地和香港特区均有住所地或者可供执行财产的,申请人可以分别向两地法院申请执行。应对方法院要求,两地法院应当相互提供本方执行仲裁裁决的情况。两地法院执行财产的总额,不得超过裁决确定的数额。"此次修改表明,对于被申请人在内地和香港特区均有住所地或者可供执行财产的,申请人可以分别向两地法院申请执行,但两地执行的财产总额不得超过裁决所确定的总数额。

(4)在《内地与香港执行仲裁裁决安排》第6条中增加一款作为第二款:"有关法院在受理执行仲裁裁决申请之前或者之后,可以依申请并按照执行地法律规定采取保全或者强制措施。"此次修改明确了执行地法院可以依据当事人申请按照执行地法律采取保全或强制措施。

应当认为《补充安排》对《内地与香港执行仲裁裁决安排》起到了重要的填补作用,其扩大了两地法院可执行的仲裁裁决的范围,灵活变通了两地法院执行财产的方式,同时允许两地法院依申请并按执行地法律采取保全或强制措施。整体而言,《补充安排》是对两地法院相互执行仲裁裁决执行实践的经验总结和制度优化,其有力促进了内地和香港特区之间仲裁裁决的相互执行。

(二) 内地与香港之间仲裁保全的安排

根据《香港基本法》第95条,最高人民法院与香港特别行政区政府经协商,达成《内地与香港仲裁保全安排》,并于2019年4月2日签署。最高人民法院于2019年9月26日公布了《内地与香港仲裁保全安排》,自2019年10月1日起生效。

根据《内地与香港仲裁保全安排》,香港仲裁程序的当事人,在仲裁裁决作出前,可以参照《民事诉讼法》《仲裁法》以及相关司法解释的规定,向被申请人住所地、财产所在地或者证据所在地的内地中级人民法院申请保全。内地仲裁机构管理的仲裁程序的当事人,在仲裁裁决作出前,可以依据香港特别行政区《仲裁条例》《高等法院条例》,向香港特别行政区高等法院申请保全。具体而言,《内地与香港仲裁保全安排》主要涵盖以下重要内容:

(1)《内地与香港仲裁保全安排》对"保全"进行了界定。"保全"在内地包括财产保全、证据保全、行为保全;在香港特别行政区包括强制令以及其他临时措施,以在争议得以裁决之前维持现状或者恢复原状、采取行动防止目前或者即将对仲裁程序发生的危害或者损害,或者不采取可能造成这种危害或者损害的行动、保全资产或者保全对解决争议可能具有相关性和重要性的证据。①

(2)《内地与香港仲裁保全安排》对"香港仲裁程序"进行了界定。"香港仲裁程序"应当以香港特别行政区为仲裁地,并且由以下机构或者常设办事处管理:(一) 在香港特别行政区设立或者总部设于香港特别行政区,并以香港特别行政区为主要管理地的仲裁机构;(二) 中华人民共和国加入的政府间国际组织在香港特别行政区设立的争议解决机构或者常设办事处;(三) 其他仲裁机构在香港特别行政区设立的争议解决机构或者常设办事处,且该争议解决机构或者常设办事处满足香港特别行政区政府订立的有关仲裁案件宗数以及标的金额等标准。以上机构或者常设办事处的名单由香港特别行政区政府向最高人民法院提供,并经双方确认。②

(3)《内地与香港仲裁保全安排》规定了香港仲裁程序的当事人可以向内地相关法院申请保全。在仲裁裁决作出前,香港仲裁程序的当事人,可以参照《民事诉讼法》《仲裁法》以及相关司法解释的规定,向被申请人住所地、财产所在地或者证据所在地的内地中级人民法院申请保全。在有关机构或者常设办事处受理仲裁申请前提出保全申请,内地人民法院采取保全措施后三十日内未收到有关机构或者常设办事处提交的已受理仲裁案件的证明函件的,内地人民法院应当解除保全。③

(4)《内地与香港仲裁保全安排》规定了向内地人民法院申请保全所需提交的材料:(一) 保全申请书;(二) 仲裁协议;(三) 身份证明材料;(四) 在有关机构或者常设办事处受理仲裁案件后申请保全的,应当提交包含主要仲裁请求和所根据的事实与理由的仲裁申请文件以及相关证据材料、该机构或者常设办事处出具的已受理有关仲裁案件的证明函件;(五) 内地人民法院要求的其他材料。此外,《内地与香港仲裁保全安排》要求,向内地人民法院提交的文件没有中文文本的,应当提交准确的中文译本。④

(5)《内地与香港仲裁保全安排》规定,保全申请书应当载明的事项包括:(一) 当事人的基本情况;(二) 请求事项,包括申请保全财产的数额、申请行为

---

① 见《最高人民法院关于内地与香港特别行政区法院就仲裁程序相互协助保全的安排》(法释〔2009〕14号),第1条。
② 见《最高人民法院关于内地与香港特别行政区法院就仲裁程序相互协助保全的安排》(法释〔2009〕14号),第2条。
③ 见《最高人民法院关于内地与香港特别行政区法院就仲裁程序相互协助保全的安排》(法释〔2009〕14号),第3条。
④ 见《最高人民法院关于内地与香港特别行政区法院就仲裁程序相互协助保全的安排》(法释〔2009〕14号),第4条。

保全的内容和期限等;(三)请求所依据的事实、理由和相关证据;(四)申请保全的财产、证据的明确信息或者具体线索;(五)用于提供担保的内地财产信息或者资信证明;(六)是否已在其他法院、有关机构或者常设办事处提出本安排所规定的申请和申请情况;(七)其他需载明的事项。①

(6)内地仲裁机构管理的仲裁程序的当事人,在仲裁裁决作出前,可以依据香港特别行政区《仲裁条例》《高等法院条例》,向香港特别行政区高等法院申请保全。向香港特别行政区法院申请保全的,应当依据香港特别行政区相关法律规定,提交申请、支持申请的誓章、附同的证物、论点纲要以及法庭命令的草拟本,并应当载明:(一)当事人的基本情况;(二)申请的事项和理由;(三)申请标的所在地以及情况;(四)被申请人就申请作出或者可能作出的回应以及说法;(五)可能会导致法庭不批准所寻求的保全,或者不在单方面申请的情况下批准该保全的事实;(六)申请人向香港特别行政区法院作出的承诺;(七)其他需载明的事项。②

该安排生效以来,内地法院已在多起案件中根据安排的规定为香港仲裁程序提供了财产保全协助措施。③ 现举典型案件两例:

案例一:在"某文化有限责任公司与某体育产业有限公司等仲裁程序中的财产保全案"④中,申请人某文化有限公司于 2021 年 1 月 12 日向香港国际仲裁中心申请财产保全,申请人请求上海市第一中级人民法院对某体育产业公司等被申请人冻结存款或查封、扣押其他等值财产。担保人某股份有限公司上海分公司提供了责任保险担保,申请人提交了相关担保材料。上海市第一中级人民法院在该案中认为,依照《民事诉讼法》第 103 条第 1 款、《内地与香港仲裁保全安排》第 3 条规定,申请人某文化有限公司的申请符合法律规定,最终上海市第一中级人民法院裁定:冻结被申请人相应的银行存款或查封、扣押其他等值财产。(冻结银行存款的期限不超过一年,查封、扣押动产的期限不超过两年,查封不动产、冻结其他财产权的期限不超过三年,法律与司法解释另有规定的,适用其规定。)

案例二:在"蒲某与郭某等仲裁程序中的财产保全案"⑤中,申请人蒲某于

---

① 见《最高人民法院关于内地与香港特别行政区法院就仲裁程序相互协助保全的安排》(法释〔2009〕14 号),第 5 条。
② 见《最高人民法院关于内地与香港特别行政区法院就仲裁程序相互协助保全的安排》(法释〔2009〕14 号),第 6 条、第 7 条。
③ 见香港国际仲裁中心网站,https://www.hkiac.org/zh-hans/about-us/statistics,访问时间:2022 年 8 月 3 日。
④ 见上海市第一中级人民法院(2021)沪 01 财保 4 号民事裁定书。
⑤ 见北京市第三中级人民法院(2022)京 03 财保 11 号民事裁定书。

2019年12月23日向香港国际仲裁中心申请财产保全[案号为 HKIAC/AXXX],请求对被申请人郭某、王某、潘某名下财产在人民币171488500元范围内予以采取保全措施。申请人蒲某向北京市第三中级人民法院提供了担保。2020年3月3日,蒲某将保全申请书、担保材料等提交给了北京市第三中级人民法院。法院在审理后认为,依照《民事诉讼法》第103条第1款、《内地与香港仲裁保全安排》第3条规定,申请人蒲某的保全申请符合法律规定,应予准许。

二、内地与澳门之间的安排

(一) 内地与澳门之间相互认可和执行仲裁裁决的安排

根据《澳门基本法》第93条的规定,最高人民法院与澳门特别行政区经协商,达成《关于内地与澳门特别行政区相互认可和执行仲裁裁决的安排》(以下简称《内地与澳门执行仲裁裁决安排》),并于2007年10月30日签署。《内地与澳门执行仲裁裁决安排》在2007年9月17日于最高人民法院审判委员会第1437次会议通过,该安排自2008年1月1日起在内地施行。[①]

《内地与澳门执行仲裁裁决安排》共16条,内容包括适用范围、受理申请的法院的级别规定、申请认可和执行的申请书的内容及提交的具体文件要求、认可和执行仲裁裁决的条件、申请执行的期限、财产保全措施规定等等。

根据《内地与澳门执行仲裁裁决安排》的规定,澳门特别行政区仲裁机构及仲裁员按照澳门特别行政区仲裁法规在澳门作出的民商事仲裁裁决、内地仲裁机构依据《仲裁法》在内地作出的民商事仲裁裁决,除特别规定的情形外,都可以在内地和澳门特区分别得到认可和执行。对于被执行人在内地和澳门特区均有财产可供执行的,当事人可以分别向内地、澳门特区法院提出认可和执行的申请,内地、澳门特区法院都应当依法进行审查。对申请予以认可的,法院可以采取执行措施,查封、扣押或者冻结被执行人财产。仲裁地法院应当先进行执行清偿。内地、澳门特区法院执行财产的总额,不得超过依据裁决和法律规定所确定的数额。对于一方当事人向一地法院申请执行仲裁裁决,另一方当事人向另一地法院申请撤销该仲裁裁决,被执行人申请中止执行且提供充分担保的,执行法院应当中止执行。

(二) 内地与澳门之间的仲裁保全的安排

2022年2月25日,最高人民法院常务副院长贺荣和澳门特别行政区政府

[①] 《最高人民法院关于内地与澳门特别行政区相互认可和执行仲裁裁决的安排》(法释〔2009〕17号)。

行政法务司司长张永春分别代表两地签署《内地与澳门仲裁保全安排》。该安排在内地已转化为司法解释,在澳门将刊登在政府公报。经双方协商一致,《内地与澳门仲裁保全安排》于2022年3月25日在两地同时生效。[①] 这是自对澳门恢复行使主权以来,内地与澳门签署的第5项司法协助安排,标志着两地仲裁协助的全面覆盖,实现"一国"之内比与其他国家更加紧密的司法协助。

《内地与澳门仲裁保全安排》共十二条,对保全的类型、适用的仲裁程序、申请保全的程序、保全申请的处理等作了规定。《内地与澳门仲裁保全安排》将适用的仲裁程序限定于内地与澳门仲裁机构管理的仲裁程序,不包括临时仲裁程序和其他国家或者地区仲裁机构管理的仲裁程序。需要说明的是,考虑到澳门仲裁机构数量较少,《内地与澳门仲裁保全安排》未再限定澳门仲裁机构的条件。

《内地与澳门仲裁保全安排》的具体内容如下:

(1) 释明了"保全"的具体含义。《内地与澳门仲裁保全安排》所称的"保全",在内地包括财产保全、证据保全、行为保全;在澳门特别行政区包括为确保受威胁的权利得以实现而采取的保存或者预防措施。

(2) 规定了接受保全申请的相关法院及申请程序。《内地与澳门仲裁保全安排》规定,按照澳门特别行政区仲裁法规向澳门特别行政区仲裁机构提起民商事仲裁程序的当事人,在仲裁裁决作出前,可以参照《民事诉讼法》《仲裁法》以及相关司法解释的规定,向被申请人住所地、财产所在地或者证据所在地的内地中级人民法院申请保全。被申请人住所地、财产所在地或者证据所在地在不同人民法院辖区的,应当选择向其中一个人民法院提出申请,不得分别向两个或者两个以上人民法院提出申请。

(3) 规定了向内地人民法院申请保全所需提交的材料:(一) 保全申请书;(二) 仲裁协议;(三) 身份证明材料;(四) 在仲裁机构受理仲裁案件后申请保全的,应当提交包含主要仲裁请求和所根据的事实与理由的仲裁申请文件以及相关证据材料、仲裁机构出具的已受理有关仲裁案件的证明函件;(五) 内地人民法院要求的其他材料。

(4) 释明了向内地人民法院提交的保全申请书应当载明的事项:(一) 当事人的基本情况;(二) 请求事项,包括申请保全财产的数额、申请行为保全的内容和期限;(三) 请求所依据的事实、理由和相关证据;(四) 申请保全的财产、证据的明确信息或具体线索;(五) 用于提供担保的内地财产信息或资信证明;

[①] 《内地与澳门仲裁保全安排》(法释〔2022〕7号)。

(六)是否已提出其他保全申请以及保全情况;(七)其他需载明事项。

(5)明确了依据《仲裁法》向内地仲裁机构提起民商事仲裁程序的当事人,在仲裁裁决作出前,可以向澳门特别行政区初级法院申请保全。申请人在仲裁机构受理仲裁案件前申请保全的,应当在澳门特别行政区法律规定的期间内,采取开展仲裁程序的必要措施,并将已作出必要措施及作出日期的证明送交澳门特别行政区法院。

(6)列明了向澳门特别行政区法院申请保全须附的材料:(一)仲裁协议;(二)申请人和被申请人基本信息;(三)请求的详细资料,包括请求所依据的事实和法律理由、申请标的情况、财产的详细资料、须保全的金额以及其他相关证据以证明权利受威胁;(四)在仲裁机构受理仲裁案件后申请保全的,还应当提交有关仲裁案件已受理的证明;(五)是否已提出其他保全申请以及保全情况。

(7)明确了被请求方法院应当尽快审查保全申请,可以按照被请求方法院所在地的法律规定要求申请人提供担保。

三、海峡两岸之间的安排

(一)认可和执行台湾地区仲裁裁决的制度安排

最高人民法院1998年发布的《最高人民法院关于人民法院认可台湾地区有关法院民事判决的规定》(以下简称《1998年规定》)第19条规定:"申请认可台湾地区有关法院民事裁定和台湾地区仲裁机构裁决的,适用本规定。"对仲裁裁决的认可执行直接照搬适用对法院判决认可和执行的规则,明显忽略了仲裁裁决与法院判决在认可和执行方面的差异,特别是审查条件上的差异(其中有些审查条件甚至相冲突)。实践中,内地与港澳之间对法院判决和仲裁裁决的认可和执行也是分别签署安排的。鉴于此,最高人民法院于2015年6月29日发布《最高人民法院关于认可和执行台湾地区仲裁裁决的规定》(以下简称《2015年规定》),同年7月1日起施行。

《2015年规定》是根据《民事诉讼法》和《仲裁法》等有关法律,在总结人民法院涉台审判工作经验和适应海峡两岸关系和平发展新形势的基础上所制定的促进认可和执行台湾地区仲裁裁决的重要规则。该规定明确了可予认可和执行的台湾地区仲裁裁决的认定标准及其外延,进一步扩大了认可和执行仲裁裁决的范围。《2015年规定》的其他规定大多参考了《纽约公约》以及与港澳地区两个"安排"的做法。具体而言,《2015年规定》主要包括如下重要内容:

(1)"台湾地区仲裁裁决"指的是有关常设仲裁机构及临时仲裁庭在台湾

地区按照台湾地区仲裁规定就有关民商事争议作出的仲裁裁决,包括仲裁判断、仲裁和解和仲裁调解。

(2) 台湾地区仲裁裁决的当事人可以作为申请人向人民法院申请认可和执行台湾地区仲裁裁决。

(3) 申请人同时提出认可和执行台湾地区仲裁裁决申请的,人民法院先按照认可程序进行审查,裁定认可后,由人民法院执行机构执行。申请人直接申请执行的,人民法院应当告知其一并提交认可申请;坚持不申请认可的,裁定驳回其申请。

(4) 申请认可台湾地区仲裁裁决的案件,由申请人住所地、经常居住地或者被申请人住所地、经常居住地、财产所在地中级人民法院或者专门人民法院受理。申请人向两个以上有管辖权的人民法院申请认可的,由最先立案的人民法院管辖。

(5) 申请人申请认可和执行台湾地区仲裁裁决,应当提交的文件有:(一)申请书;(二)仲裁协议;(三)仲裁判断书、仲裁和解书或者仲裁调解书。

(6) 申请书应当记明的事项有:(一)申请人和被申请人的基本信息;(二)申请认可的仲裁判断书、仲裁和解书或者仲裁调解书的案号或者识别资料和生效日期;(三)请求和理由;(四)被申请人财产所在地、财产状况及申请认可的仲裁裁决的执行情况;(五)其他需要说明的情况。

(7) 申请人申请认可台湾地区仲裁裁决,应当提供相关证明文件,以证明该仲裁裁决的真实性。申请人可以申请人民法院通过海峡两岸调查取证司法互助途径查明台湾地区仲裁裁决的真实性;人民法院认为必要的,也可以就有关事项依职权通过海峡两岸司法互助途径向台湾地区请求调查取证。

(8) 人民法院受理认可台湾地区仲裁裁决的申请之前或者之后,可以按照民事诉讼法及相关司法解释的规定,根据申请人申请,裁定采取保全措施。

(9) 对申请认可和执行的仲裁裁决,被申请人提出证据证明有下列情形之一的,经审查核实,人民法院裁定不予认可:(一)仲裁协议一方当事人依对其适用的法律在订立仲裁协议时属于无行为能力的;或者依当事人约定的准据法,或当事人没有约定适用的准据法而依台湾地区仲裁规定,该仲裁协议无效的;或者当事人之间没有达成书面仲裁协议的,但申请认可台湾地区仲裁调解的除外;(二)被申请人未接到选任仲裁员或进行仲裁程序的适当通知,或者由于其他不可归责于被申请人的原因而未能陈述意见的;(三)裁决所处理的争议不是提交仲裁的争议,或者不在仲裁协议范围之内;或者裁决载有超出当事人提交仲裁范围的事项的决定,但裁决中超出提交仲裁范围的事项的决定与提交仲裁事项的决定可以分开的,裁决中关于提交仲裁事项的决定部分可以予以认可;(四)仲裁庭的组成或者仲裁程序违反当事人的约定,或者在当事人没有约定时与台湾地区仲裁规定不符的;(五)裁决对当事人尚无约束力,或者业经台湾地区法院撤销或者驳回执行申请的。依据国家法律,该争议事项不能以仲裁解决的,或者认可该仲裁裁决将违反一个中国原则等国家法律的基本原则或损害社会公共利益的,人民法院应当裁定不予认可。

(10)一方当事人向人民法院申请认可或者执行台湾地区仲裁裁决,另一方当事人向台湾地区法院起诉撤销该仲裁裁决,被申请人申请中止认可或者执行并且提供充分担保的,人民法院应当中止认可或者执行程序。申请中止认可或者执行的,应当向人民法院提供台湾地区法院已经受理撤销仲裁裁决案件的法律文书。台湾地区法院撤销该仲裁裁决的,人民法院应当裁定不予认可或者裁定终结执行;台湾地区法院驳回撤销仲裁裁决请求的,人民法院应当恢复认可或者执行程序。

(11)申请人申请认可和执行台湾地区仲裁裁决的期间,适用《民事诉讼法》第 239 条的规定。申请人仅申请认可而未同时申请执行的,申请执行的期间自人民法院对认可申请作出的裁定生效之日起重新计算。

表 10-1 《1998 年规定》与《2015 年规定》的对照①

项目	《1998 年规定》	《2015 年规定》
对照要点	1998 年《最高人民法院关于人民法院认可台湾地区有关法院民事判决的规定》	2015 年《最高人民法院关于认可和执行台湾地区仲裁裁决的规定》
适用范围	台湾地区仲裁机构裁决(机构标准)	有关常设仲裁机构及临时仲裁庭在台湾地区按照台湾地区仲裁规定就有关民商事争议作出的仲裁裁决(仲裁地标准)
管辖法院	申请人住所地、经常居住地或者被执行财产所在地中级人民法院	申请人住所地、经常居住地或被申请人住所地、经常居住地、财产所在地中级人民法院
认可与执行程序	依据《1998 年规定》审查认可申请,通过审查后,执行程序依据《民事诉讼法》	当事人必须先提出认可申请,否则予以驳回;同时提出认可与执行申请的,先审查认可申请,裁定认可后才进入执行程序

---

① 张建、李辉:《中国大陆与台湾地区相互认可和执行仲裁裁决的法律思考——兼评 2015 年〈最高人民法院关于认可和执行台湾地区仲裁裁决的规定〉》,载《时代法学》2015 年第 6 期。

续表

项目	《1998年规定》	《2015年规定》
拒绝理由	1. 申请认可的民事判决的效力未确定的;2. 申请认可的民事判决,是在被告缺席又未经合法传唤或者在被告无诉讼行为能力又未得到适当代理的情况下作出的;3. 案件系人民法院专属管辖的;4. 案件的双方当事人订有仲裁协议的;5. 案件系人民法院已作出判决,或者外国、境外地区法院作出判决或境外仲裁机构作出仲裁裁决已为人民法院所承认的;6. 判决具有违反国家法律的基本原则,或损害社会公共利益	1. 仲裁协议一方当事人依对其适用的法律在订立仲裁协议时属于无行为能力的;或者依当事人约定的准据法,或当事人没有约定适用的准据法而依台湾地区仲裁规定,该仲裁协议无效的;2. 被申请人未接到选任仲裁员或进行仲裁程序的适当通知,或者由于其他不可归责于被申请人的原因而未能陈述意见的;3. 仲裁裁决"超裁";4. 仲裁庭的组成或者仲裁程序违反当事人的约定,或者在当事人没有约定时与台湾地区仲裁规定不符的;5. 裁决对当事人尚无约束力,或者业经台湾地区法院撤销或者驳回执行申请的;6. 该争议事项不具有可仲裁性;7. 认可该仲裁裁决将违反一个中国原则等国家法律的基本原则或损害"社会公共利益"
申请时限	判决生效后一年内	判决生效后两年内,执行申请与认可申请的时限分开计算,后者构成前者的中断
申请时需提交文件	应提交申请书,并须附有不违反"一个中国"原则的台湾地区有关法院民事判决书正本或经证明无误的副本、证明文件	申请书; 仲裁协议; 仲裁判断书、仲裁和解书或者仲裁调解书

(二)认可和执行台湾地区仲裁裁决的制度安排

需要明确的是,坚持"一个中国"原则是台湾地区和大陆之间开展司法协助的前提。"一个中国"的原则是大陆地区审理涉台案件必须遵循的基本原则,中国的主权与领土完整不能分割则是其背后的法律基础。人民法院对台湾地区裁决的认可,是台湾地区与祖国其他省、自治区、直辖市之间在司法方面的联系与协助关系,与主权国家相互彼此承认仲裁裁决有着"质"的不同。故此,只有遵循这一原则,台湾地区有关仲裁机构的裁决才能进入申请认可程序。[①]

台湾地区执行大陆仲裁判断的首例报道则为国腾电子(江苏)有限公司与坤福营造股份有限公司仲裁案。本案经由大陆地区中国国际经济贸易仲裁委员会作为约定的仲裁机构,于2003年作出(2003)贸仲裁字第0015号裁决书后,申请人援引《1998年规定》《两岸人民关系条例》相关条款,通过出具仲裁协议及

---

① 张建、李辉:《中国大陆与台湾地区相互认可和执行仲裁裁决的法律思考——兼评2015年〈最高人民法院关于认可和执行台湾地区仲裁裁决的规定〉》,载《时代法学》2015年第6期。

相关文件资料,向台中地区法院申请执行。法院认为:"申请人主张的事实及其所依据的证物,应可信为真实。且核诸本件仲裁判断,仲裁程序既合法,且判断并无违背台湾地区公共秩序或善良风俗之情势。则申请人请求予以认可,自应准许。"从台湾地区法院的审查意见看,其主要考察了涉案仲裁是否违反台湾地区之公序良俗和程序性问题是否合法。①

拓展阅读

1. 对我国区际私法的发展问题感兴趣的同学,可以阅读涂广建:《港、澳回归后的我国区际私法:成就、反思与展望》,载《国际法研究》2021年第2期。

2. 对宪法和区际法律冲突问题感兴趣的同学,可以阅读黄进:《论宪法与区际法律冲突》,载黄进主编:《我国区际法律问题探讨》,中国政法大学出版社2012年版,第3—9页。

3. 有关国内法律冲突的表现种类、宪法及政体对一国冲突法影响的研究,可以阅读袁发强:《宪法对冲突法的影响》,法律出版社2007年版,第285—302页。

4. 洪莉萍:《试论中国区际商事仲裁》,载《国际商务(对外经济贸易大学学报)》2009年第6期。

思考题

1. 区际仲裁中的"区"指的是什么?
2. 区际仲裁裁决的承认与执行和外国仲裁裁决的承认与执行有哪些不同?
3. 如何评价我国内地与香港、澳门之间相互承认与执行仲裁裁决的"安排"?

案例分析

【案例一】 某投资有限公司申请认可与执行香港国际仲裁中心裁决案②

2013年3月25日,香港国际仲裁中心(以下简称港仲)就某投资有限公司(以下简称某公司)和李某、张某某之间的普通股认购协议纠纷一案做出了案号

---

① 张建、李辉:《中国大陆与台湾地区相互认可和执行仲裁裁决的法律思考——兼评2015年〈最高人民法院关于认可和执行台湾地区仲裁裁决的规定〉》,载《时代法学》2015年第6期。

② 该案例原型来源于:力奇投资有限公司与李健、张健华申请认可和执行香港特别行政区仲裁裁决案,广东省广州市中级人民法院(2014)穗中法民四初字第24号民事裁定书。

为 HKIAC/A13058 的裁决书。按照裁决结果,被申请人李某和张某某应当向申请人某公司支付股份回购款项及其利息、仲裁费、律师费及代付仲裁费等各项款项,但两被申请人拒不履行生效裁决的义务。根据《民事诉讼法》及《内地与香港执行仲裁裁决安排》,申请人申请广东省广州市中级人民法院:一、认可港仲作出的 HKIAC/A13058 号裁决;二、执行两被申请人应向申请人支付的股份回购款项;三、执行两被申请人应向申请人支付的上述股份回购款项自 2012 年 8 月 2 日起至实际支付之日的利息;四、执行费用由被申请人承担。

被申请人则认为法院应当裁定不予执行涉案仲裁裁决。其理由主要有三点:一、被申请人主张根据涉案协议,双方在进行仲裁程序之前必须先经过调解程序。按照《实务指引 31》(Practice Direction 31)的规定,协商和调解是提起仲裁的前置程序。但双方并未完成协商和调解的程序,因此仲裁裁决不应该得到执行;二、关于仲裁员人选任命的问题。被申请人认为独任仲裁员的身份资格不符合仲裁协议的约定要求,其没有香港的法律从业经验,不具备担任案涉仲裁员的资格。被申请人认为仲裁庭任命仲裁员的程序不当,涉案仲裁应不予执行;三、被申请人认为本案的仲裁裁决没有最终完整作出,没有达到执行的条件。裁决书没有对本案的仲裁费和律师费进行处理,且明确载明在涉案裁决书出具后另行处理。被申请人认为本案的仲裁裁决没有作出最终的裁决,裁定的支付数额也未能得到最终确定,所以不具备执行的条件。

如果你是本案的法官你将如何判决?你支持申请方的哪些诉请?哪些事项会影响仲裁裁决的承认与执行?《内地与香港执行仲裁裁决安排》的哪些条款在本案中可以适用?

【案例一的参考答案】

广州市中级人民法院审理后认为,首先根据《内地与香港执行仲裁裁决安排》第 1 条及第 2 条的规定,法院作为本申请人的住所地所在的中级人民法院,对该案件有管辖权,且应当按照《内地与香港执行仲裁裁决安排》的有关规定进行相应审查。

关于协商、调解是否涉案仲裁必要的前置程序问题。法院认为,仲裁地法律即香港法律规定了调解为提起仲裁的前置程序,但根据被申请人《实务指引 31》第 2 条的规定,该指引仅适用于在法院进行的民事程序,并不适用于仲裁程序并且被申请人未能提供相应证据证明协商与调解为涉案仲裁的必经前置程序的其他法律依据。因此,以此为由申请本院裁定不予执行涉案仲裁不符合《内地与香港执行仲裁裁决安排》第 7 条的相关规定,法院不予支持。

关于仲裁中心选任涉案仲裁的独任仲裁员的程序是否正当问题。法院认为,被申请人提出的所选任的独任仲裁员缺乏实务经验的情况不属于《仲裁规则》中规定不能担任独任仲裁员的情形,仲裁中心有权决定其为涉案仲裁的独任仲裁员。因此,被申请人主张仲裁庭指定独任仲裁员不当缺乏依据,不符合《内地与澳门执行仲裁裁决安排》第7条规定。

关于涉案仲裁裁决的完整性问题。根据2008年《仲裁规则》第30条的相关规定,仲裁庭有权就仲裁事项作出部分裁决,涉案仲裁裁决未对涉案仲裁的仲裁费和律师费作出裁决并不影响涉案仲裁裁决的独立性和完整性。被申请人以此为由认为涉案仲裁裁决不应予以执行,理据不足,本院不予支持。

有鉴于此,广州市中级人民法院最终对香港国际仲裁中心所作出的HKIAC/A13058号仲裁裁决予以认可和执行。

【案例二】

一方申请人A向香港国际仲裁中心申请财产保全,请求对被申请人名下财产在人民币若干元范围内予以采取保全措施。申请人向内地的某中级人民法院提交了保全申请书。

如果你是内地中级人民法院的法官,你是否会采取相应的保全措施?申请人在保全申请书中应当列明哪些信息?除保全申请书以外,申请人还应当提交哪些材料?申请人是否需要提供相应担保?本案应当适用《内地与香港仲裁保全安排》的哪些规定?

第十一章 国际商事仲裁理论专题

本章为国际商事仲裁理论专题,是对于新知识点、立法新变化、理论创新成果所增设专论环节,并提供单独的参考文献和思考题,作为学生"学习+提高"的体现,打通本科教学与研究生培养的通道。

第一节 国际民商事争议的替代性解决方式

替代性争议解决方式,即 Alternative Dispute Resolution(ADR)起源于美国。ADR 这一概念原来指的是在 20 世纪逐步发展起来的各种诉讼外的、替代诉讼的纠纷解决方式,现已引申为对世界各国普遍存在的非诉讼纠纷解决程序或机制的总称。ADR 既可以从字面上直接译为"替代性或代替性"或"选择性纠纷解决方式",亦可根据其内在意涵,意译为"审判外诉讼外或判决外纠纷解决方式""非诉讼纠纷解决程序""法院外纠纷解决方式""非诉讼程序"等。[①]

自 20 世纪后半期以来,ADR 在世界范围开始兴起,尤其在 20 世纪 80 年代后进入高速发展时期。由于不同国家和地区体制、文化、民事诉讼制度之间的差异,各国支持发展 ADR 的动因和侧重点各有不同。例如,日本学者将 ADR 兴起的动因和背景概括为:一是减轻法院负担的必要性;二是扩大保证社会成员实现权利平等和法律正义的途径;三是避免审判解决纠纷的零和结果、降低诉讼制度带来的僵化性,寻求使当事人双方都能高度满意的替代性纠纷处理方式;四是全球化的进程导致涉外活动不断增加,需要通过中立性更强的非国家性解纷机制以处理多国或地区间的纠纷。[②] 即便是包括德国在内的诉讼压力相对较小的欧洲国家也在积极推动 ADR,从而寻求更合理的解纷方式。与此同时,ADR 在社会治理创新、应急、司法改革等方面逐渐发挥了积极的作用,ADR 也已从最初的诉讼替代物发展成为纠纷解决的优先选择或主要渠道。

[①] 范愉:《非诉讼纠纷解决机制(ADR)与法治的可持续发展——纠纷解决与 ADR 研究的方法与理念》,载《法制现代化研究(第九卷)》,南京师范大学出版社 2004 年版。

[②] 〔日〕小岛武司、伊藤真编:《诉讼外纠纷解决法》,丁婕译,中国政法大学出版社 2005 年版,第1—2页。

本书第一章已经就 ADR 的概念、主要类型与一般特点做过介绍,本节将聚焦于理论和实务中与 ADR 相关的热点问题。

一、和解协议的性质和法律效力

协商(negotiation),也称为"谈判""交涉""商谈""磋商",在纠纷解决的意义上,其指的是一种双边(或多边)当事人为了达成和解的协商交易过程或活动,它具有三个基本的特点:一是针对已经发生的纠纷所进行的事后处理;二是当事人之间的自主行动,没有第三方介入;三是以达成和解为主要手段,以解决纠纷为最终目的。国内学界对于和解协议的性质和法律效力均存在一定的争议。

有观点认为,和解协议是一种无名合同,以相互让步为特征,但并不一定当然地构成债权合同或双务合同。只有在和解协议包含给付义务且尚未履行完毕时,才有法定解除、合同抗辩权等传统双务合同规则的适用余地。[1]

也有观点认为,和解协议不同于一般的民事合同,是一种独立的有名合同。具体而言,和解协议不是双方当事人相互对立的意思表示一致的产物,而是一种具有共同指向性合意的共同法律行为。然而,和解协议在有关合同的订立、履行、变更、解除以及合同的无效等方面,仍可以适用合同法的一般规定。和解协议兼具认定效力和创设效力,即和解既可能是对原有权利义务内容的认定,也可能创设新的权利义务关系。当事人所达成的和解协议,对双方当事人均具有拘束力,当事人无正当抗辩事由不得拒绝履行和解协议。对于在诉讼过程中达成的和解协议,当事人可以向人民法院申请确认并制作调解书,被人民法院制作为调解书的和解协议具有强制执行的效力。[2]

此外,还有观点指出,和解协议属于民事合同的一种,即和解合同。而各种形式的调解协议,亦属于此范畴,因为不论是和解协议还是调解协议,其本质是相同的,都是当事人民事行为的结果,均构成民法上的合同。和解协议将直接平息当事人之间的初始纠纷,并要求双方当事人履行和解协议,否则将构成违约。值得注意的是,和解协议并不具有既判力,其区别于法院判决的既判力,当事人不能要求法院根据和解协议的内容制作判决书。然而,和解协议为实现定分止争的功能,可以作为一种当事人就同一争议提起诉讼的抗辩。当前,学界普遍认为,就特定争议达成和解协议后,一方当事人就初始纠纷提起诉讼时,对方当事人可以根据双方之间的和解协议提出抗辩。如果法院认为和解协议真实有效,

---

[1] 贺剑:《诉讼外和解的实体法基础——评最高人民法院指导案例 2 号》,载《法学》2013 年第 3 期。
[2] 王利明:《论和解协议》,载《政治与法律》2014 年第 1 期。

这一抗辩成立,那么在和解协议的处分范围内,作为诉讼基础的实体法律关系已经发生变化,即和解协议取代了初始纠纷,和解协议已经重新确定了当事人之间的法律关系,因而法院应当据此驳回起诉。不过,应当将和解协议抗辩作为程序抗辩还是实体抗辩,当前仍存在争议。①

二、仲裁调解

现代调解的类型和形式多样,并在发展中不断推陈出新,例如,彰显中国特色的人民调解,再如诉讼外调解、诉讼前调解与诉讼中调解等。

其中,仲裁调解作为一种现代调解的类型和新兴的纠纷解决机制,其融合了仲裁与调解两种程序的优势,同时又弥补了仲裁与调解的各自缺陷。仲裁调解可以有效降低纠纷解决的成本,提高争议解决效率,维护当事人之间的商业关系,确保调解协议得到有效执行。实践中,对仲裁与调解相结合的探索历经多年,形成了多种模式:(1)先调解后仲裁,此种方式中调解程序先行,调解不成后或调解成功后再进行仲裁程序。一般在先行调解中担任调解员的,不能在后续仲裁程序中担任仲裁员。(2)影子调解,即仲裁与调解平行。一般而言,影子调解指的是在仲裁过程中启动调解程序。在此种方式中,如果调解成功,则纠纷解决;如果调解不成,则平行进行的仲裁程序可以确保争议最终解决。同样地,在仲裁与调解程序并行的过程中,调解者与仲裁者亦不合一。(3)仲裁中调解,其属于狭义上的"仲裁与调解相结合",此种方式是应用最早也是最为广泛的一种。调解发生在仲裁过程中,调解时仲裁停止,调解不成后再行仲裁。仲裁者和调解者往往为同一主体。(4)调解仲裁共存。在此种方式中,调解者与仲裁者相分离,但其共同参加事实审查的听证程序。仲裁员不参加调解员的私下会晤,调解员不向仲裁员披露在调解中所获悉的秘密。(5)先仲裁后调解。此种方式实际是将调解程序后置,解决的是仲裁程序终结后的仲裁裁决执行中的问题。

上述任何一种实践模式都存在着无法克服的缺陷:第一种结合方式中,如果争议双方对彼此的地位和利益维护态势缺乏合理的预测,尤其在双方心理预期差距较大时,那么达成调解协议的可能性就较小。此外,调解程序前置的情况极有可能挤占仲裁程序的期限资源;第二种结合方式的成本过于高昂。调解者与仲裁者相互分立,意味着当事人必须为此支付两笔费用,且调解者与仲裁者在了解案件事实方面均需耗费时间成本;第三种结合方式虽然在实践中使用频率最高,但也是在理论上和实践中最具争议的方法,仲裁员往往同为调解员的方式存在"程序正当"与否的争议;第四种方式仍然具有仲裁员与调解员相分离所致使

---

① 赵秀举:《论民事和解协议的纠纷解决机制》,载《现代法学》2017年第1期。

的高成本缺陷;第五种已不属于严格意义上的仲裁与调解结合的方式,仅仅是解决仲裁裁决执行中问题的方式。由此可见,在探索仲裁与调解结合方式的进程中,始终存在着包括"仲裁者与调解者是否需要合一""调解程序与仲裁程序是分立还是相融合""是调解先行还是同步进行"在内的两难境遇,此外,"如何救济仲裁调解书有损当事人或者第三人的利益"的问题也亟待解决。

目前,我国对仲裁调解的立法主要体现在1994年《仲裁法》中,具体存在以下问题:

1.《仲裁法》对仲裁中调解的规定过于笼统简单,缺乏一定的可操作性。《仲裁法》对于仲裁中调解的规定主要体现为第51条和第52条。① 这一规定与我国《民事诉讼法》中关于调解的规定基本一致,并没有体现出仲裁中调解的特殊性。此外,目前对仲裁中调解制度的规定过于笼统和简略,缺乏可操作性。

2. 立法中缺乏对仲裁中调解的监督。立法中没有对仲裁员、当事人、律师、仲裁秘书等在仲裁中调解过程的行为加以规范,也缺乏有效的行为监督机制。如此一来,在实践应用中就可能出现仲裁员权力过大,进而可能导致仲裁中调解产生不公平现象,容易损害当事人的利益。有观点认为,仲裁中调解违反程序正义原则,影响仲裁员的独立仲裁,混淆仲裁员的职能,最终会损害仲裁裁决的公正性和独立性。②

3. 调解者资源利用的低效性。这主要包括两个层面:一是在采用仲裁庭仲裁的案件中,案件的调解并不具有由三名仲裁员主持的实际需要,一般来说,其中一个仲裁员主持即可达到此种调解效果,而由仲裁庭主持调解可能会浪费调解资源;二是调解者在调解时需要客观地了解案情,而从现行仲裁法的规定来看,仲裁员或仲裁庭往往是在开庭时才能真正了解案情,故其调解资源在整个仲裁程序中投入过低。

4. 仲裁调解书反悔制的负面效应。《仲裁法》关于仲裁调解效力的规定直接脱胎于法院调解,即允许当事人在调解书送达前反悔。此种制度存在两大弊端:一是反悔制抵消了调解协议的效力,使得调解协议无论在立法上还是在实践中均不再具有任何对当事人的约束意义;二是当事人容易滥用此项反悔的权利。实践中存在当事人一方在签收调解书之前无故反悔,有意以此拖延仲裁的情况,

---

① 《仲裁法》第51条规定:仲裁庭在作出裁决前,可以先行调解。当事人自愿调解的,仲裁庭应当调解。调解不成的,应当及时作出裁决。调解达成协议的,仲裁庭应当制作调解书或者根据协议的结果制作裁决书。调解书与裁决书具有同等法律效力。
《仲裁法》第52条规定:调解书应当写明仲裁请求和当事人协议的结果。调解书由仲裁员签名,加盖仲裁委员会印章,送达双方当事人。调解书经双方当事人签收后,即发生法律效力。在调解书签收前当事人反悔的,仲裁庭应当及时作出裁决。
② 邹国勇、王姝晗:《国际商事仲裁中调解的程序困境与疏解》,载《长江论坛》2022年第6期。

严重影响了仲裁调解的效率,浪费了仲裁资源,违背了诚信原则。

5. 调解程序及规则的机械性。我国仲裁调解程序的设置基本与法院调解相同,仲裁调解几乎机械地照搬了法院调解的程序。在仲裁与诉讼这两个截然不同的制度中,调解的运作方式应当有所区别、各有侧重。当前,仲裁调解程序仅是对于诉讼中调解模式的简单遵循,而未能体现当事人意思自治的特点,也远未发挥出其应有的灵活性。①

仲裁调解所面临的现实挑战,源于当事人对多纷争一次性解决的需求,但在仲裁权由当事人合意授予的制度前提之下,仲裁调解难以满足这一现实需求。尽管有仲裁机构在实务中进行了变通性改良,如对超越仲裁事项的调解在当事人合意的形式要件上作出了某些补救,但总的来说仍缺乏制度的支撑。同时,有观点指出,由于仲裁与调解的自愿性,只要坚持以当事人的合意和自主选择为基础,以合法性原则为框架,再辅以合适的程序规则,就能尽可能地消除调解程序对仲裁员的影响,进而健全完善"仲裁中调解"这一新型纠纷解决机制。②

三、商事调解与《新加坡调解公约》

纠纷解决的制度化和专门化也促使调解逐步迈向了类型化。当前,调解中较为常见的类型有社区调解、家事调解、交通事故赔偿调解、商事调解、公共纠纷调解等。其中,商事调解是在中立第三方(调解人)主持下,通过各方当事人平等协商解决商事纠纷的一种争议解决方式;同时商事调解也是一种为解决商事纠纷而设立的、由一系列组织、规则、程序、方法等要素构成的综合机制。

目前,国际上普遍承认的商事调解是一种狭义的商事调解,即指的是专门调解传统商事纠纷的民间商事调解机制。通常,商事调解的构成要素包括:(一)依据法律、机构规章、授权等方式建立,拥有专门的规章、规则和程序,属于民间社会组织;(二)拥有具有相应资质的专职或兼职调解员队伍,受当事人委托作为独立和中立第三方进行调解;(三)受理的案件以传统商事纠纷(平等商事主体基于合同发生的商事纠纷)为主;(四)可以通过政府资助(购买)、捐赠、行业集资、基金等方式建立,其运行机制可采用市场化模式,依章程、相关规定或与当事人的约定收费,也可以采用公益或服务模式。③

在全球民商事纠纷解决上,国际社会一直都在致力于发展能够涵盖诉讼、仲裁和调解的多元化体系。在 21 世纪初,联合国贸法会通过了《国际商事调解示范法》(Model Law on International Commercial Conciliation)(以下简称《调解示范

---

① 张虎:《"一带一路"商事争端解决共生机制研究》,北京大学出版社 2022 年版,第 68—69 页。
② 邹国勇、王姝晗:《国际商事仲裁中调解的程序困境与疏解》,载《长江论坛》2022 年第 6 期。
③ 范愉:《商事调解的过去、现在和未来》,载《商事仲裁与调解》2022 年第 1 期。

法》),但是,当时未能就核心问题"和解协议如何执行"达成一致意见,因此联合国贸易法委员会将如何处理和解协议的执行问题留给选择采用该《调解示范法》的各个国家。2014年,制定能规范和执行国际商事调解达成的和解协议的多边公约再次被提上议事日程。

诚然,2002年《调解示范法》中关于国际执行机制的意见分歧犹存,但历经四年多的协商和努力,贸易法委员会最终在2018年取得共识,达成了《新加坡调解公约》。《新加坡调解公约》于2018年12月由联合国大会通过,于2019年8月7日在新加坡开放供各国签署,并于2020年9月12日生效。截止到2023年3月,《新加坡调解公约》共有10个缔约国,分别是白俄罗斯、厄瓜多尔、斐济、格鲁吉亚、洪都拉斯、卡塔尔、沙特阿拉伯、土耳其、新加坡和哈萨克斯坦。[1] 有观点认为,《新加坡调解公约》是国际商事争议解决制度历史上的一座里程碑,其诞生标志着国际调解协议可跨国执行,使得国际商事调解制度成为诉讼、商事仲裁之外具有独立救济功能的国际商事争议解决方式。[2]

为实现打造成国际商事调解高地的目标,新加坡通过了一系列国内法律来推动商事调解制度的发展。2017年,新加坡国会通过了《新加坡调解法》,规定了商事调解的适用范围、通信的保密性、经调解的和解协议的强制执行力、法院程序的中止、外国律师的参与等制度,从法律上确定了法院系统对商事调解的支持,加强了经调解达成的和解协议的强制执行力。2020年新加坡总统签署了《新加坡调解公约法》,并于《新加坡调解公约》生效之日起生效。《新加坡调解公约法》是新加坡为了实施《新加坡调解公约》而专门颁布的国内立法,涉及适用范围、国际和解协议的执行申请、新加坡高等法院对国际和解协议的许可命令、拒绝申请的条件、法院命令的撤销、平行申请等规则。[3]

我国是《新加坡调解公约》的签署国之一,但我国目前尚未批准加入该公约,原因是该公约中的部分规定与我国的现行调解制度之间仍然存在着"衔接"困境。有观点指出,这些困境来源于理论上和解协议既判力的构成要素缺失,实践中调解的多样性带来了调解结果质量的控制难题以及国家对和解协议"背书"的困境。这些问题会影响到国际商事和解协议的既判力、跨国或者跨境的执行力和国际社会对《新加坡调解公约》的认可度和接受度。[4]

有学者直接点明目前我国批准适用《新加坡调解公约》存在阻碍的两个层面的原因:表象原因是审查和执行制度的缺位;深层原因是现行商业调解制度建

---

[1] https://www.singaporeconvention.org/, visited on March 11, 2023.
[2] 孙南翔:《〈新加坡调解公约〉在中国的批准与实施》,载《法学研究》2021年第2期。
[3] https://sso.agc.gov.sg/Act/SCMA2020, visited on March 11, 2023.
[4] 蔡伟:《〈新加坡调解公约〉的困境和应对》,载《清华法学》2022年第2期。

设乏力,我国没有一部行之有效的商事调解法或商事调解规则,国家对商事调解的政策引导存在偏颇,这也导致了我国商事调解组织建设不足以及缺乏职业化的国际商事调解人才队伍的现状。① 有学者从司法的角度具体分析,认为管辖法院标准不明确,司法确认审查程序模式有待厘清,司法确认审查准据法难以确定,国际商事调解协议能否成为执行依据存疑,并行申请制度与保全制度之间需要协调以及虚假调解可能导致执行财产转移风险。②

同时,学者们也给出了一些建议,以促进《新加坡调解公约》在我国落地,为我国建立多元化纠纷解决中心提供强有力的支持。比如要做好公约的短期适配,通过最高法出台一系列司法解释,强化一带一路典型案例制度的适用,更重要的是加快制定商业调解法律,完善顶层设计。③ 对于批准《新加坡调解公约》是否会增加中国法院司法负担,冲击国内商事调解市场和虚假调解等问题,学者们提出可以设立案外人执行异议制度和执行回转制度,对于难以实施执行回转的和解协议的执行,还可要求申请执行人提供执行担保。此外,为国际和解协议设立专门的执行审查程序,为其申请执行设置前置条件。④ 总体来说,需要尽快启动国际商事调解立法的进程,以构建出一套完整、系统、全面的中国国际商事调解制度。⑤

2022年3月,深圳市人民代表大会常务委员会公布《深圳经济特区矛盾纠纷多元化解条例》,专设"调解"一章。其规定,除了人民调解、劳动争议调解、行政调解外,司法行政部门应当会同有关部门推动商事调解发展,形成优势互补、有机衔接、协调联动的调解工作格局,为当事人提供一站式矛盾纠纷化解服务。调解可以依据行业规则、交易习惯、居民公约、社区公约和善良风俗等进行,但不得违反法律、法规的强制性规定。调解员应当中立、客观、公正。调解员与调解事项有利害关系,或者与当事人、代理人有亲属或者其他关系,可能影响对矛盾纠纷公正调解的,应当在调解前主动披露,并向调解组织申请回避。一方当事人要求调解员回避的,调解员应当回避。调解组织、调解员及其他有关人员对涉及当事人的个人隐私和商业秘密负有保密义务,但法律另有规定的除外。当事人经调解达成调解协议的,调解组织可以制作调解协议书。当事人就部分争议事项达成调解协议的,调解组织可以就该部分先行确认并制作调解协议书。当事

---

① 刘晓红、徐梓文:《〈新加坡公约〉与我国商事调解制度的对接》,载《法治社会》2020年第3期。
② 黎理:《国际商事调解协议在我国法院司法确认与执行问题研究——以〈新加坡公约〉为视角》,载《法治论坛》2022年第2期。
③ 刘晓红、徐梓文:《〈新加坡公约〉与我国商事调解制度的对接》,载《法治社会》2020年第3期。
④ 刘敬东、孙巍、傅攀峰、孙南翔:《批准〈新加坡调解公约〉对我国的挑战及应对研究》,载《商事仲裁与调解》2020年第1期。
⑤ 赵平:《〈新加坡调解公约〉与中国调解法律体系的衔接》,载《中国律师》2019年第9期。

人、调解员应当在调解协议书上签字或者盖章,调解协议应当加盖调解组织印章。当事人认为无需制作调解协议书的,可以采取口头协议方式,调解员应当记录协议的内容。依法达成的和解协议、调解协议具有法律约束力,当事人应当按照协议履行。一方当事人不履行调解协议的,对方当事人可以申请调解组织督促其履行。

除此之外,对于仲裁前调解也做出了规定,仲裁机构应当建立民商事纠纷仲裁前优先推荐调解的机制,引导当事人将纠纷先行提交调解组织进行调解。仲裁庭作出裁决前,当事人可以申请仲裁庭对纠纷进行调解,也可以向仲裁庭提出将纠纷提交调解组织进行调解,仲裁庭应当允许。调解不成的,仲裁庭应当及时作出裁决。

2022年7月,《浦东新区促进商事调解若干规定》正式启动施行。这是地方人大出台的首部以专门立法的形式促进商事调解工作发展的法律性文件,是浦东新区深入贯彻中央决策部署,顺应立法发展趋势,在商事争端领域探索与国际通行规则接轨的一个创新举措,在全国范围内具有先行先试的示范意义。具体而言,该规定明确了以下事项:

1. 商事调解组织设立可以有三种不同的方式,即依法向市场监管部门申请登记、依法向民政部门申请登记或者依法向司法行政部门申请登记或者备案。司法行政部门建立商事调解组织名册和商事调解员名册,对商事调解实行名册管理制。这一规定既拓宽了商事调解组织的准入渠道,也压实了业务主管部门的监管职责。

2. 支持境外知名调解机构在符合境内监管要求条件下,在浦东新区设立业务机构,促成境外与国内商事调解组织之间的竞争与合作。这可以助力上海打造具有国际影响力和吸引力的国际商事纠纷解决中心,从而不断提升上海的法律软实力。

3. 支持各类调解组织建立健全预授权调解、单边承诺调解等小额商事纠纷快速调处机制。这一规定有利于实现纠纷的高效、低成本的解决,尤其是在一些久调不决的案件中,可以有效地减少对司法资源的占用,有利于营造良好的营商环境。

4. 明确当事人可以通过申请公证、仲裁、司法确认、支付令等多种方式,对商事调解协议书进行效力确认。这一规定打通了调解、诉讼、仲裁这三种方式之间的衔接渠道,增强了商事调解协议书的法律效力和履行效果。

5. 明确从事商事调解业务,可以向当事人收取合理费用,收费标准应当符合价格管理的有关规定,并向社会公开。这一规定有别于传统的人民调解不向当事人收取费用的限制,鼓励商事调解依法走市场化道路。①

四、临时仲裁在中国的发展

我国学界对于临时仲裁的态度莫衷一是:有学者认为我国应该积极建立并且完善临时仲裁制度,这是着眼于临时仲裁的灵活性、便捷性及其可以倒逼机构仲裁发展改革进而助力我国国际商事仲裁中心构建的功能性观点;而另有学者则坚持认为我国目前尚不具备构建临时仲裁制度的条件,这类观点的主要理由是我国仲裁员素质良莠不齐,社会诚信和契约精神有待加强,而目前的民众仲裁意识和仲裁知识尚难以支撑临时仲裁等。

在我国司法实践中,我国对临时仲裁则采取双轨制:不承认国内临时仲裁,但依法承认外国临时仲裁裁决,并在特定区域内逐步探索和放开临时仲裁。

《仲裁法》第16条要求有效的仲裁协议必须有双方"进行仲裁的意思表示、仲裁事项以及选定的仲裁委员会";《仲裁法》第18条进一步规定"仲裁协议对仲裁事项或者仲裁委员会没有约定或者约定不明确的,当事人可以补充协议;达不成补充协议的,仲裁协议无效"。上述条文实际上否定了临时仲裁在我国的效力:其要求仲裁协议必须有选定的仲裁委员会,临时仲裁的仲裁协议会因为未对仲裁委员会做出选择而被认定为无效,从而丧失了仲裁的可能性。因此,我国目前的立法并不承认国内的临时仲裁。在司法实践中也否认选择中国作为仲裁地的临时仲裁,比如北京市高级人民法院《关于审理请求仲裁协议效力申请撤销仲裁裁决案件若干问题的意见》中明确:当事人约定在我国国内临时仲裁,并同时约定或依法推定用中国仲裁法的,因违反我国法律之规定,应当认定无效。

尽管约定在我国国内临时仲裁的协定因违反我国法律而被认定无效,但我国法院仍然将依据《纽约公约》承认外国临时仲裁裁决的效力。例如,在1995年《关于福建省生产资料公司与金鸽航运有限公司国际海运纠纷一案中提单仲裁条款赋予临时仲裁条款效力问题的复函》中,最高人民法院认可了临时仲裁协议的效力。这是因为《纽约公约》明确规定其所指称的仲裁应当包括临时仲裁和机构仲裁,而我国作为缔约国也应当对涉外临时仲裁予以认可。国际仲裁往往牵涉多国主体,法院不仅要考虑本国的法律和政策,出于礼让同样应该适当考虑他国的相关规定和利益。

值得注意的是,2016年12月30日最高人民法院发布《关于为自由贸易试验区建设提供司法保障的意见》,在一定程度上表明我国已经有限度地引入了

---

① 《探索与国际通行规则接轨!浦东新区"立法红利"释放商事调解新活力》,https://www.163.com/dy/article/HCLAA1CD05341282.html,访问时间:2023年3月27日。

临时仲裁制度。按照《关于为自由贸易试验区建设提供司法保障的意见》，在自贸试验区内注册的企业相互之间约定在内地特定地点、按照特定仲裁规则、由特定人员对有关争议进行仲裁的，可以认定该仲裁协议有效。这代表着我国对临时仲裁的态度产生了转变。这一转变是审慎的，因为我国并没有大刀阔斧直接修订《仲裁法》，而是采取在自贸试验区试点总结经验的基础上完成法律变革。而即便是在自贸试验区中，官方给临时仲裁开的口子也并不大：不仅要求双方主体为自贸试验区内注册的企业，而且需同时满足"三特定"的要求。

鉴于临时仲裁快速、简便、高效并被各国法律和国际公约广泛认可的特点，临时仲裁制度未来在中国的发展值得期待。

拓展阅读

1. 和解协议属于典型的实体法与诉讼法交叉领域，有关和解协议，可以阅读赵秀举：《论民事和解协议的纠纷解决机制》，载《现代法学》2017年第1期。

2. 商事调解是由商事调解组织、规则、程序、方法等要素构成的综合机制，想要了解商事调解的概念与发展，可以阅读范愉：《商事调解的过去、现在和未来》，载《商事仲裁与调解》2022年第1期。

3. 有关《新加坡调解公约》，可以进一步阅读孙南翔：《〈新加坡调解公约〉在中国的批准与实施》，载《法学研究》2021年第2期。

4. 想要了解《新加坡调解公约》与我国商事调解制度如何对接发展，可以阅读刘晓红、徐梓文：《〈新加坡公约〉与我国商事调解制度的对接》，载《法治社会》2020年第3期。

5. 加入《新加坡调解公约》对我国具有一定积极意义，同时也需认识到《新加坡调解公约》真正落地中国，还有许多艰巨的任务需要完成，有关这一问题，可以阅读刘敬东、孙巍、傅攀峰、孙南翔：《批准〈新加坡调解公约〉对我国的挑战及应对研究》，载《商事仲裁与调解》2020年第1期。

思考题

1. 仲裁和调解、和解这些争议解决方式有什么区别？有什么相同点？
2. 和解协议具备什么法律效力？
3. 临时仲裁有什么特点？
4. 《新加坡调解公约》具体规定了什么内容？对我国有何影响？

第二节 争议可仲裁性

可仲裁事项是指可以提交仲裁解决的争议事项，本质上是一国法律将特定的可诉讼事项让渡给当事人意思自治，当事人可以约定争议解决的方式是仲裁而非诉讼。认定争议不具有可仲裁性是国家对仲裁活动的干预。由于仲裁活动具有去国家化的属性，一旦提交仲裁，意味着争议可能无法适用特定国家的法律，继而使得一国对特殊领域的利益诉求无法实现，而这些领域往往与公共利益有关。社会公共利益的内涵是多元的，在国际商业社会高度市场化当中表现得更加明显。国际商事仲裁的天生优势在某种程度上契合了这种多元化的社会公共利益，如追求效率与公平、专业性与保密性，这使得那些传统被认为公法领域的争议逐渐被纳入可仲裁的范畴，可仲裁性的范围逐渐被扩大化。而这种扩大化的原因是多重的，包括法院案件积压程度、商业社会对当事人意思自治的高度尊重、对国际仲裁体制的越发信任、对国家经济利益的追求等等。有关国家在反垄断、知识产权等领域中逐渐放开对可仲裁事项的限制，反映了这些国家支持仲裁的态度。我国《仲裁法征求意见稿》也有意遵循这种国际趋势，试图扩大仲裁的受案范围，其第 26 条规定，"法律规定当事人可以向人民法院提起民事诉讼，但未明确不能仲裁的，当事人订立的符合本法规定的仲裁协议有效。"

一、反垄断争议

美国联邦最高法院早在 1986 年的"三菱汽车案"就已经明确反垄断争议的可仲裁性问题，但该案涉及私人之间针对垄断协议的损害救济问题，而近期美国的实践甚至将可仲裁性问题扩张到了反垄断执法当中。[①]

欧盟层面，在"艾柯瑞士中国时代公司诉贝纳通国际公司案"[②]中，欧盟法院

[①] 2019 年 9 月，美国司法部反托拉斯局首次通过仲裁机制解决反垄断执法机关与垄断主体之间的争议。2019 年 9 月 4 日，在为期 14 个月的调查结束后，美国司法部反托拉斯局在俄亥俄州北部地区提起民事诉讼，以阻止轧制铝供应商（Novelis）收购最近进入美国市场的爱励公司（Aleris）。美国反托拉斯局在向地区法院提交起诉状的同一天里，还通过其官方网页公布本案当事各方（包括诺贝丽斯公司、爱励公司以及反托拉斯局）已同意将本案核心争议——产品市场定义（product market definition）问题提交仲裁，仲裁将根据美国《1996 年行政争议解决法》（Administrative Dispute Resolution Act of 1996）和《反托拉斯局实施条例》（Antitrust Division' implementing regulations）进行，其仲裁结果将决定当事各方是否将通过放弃部分资产以解决相关竞争问题，以及美国反托拉斯局在地区法院反垄断民事诉讼中的下一步举措。尽管美国司法部的备案文件缺乏仲裁程序的详细信息（包括选择仲裁员的程序），但负责反托拉斯事务的司法部反垄断局助理总检察长 Delrahim 表示该协议"具有开创性"，并可能成为"未来执法行动的典范"，扩大仲裁的适用范围，可以提高联邦反垄断执法的效率。

[②] Eco Swiss China Time Ltd. v. Benetton International NV., C-126/97, Judgment of the Court of 1 June 1999, European Court Reports 1999 I-03055.

虽然没有正面明确回复垄断纠纷的可仲裁性，但也未直接否认反垄断争议不可仲裁。该案中，贝纳通公司请求荷兰法院终止执行仲裁裁决，因为该裁决有违荷兰《民事诉讼法》第 1065 条（1）（e）中的公共政策，即根据《欧洲经济共同体条约》（以下简称《欧共体条约》）第 85 条，当事人之间约定的许可协议违反了欧盟竞争法而归于无效。该协议涉及当事人市场份额的分配，根据该协议，艾可瑞士公司不能在意大利进行销售，宝路华公司不能在欧盟其他成员国内销售，而这种协议没有通知委员会也不属于豁免范围，因而仲裁裁决违反公共政策。荷兰最高法院认为，仲裁裁决只有其内容或执行与根本的强制性规定相冲突时才违反公共政策。根据荷兰法，没有遵守反垄断法上的禁止性规定并不视为违反公共政策。从欧盟有关判决来看，《欧共体条约》第 85 条规定也并不视为根本性的强制性规定。由于仲裁是私人协议约定的争议方式，不受国家干涉，不属于《欧共体条约》第 177 条所认定的法院或裁判庭，荷兰最高法院不确定这一结论是否也适用于仲裁庭，特请求欧盟法院对《欧共体条约》第 85 条予以解释。欧盟法院认为，欧盟竞争法是欧洲统一市场的基础，《欧共体条约》第 85 条属于公共政策的范畴。各成员国依照本国程序法要求审查仲裁裁决是否构成对本国公共政策的违反，违反公共政策的仲裁裁决可以撤销。

继该案之后，英国法院在"微软诉索尼案"①明确了反垄断争议的可仲裁性。在该案中，微软公司是依照芬兰法律设立的锂电池手机的制造商和销售商，作为诺基亚及相关企业的权利受让人，要求参与构成卡特尔的被申请人赔偿有关的涉嫌反竞争行为造成的损失。据微软称，合谋定价的卡特尔（price-fixing cartel）由三个不同司法管辖区内成立的四家公司组成：Sony Europe Limited（英格兰和威尔士）、Sony Corporation（日本）以及 LG Chem Limited（韩国）和 Samsung SDI Co Limited（韩国）。索尼欧洲提出管辖权异议，认为与微软之间存在依照英国仲裁法下有效的仲裁协议，之前索尼欧洲与诺基亚之间缔结的协议同样能够约束合同的受让方微软。据此，高等法院决定中止微软提起的反垄断损害赔偿的诉讼程序，赋予了当事人之间仲裁协议的效力。

相比于其他国家对于反垄断争议可仲裁的态度，我国当前的司法实践态度不甚明确。在"南京嵩旭公司诉三星垄断纠纷案"中，嵩旭公司作为涉案产品经销商与作为供应商的三星公司于 2012 年 5 月 10 日、2013 年 1 月分别签订内容基本相同的《经销协议》，两份协议中对于争议解决条款分别约定：协议执行过程中产生的任何争议或与本协议本身有关的争议分别提交中国国际经济贸易仲裁委员会、北京仲裁委员会，按照其提交仲裁时现行有效的仲裁程序和规则仲裁

---

① Microsoft Mobile OY (Ltd) v. Sony Europe Limited et al., [2017] EWHC 374 (Ch).

裁决。一审法院江苏省南京市中级人民法院认为,《反垄断法》并未明确排除平等主体之间纵向垄断纠纷不可以申请仲裁裁决的规定,根据《仲裁法》第2条,嵩旭公司对三星公司所提起的滥用市场支配地位的垄断纠纷,系双方在履行涉案两份《经销协议》时所引发的垄断侵权纠纷,属于平等主体之间发生的纵向垄断纠纷,系法人之间的其他财产权益纠纷,应属于仲裁法规定的可以仲裁的范畴。但双方协议中约定了两个仲裁机构又不能就仲裁机构选择达成一致的,因此仲裁协议无效。三星公司不服该裁定,上诉至江苏省高级人民法院,法院认为,反垄断法作为规范市场竞争秩序的法律,具有明显的公法性质。虽然部分国家已将反垄断争议纳入仲裁事项的范畴,但在我国由于反垄断法实施时间较短,反垄断执法和司法实践较少,尚未形成成熟的反垄断执法和司法经验,反垄断的公共政策性必然是我国考量可仲裁性的重要因素。在垄断纠纷涉及公共利益,且目前我国法律尚未明确规定可以仲裁的情况下,本案嵩旭公司与三星公司之间的仲裁协议尚不能作为本案确定管辖权的依据,本案应当由人民法院管辖。

在前文提及的"山西昌林实业有限公司与壳牌(中国)有限公司滥用市场支配地位纠纷案"中,北京高院认为该案《经销商协议》中的仲裁条款采取的是概括性约定仲裁事项的方式,因此基于该《经销商协议》权利义务关系产生、与权利行使或义务履行有关的争议均属于仲裁事项,支持了反垄断争议的可仲裁性。而在最高法的再审过程中,由于当事人的再审理由是适用法律错误,故也并未对反垄断争议的可仲裁性问题明确表态,而是间接肯定了北京高院的做法。但在与该案相关联的"呼和浩特汇力物资诉壳牌公司横向垄断协议纠纷案"中,最高法知识产权法庭却给出了完全相反的结论,其认为虽然壳牌公司和汇力公司在经销商协议中约定了争议解决的仲裁条款,但反垄断法具有明显的公法性质,是否构成垄断的认定超出了合同相对人之间的权利义务关系,并使本案争议不再限于"平等主体的公民、法人和其他组织之间发生的合同纠纷和其他财产权益纠纷",因而该纠纷不再属于仲裁法规定的可仲裁范围。

如果说上述案件"同案不同判"是由于审理机构造成的差异和偶然,那么由最高法知识产权法庭审理的案件一致持有"反垄断争议不可仲裁"的态度便不再是一种偶然。除了"呼和浩特汇力物资诉壳牌公司横向垄断协议纠纷案",在"白城市鑫牛乳业有限责任公司诉伊利公司垄断纠纷案"中,[①]最高人民法院知识产权法庭继续维持了"反垄断争议不可仲裁"的观点,撤销了一审吉林省长春市中级人民法院在(2020)吉01民初5282号裁定书中支持仲裁协议的决定。在之后的"北京龙盛兴业科技发展有限公司与域适都智能装备(天津)有限公司、

---

① 最高人民法院(2021)最高法知民终924号民事裁定书。

霍尼韦尔自动化控制(中国)有限公司纵向垄断协议纠纷案"中,①最高法知识产权法庭同样撤销了下级法院北京知识产权法院(2020)京73民初983号裁定书中支持仲裁协议有效的决定,最高法非常明确地表示,仲裁条款不能成为排除人民法院管辖垄断协议纠纷的当然依据。因合同签订、履行引发的确认垄断行为或同时请求损害赔偿之诉与一般合同关系当事人可以选择合同之诉或者侵权之诉不同。在一般合同关系中,如果当事人一方的违约行为侵害对方人身、财产权益,该侵权行为通常也是合同约定的履行行为,该侵权行为原则上不会超出合同范围或者合同当事人可以预想的范围。与此不同的是,在因合同签订、履行引发的垄断纠纷中,受害人与垄断行为人之间缔结的合同仅是垄断行为人实施垄断行为的载体或者工具,合同中涉及垄断的部分才是侵权行为的本源和侵害发生的根源,对垄断行为的认定与处理超出了受害人与垄断行为人之间的权利义务关系。因此,因合同的签订、履行引发的垄断纠纷所涉及的内容和审理对象,远远超出了受害人与垄断行为人之间约定的仲裁条款所涵盖的范围。

二、知识产权争议

知识产权争议的可仲裁性非常复杂,一方面,这类纠纷涉及不同类型的知识产权,如著作权、专利、商标、商业秘密、域名争议各有特点,伴随着网络社会愈加发达,新的知识产权类型也在不断涌现;另一方面,知识产权的争议类型多种多样,例如有效性争议、所有权归属、合同争议和侵权纠纷。此外,知识产权争议往往还与不正当竞争纠纷相关联。与非注册性知识产权相比,注册性知识产权需要一国法律的授权认可权利才得以存在,故可仲裁性的接受程度远低于诸如版权一类的非注册性知识产权。而在注册性知识产权当中,就专利与商标侵权引起的损害赔偿纠纷及许可使用费争议具有可仲裁性,在学术界以及一些国家的实践当中已经达成一致。而有效性问题往往涉及行政管理部门行使权力加以认定,故相较于合同和侵权纠纷,对可仲裁性的接受程度不高。不过,近些年一些国家对专利权和商标权有效性的可仲裁性的接受程度虽然存在明显差异,但也有所松动。2021年5月5日,德国慕尼黑第一地方法院在一案件中对专利有效性纠纷的可仲裁性作了认定,支持了仲裁协议的有效性,故法院不对该案行使管辖权。②

在该案中,原告是住所地位于法国的公司,专业生产用于PET瓶的吹塑模

---

① 最高人民法院(2022)最高法知民终1276号民事裁定书。
② 判决内容参见LG München I, Endurteil v. 05. 05. 2021-21 O 8717/20-Bürgerservice (gesetze-bayern. de)。相关的英文评述见 https://cms-lawnow. com/en/ealerts/2022/02/whose-invention-is-it-on-the-arbitrability-of-ip-related-disputes,访问时间:2023年3月3日。

具;被告是住所地位于德国的公司,是食品和饮料行业生产线的供应商。2013年7月,双方对被告的一条德国生产线进行了对比试验,将原告的底模与被告的相应产品进行对比,评估其对瓶子质量的影响。在测试之前,双方签订了保密协议。保密协议中含有仲裁条款:"因本协议以及任何修订协议和后续协议引起的或与之相关的所有争议均应根据国际商会(ICC)的仲裁规则,并根据上述ICC规则指定三名仲裁员排他性地终局性地解决争议。仲裁地点为瑞士苏黎世。本协议受瑞士法律管辖并按其解释,仲裁庭适用瑞士法律,包括瑞士国际法。仲裁语言为英语。"经试验,被告于2013年9月向德国专利商标局提出了专利申请以及欧洲专利的优先权申请。2020年7月,原告向慕尼黑法院提起诉讼,称被告申请的专利与原告2013年7月在被告生产线对比试验中使用的底模技术原理相同。被告否认其有不当行为,并根据保密协议中的仲裁条款,对慕尼黑法院的管辖权提出异议。原告认为,本争议不属于仲裁协议范围,本争议是不可仲裁的。

法院认为,保密协议中的仲裁条款有效,而争议属于仲裁条款的适用范围之内,具有可仲裁性,继而驳回了原告的起诉。法院首先明确了仲裁协议应当适用的准据法。根据《纽约公约》第5条第1款甲项,仲裁协议应当适用当事人选择的法律,而在本案中当事人选择适用瑞士法律。严格来看,仲裁协议是独立于主合同的协议,但法院确信,当事人为保密协议作出的法律选择意图全面涵盖合同条款,包括仲裁条款,这也符合德国法院的普遍观点。此外,法院发现合同中约定仲裁庭应当适用瑞士法,包括"瑞士国际法"。因此,法院参考了瑞士的国际私法的规定,根据《瑞士联邦国际私法典》第116条和第187条,当事人的法律选择从瑞士法的角度也是有效的,因此仲裁协议应当适用瑞士法。①

就可仲裁性问题,法院认为可能适用的法律是仲裁地法瑞士法以及法院地法德国法。在法院地法与仲裁地法之间,仲裁地法应当得到优先的考虑和尊重,但同时不能忽略法院地法。若一项争议依仲裁地法(即瑞士法)不具有可仲裁性,即便该争议依法院地法(即德国法)具有可仲裁性,德国法院也应当否定争议的可仲裁性,并以诉讼程序解决争议。就德国法而言,该项争议根据德国《民事诉讼法典》第1030条第1款具有可仲裁性,因为请求具有金钱属性,因为本案涉及专利申请的转让问题,不仅仅保护发明者的人身权利,也涉及金钱利益。这一结论并不受到专利是国家授予的权利这一属性的影响。尽管专利的授予不属于当事人可处分的权利,而属于法院排他性管辖,但是当事人可以在任何时刻约

---

① 此处简评慕尼黑法院的做法,协议中约定的瑞士法应当限于瑞士实体法,而不包括瑞士国际私法。尽管慕尼黑法院的做法欠妥,但并未产生错误的法律适用结果。

定专利申请的转让,发明人也可以放弃专利权。基于此,法院对专利有效性被排除出仲裁的观点表示严重怀疑。只有专利有效性问题涉及对世权效力时(erga omnes)被排除出仲裁范围才是合理的,而在本案中只涉及当事人之间的效力(inter partes)。而仲裁地法即瑞士法没有对可仲裁性施加任何更加严格的限制,因此本争议可以仲裁。

尽管该案在法律适用等方面不尽人意,但是在认定专利有效性纠纷是否具有可仲裁性的问题上依旧可圈可点。裁判说理当中,若专利有效性的效力只限于当事人之间而不涉及不特定的第三人即可以提交仲裁这一论断,与当前理论界对于知识产权有效性专属管辖权的相关观点相符。不少学者认为,知识产权有效性问题,尤其是注册登记类知识产权有效性问题,尽管传统观念上应当由权利注册地法院排他性地专属管辖,但若该有效性争议属于侵权问题的先决问题,可以由被请求保护地法院管辖并审理,其对有效性问题的认定效力只及于当事人之间,不能对抗第三人,以保证跨国案件审理的顺利进行。国际上许多知识产权冲突法的示范性文件都作了类似规定。这也启示我们,研究可仲裁性不可笼统地概括为专利有效争议或专利许可合同争议,一概地认定有效性争议不可仲裁、合同争议可仲裁,而应当具体关注是专利有效性或其他争议当中的什么具体问题,从而界定其性质,不同性质的问题可能得出完全不同的结论。

三、可仲裁事项的准据法

如前文中提到,可仲裁性问题贯穿于整个仲裁活动当中,在仲裁协议效力审查阶段、裁决撤销阶段、仲裁裁决执行阶段都可能涉及可仲裁性的审查。而根据《纽约公约》,可仲裁性适用的准据法有仲裁协议的准据法和执行地国/法院地法,但若仲裁协议准据法与执行地国/法院地法发生冲突时该如何处理? 当前国际实践对此并没有统一做法。上一部分提到的德国慕尼黑法院裁判专利有效性争议时,初步探讨了仲裁协议的准据法和法院地法的关系,认为仲裁协议的准据法应当得到充分尊重,但法院地法的适用也不可忽视。而在2023年1月新加坡最高法院审理的一起案件当中,就两者关系的探讨足以引发思考。

在"阿努帕姆·米塔尔诉西桥公司案"中,①印度居民阿努帕姆·米塔尔(Anupam Mittal)是知名的婚姻咨询网络公司的创始人之一。西桥公司(Westbridge Ventures II Investment Holdings)是毛里求斯一家私募股权基金,于2006年初投资了阿努帕姆·米塔尔的公司。在此次投资中,双方以及其他公司创始人签署了股东协议,其中仲裁条款规定:"(a)合同适用印度法;(b)新加坡作为仲

---

① Anupam Mittal v. Westbridge Ventures II Investment Holdings, [2023] SGCA 1。

裁地。"仲裁条款中没有规定任何管辖仲裁协议的法律。2017年,双方关系因公司经营理念差异巨大而开始恶化。2021年3月上诉人在印度国家公司法法庭对被上诉人和公司其他创始人提起诉讼。被上诉人因此向新加坡高等法院提起对抗诉讼,认为上诉人违反了双方的仲裁协议,请求就上诉人在印度法院诉讼的行为发出禁诉令。新加坡高等法院据此发出禁诉令,限制上诉人在印度进行诉讼,以及禁止其就在印度注册成立的名为"People Interactive(India) Private Limited"的公司的管理有关的争议提起其他诉讼。但上诉人随后又在孟买法院申请抵制新加坡禁诉令的动议,但由于各种原因未被受理。

新加坡高等法院签发了禁诉令,依据在于上诉人的行为违反了仲裁协议。法院认为:在仲裁裁决作出前,可仲裁性事项的准据法应当是法院地法,即新加坡法。根据新加坡法,该争议可仲裁。假设印度法是仲裁协议的准据法,则争议属于仲裁协议的范围。上诉人根据两点理由向新加坡最高法院提出上诉,一是当事人的争议不属于仲裁协议约定事项,即使公司压迫和管理不善争议属于仲裁协议的范畴,但根据印度法这类争议也不可仲裁,继而仲裁协议无效。二是在印度诉讼的争议属于客观不可仲裁事项,可仲裁性应当适用仲裁协议的准据法,即印度法,因而上诉人的行为不构成对仲裁协议的违反,禁令应当撤销。

新加坡最高法院驳回了上诉人的申请,认为争议的可仲裁性首先应当适用仲裁协议的准据法。而本案中,仲裁协议的准据法是新加坡法,在此处最高法院明确表示不赞同高等法院认定准据法的理由(高等法院适用法院地法,尽管法院地在新加坡)。若仲裁协议的准据法是外国法,根据外国法争议不可仲裁,则新加坡法院不能允许仲裁程序的进行,否则将违反执行仲裁协议的公共政策。当该外国法允许仲裁而新加坡法作为法院地法不允许仲裁时,根据《新加坡国际仲裁法》第11(1)条的规定,该仲裁也无法进行,否则也违反新加坡的公共政策。

在判断仲裁协议的准据法时,新加坡最高法院明确了三个步骤:(a) 当事人是否明确选择仲裁协议的适用法律;(b) 在没有明示选择的情况下,当事人是否默示选择了管辖仲裁协议的适当法律,确定默示法律选择的依据是合同法律;(c) 如果明示选择和默示选择都无法区分,仲裁协议与哪一种法律制度有最密切和最真实的联系。在本案中,当事人没有约定仲裁协议的准据法,但双方选择印度法作为合同准据法,但印度法并不适用于该仲裁协议:一是若将印度法律作为仲裁协议的准据法将使得当事人的仲裁意愿落空,因为公司压迫与不当管理类的公司法争议在印度是不可仲裁的;二是双方当事人专门制定了一份仲裁协议,并选择新加坡作为仲裁地,这表明双方有意通过仲裁解决争议。这一意图与双方默示选择印度法律作为仲裁协议管辖法律的假设不一致,并因此被推翻。

而作为仲裁所在地的法律,新加坡法律是与仲裁协议有最真实和实质联系的法律。因此,本案仲裁协议的管辖法律为新加坡法律。

拓展阅读

1. 有关可仲裁性的相对系统性论述可阅读杨良宜:《仲裁法——从 1996 年英国仲裁法到国际商务仲裁》,法律出版社 2006 年版,第六章。
2. 黄进、马德才:《国际商事争议可仲裁范围的扩展趋势之探析——简评我国有关规定》,载《法学评论》2007 年第 3 期。
3. 赵秀文:《论国际商事仲裁中的可仲裁事项》,载《时代法学》2005 年第 2 期。
4. 张艾清:《国际商事仲裁中公共政策事项的可仲裁性问题研究》,载《法学评论》2007 年第 6 期。

思考题

1. 就可仲裁性问题,当事人协议选择的法、仲裁地法与裁决执行地国的准据法有不同规定,法院应当如何处理?
2. 如何看待可仲裁性与公共政策的关系?
3. 如何看待可仲裁性当下的发展趋势?
4. 如何看待我国仲裁法修订稿当中对可仲裁性的规定?

案例分析

【案例一】 国网上海市电力公司与 VISCAS 株式会社垄断协议纠纷案[①]

2014 年 4 月,欧盟委员会认定 VISCAS 株式会社等高压电缆厂商在全球范围内达成并实施了固定价格、划分销售区域和客户市场的卡特尔协议,并作出总额达 3.02 亿欧元的处罚决定。2018 年,国网上海市电力公司向上海知识产权法院起诉 VISCAS 株式会社违反我国价格法、反垄断法相关规定,称在 VISCAS 株式会社实施欧盟委员会认定的垄断协议行为期间,其向 VISCAS 株式会社采购了大量的高压电缆产品,受到前述垄断协议行为的严重影响和侵害。对此,

---

① 该案裁判文书见最高人民法院(2019)最高法知民辖终 356 号民事裁定书。

VISCAS 株式会社提出管辖权异议,称本案应当按照合同约定的争议解决方式即仲裁方式解决纠纷。一审法院认为,VISCAS 株式会社实施横向垄断协议不仅涉及对相关市场竞争的影响,还涉及对消费者利益的影响,并非因涉案合同引起的争议,故不受涉案合同仲裁条款的约束。二审法院认为,合同约定的仲裁协议能否排除人民法院的纠纷管辖权应该根据纠纷的具体情况予以确定。本案中,由于横向垄断协议的认定与处理超出了垄断行为人与受害人之间合同的权利义务,也超出了垄断行为人与受害人之间合同约定的仲裁条款的范围,此时,该仲裁协议不能排除人民法院的管辖权。

结合本案以及本书相关章节的有关案件,在反垄断争议当中,横向垄断争议以及纵向垄断争议的可仲裁性是否可能存在差异?结合《仲裁法修订意见稿》的有关规定,如何看待我国反垄断争议的可仲裁性?

【案例二】 韩国某公司与中国某公司商标权纠纷案

2012年11月19日,某韩国公司(合同乙方)与某中国公司(合同甲方)签订了《商标转让合同》(以下简称本案合同),约定中国公司将"英文字母组合及图"商标转让给韩国公司,约定转让商标指定的商品或服务项目为技术项目研究;科研项目研究;生物学研究,还约定了转让商标申请号、国别等。合同中约定甲方同意无偿转让该商标。

本案合同第2条第6款规定,除了本合同项下的商标申请以外,甲方保证没有申请过其他与转让商标相同或近似的商标,同时保证日后也不再申请任何与转让商标相同或近似的商标。本案合同第5条约定:甲方自签订本合同之日起未经乙方书面许可不得使用转让商标,并且不得再与任何第三人签订关于转让商标的许可使用合同或转让商标合同,甲方不再享有商标的申请权、使用权、转让权与许可使用权;甲方违反上述约定,自行使用、将转让商标转让给他人或许可他人使用的,除应当赔偿因此支付的转让申请费、律师费等必要费用之外,应另赔偿乙方遭受的其他全部损失。

根据中华人民共和国国家工商行政管理总局商标局出具的商标注册证,"英文字母组合及图"商标(核定服务项目第42类:生物学研究)注册人为韩国公司。根据韩国公司提供的公证书显示,中国公司网站左上角显示使用了"英文字母组合及图"和"其他汉字文字"的组合标志。该网站上的宣传文案中介绍中国公司的服务范围为"眼科基因检测及基因组学科研服务"等,并使用了"最大眼科疾病变异数据库"等字眼介绍其服务特征。

2018年4月,韩国公司工作人员向中国公司工作人员发出电子邮件,邮件中称:"我们的法律小组告诉我,在您的网站发现设施的照片。因为照片未经经营小组的研究及批准不能擅自上传于网站,请立刻从网站删除照片"。

韩国公司曾向深圳市某法院就本案提出赔偿申请,后深圳法院以存在仲裁条款、法院管辖问题裁定驳回起诉。

韩国公司认为,根据中国工商管理总局商标局颁发的《商标注册证》,其依法享有注册商标的专用权,而中国公司存在侵害涉案商标权的行为。韩国公司虽屡次要求中国公司停止使用涉案商标,但中国公司均不予理会,仍继续在其官网上使用涉案商标,并继续从事医学检测、眼科检测等经营服务项目。韩国公司向北京仲裁委员会/北京国际仲裁中心提起仲裁,仲裁请求为:(1)被申请人向申请人支付赔偿金30万元人民币;(2)被申请人承担本案的仲裁费用、律师费。

该案涉及什么争议?该案中的仲裁条款是否有效,该争议是否具有可仲裁性?

第三节 仲裁庭的自裁管辖权

所谓仲裁庭的自裁管辖权,是指仲裁庭有权自行决定自己对争议案件的管辖权。仲裁庭自裁管辖权问题源于法院是否拥有对仲裁事先和事中监督权的争论。即在仲裁程序启动时或者仲裁程序进行过程中,法院能否基于一方当事人的请求,对仲裁庭的管辖权予以否定。如果肯定法院有事先或者事中的监督权,那么仲裁庭就只有在法院肯定仲裁庭有权管辖该案后,才能继续审理争议。

各国立法和司法实践都认可当事人通过仲裁方式解决他们之间的商业纠纷,但出于对当事人意思自治的尊重,法院只有在仲裁协议有效,或者争议是可以仲裁的前提下,才会认可仲裁裁决的效力。从这个意义上说,法院事前监督和事中监督似乎有存在的合理性。然而,从仲裁的效率角度看,如果仲裁程序总是要等待法院处理完当事人异议后才能进行下去,那么仲裁也就丧失了其高效性优势。有观点认为,当事人在达成仲裁条款或仲裁协议时,也同时将有关管辖权争议授权给仲裁庭裁判,认为这是当事人意思自治的体现。[1] 不过,这种观点并未被完全接受。有些国家的法院判例显示,法官倾向于认为,仲裁协议是否有效和争议是否具有可仲裁性等问题属于法律问题,而不完全是事实问题。[2] 对于法律问题的判断,不能认为当事人已经授权或委托给了仲裁庭。当事人也无权将此类权力授予仲裁庭。由此,不能简单地认为仲裁庭有或无自裁管辖权,也不

---

[1] 赵健:《论自裁管辖学说——兼论我国的立法与实践》,载《诉讼法论丛》,法律出版社1999年版,第505页。

[2] 乔欣:《比较法视野下自裁管辖权原则的理论探讨》,载《西部法学评论》2009年第3期。

能完全排除仲裁庭的自裁管辖权或法院对管辖权的干预。关键在于区分不同情况分别处理。

学术界和实务界提出了仲裁庭有权自我裁判是否对争议有管辖权观点,以避免无谓地拖延仲裁期限。① 不过,对应当完全排除法院事前事中监督,还是分情况决定存在分歧。同时,各国法院也并不愿意完全放弃事前和事中监督的权力。法院也会考虑当事人司法救济的及时性和有效性。从及时性角度看,如果法院只能在事后监督中审查仲裁庭是否有管辖权,那么当事人可能需要在花费巨额费用和大量时间走完仲裁程序,拿到仲裁裁决后才能介入。这似乎也不公平。从有效性角度看,仲裁庭有无管辖权并不完全取决于仲裁协议效力本身。仲裁协议无效只是仲裁庭无管辖权的情形之一,而非全部。在这种情况下,如果任由仲裁庭继续审理,也是违背当事人意思自治的表现。随着实践中各种案例的充分展现,国际条约和各国国内立法、司法实践趋向于肯定仲裁庭有一定的自裁管辖权。当然,各国立法与司法实践也不完全相同。

我国仲裁理论界和实务界围绕仲裁庭自裁管辖权的讨论源于 1994 年《仲裁法》规定的特殊性。根据 1994 年《仲裁法》第 20 条的规定,一旦仲裁当事人对仲裁协议效力有分歧意见,当事人可以诉诸人民法院;人民法院在判断仲裁协议效力问题上有优先和最终的决定权。② 该规定引出了关于仲裁庭是否能够自我裁判管辖权的争论话题,同时,由于立法规定"仲裁委员会作出决定",所以该规定还引出了是由仲裁机构还是仲裁庭裁决管辖权的问题。前一个问题在国际社会具有普遍性,后一个问题是我国立法表述所引发的特有现象。

一、关于仲裁庭能否自裁管辖的法理讨论

关于仲裁庭能否自裁管辖的讨论源自 1955 年联邦德国的一个案件。该案中,德国高等法院认定,仲裁员对作为其权限基础的仲裁协议的范围有作出最终决定的权力。不过,在 1977 年,该法院于另外一个案件改变了立场,认为仲裁协议的存在并不意味着当事人已经授予仲裁庭自我判断的权力。只有在当事人另行签订独立的协议赋予仲裁员自裁管辖权的权力时才能确定,且该协议的效力还需接受法院审查。③

主张仲裁庭享有自裁管辖权的学者从契约论角度出发,认为当事人在达成

---

① 王瀚、李广辉:《论仲裁庭自裁管辖权原则》,载《中国法学》2004 年第 2 期。
② 1994 年《仲裁法》第 20 条规定:"当事人对仲裁协议的效力有异议的,可以请求仲裁委员会作出决定或者请求人民法院作出裁定。一方请求仲裁委员会作出决定,另一方请求人民法院作出裁定的,由人民法院裁定。当事人对仲裁协议的效力有异议,应当在仲裁庭首次开庭前提出。"
③ 王瀚、李光辉:《论仲裁庭自裁管辖权原则》,载《中国法学》2004 年第 4 期。

仲裁协议时,通过仲裁协议赋予了仲裁庭决定自身是否能够管辖该争议的权力。代表人物施米托夫教授认为,仲裁庭的自裁管辖权来源于当事人的授权。没有理由认为,当事人不能将决定仲裁管辖权的事项赋予仲裁庭。不过,这种以反向推理方式认定仲裁庭享有自裁管辖权的思路并不具有较强的说服力。这也是后来德国法院在1977年改变立场的原因之一。

不接受仲裁庭拥有完全的自裁管辖权有理论与现实两方面原因。从理论上看,默示推论当事人已经授权仲裁庭缺乏说服力。至少不是在所有情形下,当事人和国家司法机关都愿意认可这种默示同意。从当事人角度看,如果仲裁协议被认定为无效,那么很难认为当事人将此问题的判断权交给了仲裁庭,因为这会陷入恶性循环:仲裁庭基于一个无效的仲裁协议继续审理,并作出自己有无裁判权的决定;从国家司法机关角度看,在仲裁裁决作出之前,法院不能对争议的可仲裁性和仲裁协议的效力发表意见,只能任由仲裁庭判断,这会妨碍法院作为司法机关解释和执行法律的权威,也不符合及时救济的司法理念。

因此,仲裁庭的自裁管辖权与法院的管辖权不是一个非此即彼、二选一的问题,而是划分权力行使的条件和界限问题。①

对于仲裁庭自裁管辖权,还存有积极效力(positive competence-competence)与消极效力(negative competence-competence)的划分问题。所谓积极效力是指,仲裁庭本身就享有确认仲裁协议效力和自身管辖权的权力;所谓消极效力是指,在仲裁庭就其管辖权作出裁决前,法院对仲裁庭管辖权的审查应受到限制。②对于仲裁庭自裁管辖权是仅有积极效力,还是同时具有消极效力问题,各国立法和司法实践情况并不相同。

二、关于仲裁庭自裁管辖权的国际立法与实践

早在1955年,国际商会就在其仲裁规则中明确规定仲裁庭可以就当事人提出的管辖权异议作出决定。这被认为是最早确立仲裁庭自裁管辖权的文件。不

---

① 正如英国法官P. Devlin在"Christopher Brown Ltd. v. Gennossenschaf't Oesterreichischer Waldbesitzer Holzwirtschafbetriebe案"中所言:很清楚,任何一个仲裁开始时,一方或另一方当事人可能对仲裁员的管辖权提出异议。法律并未规定,当事人对仲裁员的管辖权提出异议时,仲裁员必须立即拒绝仲裁,直至由有权做出最终判决的法院做出裁定。但法律也未规定,仲裁员必须继续对争议事项做出裁定,不需调查对管辖权提出异议的缘由,也不需对这个争议问题做出决定,而把这个问题留给有权对此做出判决的法院去解决。如果这样做,他们就会白白浪费自己和他人的时间,因此,不应采取上述任何一种做法。仲裁员有权就自己对所审理的案件有无管辖权的问题进行调查,这样做不是为了得出能够约束双方当事人的任何结论,因为他们并无此项权限,而是为了解决他们是否应该把仲裁继续进行下去的先决问题。乔欣:《比较法视野下自裁管辖权原则的理论探讨》,载《西部法学评论》2009年第3期。

② 孙南申、胡荻:《国际商事仲裁的自裁管辖与司法审查之法律分析》,载《武大国际法评论》2017年第3期。

过,由于国际商会本身并不是立法机关,其仲裁规则也不是国际立法,所以其效力并未得到国际社会普遍认可。1958年《纽约公约》通过后,为了推动该公约在欧洲各国的普遍实施,排除国际仲裁裁决在各国承认与执行的障碍,联合国欧洲经济委员会组织欧洲一些国家讨论在欧洲范围内订立一项普遍性的关于国际商事仲裁的国际条约。1961年,《欧洲国际商事仲裁公约》出台。该公约肯定了仲裁庭自裁管辖权原则。随后的1966年《欧洲统一仲裁法》进一步规定,仲裁庭可以决定自己的管辖权;法院只可在仲裁庭作出关于管辖权的初步裁定或最终裁决后实施审查。由此,在西欧区域内,仲裁庭自裁管辖权正式在法律上得到认可。

在国际投资仲裁领域,1965年《解决各国与他国国民间投资争端公约》(即1965年《华盛顿公约》)采纳了自裁管辖权原则。不过,由于国际投资仲裁主体的特殊性,该公约尚不能被视为在国际商事仲裁领域确立仲裁庭自裁管辖权的国际公约。[①] 1985年联合国贸法会《示范法》第4章专门就仲裁庭的管辖权作出规定。其中第16条明文规定了"仲裁庭对自己的管辖权作出裁定的权力",包括对仲裁协议的存在或效力的任何异议在内;仲裁庭可以在当事人提出管辖权异议后作出初步裁决,也可以在最终裁决中作出裁定;在法院没有作出决定前,仲裁庭可以继续进行仲裁程序和作出裁决。

虽然《示范法》不是一项具有法律约束力的国际条约,但对各国国内仲裁立法影响巨大。许多国家根据该示范法制定或修改了国内仲裁法或民事诉讼法中涉及仲裁的内容。由此,仲裁庭自裁管辖权原则也在各国得到普遍认可。不过,从各国国内立法情况看,各国采纳仲裁庭自裁管辖权原则的程度存在不同。

法国《民事诉讼法典》第1458条规定:"在仲裁庭根据仲裁协议而受理的争议被提交至国家法院时,该法院应当宣告无管辖权。若仲裁庭尚未受理案件,除仲裁协议明显无效之外,法院亦应当宣告无管辖权。"这被视为比较彻底的仲裁自裁管辖权立法立场。在仲裁管辖问题上,法院完全从事先或事中监督中退出。

有的国家立法比较原则,只规定仲裁庭有权决定自己的管辖权,并无限制法院的规定,例如德国《民事诉讼法典》和瑞典《仲裁法》。1996年《英国仲裁法》采取了一种折中的态度。该法第30条第1款规定:"除非当事人双方另有约定,仲裁庭有权对是否存在一个有效的仲裁协议、具体的仲裁事项等管辖权异议作出决定。"美国《统一仲裁法》也有类似规定。

总体上看,在基本持肯定立场的基础之上,各国立法对仲裁庭自裁管辖权表

[①] 国家与他国国民间投资仲裁的法律性质与一般国际商事仲裁不同。狭义的国际投资仲裁是建立在国家自愿放弃管辖豁免的基础之上的,不是平等主体之间的财产权益争议。

现出三种不同态度:一是像法国那样激进的肯定立场,基本排除法院的事先监督权;二是如英美国家那样,立法不排除法院在仲裁程序前和仲裁开始后的监督权,但允许当事人通过特别约定的方式排除;三是只肯定仲裁庭的自裁管辖权,对法院能否介入不做规定。2011年通过的《葡萄牙自愿仲裁法》在肯定仲裁庭有自裁管辖权同时,也肯定法院仍有权对仲裁庭就自身的管辖权作出的裁决进行司法复审。根据该仲裁法第18条第9款规定,当事人在获悉仲裁庭作出的声称其具有管辖权的中间裁决后30日内,可以向具有管辖权的法院提出抗辩。①

从司法实践角度看,各国法院也基本持支持仲裁庭自裁管辖权的态度。除非涉及仲裁协议是否真实存在、有效,以及能否约束未签字的当事人问题,法院一般都会持支持仲裁庭的立场。

三、从管辖权争议种类看仲裁庭自裁管辖权

如前所述,影响仲裁庭是否有管辖权的因素很多,仲裁协议是否有效只是其中之一。同时,仲裁协议是否有效本身也包含多种因素。下面分别从不同情形分类考察仲裁庭是否应当享有自裁管辖权。

(一) 争议的可仲裁性与仲裁庭自裁管辖权

当事人之间的具体争议是否具有可仲裁性,这本身是由各国立法所决定的。例如,我国《仲裁法》第2条规定:"平等主体的公民、法人和其他组织之间发生的合同纠纷和其他财产权益纠纷,可以仲裁。"由于该规定比较抽象,为了避免理解上的歧义,《仲裁法》第3条还以列举的方式明文排除了一些争议的可仲裁性。② 即便如此,实践中,当事人之间的争议是否具有可仲裁性,仍是一个需要判断的问题。例如,国有土地使用权出让合同纠纷、公私合作(PPP)合同纠纷等,最高法的司法解释和有关案例认为属于行政合同纠纷,应当由法院按照行政诉讼法的规定受理。③ 但学术界对此争议较大,认为不能仅因为涉及行政机关或者政府一方,就简单地认定为行政合同。在这类合同项下,也会发生与行政机

---

① 谢广汉:《葡萄牙新仲裁法述评》,载《司法改革论评》2012年第1期。
② 《仲裁法》第3条规定:"下列纠纷不能仲裁:(一) 婚姻、收养、监护、扶养、继承纠纷;(二) 依法应当由行政机关处理的行政争议"。
③ 我国最高人民法院(2020)最高法行申11747号行政裁定书认为,国有土地使用权出让合同属于行政协议,属于行政诉讼的受案范围。最高人民法院(2015)民一终字第244号民事裁定书认为,建设运营转让(BOT)模式的政府特许经营协议虽然一方当事人是政府,但当事人在合同订立与内容上仍享有充分的意思自治,并不受单方行政行为控制。双方当事人法律地位是平等的。合同涉及的相关行政审批和行政许可等其他内容,为合同履行行为之一,属于合同的组成部分,不能决定案涉合同的性质。作为当事人一方的政府主张本案合同为行政合同及不能作为民事案件受理,没有法律依据。

关的管理权无关,属于平等主体之间财产权益纠纷性质的争议。①

(二) 当事人之间的争议是否在仲裁协议约定的范围内

在此种情形下,当事人之间形成的合同本身是有效的,但当事人之间发生的争议或申请人提出的仲裁请求并不一定在仲裁协议约定可以通过仲裁方式解决的范畴内。例如,当事人之间签订了一份技术转让协议,协议中约定发生争议通过仲裁方式解决。合同履行过程中,一方当事人将自己获得的技术偷偷转让给第三人以获取报酬。另一方当事人以其侵犯知识产权为由提起仲裁或侵权之诉时,可能会受到侵权人对仲裁庭或法院的管辖异议。此时,仲裁庭或者法院需要审查当事人之间的争议是否在仲裁协议约定的范围内,或者说需要审查当事人之间的仲裁协议是否涵盖了此种争议。从尊重当事人意思自治角度看,处理该争议的关键在于能否准确把握当事人的真实意思,充分尊重当事人约定。

(三) 仲裁协议是否存在、是否对当事人有拘束力

这涉及实践中的两类情形:一是当事人之间是否已经形成仲裁协议;二是已经形成的仲裁协议是否能约束未签字的仲裁当事人。

从第一种情形看,仲裁协议的内容已经客观存在,但相关当事人是否签署或是否明确表示受其约束存在争议。例如,一方当事人在发出要约的邮件中载明有仲裁条款,另一方在回复邮件承诺时同意接受要约方提出的报价和交货时间、地点等,但未就仲裁条款表态。

与仲裁协议对当事人拘束力相关的问题是,虽然仲裁协议的内容本身是合法有效的,但能否拘束被申请人?例如,原合同中的仲裁条款能否对公司合并、分立后的债务人有拘束力?或者,争议合同的仲裁条款能否约束行使代为求偿权的保险人等?

不论在上述哪一种情形下,被申请仲裁的当事人都可能以争议中的仲裁条款对其不产生约束力而质疑仲裁庭的管辖权。

(四) 对仲裁机构的质疑

实践中,还有一种情形是,由于当事人对仲裁地或仲裁机构约定不明,或者错误地表述了仲裁机构的名称,导致被申请人对仲裁庭的管辖提出异议。在这种情形中,当事人往往质疑受理案件的仲裁庭或仲裁机构是否是仲裁协议中约定的仲裁机构。

从上述管辖权争议种类看,有些争议与仲裁协议是否存在、是否真实、是否

---

① 乔欣、李莉:《争议可仲裁性研究》(上),载《仲裁研究》2004 年第 2 期;虞青松:《公私合作契约的赋权类型及救济——以公用事业的收费权为视角》,载《上海交通大学学报(哲学社会科学版)》2013 年第 5 期;刘璐:《论 PPP 合同争议的可仲裁性》,载《贸大法律评论》2017 年第 2 卷。

合法有效直接关联;有些则没有直接联系,纯粹质疑仲裁庭管辖权。由此可见,不区分情形,笼统地讨论仲裁庭是否有自裁管辖权并不恰当。

四、我国立法与司法实践的思考

我国1994年《仲裁法》第20条只谈到了当事人对仲裁协议效力的异议,可以向仲裁委员会或者法院提出;如果一方向仲裁委员会提出,另一方向法院提出,则法院有唯一裁决权。因此,只有在当事人不向法院提出异议时,仲裁机构才有完整的决定权。我国学术界对该条立法的讨论围绕两个方面展开:一是仲裁自裁管辖权受到了严格限制,完全受制于法院;二是行使自裁管辖权的主体到底是仲裁委员会还是仲裁庭。

(一)自裁管辖权属于仲裁庭还是仲裁机构

我国1994年《仲裁法》之所以没有规定仲裁庭的自裁管辖权,主要原因有两点:一是该立法只允许机构仲裁,没有考虑到临时仲裁;二是从管辖权异议的提出时间出发,认为由仲裁机构行使自裁管辖权比较务实。

由于我国没有临时仲裁类型,也就没有独立于仲裁机构的仲裁庭。被申请人在接到仲裁委员会送达的受理通知书、指定仲裁员通知书后,可能立即提出管辖异议。在此种情况下,由于仲裁庭尚未组建,也就无法由仲裁庭对管辖权异议进行审查和做出决定。这种考虑有一定的合理性,不过是从民事诉讼程序的基本思路出发作出的安排。

从尊重当事人意思自治和仲裁的历史发展看,当事人选择仲裁方式解决他们之间的争议,是将争议的裁判权交给了仲裁庭而非仲裁机构,这是当事人约定仲裁的本意。至于选择仲裁机构,不过是选择了一个能够为仲裁庭提供良好服务的组织,同时避免了临时仲裁中高昂的时间成本和精力成本。在选择仲裁机构后,当事人仍需选择和指定仲裁员。所以,当事人是把争议的裁判权赋予了仲裁庭。不能想当然地认为,当事人把程序性事项赋予仲裁机构,把实体争议的裁判权仍保留给仲裁庭。这是各国理论界主流的看法。

有少数观点认为,仲裁机构在决定是否受理案件时,其实也在审查仲裁协议的效力,因此,仲裁机构对于管辖异议有部分审查和决定的权力;只有在仲裁庭组建后,机构的权力才转移给仲裁庭。认为当事人选择仲裁机构也意味着将部分权力授权给了仲裁机构。[①] 该看法将仲裁机构受理案件时的审查行为看作为是对管辖权的判断,这是不恰当的。仲裁机构在决定是否受理申请人的仲裁申请时,确实需要查看当事人之间的仲裁协议,但这只是一种初步的和表面的判

---

① 温树斌:《国际商事仲裁管辖权若干法律问题探析》,载《河北法学》1999年第6期。

断。正如法院在受理原告起诉时一样,法院立案庭工作人员也需要初步审核原告提交的诉状和基本证明材料,但是,法院的立案通知书不能代表法院已经对管辖权作出决定。在起诉和提出仲裁请求时,另一方当事人还没有提出管辖权异议。将初步审查行为视为对管辖异议的决定权在逻辑上说不通。

随着允许临时仲裁的呼声越来越高,一些仲裁机构在尝试与临时仲裁融合发展,修改仲裁规则。同时,呼吁对 1994 年《仲裁法》作出修改,在立法中允许临时仲裁,至少在涉外因素争议中允许临时仲裁的意见趋于统一。① 如果未来仲裁立法允许临时仲裁类型,那么修改仲裁机构对管辖异议的决定权也势在必然。

(二) 对管辖异议的平行管辖

在前述介绍中,也有一些国家在肯定仲裁庭有自裁管辖权的同时,没有完全放弃法院的司法监督权。法院仍然可以在仲裁程序中保有对仲裁协议效力的决定权。这样做,也是提高仲裁效率的一种做法:如果仲裁庭没有管辖权而继续审理下去,最终导致仲裁裁决被法院撤销或不予承认和执行的话,也会增加当事人的负担和解决争议的成本。不过,在仲裁庭和法院都有决定权时,如何协调两者是一个需要解决的问题。

多数国家的做法是,当事人应当向仲裁庭提出管辖异议,在仲裁庭作出裁决后,如果不服,再向法院申请裁定。法院的裁定为最终的,不可上诉。同时,对于前述不同类型的管辖异议,将可以申诉到法院的范围限缩在仲裁协议是否存在、是否合法有效,以及能否约束被申请人等方面。至于当事人之间的争议是否具有法律上的可仲裁性则可以留待法院事后对裁决监督。因为,这与仲裁协议本身的效力无直接关系。有关争议本身是否具有可仲裁性问题也是仲裁庭需要审理的争议范围。

我国 1994 年《仲裁法》看起来是赋予了仲裁机构和法院对处理管辖异议的平行管辖权,但实际上却体现出弱化仲裁机构决定之法律效力的立场,同时还无谓地增加了当事人借故拖延仲裁程序的机会。从立法条文看,当事人可以向仲裁机构提出管辖异议,但也可以向法院申请确认仲裁协议的效力。事实上,对仲裁机构提出管辖异议的往往是被申请人,申请人如果对仲裁机构的管辖有异议是不会去这个机构申请仲裁的。所以,这种安排是多余的。如果要肯定法院的事前和事中监督权,应该安排先后顺序。首先由仲裁庭作出决定,不服再起诉到法院,这样才能避免不必要的诉讼。

---

① 肖雯:《〈仲裁法〉修订视阈下临时仲裁制度构建》,载《重庆理工大学学报(社会科学版)》2022 年第 8 期;何晶晶:《〈仲裁法〉修改背景下我国引入临时仲裁制度的几点思考》,载《广西社会科学》2021 年第 12 期;刘晓红、冯硕:《改革开放 40 年来中国涉外仲裁法律制度发展的历程、理念与方向》,载《国际法研究》2019 年第 6 期。

也因为 1994 年《仲裁法》第 20 条的设计，不服管辖的被申请人也可能跳过仲裁机构，直接向法院起诉，请求确认仲裁协议效力，使仲裁机构对管辖异议的管辖权落空。因此，该立法设计受到学术界和实务界的普遍批评。[1]

(三)《仲裁法征求意见稿》中的变化

为贯彻落实中共中央办公厅、国务院办公厅印发的《关于完善仲裁制度提高仲裁公信力的若干意见》的精神，第十三届全国人民代表大会常务委员会将修改 1994 年《仲裁法》纳入立法规划。司法部于 2021 年 7 月 30 日公布了《仲裁法征求意见稿》，向社会公开征集立法修改建议。《仲裁法征求意见稿》在仲裁管辖异议的处理上对原立法条文做出了重大修改。其中的第 28 条规定：

"当事人对仲裁协议是否存在、有效等效力问题或者仲裁案件的管辖权有异议的，应当在仲裁规则规定的答辩期限内提出，由仲裁庭作出决定。

仲裁庭组成前，仲裁机构可以根据表面证据决定仲裁程序是否继续进行。

当事人未经前款规定程序直接向人民法院提出异议的，人民法院不予受理。

当事人对仲裁协议效力或者管辖权决定有异议的，应当自收到决定之日起十日内，提请仲裁地的中级人民法院审查。当事人对仲裁协议无效或者仲裁案件无管辖权的裁定不服的，可以自裁定送达之日起十日内向上一级人民法院申请复议。人民法院应当在受理复议申请之日起一个月内作出裁定。

人民法院的审查不影响仲裁程序的进行。"

从上述规定可以看出，我国立法在对待仲裁管辖异议的处理上有以下变化：

1. 明确了仲裁管辖异议的范围和提出时间

从范围看，采纳了广义的管辖异议。既包括仲裁协议是否存在（包含当事人未签字的仲裁协议），也包括仲裁协议是否有效（如对第三人的效力），以及其他管辖权异议。因此，是否具有可仲裁性也是仲裁庭自裁管辖的范围。

从提出管辖异议的时间看，当事人只能在仲裁规则规定的答辩期内提出。由于不同机构的仲裁规则规定的答辩期不完全相同，所以，在不同仲裁机构管辖异议的提出时间也不完全一样。例如国内仲裁与涉外仲裁的答辩期不同；国内仲裁机构仲裁规则规定的答辩期可能与外国仲裁机构规定的答辩期不同。

2. 明确了仲裁庭的自裁管辖权

《仲裁法征求意见稿》明确规定，对仲裁管辖异议的决定权在仲裁庭，而不是仲裁机构。在仲裁庭组成前，仲裁机构决定仲裁程序是否进行不属于对管辖异议的决定，也不影响组庭后的仲裁庭对此作出裁定。当然，如果仲裁机构根据

---

[1] 张月明：《论仲裁管辖权及我国相关立法的完善》，载《苏州大学学报（哲学社会科学版）》2006年第 5 期；袁古洁：《论仲裁管辖权冲突》，载《西南政法大学学报》2002 年第 1 期；缪剑文：《我国国际商事仲裁制度若干问题的思考》，载《政法论丛》1997 年第 5 期。

表面证据就不受理案件，那么也就不需要当事人提出管辖异议。正因为如此，有管辖异议的一方当事人也就能够打消指定仲裁员的疑虑。指定仲裁员并不意味着放弃了提出管辖异议的权利。这一点很重要，有助于当事人配合组庭，避免仲裁机构为当事人指定仲裁员后，当事人再要求行使选择仲裁员的权利、重新组庭。

3. 确定仲裁庭行使自裁管辖权与法院监督权的衔接

《仲裁法征求意见稿》没有采取平行管辖的模式，而是规定由仲裁庭先行使自裁管辖权。在仲裁庭作出裁定后，如果当事人不服，应当在一定期限内向仲裁地的法院提出。在仲裁庭没有先行作出管辖权异议的裁定前，法院不受理当事人有关管辖异议的起诉。这既维护了仲裁庭的威信，也避免了无谓增加法院工作量的可能。

4. 给予不服仲裁庭管辖裁定的当事人充分的司法救济权

这表现为以下两个方面：一是提高司法审查的级别，将司法监督权交由仲裁地的中级人民法院，避免了可能的地方保护；二是当事人对于法院的裁定不服，还可以向上一级法院申请复议。

5. 体现了效率要求

立法草案对当事人提出异议的期限规定为十天。申请上一级法院复议时，复议期为一个月，避免了久拖不决。

从总体上看，《仲裁法征求意见稿》在上述有关管辖异议方面的立法有积极意义。当然，是否有必要允许对法院的裁定申请复议也是可以讨论的问题。

拓展阅读

1. 想进一步了解仲裁庭自裁管辖原则的理论基础，可以阅读王瀚、李广辉：《论仲裁庭自裁管辖权原则》，载《中国法学》2004年第2期。

2. 想了解仲裁庭自裁管辖权与司法审查权之间关系，可以阅读孙南申、胡荻：《国际商事仲裁的自裁管辖与司法审查之法律分析》，载《武大国际法评论》2017年第3期。

思考题

1. 仲裁庭的自裁管辖权与法院管辖权之间存在什么样的关系？
2. 仲裁庭行使自裁管辖权的具体表现有哪些？
3. 笼统讨论仲裁庭自裁管辖权是否恰当？

4. 讨论仲裁庭是否享有自裁管辖权应当从哪些争议类型着手？

第四节　仲裁协议对未签字人的效力

国际商事仲裁协议对未签字人的效力问题已经引发了理论及实务界的广泛关注，一方面是由于在国际经贸往来的实践中，国际商事主体的多样性和国际商事法律关系的复杂性使这一问题愈发突出；另一方面，将仲裁协议效力扩张到未签字人或许能够极大地提高商事仲裁的效率，为双方当事人带来更高的效益。所以，探讨国际商事仲裁协议对未签字人的效力问题，具有重要的理论及实践意义。

一、仲裁协议对未签字人效力的理论依据

（一）仲裁协议效力扩张理论

仲裁协议效力的扩张理论，形象来说是仲裁协议具有"长臂效力"。[①] 首先，该理论放宽了仲裁协议形式要件的要求，不再要求必须是书面形式。我国《仲裁法》规定仲裁协议有效的必要要件之一为存在书面形式的仲裁协议，而反观境外，英国仲裁法等都未对仲裁协议的形式要件作出限制，《示范法》备选案文也未将仲裁协议的形式局限于书面形式，可知国际上对于仲裁协议形式要件的标准趋于淡化。

仲裁协议效力扩张理论是一个较为复杂的理论，其与合同制度中的合同相对性理论相关联。合同相对性在大陆法系国家也可称为"债的相对性"，与物权的绝对性在法律关系、权利范围等方面具有明显区别[②]。关于合同相对性的主要内容，可以分为两个方面：其一，主体的相对性，合同的权利义务关系只发生在特定的主体即合同当事人之间，不会对合同之外的第三人产生拘束力；其二，内容的相对性，合同当事人之间的权利义务内容是依据合同中双方的约定而定，当事人承担的义务和享有的权利不会超过合同的规定范围。[③] 合同相对性原则并不是绝对的，也存在着例外。这种例外首先表现为利他合同，即第三方受益合同。在社会交易情形以及法律实践日益复杂的情况下，大陆法系国家也逐渐意识到合同相对性的例外，在某些特定要求下，合同中的权利义务关系不仅可以约束合同双方当事人，也可以约束合同之外的第三人。例如，《法国民法典》第1121条规定并保护了第三人的权利，在"第三人声明有意享受此约款的利益时，

[①] 赵健：《长臂的仲裁协议：论仲裁协议对未签字人的效力》，载《北京仲裁》2005年第4期。
[②] 王利明：《论合同的相对性》，载《中国法学》1996年第4期。
[③] 刘晓红：《论仲裁协议效力扩张的法理基础》，载《北京仲裁》2004年第1期。

为第三人订立契约之人即不得予以取消"①。

仲裁协议在本质上就是合同,是一种特殊类型的协议,②仲裁协议具有合同的一切属性,当然也适用合同的相对性原则,仲裁协议仅对签订仲裁协议的双方当事人产生效力,仲裁协议的范围也并不及于仲裁协议的未签字人。随着合同相对性原则之例外的发展,仲裁协议的效力亦可及于仲裁协议的未签署方。例如,当仲裁协议的权利义务主体发生转让时,仲裁协议之间的特定当事人也发生了转移,但由于这是原仲裁协议当事人知情并同意受让的事实,因此仲裁协议可以对受让后的主体发生效力。国际商事仲裁的本质是双方自愿,因此,一份仲裁协议仅约束协议的当事人,并使其受益。在大多数情况下,仲裁协议的当事人默认是协议的正式签署方。然而,在某些情况下,非签署方也有可能被认为是协议的当事人进而受仲裁协议的约束并从中受益,不同的法律体系均援引了诸多法学理论对此做出注解。例如,代理、债权债务转移、揭开公司面纱、法律继受、第三方获益等等。

综上可以看出:(1) 仲裁协议效力扩张的对象特指需要受到仲裁协议效力约束的、并且未在书面的仲裁协议上签字的非签署方;(2) 仲裁协议的效力扩张的基础理论是公平与效益的价值高于双方当事人的意思自治,而未签字人的意思自治需要通过推定的方式来判定;(3) 仲裁协议效力的扩张需要基于双方签订的原仲裁协议是有效的,否则效力扩张属于无稽之谈。

(二) 意思自治与公平

国际私法中的一项重要的原则即为当事人的意思自治原则,这一原则在国际私法领域中得到各国的广泛承认。③ 与诉讼相比,仲裁更能体现出当事人的意思自治,例如仲裁机构的约定,仲裁规则的约定,仲裁语言、仲裁地的约定等,仲裁使得当事人意思自治原则得以实现。

当事人依据意思自治决定仲裁的实体法,与涉外合同法原则和仲裁制度的契约性息息相关。涉外合同法原则是尊重当事人的国际私法通用原则,而仲裁制度本身就是商事主体为了方便争议的解决协商后发展而成的,具有明显的契约性色彩,是基于协议而产生的处理彼此之间权利义务关系的机制。④

---

① 《法国民法典》第1121条规定:一人为自己与他人订立契约时,或对他人赠与财产时,亦得订定为第三人利益的约款,作为该契约或赠与的条件。如第三人声明有意享受此约款的利益时,为第三人订立契约之人即不得予以取消。

② 〔英〕施米托夫:《国际贸易法文选》,赵秀文选译,中国大百科全书出版社1993年版,第626、674页。

③ J. D. M. Lew, *Applicable Law in International Commercial Arbitration: A Study in Commercial Arbitration Awards*, Oceana Publications Inc., 1978, p. 87.

④ 丁伟主编:《国际私法学》,上海人民出版社2004年版,第487页。

但是当事人的意思自治并非没有限制,正如自由不是没有限制,而是法律规范内的自由,因而当事人的意思自治仍需要法律加以规范。虽然有的学者认为"不干涉"(laisser faire)原则体现了对当事人意思自治的绝对尊重,提倡当事人的意思自治是无限的,可以选择任何法律作为实体法,①但对当事人的意思自治应当加以适当的限制几乎是现代立法的共识。

国际商事仲裁中,"公平合理期待"(fair and reasonable expectation)原则得到了广泛的运用。"公平合理期待"是根据当事人对合同的理解和期待对合同进行解释的原则。该原则的实质是对仲裁协议的签字方与非签字方的公平合理利益进行比较、权衡与剖析②。将该原则运用到仲裁中,法院或者仲裁庭应当根据当事人对合同的理解和期待对仲裁条款的效力予以解释。具体解释为"首先,该利益应该为合理的(reasonable),即当事人不得超越法定范围而过分追求额外的利益,这使得当事人必须在客观真实原则与诚实信用原则的指引下来确定自身利益的范围;其次,该利益应该是公平的(fair),当事人应在公平理念的指引下去追求利益,在追求自身利益最大化的同时,不能侵犯他人的合法权益"。③

(三) 意思自治与效益

意思自治和效益性可以追溯到国际商事仲裁起源的中世纪时期。在中世纪的欧洲,不同城邦的商人之间为处理彼此间的纠纷,建立了行商法院(Piepowder)。行商法院的建立反映了商人们对于高效迅速、低成本且公平公正解决商事争议的需求。发展到后期,行商法院能够有效避免不同国家法院诉讼的差异、程序的复杂冗长以及各国法律之间矛盾冲突的缺陷。由此可见,仲裁从起源开始,迅速高效就成为其与民事诉讼制度并行的关键砝码。一旦仲裁丧失了这一优点,就难以与诉讼制度相竞争,也就丧失了其存在的原因和根基。

二、我国仲裁协议对未签字人效力的实证分析

(一) 代位求偿情形下仲裁协议对保险人的约束力

在物流公司的保险代位权纠纷案件中,原告某保险公司是保险人,向天津海事法院对某物流公司、天津某船舶代理公司、尼罗河某航运公司三个被告提起诉讼。在答辩期间,其中一被告某物流公司向天津海事法院提出管辖权异议,认为本案保险人在行使代位求偿权后,运输合同中的仲裁条款对其就有了约束力。

---

① 姚梅镇主编:《国际经济法概论》,武汉大学出版社1989年版,第680页。
② 韩健:《派生仲裁请求权和代位仲裁请求权之刍议》,载《仲裁与法律》2001年第2期。
③ 刘晓红:《国际商事仲裁协议的法理与实证》,商务印书馆2005年版,第200页。

随后,被告前往北京向中国海事仲裁委员会提起仲裁。① 原告与被告之间的争议焦点是并非保险公司签订的海上运输合同中载明的仲裁条款,对保险公司是否具有约束力。最高人民法院在答复中指出,保险公司并非签署运输合同的当事人,所以也未与运输合同的其他当事人形成合意,因而运输合同中的仲裁条款对其不具有约束力。除非保险人明确表示接受运输合同中的仲裁条款,否则其就不受该仲裁条款的约束。天津海事法院是涉案货物装货港所在地的法院,对本案享有管辖权。海上货物运输合同一般是承运人与托运人签订的合同,其中通常会对发生与货物相关或者与运输合同相关的争议等事项约定争议解决方式,也就是仲裁。海上货物运输合同中含有仲裁条款,这在国际货物交易活动中较为常见,当货物在运输过程中发生毁损或者发生其他意外情况致使合同目的不能达成时,保险人就要承担相应的保险责任。在其承担责任后,依据保险代位的理论,其有权向责任人追偿。然而保险公司不是订立运输合同的当事人,尚不存在缔结仲裁合同的意思表示,甚至并不知晓存在仲裁条款。加之,保险公司已经在天津海事法院提起诉讼,用行为表明了其不接受仲裁条款。故而,除非保险人作出明确的意思表示,接受运输合同中的仲裁条款,否则运输合同中的仲裁条款效力不及于保险人。

(二) 无权代理情形下的仲裁条款的约束力

"荣成丰盛源食品公司案"对于理解无权代理情形下仲裁条款的效力问题起到了较好的示范作用。② 该案发生的起因是得睴公司与丰盛源公司签订了一份买卖合同,发生纠纷后得睴公司作为原告向青岛中院提起诉讼,作为被告的丰盛源公司提出管辖权异议,认为与其签署协议的是蔡某,原告得睴公司并不知晓,所谓的与丰盛源公司签订的协议,应是蔡某的无权代理行为。本案的争议焦点在于蔡某作为得睴公司的法定代表人,以得睴公司的名义与不知情的第三方签订的协议中的仲裁条款,是否能够对得睴公司具有约束力。另一个争议焦点为蔡某签订协议的行为是否能使丰盛源公司有足够的理由相信,即蔡某的行为是否构成表见代理。判断蔡某的行为是否构成表见代理,重点在于是否具有第三人足够相信的有权代理的权利外观。在本案中,根据案情描述部分可知,蔡某在得睴公司只是法定代表人,也并非该公司的职工,作为一名法定代表人,蔡某从未代表该公司参与公司与其他公司之间的经济合同的订立过程,更未曾代表过公司签署过协议,只是一位挂名的法定代表人,并且该公司在以往的历史诉讼

---

① 万鄂湘主编、最高人民法院民事审判第四庭编:《涉外商事海事审判指导(2008年第2辑)》,人民法院出版社2009年版,第68—70页。

② 《最高人民法院关于得睴企业有限公司与荣成丰盛源食品有限公司买卖合同纠纷一案仲裁条款效力的请示的复函》(民四他字[2005]第11号)。

活动中,也从未授权蔡某代表公司参加诉讼。仅是在青岛中院立案之后,得暐公司才委托蔡某作为本案诉讼代理人参与,由此可知,食品公司委托蔡某是在蔡某与丰盛源公司签订买卖合同之后,得暐公司未曾有委托蔡某对外签署协议的行为和习惯。

综上所述,丰盛源公司作为相对人,不能仅凭蔡某是得暐公司的法定代表人就认定其可以代表公司签订合同,蔡某没有权利外观,丰盛源公司没有充足的理由相信蔡某的行为是有权代理,加之得暐公司对蔡某与丰盛源公司签订合同的行为明确表示不予追认,蔡某的行为不构成表见代理。对于本案的另外一个焦点即仲裁条款的效力是否扩张至得暐公司,得暐公司已经明确表示蔡某的行为不予追认,蔡某签订合同的行为也并非表见代理,得暐公司无需对蔡某签订的合同负责,不具有仲裁条款的必要要件——仲裁合意,因此,该协议以及该协议中的仲裁条款对得暐公司不具有法律约束力。

(三) 主体合并、分立、变更情形下仲裁条款的约束力

1. 案例一:公司合并情形下仲裁条款的约束力

天津市某区经贸委控股的某饮食公司与第三人浩平公司签订了合资经营合同,①饮食公司与浩平公司合资成立一家速冻食品公司。随后,由于该速冻食品公司经营不善,连年亏损,公司管理经营陷入困境,股东也难以实现投资收益。因此,天津市某区经贸委向法院提起诉讼,请求解散速冻食品公司。浩平公司在答辩期间提出了管辖权异议,其认为,涉案的合资合同中存在仲裁条款,因此争议解决方式应当是仲裁而非诉讼,进而认为有关合资经营合同的所有争议事项都应当提交仲裁机构仲裁,法院对此案不具有管辖权,应当驳回天津某区经贸委的诉讼请求。本案的争议焦点在于对外投资公司与第三方签订的合同中的仲裁条款是否对控股公司具有约束力。此情况需要区分控股公司对投资公司的控制是否达到实际控制人的程度。当天津某区经贸委是某饮食公司的控股公司并且是该饮食公司的实际控制人时,很难证明饮食公司与浩平公司的合资经营行为是完全脱离天津某区经贸委的意志而从事的经济活动,此时推定天津某区经贸委具有合资行为的决策权具有合理性,而合资经营合同中记载的仲裁条款的效力应当扩张至天津某区经贸委。然而本案中天津某区经贸委仅是控股公司,可以理解为天津某区经贸委是饮食公司的股东,对饮食公司是对外投资经营行为,不决定饮食公司的重要决策和合同签订,饮食公司具有独立的法人主体资格,自主决定经营活动,其与浩平公司合资经营合同与天津某区经贸委无关,天津某区

---

① 万鄂湘主编、最高人民法院民事审判第四庭编:《涉外商事海事审判指导(2007年第1辑)》,人民法院出版社2008年版,第68页。

经贸委作为第三人自然不受合同中仲裁条款的约束。

2. 案例二:债权转让下仲裁条款的效力

在天津中燃船舶燃料有限公司债权转让一案中,①烟台公司与保运公司纠纷案是理解债权转让下仲裁条款效力的重要案件,该案是债权转让引起的纠纷。烟台公司将其与宝运公司的债权转让给中燃公司后,宝运公司拒绝向新的债权人中燃公司履行合同项下的支付款项义务。据此,中燃公司向天津海事法院提起诉讼,要求宝运公司支付款项。在答辩期间,宝运公司向法院提出管辖权异议,认为其与烟台公司之间的船用燃油销售合同中存在仲裁条款,而依据仲裁条款的约定应该进行仲裁。本案的争议焦点在于债权人与债务人之间签订的合同中的仲裁条款对债权受让人是否具有约束力。

在债权受让人知晓债权债务人之间签订的合同以及仲裁条款的前提下,债权受让人仍然受让债权,推定其接受该合同以及合同中的仲裁条款。但是在债权受让人对债权债务人之间签订的合同以及单独的仲裁条款均不了解的前提下,受让人不受仲裁条款的约束。对此,《仲裁法司法解释》中的相关规定也体现了我国司法的明确态度。②

三、商事仲裁协议对未签字人的效力分析

(一) 国际商事仲裁协议对未签字人有效的条件

司法实践中对于商事仲裁协议的效力认定主要依据仲裁协议本身的有效性和未签字人对原仲裁协议或仲裁条款的明确仲裁合意。有效的仲裁协议是判断仲裁协议是否对未签字人具有约束力的前提,而未签字人的仲裁合意是判断仲裁协议是否对未签字人具有约束力的主要依据。

1. 有效的仲裁协议

仲裁协议是有效的,这是商事仲裁协议对未签字人的效力认定问题的前提,在判断仲裁协议的效力扩张是否成立之前,法院会先认定仲裁协议本身的效力,若仲裁协议本身无效,则没有意义讨论接下来的问题。我国仲裁法对于有效的仲裁协议的规定较为严格,除了仲裁合意与仲裁事项外,我国认定仲裁协议有效的另一要件为选定的仲裁委员会,即具有仲裁合意的当事人必须约定了明确具体或者能够推定出明确具体的仲裁机构。通过前文论述的案例也可总结得出,司法实践中,对于商事仲裁协议对未签字人的效力应当建立在有效的仲裁协议的基础之上。

---

① 最高人民法院[2010]民四他字第62号复函。
② 《仲裁法司法解释》第9条规定:"债权债务全部或者部分转让的,仲裁协议对受让人有效,但当事人另有约定、在受让债权债务时受让人明确反对或者不知有单独仲裁协议的除外。"

2. 仲裁的意思表示

实践中国际商事主体在选择解决国际商事纠纷的途径时更倾向于通过仲裁而不是诉讼,究其根本是因为仲裁的争议解决方式是基于双方或多方当事人之间通过协商以及意思自治从而达成共识,这是契约自由的体现,也便于处理国际商事主体之间频繁的经济活动从而引起的复杂多样的经济纠纷。诉讼的程序性强,耗时长,经过一审、二审、甚至是再审等多重程序,解决争议的成本高。依据当事人之间的意思自治选择仲裁可以一裁终局、效率高、耗时短,更利于当事人从事其他的经济活动。

在上述几个案例中,保险人在取得代位求偿权之后需要有明确的接受之前被保险人与第三人签订之仲裁条款的意思表示,才能够受到原仲裁条款的约束,如果保险人并未参与原仲裁条款的协商、订立过程,则原仲裁条款不能体现保险人是否具有仲裁合意,从而无法约束保险人。代理情形中,在委托人将仲裁的订立包括在委托范围内时,受托人与第三人签订的仲裁条款也可以推定出委托人的仲裁合意,即委托人需要明确表示自己接受受托人与第三人签订的一切仲裁条款,或者委托人虽然没有明确表示,但是在第三人将争议提交仲裁时,委托人用答辩或者出庭等实际行为对仲裁条款表示了追认。债权转让情形中,我国仲裁的相关法律有明确规定,债权受让人"明确反对或者不知有单独仲裁协议的,原仲裁条款对其不具有约束力"。综上可以得出,仲裁合意是仲裁的前提和基石,而国际商事仲裁协议对未签字人能否产生效力的关键仍然在于有无仲裁合意。

(二) 我国商事仲裁协议对未签字人效力的合理判断

从仲裁理论和实践的发展看,国际商事活动所带来的纠纷数量之增加和纠纷性质的复杂化,始终是推动仲裁理论不断创新发展的动力。仲裁协议效力从主合同中独立出来,仲裁协议的书面形式要件的标准不断淡化,仲裁协议对未签字人的效力情形也在逐步发展,传统的仲裁相关逻辑上的合理性也不断地受到了冲击,正如被法律人所熟知的霍姆斯大法官所言:"法律的生命不是逻辑,而是经验。"在仲裁的司法实践日益丰富与仲裁理论不断发展的背景之下,为适应仲裁实践和促进纠纷解决的需要,仲裁法有待修改和完善。

1. 完善对仲裁协议未签字人所包含情形的法律规定

由于国际贸易的情形越来越复杂多变,而仲裁协议涉及对未签字人效力的情形也在不断更新,虽然在部分文献中有学者提及到仲裁协议对未签字人的效力的情形,例如代理下的仲裁协议的效力扩张、合同相对性与第三方受益人、公司人格混同,但是都顺带提及、浅尝辄止。还有部分文献着重论述了直接代理、显名代理、间接代理情形下签订的带有仲裁条款的合同效力对被代理人的效力,这其中最值得一提的是,有学者介绍并论述六种涉及仲裁第三人的情形:(1) 合并与分立、继承方面;(2) 合同的转让及清偿代位情形;(3) 代理关系或委托关系;(4) 傀儡公司或者主公司的分支机构;(5) 合同中特定的第三人;(6) 有关关联方和关联协议的问题。

从上述案例之分析,可以归纳总结出几种情形,一是合同中的仲裁条款适用于提单,在租约并入提单之后,虽然提单持有人没有在提单或者租约上签字,但是提单持有人受到提单中仲裁条款的约束;二是代位求偿情形下仲裁协议要有条件地约束代位求偿权人,例如保险公司,保险公司并未在原仲裁协议上签字,当保险公司理赔之后获得了代位求偿的权利,除非保险公司明确接受,具有真实的意思表示,否则原仲裁协议不能约束保险公司;三是主合同与从合同仲裁协议的适用;四是关于债权债务的转让的适用;五是代理情形下仲裁协议的适用;六是控股关系仲裁协议的适用。

2. 放宽仲裁协议的形式要件要求

商事仲裁协议的有效要件可以按照表现形式区分为客观要件和主观要件。客观要件指的是仲裁协议内容的具体记录形式,而主观要件指的是双方当事人的仲裁合意。毫无疑问,客观和主观要件共同构成了仲裁协议有效的必要支撑。仲裁法中要求仲裁合意以书面签字为主要表现形式的规定,实际上反映了我国程序法与实体法相脱节的现状。有鉴于此,为了应对新常态下的仲裁实践对于传统理论的挑战,回应我国实践中对仲裁支持的态度,应采纳相对宽松的解释方法来解读仲裁协议的形式要件,而并非将仲裁合意的范围局限于体现仲裁合意的书面签署方中。例如,英国仲裁法、加拿大仲裁法等有关仲裁的外国法律都类似地规定了仲裁协议的形式不限于书面签字形式,其还可以是口头形式、数据电文形式以及其他可以用于记录以备日后存档的形式。仲裁协议的客观形式要件的标准的淡化有助于推动我国仲裁制度的良性发展,也有助于优化营商环境,进而提高商事主体在经济活动中的自主性和积极性。

3. 默示合意理论的合理利用

仲裁合意是双方当事人通过协商达成将已经产生的争议或者日后即将可能产生的争议提交仲裁并且接受仲裁的一裁终局的意思表示,正如学者们对默示合意理论的论证:用一般大陆法系关于合同法的诚实守信原则、禁反言原则等原则,能够将仲裁合意用合同法中的"意思表示"的"默示的意思表示"得以解释。所以,应当考虑明示和默示的仲裁合意两种情形,将当事人的仲裁合意用明示的仲裁合意以及默示的仲裁合意加以区分,从而在立法层面做进一步完善。明示的仲裁合意即当事人在协议上签字,默示的仲裁合意依据合同法的意思表示的理论解释又可以分为积极作为的默示合意与消极不作为的默示合意。淡化严格的明示合意之标准,抑制严格的明示合意之原则,仲裁法能将更多的争议纳入适用范围之内,从而推动我国仲裁的整体法治进程。

拓展阅读

1. 要想进一步了解仲裁协议与第三人之间关系问题,请阅读萧凯、罗骁:《仲裁第三人的法理基础与规则制定》,载《法学评论》2006 年第 5 期;林一飞:《论仲裁与第三人》,载《法学评论》2000 年第 1 期。

2. 要想进一步了解仲裁协议效力的扩张问题,请阅读刘晓红:《论仲裁协议效力扩张的法理基础》,载《北京仲裁》2004 年第 1 期。

3. 要想了解默示仲裁协议效力在国际及国内的认定问题,可阅读杨文升、张虎:《论〈纽约公约〉下仲裁协议效力的确定——以"默示仲裁协议"为视角》,载《法学杂志》2015 年第 4 期。

思考题

1. 仲裁外的第三人与仲裁协议非签署方之间有什么差异?
2. 仲裁协议的扩张是否应该有局限?
3. 默示仲裁协议的效力如何判断?

第五节 在线仲裁与正当程序

在线仲裁(Online Arbitration)是互联网时代产生出来的一种仲裁方式,是在线争议解决(Online Dispute Resolution)机制的一种。对"在线仲裁"的理解有广义和狭义之分。狭义的"在线仲裁"仅指当事人在线达成仲裁合意,约定将他们之间发生的争议提交仲裁庭,通过在线审理的方式作出裁决。① 广义的"在线仲裁"指仲裁庭在仲裁程序推进过程中,部分环节通过在线审理的方式作出仲裁裁决。本节讨论在线仲裁采广义的含义。

在线仲裁方式的出现,引发出如何确定仲裁地、电子仲裁协议的效力、电子送达和电子证据认定、如何确定仲裁裁决的国籍等问题的学术讨论。不过,对于在线仲裁可能存在的违反正当程序问题尚未给予足够重视。尽管各仲裁机构对此迅速做出反应,将在线审理纳入仲裁规则,但仅仅停留在确认在线审理方式的

---

① 钟丽:《在线仲裁的界定及其仲裁地问题探讨》,载《社会科学》2002 年第 3 期。

有效性,还没有对在线审理程序作出特别的规范。仲裁机构在热切拥抱新技术革命的同时,只关注到在线仲裁的高效率优势,对其可能引发的公正性短板尚未引起足够重视。由于当事人熟悉掌握新技术的程度不同、拥有的设备和网络畅通情况不同等因素,当事人可能会不正当地利用在线审理模式而影响裁判结果。根据1958年《纽约公约》的规定,承认与执行外国仲裁裁决的条件之一是仲裁审理应当满足正当程序的要求。因此,及时研究在线仲裁对仲裁程序可能产生的负面影响有现实的必要性。

一、正当程序原则的法理概述

正当程序(Due Process)也叫"正当法律程序"(Due Process of Law),是法理学中的一项普遍原则。它源于自然法思想,即法律要符合自然正义(Natural Justice)。[①] 英国普通法很早就吸纳了自然正义原则,将其作为检视司法程序的重要标准。1354年,爱德华三世第二十八号法令第三章规定:"未经法律的正当程序进行答辩,对任何财产和身份的拥有者一律不得剥夺其土地或住所,不得逮捕或监禁,不得剥夺其继承权和生命"。[②] 在英国资产阶级反对封建王权专制的过程中,该原则得以强化。1628年的《权利请愿书》重申了该原则,即"任何人非经依正当法律程序之审判,不论其身份与环境状况如何,均不得将其驱逐出国,或强使离开所居住之采邑,亦不得予以逮捕、拘禁,或取消其继承权,或剥夺其生存之权利"[③]。从此,正当程序原则进入宪法层面,成为英国宪法中法治原则的核心。[④] 可以说,正当程序原则是法治的核心要义,是"良法善治"中"善治"的体现。光有好的立法,却没有通过正当程序予以实施,不能称之为法治状态。

由于宪法具有根本大法的地位,宪法中的正当程序原则在英国也首先具体化于刑事诉讼法,继而扩展到民事诉讼法领域。正当程序原则在刑事司法活动中基本体现为:审判公开(法官回避制度和陪审团听证制度)、被通知权(被指控罪名和主要行为)、辩护权(自我辩护和请他人代为辩护)、证据材料公开、质证制度等。从民事司法活动看,正当程序原则要求司法活动公开透明(包括法官回避制度)、合理的通知(送达)和答辩期限、双方诉讼地位和权利平等、双方陈述意见和提供证据的机会平等、双方质证和交叉盘问的机会均等等。总体上说,就是要满足公开、公正、平等、充分的原则。

---

① See J. A. C. Grant, Natural Law Background of Due Process, *Columbia Law Review*, Vol. 31, 1931.
② 〔英〕丹宁勋爵:《法律的正当程序》,李克强等译,法律出版社1999年版,第1页。
③ 肖蔚云等编:《宪法学参考资料(下册)》,北京大学出版社2003年版,第937页。
④ 英国宪法学家戴赛认为,虽然英国宪法不成文,但一直有两项基本原则:一是议会主权原则,二是法治原则。"正当程序"是法治的核心。〔英〕戴赛:《英宪精义》,雷冰南译,中国法制出版社2001年版,第458—459页。

英美法系国家在法理上主张行政机关并不具有高于民众的法律地位,因而没有颁布专门的行政诉讼法。因此,部分刑事诉讼和民事诉讼的基本原则也被用于考察政府行政行为的合法性和正当性。在美国,通过宪法修正案第5条和第14条,"正当法律程序"成为保护个人基本权利的基石和法院在审理行政案件时评判行政机关行为的首要标准。在英美国家立法影响下,正当程序原则迅速传播到欧洲大陆国家,进入各国的宪法,从而影响到具体的法律部门,包括诉讼法、行政法等。

早期,英国的正当程序原则主要体现在司法程序方面,强调只有经过正当的审判程序,才能剥夺人的生命、自由和财产。美国则发展出"实质性"(Substantive)正当程序和"程序性"(Procedural)正当程序,丰富了正当程序原则的内涵。[①] "实质性"正当程序要求在制定实体法律和行政执行法律时要考虑到行为和法律责任的配比是否正当。例如,政府在采取行政行为时,不能简单地公告了事。如果公告的方式和期限不合适,造成民众在不知情的情况下没有及时了解到情况而遭受财产损失,那么,这个政府行为就不符合正当性的要求,违反了正当程序原则。

由于翻译的原因,可能会将"正当程序"中的"程序"一词理解为程序法意义上的"程序",这是不全面的。英文单词process本身还有"过程"的意思。这说明,不能仅仅从程序法角度看是否符合法律规定。在法律没有明文规定时,司法和行政执法活动的过程也要满足正当性要求。[②]

程序法和正当程序原则的关系可以理解为:制定程序法应当符合正当程序原则的要求,即程序法中的立法条文要符合正当程序原则。不符合正当程序原则的立法不能算是"良法",甚至可能是"恶法";由于立法不可能面面俱到,正当程序原则又是立法的补充和兜底。对于立法没有规定的,应当依照该原则进行;最后,该原则还是理解和适用立法的标准。如果在执法和司法活动中,相关程序立法条文表述过于原则或高度概括,可能会在理解上产生分歧时,应当按照符合正当程序的标准予以理解和适用。

二、正当程序原则在商事仲裁中的体现

仲裁虽然是当事人自愿选择的一种商事争议解决方式,但也需要满足当事人对公正审理和公正裁判的要求。仲裁方式的三个主要特点是:自愿性、公正

[①] 杨炳超:《论美国宪法的正当程序原则——兼论我国对该原则的借鉴》,载《法学论坛》2004年第6期。
[②] 马玉丽:《论美国联邦最高法院对正当程序的阐释——以自然法为视角》,载《时代法学》2015年第1期;杨登峰:《法无规定时正当程序原则之适用》,载《法律科学(西北政法大学学报)》2018年第1期。

性、保密性(非公开)。① 正是由于仲裁方式也需要满足公正要求,因此,仲裁活动过程也应当符合正当程序原则。二者并不矛盾。国家尊重和支持当事人意思自治选择仲裁方式解决争议,也以此作为标准之一。如果仲裁活动不需要遵守正当程序原则,那么当事人不可能愿意继续选择仲裁作为争议解决方式;同理,国家司法机关也不可能愿意承认和执行仲裁裁决。

不过,正当程序原则在仲裁和民事诉讼中的宽严尺度并不完全一样。在法院的民事诉讼活动中,法律对诉讼正当程序的要求要高于仲裁。各国的民事诉讼程序立法都非常详尽,条文甚多,从法院管辖、管辖异议到如何开庭等都做了详细规定,特别是"对抗式"诉讼模式的庭审设计。同时,为了保障实质平等,对于某些特殊类型的案件还专门设计了特别的诉讼制度。例如,对于赡养费、抚养费案件,不仅可以在原告所在地法院起诉,还可以通过中间裁决形式先行给付;②对于消费者权益保护案件,设计了举证责任倒置制度等。③

相反,考虑到仲裁当事人的自愿性,以及双方当事人作为商事交易主体的实质平等地位,国家对正当程序原则在仲裁活动中的要求较低,即仲裁活动应当满足最低限度的正当性。如果仲裁活动的双方当事人认为公正,那么就基本满足了正当程序要求。这表现为,各国仲裁立法在有关程序性事项方面的规定比较概括和原则,相关条文较少。④ 这也是尊重当事人意思自治的体现,即当事人不仅有协商选择争议解决方式的权利,还有选择适合于自己的仲裁程序的权利。于是,在临时仲裁情形下,当事人可能会在仲裁协议中约定仲裁员如何产生、如何发出通知以启动仲裁程序、如何产生首席仲裁员和秘书等。只要不违反最低限度的正当程序要求,都会认定其为有效的仲裁协议。当事人还可以在选择机构仲裁时,选择另一仲裁机构制定的仲裁规则或者《示范法》。总之,司法机关在判断仲裁活动的正当性时,要站在当事人的角度衡量,而不是站在社会公众角度判断。这是正当程序原则在仲裁与司法活动中的最大不同。

在商事仲裁中,正当程序原则主要表现为以下几个方面:

1. 仲裁庭应当是当事人协商选择的争议解决形式。这包括仲裁协议有效且约束当事人之间的争议、仲裁庭有合格的管辖权等。如果仲裁协议无效,或者

---

① 王珺:《论仲裁中的正当法律程序——兼评我国〈仲裁法〉的完善》,载《理论月刊》2008年第4期。
② 《〈最高人民法院关于适用中华人民共和国民事诉讼法〉的解释》第9条、《中华人民共和国民事诉讼法》第109条。
③ 《中华人民共和国消费者权益保护法》(2013年修正)第23条。
④ 例如《德国民事诉讼法典》第1026条、第1042条。

对当事人不发生约束力(如当事人未签字),或者争议不属于仲裁协议约定的范围,那么仲裁庭审理案件就缺乏正当性。

2. 当事人没有被剥夺选择仲裁员的机会;当事人能够申请仲裁员回避等。与之相反的是,仲裁机构为了提高效率而直接指定仲裁员,无视当事人申请仲裁员回避的理由等。

3. 当事人被合理地通知仲裁事项,且有合理时间进行答辩。错误的为,仲裁庭没有按照当事人约定的方式通知仲裁事项,没有给被申请人足够的时间答辩和提出管辖异议等。

4. 当事人有均等且充分的时间陈述自己的意见。这表现为,在开庭审理过程中,仲裁庭给双方陈述意见的时间长短应当大体相同,除非当事人已无新的意见发表;在当事人发言时,仲裁庭不应无端打断当事人发言等。

5. 仲裁庭能够充分听取当事人对相关证据的质证意见。在庭审调查时,仲裁庭应当允许当事人充分提供证据和发表质证意见,并认真听取当事人的意见。仲裁庭不能认为自己已经了解当事人的意见而阻止当事人充分说明。

6. 裁决是依照仲裁规则规定的合议意见作出的。在三人合议庭的情况下,裁决意见应当采取少数服从多数的原则,只有在不能形成多数意见时,才依首席仲裁员的意见作出裁决。实践中,可能会出现首席仲裁员没有严格按照这一原则制作裁决书的现象;也可能有持少数意见的仲裁员拒绝在裁决书上签字导致裁决书无法作出的问题。

随着在线仲裁形式的出现,还可能出现新的有违正当程序的情形。这是当前实务界需要解决的问题。

三、在线仲裁中可能出现的背离正当程序原则的现象

在线仲裁不同于传统模式的一大特点是,当事人及其代理人与仲裁庭并不在同一个物理场所内。仲裁庭不能与当事人及其代理人面对面交流、听取当事人意见,也无法直观地看到当事人提交的证据形式。当事人在线发表意见时,还可能因网络卡顿问题而影响发言,或者影响仲裁员听取意见的反应。如果一方当事人利用技术优势或网络特点赢得仲裁庭信任,那么对另一方当事人而言,就不公平,甚至会影响到仲裁庭对是非的判断和裁决结果。不过,当前国内各仲裁机构对在线仲裁都持普遍支持态度,认为在线仲裁有利于提高效率,加速审理周期,也有利于节省仲裁费用,尚未对其可能产生的消极影响给予足够重视。

仲裁理论界在讨论在线仲裁的法律问题时,也多集中于在线仲裁形式下

"仲裁地"的确定、[①]电子证据的效力、[②]如何认定仲裁裁决的国籍等法律问题上,[③]尚未对在线仲裁活动可能引发的正当程序风险给予足够关注。

由于举证困难,当事人即使对在线仲裁中的某些环节不满意,或持有怀疑,也无法单纯以此为由主张撤销仲裁裁决或不执行仲裁裁决。当前,尽管可查询的真实案例还很少,但从在线仲裁方式的实际场景看,可能引发正当程序疑虑的情形有以下几个方面:

1. 交易网站上的争议解决条款

随着网络技术的应用,越来越多的跨国商业交易通过专门的交易网站(网络交易平台)实现。电商平台也分为几类:一是专门为商人之间交易设立的网站,俗称电商——电商(B to B)平台,例如阿里巴巴。二是专门为个人消费交易设立的网站,即商人——消费者(B to C)模式,如淘宝网等;三是混业经营的平台,即不刻意区分参与交易的当事人身份,允许经营者与消费者都进入的平台。

为了减少交易风险,化解交易矛盾,有些平台专门设置了在线争议解决机制。参与者需要点击接受专门的争议解决条款。此时,网页上的争议解决条款效力就需要认定。可能会出现争议当事人认为没有注意到该条款的存在,或者认为该条款非自愿达成而对其效力或约束力存有争议。如果网站上的仲裁条款被认定为捆绑式的、没有以显著方式提醒当事人选择同意,那么依照该条款强迫当事人接受仲裁方式就不符合正当程序原则的要求。

2. 电子方式交易合同中的仲裁条款或仲裁协议

如果当事人通过来往邮件、微信或其他电子通讯工具形成交易合同,需要考察电子载体中的仲裁条款或仲裁协议是否被双方当事人认可,尤其是在仲裁协议并不附着于交易合同时。这当然是一个需要在具体案件中,根据具体情况认定的问题。如果笼统讨论电子方式的合同效力,一般不会有法律障碍。2005年,联合国大会通过了《国际合同使用电子通信公约》(United Nations Convention on the Use of Electronic Communications in International Contracts),原则上肯定了电子方式的法律效力。不过,基于仲裁协议独立性理论,当事人之间是否达成了有效的电子仲裁条款,仍然是一个需要考察的问题。[④] 如果当事人之间缺乏真实的合意,也会被认定为不存在有效的仲裁协议,那么基于这样的仲裁协议而发生的仲裁活动也就不符合正当程序。

---

① 钟丽:《在线仲裁的界定及其仲裁地问题探讨》,载《社会科学》2002年第3期。
② 郑夏:《在线仲裁证据问题研究》,载《法律适用》2012年第7期。
③ 邓杰:《论在线仲裁裁决的执行机制》,载《武汉大学学报(哲学社会科学版)》2008年第6期。
④ 关于仲裁协议独立性理论,参见张生旋、陶波:《析仲裁协议独立性理论及其在实践中的应用》,载《河北法学》2004年第5期。

3. 电子送达方式

电子送达方式已基本为各国国内立法所肯定,但前提是能够有效送达。如果当事人在合同或仲裁条款中明确约定了电子送达方式和邮件地址,其送达的有效性当然没有问题。不过,实践中可能会出现约定中缺乏电子送达的准确地址而导致错误送达的现象;如果当事人有意隐瞒对方当事人的准确地址,告知仲裁机构错误的、或者对方当事人已经弃用的邮箱地址时,可能会产生对方当事人对仲裁不知情而缺席审理的现象。还可能发生仲裁庭根据申请人提供的被申请人经办人的邮箱或微信信息向被申请人发出受理通知时,具体经办人已经离职或变更邮箱或微信号的情形。如果仲裁庭依此认定被申请人放弃了指定仲裁员和答辩的权利,就可能违反正当程序的要求。

4. 在线开庭方式

为了避免无限期地等待,及时结案,在线开庭模式受到追捧。为了适应新技术的发展,很多仲裁机构都修改了仲裁规则。① 有的仲裁规则规定,仲裁庭在征得双方当事人同意后可以采用在线开庭方式;有的则直接允许仲裁庭自行判断是否采用在线开庭方式。当然,这样做也有一定的现实必要性。例如,被申请人可能拒绝同意而故意拖延审理。不过,这可能会产生争议:仲裁庭是否有权在不征求当事人意见的情况下自行决定采取在线庭审的方式?如果当事人在仲裁协议中约定依照某机构仲裁规则仲裁,那么是否隐含了对仲裁规则变化的同意?如果当事人在仲裁协议中已经明确约定依照某版仲裁规则,是否还意味着当事人允许仲裁庭自行决定这种开庭模式的变化?对于上述两种情形,答案可能不同。很显然,在后一种情形下,仲裁庭不经当事人同意而采取在线审理模式会面临违反仲裁协议的约定、违反正当程序的质疑。

5. 在线开庭中的代理人

一般情况下,仲裁规则不会限定各方当事人出庭人数。然而,在在线开庭模式中,可能会出现隐藏的出庭人员在摄像头盲区协助代理人参与开庭活动的情形。这显然不利于另一方当事人。这是目前在线开庭最容易发生的现象。表面上看,出现在镜头中的只有一方当事人的一两个代理人,但实际上却可能有一大群人在摄像头背后或另一间屋子里,随时通过其他显示器或联系工具为代理人支招。

进入在线会议室的密码只能解决仲裁审理活动对案外人的保密,不能防止一方当事人主动将其公开给其他人。因此,仲裁的保密性或者说非公开性无法

---

① 例如2022年《上海仲裁委员会仲裁规则》第10条规定:"仲裁委倡导绿色仲裁与智慧仲裁原则,鼓励当事人通过信息化、数字化等环保方式解决争议,并为当事人和仲裁庭提供相应便利"。

保证,也容易导致一方当事人利用此机会形成抗辩优势,对另一方当事人不公。这属于典型的违反正当程序情形。

6. 有关证据真实性的质证

如果当事人提交的证据原件本身是物理形态,通过照片或复印件等方式转化电子证据形态,那么在线开庭就很难就其真实性开展质证活动。另一方当事人无法在画面中判断证据的真实性。这也是在线开庭最常见的问题。除非当事人对证据的真实性和合法性无异议,仅对证据的关联性和证明力有异议,否则在线质证很难取得实效。虽然仲裁庭在证据采信上有一定的自由裁量权,但涉及证据真实性和合法性问题,不经正当程序就予以肯定,也会造成裁决被撤销和不予执行。[1]

7. 在线开庭中的证人证言与交叉盘问

不论是在诉讼程序中,还是仲裁程序中,证人都不应全程参与仲裁审理活动,不能在了解审理背景和场上焦点的情况下出庭作证。否则证人会有意识、有选择地陈述案情片段或不如实作证。因此,不论是法院开庭,还是仲裁庭开庭,证人都应该在场外等候通知。进场作证后也应及时退场,不能旁听后续开庭内容。

在线开庭模式下,如果一方当事人利用技术设备使该方当事人全程旁听开庭内容,就可能出现虚假作证或作伪证的现象。同时,在线开庭模式下,当事人及其代理人还可能在避开摄像头的情形下指导证人如何回答对方或仲裁庭的盘问。这当然也会违背正当程序原则。

8. 仲裁庭提问与回答

不论是在庭审调查阶段,还是在双方辩论阶段,仲裁员都可能会向当事人及其代理人提问。线上开庭时,当事人及其代理人可能会以信号不好没有听清问题为借口,在拖延回答的同时,及时与场外人沟通,借助场外指导给出答案。这会影响仲裁员对案件事实和法律问题的判断,同时也对另一方不公平。

9. 当事人辩论与陈述

受通讯设备和网络信号是否流畅的影响,仲裁员在线上听取双方当事人及其代理人的陈述意见时,可能会产生误听、漏听的现象,导致仲裁员很难接受其主张和观点,而倾向于采信信号流畅、能够听取完整陈述内容的另一方意见。这

---

[1] 见海南宜信普惠小额贷款有限公司与郑之嵩国内非涉外仲裁裁决案,安徽省安庆市中级人民法院(2021)皖 08 执 334 号执行裁定书;李姿融与蚌埠市天熙企业管理咨询有限公司申请撤销仲裁裁决案,安徽省蚌埠市中级人民法院(2021)皖 03 民特 12 号民事裁定书;韩玮伦与肖建国申请撤销仲裁裁决案,辽宁省本溪市中级人民法院(2020)辽 05 民初 9 号民事裁定书;李静与白城市城尚成物业服务有限公司申请撤销仲裁裁决案,吉林省白城市中级人民法院(2021)吉 08 民特 11 号民事裁定书。

样也不符合正当程序原则的要求。虽然当事人可以通过提交完整代理词的方式弥补,但仍会对仲裁员的判断产生一定影响。

由于上述原因,仲裁当事人对于在线仲裁方式比较谨慎,并非完全持积极响应和支持态度。一些仲裁员也会抱怨开庭效果不好,难以通过在线开庭方式对事实和证据采信作出自己的判断。

四、仲裁立法对在线仲裁的适当规范

目前,各国仲裁立法对于在线仲裁模式并无特别规定。一方面是因为新技术在仲裁中的运用情况是不断变化发展的,只有在完全定型化后才可能根据现实中发生的问题予以规范;另一方面,不论采取什么方式仲裁,都应当符合正当程序原则的要求。不论采取什么模式仲裁,正当程序原则都应当能涵盖可能出现的问题。法院在司法监督时,只有根据具体情况才能做出判断。

我国1994年《仲裁法》并没有关于正当程序的立法规定。2021年,司法部出台的《仲裁法征求意见稿》首次明确规定了正当程序原则,还通过一些具体的条文设计对其具体化。

首先,《仲裁法征求意见稿》新增了第29条,其明文规定:"仲裁应当平等对待当事人,当事人有充分陈述意见的权利。"这可以被理解为是对正当程序原则的原则性规定,对仲裁程序应当采用什么方式和如何进行具有指导性作用。不论是采取在线审理,还是线下审理,都应当保障当事人在仲裁过程中被平等对待,不能纵容一方利用技术优势或网络特点获取特殊优势,或者使其中一方处于不利的地位。

其次,《仲裁法征求意见稿》第30条规定,当事人可以约定仲裁程序和仲裁规则,并特别说明仲裁程序可以通过网络方式进行。这也是在线仲裁首次明确地进入立法视野。将这两个条文结合起来解读,即便通过网络方式仲裁也应当平等对待当事人,保障当事人有充分陈述意见的权利。

再次,《仲裁法征求意见稿》新增了一条关于仲裁文书送达的原则要求。其第34条明确规定:"仲裁文件应当以合理、善意的方式送达当事人。"这也可以被视为正当程序原则在送达方面的要求和体现。不论采取线上送达还是线下送达,都需要满足该原则性的要求。

最后,《仲裁法征求意见稿》在仲裁裁决撤销事由中规定"其他不属于被申请人负责的原因未能陈述意见的"和"仲裁庭的组成或者仲裁的程序违反法定程序或者当事人约定,以致于严重损害当事人权利的"两类事由也可以适用于在线仲裁中可能发生的违反正当程序原则的现象。

拓展阅读

1. 对于想了解多位仲裁专家对《仲裁法》修改意见的读者,可以阅读毛晓飞:《法律实证研究视角下的仲裁法修订:共识与差异》,载《国际法研究》2021年第6期。

2. 对于想进一步了解《仲裁法》引入临时仲裁制度的体系建设内容,或了解不赞同临时仲裁适用范围限定在涉外商事纠纷的具体理由的读者,可以阅读冉爱斌:《〈仲裁法〉引入临时仲裁制度体系论》,载《社会科学家》2021年第4期。

3. 对于想了解仲裁机构的法律属性定位和未来发展方向的读者,可以阅读姜丽丽:《论我国仲裁机构的法律属性及其改革方向》,载《比较法研究》2019年第3期。

4. 对于想进一步了解外国学者对正当程序相关研究的读者,可以阅读Julie M. Bradlow:Procedural Due Process Rights of Pro Se Civil Litigants, 55 University of Chicago Law Review 659 (1988);Carlos Petit:Due Process and Civil Procedure, or How to Do Codes with Theories, 66 American Journal of Comparative Law 791 (2018)。

5. 对于想了解外国学者对在线仲裁相关研究的读者,可以阅读Gorkem Cakir and Erdinc Dalar:Arbitration via Internet Environment Online Arbitration, 19 GSI Articletter 223 (2018);Anvita Datla:Enforceability, Advantages, and Disadvantages of Online Arbitration, 2 Jus Corpus Law Journal 237(2021)。

 思考题

1. 如何协同发展好国际商事仲裁中的自裁管辖权与司法审查权?
2. 在线仲裁中还可能出现哪些违反正当程序的现象?
3. 随着人工智能的发展与普及,国际商事仲裁可能面临哪些新的问题?
4. 如何改善在线仲裁中对证据真实性的质证问题?

 案例分析

**【案例一】 华联力宝医疗有限公司诉林高坤申请
承认和执行外国仲裁裁决案**[①]

2013年2月18日,被申请人林高坤、案外人E医生作为卖方,新加坡Z公

---

① 上海市第一中级人民法院(2019)沪01协外认5号之一民事裁定书。

司作为买方,共同签订了一份《购股协议》。《购股协议》第13.2条约定:"因本协议引起的或与之相关的任何争议,包括关于本协议存在、有效性或终止相关的任何问题,须提交新加坡国际仲裁中心,由其根据其时有效的仲裁规则(SIAC规则)在新加坡予以最终解决,SIAC规则被视为已在本条文中予以引用。仲裁庭由一名仲裁员组成,仲裁语言为英语。"

2013年3月20日,林高坤、E医生作为卖方,Z公司作为买方,共同签订了《修改协议1号》(以下简称《第一修改协议》),对原《购股协议》中约定的出售股份的数额等内容进行了修改,并删除了原附表1的全部内容。《第一修改协议》第5.1条约定:"原购股协议……第13条(管辖法律及司法管辖权)条文须适用于本协议,犹如已全文列明一样……"

2013年5月7日,林高坤、E医生(继续缔约方)与Z公司(原始缔约方)及申请人XX国际有限公司(新缔约方)共同签订了《更替和修订契约》(以下简称《主体变更契约》)。《主体变更契约》第6条"购股协议持续生效"约定:"除非本契约中另有明确修订或补充,购股协议的所有其他条款、条件、保证、声明、规定和附表应继续保持充分效力并对各方具有约束力。购股协议和本契约应作为同一份协议予以解释。"第14条"管辖法律及司法管辖权"约定:"本契约受新加坡法律的管辖并依据新加坡法律予以解释。因本契约引起的或与本契约相关的所有纠纷、索赔和争论,本协议各方应服从新加坡法院的专属管辖权。"

2013年7月8日,林高坤、E医生(卖方)与XX国际有限公司共同签订《补充协议2号》(以下简称《第二补充协议》),针对2013年2月18日《购股协议》、2013年3月20日《第一修改协议》及2013年5月7日《主体变更契约》(统称为《经修改的购股协议》)的内容进行了修改,其中确认《经修改的购股协议》中对"一方"或"各方"的任何提述须在适用的情况下指或包括XX国际有限公司。《第二补充协议》第8条"管辖法律及司法管辖权"约定:"本第二补充协议须受新加坡法律管辖,并据其解释。各方特此同意愿受新加坡法院的独有司法管辖权管辖。"后XX国际有限公司更名为华联力宝医疗有限公司(以下简称华联力宝公司),即本案申请人。

假如双方希望将因双方之间缔结的关系而产生的争议交由同一裁判机构裁判,那么在此情形下,你认为本案管辖权属于新加坡国际仲裁中心还是新加坡法院?《主体变更契约》中的管辖权条款是否是为了取代原购股协议下的仲裁约定?《第二补充协议》的管辖权条款所适用的争议范围又为何?专属管辖条款是否应被解读为限于监督法院(在本案中为新加坡法院)的司法监督权?倘若你是本案法官且仲裁庭已经自行决定对相关争议具有管辖权,你是否会支持仲裁庭的决定?

【案例二】

在线开庭模式下,由于网络问题,一方当事人的发言非常卡顿,导致该方当事人观点的表达较为耗时且难以听清。经过较长时间,由于网络问题仍未解决,出于对发言时间和庭审效率的考虑,仲裁庭打断了该方当事人发言。

本案中仲裁庭打断当事人发言的行为是否违反了正当程序原则?如果该方当事人是故意以信号不好为借口,拖延回答时间,以获得场外指导,那么该方当事人的这种行为是否违反了正当程序原则?

第六节 当事人的证据披露义务

当事人的证据披露义务是指在仲裁的过程中,根据仲裁庭的要求,当事人提供与争议解决有关问题的文件或其他材料的义务。证据披露,又称证据开示,[①]该程序是仲裁程序的重要组成部分。[②]

一、国际商事仲裁证据开示的定义

证据开示制度指的是当事方在开示过程中通过接触、了解和掌握己方未曾获取的与案件相关的信息、证据,以此来还原查清案件的基本事实。从审判角度分析,证据开示制度作为一种审前程序,是双方当事人为了从对方获取和案件有千丝万缕关系的信息而做的准备。大陆法系国家与英美法系有着很大的区别之处,就在于法国、意大利、荷兰等国家自己独特的审判方式。[③] 对于审判前的程序没有做出相应的规定,基于这种情况,在庭审过程中双方当事人以及律师会为了自己的利益而进行证据突袭,由此将致使审判过程变得异常艰难,原本需要一天解决的案件可能会拖上一周甚至是一个月。在这种情况下,法国、意大利、西班牙等国家对其原有的民事诉讼法进行了反思,相继增加审判前所应做的准备,虽然证据开示一词在这些国家当中没有确切的规定,但在实际运作中它是存在的。

16世纪下半期,英国通过司法实践形成了国际商事仲裁证据开示制度的雏形,到了19世纪,英国在历经多次改革后将普通法和衡平法诉讼进行了合并,至

[①] 基于英文的表述差异,后来在英国和美国使用的词汇不一,因而国内对其翻译也不一致,有的译为"证据披露",有的译为"证据开示"。尽管两者在具体制度上有差异,鉴于本文主要探讨其共同之处,是以文内并未做区别,而改以"证据披露"代表。

[②] 〔美〕加里·B.博恩:《国际仲裁法律与实践》,白麟、陈福勇等译,商务印书馆2015年版,第298页。

[③] 杨良宜、杨大明:《国际商务游戏规则:英美证据法》,法律出版社2002年版。

此国际商事仲裁证据开示制度才正式形成。美国执行程序中的证据开示制度滥觞于《美国法典》以及《联邦民事诉讼规则》的具体规定,《美国法典》第 28 编第 1782 条对外国、国际诉讼与仲裁程序的协助进行了原则性的规定,其中包含了"证据开示"的内容;《联邦民事诉讼规则》第 26 条规定了接受开示证据申请的法院审查的标准;第 69 条规定了开示证据所应遵守的具体程序;第 37 条规定了未履行开示义务的当事人的法律责任。一些美国著名的专家学者认为,证据开示的意思指的是案件一方当事人在诉讼中从案件另一方当事人处获得有关案件的相关的信息的一系列程序的总和。① 通过对英国以及美国证据开示制度的分析,我们可以看出,证据开示规则现如今有广义的证据开示与狭义的证据开示两种解释,两种解释所涵盖的内容是不同的,狭义的证据开示指的是一方当事人向对方当事人或者向与案件有关的他方当事人获得的与案件有关的信息。而广义的证据开示相较于狭义的证据开示内容更加丰富。

二、国际仲裁实践中对当事人证据披露的规定

联合国《贸法会仲裁规则》第 24 条第 3 款规定:"在仲裁程序进行期间的任何时候,仲裁庭均可要求当事各方在仲裁庭决定的期限内提出文件、证件或其他证据",一方当事人掌握解决纠纷所必要的文件证据时,而另一方当事人取得该文件证据无可能时,仲裁庭就可以命令掌握必要文件证据的一方披露出示该证据,以实现公平原则。另外需要注意的是,当事人本身并无权要求对方当事人披露出示一切文件证据,由仲裁庭裁量决定是否针对特定文件证据发出披露出示命令。2012 年《国际商会仲裁院仲裁规则》第 24 条、第 25 条之规定,②明文赋予仲裁庭决定文件证据披露出示的权限,但此权限仅限于对当事人命令披露出示,并未及于当事人以外的第三人。这与英美法系国家传统的文件证据披露出示制度的不同之处在于,当事人本身并无权请求文件证据披露出示的权利,而是将此权限交由仲裁庭依个案情况,裁量决定是否发出披露出示文件证据的命令。而根据《伦敦国际仲裁院仲裁规则》第 22 条规定,③当事人提交文件并不一定是基

---

① 徐青森、杜焕芳主编:《国际私法案例分析》,中国人民大学出版社 2009 年版。
② 2012 年《国际商会仲裁院仲裁规则》第 24 条规定:"为确保持续有效地管理案件,仲裁庭经进一步召集案件管理会议或以其他方式与当事人协商后,可以采取进一步程序措施或修改程序时间表。"第 25 条规定:"仲裁庭应采用一切适当的方法在尽可能短的时间内确定案件事实。"第 25 条第 5 款规定"仲裁庭可以在程序进行的任何时候传唤任何当事人提交补充证据。"
③ 《伦敦国际仲裁院仲裁规则》第 22 条规定:"除非当事人在任何时候另有书面约定,根据当事人的申请或自行约定,但无论何种情况均给予各方当事人合理机会陈述其意见之后,仲裁庭有权:……(5)命令当事人向仲裁庭和其他当事人提供任何仲裁庭认为有关的在其占有、保管或力所能及的任何各类文件以供查验,并提供副本。"

于另一方当事人的请求,仲裁庭认为对案件有关的文件,完全可以出于仲裁庭自身权力的命令;此外,2010年《斯德哥尔摩商会仲裁院仲裁规则》第26条第3款规定也做出了类似明确的规定。① 国际仲裁的文件证据披露程序在现今的国际仲裁实践中已经较为普遍。正如上述国际商会、伦敦国际仲裁院等国际仲裁规则的规定,仲裁庭被赋予了广泛的权力,以决定是否允许以及在何种程序上允许披露。然而,对于证据披露的范围,各仲裁规则并未作出明确的规定。

三、国际商事仲裁证据规则对证据开示的最新发展

一些重要的国际组织为了使国际商事仲裁的进行更具效率性,规定了一些制度更加完善且更适合运作的国际商事仲裁证据规则,这些规则在国际商事仲裁实务界适用广泛,具有较大影响力。

2010年《国际律师协会关于国际商事仲裁的取证规则》(以下简称《IBA证据规则》)第8条第1款作了以下规定:"在案件经过仲裁庭进行裁决的时候,在仲裁庭对案件的当事人所约定的时间内,任何案件一方当事人都应该向仲裁庭及其他案件当事人告知其要求出庭作证的每位证人。"这里的证人的范围很广,若经任何当事人或仲裁庭要求均应在遵守第8条第2款规定的情形下出席证据听证会,除非仲裁庭允许证人通过视频会议或其他类似方式参加听证,否则每名有关案件的证人均应出席案件的听证会。由此可知,在证据规则中证人是否出庭,当事人应该提前告知仲裁庭以及对方当事人,这样有利于案件当事人更好地参与案件的审理,为案件的审理做好充分的准备。在仲裁案件审理过程中任何一方当事人都应该向仲裁庭及对方当事人明确其需要出庭作证的证人,该条规定是2010年《IBA证据规则》中极具价值的制度设计,其极大地节约了司法资源,推动了司法进程

在1999年制定的《IBA证据规则》中,对于案件证人必须出席法院作证的规定也比较明确,但是1999年的证据规则从表述上来讲仅仅是要求在没有其他协议要求的情况下,当事人已经向仲裁庭送交的证人证言都应该出席作证,在这一方面2010年的《IBA证据规则》与1999年的《IBA证据规则》所规定的两种作证的方式方法在法律上已经没有了其他的联系,证人不会随意地出席作证,仅仅会在仲裁庭或者是案件当事人书面要求之下才会参加听证会以对案件进行作证。同时,随着科学技术的不断发展,不仅仅是商业会议会运用到电子数据,仲裁庭也会在特殊情况下允许有特殊情况的当事人使用最新的科学技术进行听证,这

---

① 2010年《斯德哥尔摩商会仲裁院仲裁规则》第26条第3款规定:"应一方当事人的要求,仲裁庭可以指令当事人一方提供可能与案件结果有关的任何文件或其他证据。"

样有利于案件的顺利进行,更大程度地保证当事人的利益,从另一方面也体现了仲裁的灵活性以及效率性。

2010 年的《IBA 证据规则》还有一个改变就是对于听证会的规定,相比于 1999 年的《IBA 证据规则》,2010 年的《IBA 证据规则》对于听证会的规定更加详尽,它表明了一个观点,就是对于案件的真实情况掌握得更加熟悉的证人应该优于其他证人发言,在证人表明自己的观点以及对于案件的描述结束之后,与案件相关的专家或者鉴定人再对自己的见解进行发言,以此来保证证人的权利,同时证人也有先后顺序的限制,在案件审理进行过程中,案件申请人所提供的证人会优于被申请人所提供的证人优先进行发言。但是,上述情况也存在例外,即仲裁庭在某种情况下会享有改变上述顺序的权利,以利于当事人更好地解决案件听证的问题。

最后,2010 年的《IBA 证据规则》突出了 1999 年的《IBA 证据规则》中仲裁庭在仲裁过程中在合适时间内应该尽早且有效地咨询当事人意见的观点,并且邀请当事人互相征询意见以建立高效且经济的取证程序。正因如此,对于双方当事人因不同文化背景而产生的文化冲突得到了有效的缓和。此外,尽早且有效地咨询案件当事人的意见,就会使仲裁庭对证据的判断决定避免让当事人觉得突兀,与此同时也促进仲裁程序能够有效地顺利地运行。

四、我国仲裁披露规则的问题

我国的法律和司法解释中缺少关于披露规则的规定,如怎样提出文件披露出示请求,文件披露出示的范围,披露请求被拒绝后如何救济等等。直到 2002 年关于证据规则的司法解释出台,我国才有了证据交换制度,其既不同于普通法系披露规则,也不同于大陆法系的关于证据披露的规定。原则上,证据的交换依赖于当事人申请,法院不会主动组织证据交换,只有证据较多或复杂疑难的案件法院才会主动组织证据交换。所以,庭前的证据交换制度在我国并不是必然程序。也因此,当事人往往披露出示对自己有利的证据,而隐藏对其不利的证据,因为法律并没有明确规定当事人有义务披露出示对另一方有利的证据文件。当事人不披露出示文件证据,在我国实践中该当事人也无需承担相关的不利后果。唯一的例外就是《最高人民法院关于民事诉讼证据的若干规定》第 75 条。[①]

不过,我国在执行程序的法律制度中,却存在被执行人财产信息披露之规

---

① 《最高人民法院关于民事诉讼证据的若干规定》第 75 条规定:"有证据证明一方当事人持有证据无正当理由拒不提供,如果对方当事人主张该证据的内容不利于证据持有人,可以推定该主张成立"。

定。我国首次涉及被执行人财产披露的问题是在 1998 年 7 月最高人民法院发布的《关于人民法院执行工作若干问题的规定(试行)》(以下简称《执行工作规定》)。《执行工作规定》第 28 条[①]第一次在制度层面上对披露被执行人财产问题作出了规定,该规定涉及被执行人报告财产状况的表述,但并未对被执行人财产报告的内容、程序以及未如实报告的法律责任作出规定。实务中,《执行工作规定》第 28 条被解读为"申请人对申请执行事项承担证明责任的命令性或强制性规则"。[②] 因此,对于被执行人财产报告的问题,《执行工作规定》第 28 条所能提供的制度支持或可操作性都存有不足。2007 年《民事诉讼法》第 217 条规定:"被执行人未按执行通知履行法律文书确定的义务,应当报告当前以及收到执行通知之日前一年的财产情况。被执行人拒绝报告或者虚假报告的,人民法院可以根据情节轻重对被执行人或者其法定代理人、有关单位的主要负责人或者直接责任人员予以罚款、拘留。"这是我国第一次在立法上确立被执行人财产报告制度。特别是该制度中对违反报告义务之人可处以罚款、拘留等强制措施的规定,为解决实践中"被执行人的财产难寻"的困境发挥重要作用。此外,最高人民法院《关于适用〈中华人民共和国民事诉讼法〉执行程序若干问题的解释》(以下简称《执行程序若干问题的解释》)第 31 条至第 35 条又对《民事诉讼法》第 217 条作了具体解释,使其在实务中更具可操作性。2013 年新修订的《民事诉讼法》第 241 条亦保留了这一规定。

由于我国仲裁法和诸多仲裁机构规则都没有对仲裁证据方面作出详细的规定,对于披露规则没有作出应有的规定,直接导致了我国仲裁披露规则的立法缺失,进而使我国的仲裁庭过多依赖于《民事诉讼法》及有关的司法解释关于证据的规定,大家理所当然地在仲裁程序中直接适用民事诉讼证据制度的有关规范,这似乎也成为某种仲裁习惯。正如上文对我国仲裁举证规则的考察,我国仲裁法只是简单规定了举证规则之一般性原则的"谁主张,谁举证",而对于实践中需要的披露规则明显出现了相关立法的缺失。披露规则是为了促进仲裁效率、仲裁公正的目的而设立的,证据披露规则在立法上的空缺将会导致我国仲裁实践很多直接照搬民事诉讼中一系列举证规则和做法。披露规则的立法缺失,也导致了各仲裁机构仲裁规则各自为政,而且很多仲裁规则规定的举证规则多参照民事诉讼的举证规则进行,具有严重的诉讼化倾向。

---

① 《执行工作规定》第 28 条规定:"申请人应当向人民法院提供其所了解的被执行人的财产状况或线索。被执行人必须如实向人民法院报告其财产状况"。
② 童兆洪主编:《民事执行调查与分析》,人民法院出版社 2005 年版,第 309 页。

五、总结

对于是否该吸收英美法系国家的证据披露制度,我国理论及实务界仁智各见。有学者认为应当借鉴英美国家证据披露制度,以更好完善我国仲裁程序中当事人的信息披露义务。① 也有学者认为,基于我国目前的诉讼构造,英美证据开示程序的适用显得没有那么重要。首先,现如今我国法律实行的庭前证据交换程序在一定程度上甚至是很大程度上对于证据开示程序的功能都能够得到一个覆盖;其次,目前职权主义在我国的诉讼制度中仍然占据了非常重要的地位,因而嫁接证据开示的程序似乎与中国目前的诉讼制度难以衔接。② 在当前我国商事仲裁发展的黄金时期,完善我国仲裁程序中当事人的信息披露义务已成为仲裁理论研究者不可避免的一个话题。

拓展阅读

1. 要想了解仲裁过程中的证据披露制度,可以阅读加里·B.博恩:《国际仲裁:法律与实践》第九章"国际商事仲裁中的证据披露的证据采集"。

2. 要想详细了解我国仲裁中的证据规则,可以阅读卢松:《国际商事仲裁中的证据》,载《北京仲裁》2014年第4期。

3. 要想了解中外国际商事仲裁中证据披露规则的差异,可以阅读张虎:《中美民事执行程序中的"财产披露"制度比较研究》,载《政治与法律》2013年第11期;李宗:《论国际商事仲裁文件证据披露规则》,载《北京仲裁》2016年第1期。

思考题

1. 我国与其他国家间在仲裁证据披露上有何差异?
2. 当事人违反证据披露义务会承担什么责任?
3. 仲裁庭判断是否需要披露证据时以什么为判断标准?

---

① 张虎:《中美民事执行程序中的"财产披露"制度比较研究》,载《政治与法律》2013年第11期;李宗:《论国际商事仲裁文件证据披露规则》,载《北京仲裁》2016年第1期;张虎:《美国执行程序中的"证据开示"制度研究——现状、最新发展及应对策略》,载《江淮论坛》2014年第1期。

② 谢佑平、万毅:《背景与机理:关于设立证据开示程序的反思》,载《证据学论坛》2002年第2期。

第七节 仲裁员的信息披露义务与回避制度

为履行仲裁员的中立义务,保证仲裁员的公正性和独立性,世界主要国家仲裁法和国际主要仲裁规则均对仲裁员的信息披露义务和回避制度作出了明确规定。当事人通常难于主动发现由仲裁相对方所选的仲裁员的回避事由,因此主动的信息披露义务可以较好地解决当事人无法全面详尽地获悉仲裁员回避事由的难题。[1]

当仲裁员在仲裁过程中存有应当作信息披露或申请回避的事由而未事先披露或申请回避的,仲裁机构可能根据相应的仲裁规则要对其进行纪律处分。此外,仲裁员的未事先披露或申请回避的不当行为甚至将影响该仲裁裁决在法院的承认与执行。

一、仲裁员信息披露义务的标准

(一)"合理怀疑"标准

从不同的主体视角来看,仲裁员的信息披露义务标准可以分为主观标准和客观标准。[2] 主观标准是从当事人的角度来判断该情形是否会影响公正或缺乏独立性,作为仲裁员应当披露的依据。客观标准是指仲裁员应当从合理的第三人视角披露对其公正性和独立性产生怀疑的情况。

1. 主观标准

1998年《国际商会仲裁规则》和《IBA利益冲突指引》都要求仲裁员从当事人的视角考虑相关信息披露的情况。由国际律师协会于2004年发布、2014年修订的《IBA利益冲突指引》是目前最具代表性的仲裁员信息披露规定指引文件之一,为仲裁员、当事人及其法律顾问、仲裁机构和法院决定是否作出披露、评估仲裁员的公正性和独立性以及决定仲裁员的回避申请作出指引。[3]《IBA利益冲突指引》以红、橙、绿三类适用清单形式,列举了是否构成仲裁员披露或不适格的情形。从其一般规定可以看出,披露的范围包括"存在当事人看来可能令仲裁员公正性或独立性受到怀疑的事实或情形"。

但是《IBA利益冲突指引》并不是完全地依据当事人主观标准判断仲裁员的披露义务范围。在绿色清单中规定的情形,如果根据客观标准即"合理的第三人检验标准"认为仲裁员不存在失格,则不必进行披露。具体有:(1)仲裁员曾

---

[1] 马占军:《国际商事仲裁员披露义务规则研究》,载《法学论坛》2011年第4期。
[2] 张圣翠:《论国际商事仲裁员披露义务规则》,载《上海财经大学学报》2007年第3期。
[3] 2014年《IBA利益冲突指引》。

就仲裁中同样出现的问题发表过(例如在法律评论文章或公开讲座中)法律意见(但这个意见并未专门针对正在仲裁的案件);(2)与仲裁员的律师事务所联合或结盟但不分享重大律师费或其他收入的律师事务所,在与本案无关的事宜上为一方当事人或一方当事人的关联公司提供服务;(3)与另一仲裁员或一方当事人的法律顾问,因同属于同一专业协会,或社会、慈善组织的会员,或通过社交媒体网络而建立关系,或曾经一起担任过仲裁员,或在同一学院、专业协会、组织任教或任职,或一同参加演讲活动、学术研讨、工作小组;(4)仲裁员与一方当事人或一方当事人的关联公司(或他们的法律顾问)在指定前有过初步接触,但该接触行为仅限于其担任仲裁员的可安排性和资格,或首席仲裁员的潜在候选人名单,除了向仲裁员提供基本的案件理解外,没有涉及争议的实体或程序事项;(5)仲裁员持有公开上市的一方当事人或一方当事人的关联公司的数量并不重大的股份;(6)仲裁员曾经作为联合专家或以其他专业身份(包括在同一案件担任仲裁员),与一方当事人或一方当事人的关联公司的经理、董事、监事会成员或具有控制影响力的人共事;(7)仲裁员与一方当事人或其关联公司通过社交媒体网络建立联系。

2. 客观标准

联合国贸法会发布的《示范法》和多数国家的仲裁法及多数机构的国际商事仲裁规则采用的是客观标准,德国等少数国家的仲裁法采用的是主观标准。①《示范法》早在1985年便将仲裁员披露内容概括为"可能对其公正性或独立性引起正当的怀疑的任何情况",将其规定在了仲裁员"回避的理由"条款中。

(二)"存在明显偏见"标准

主客观标准的判断都建立在对仲裁员公正性或独立性"合理怀疑"的基础之上,但是英国法院在审查仲裁员要求方面采取了与法官一致的要求,即更为严格的"存在明显偏见"标准。

在2000年"ATT&T v. Saudi Cable 案"中,②加拿大 Notel 公司以及 Saudi Cable 联合投标并中标,此后 ATT&T 与 Saudi Cable 因投标前签署的合同发生争议并交由国际商会仲裁院仲裁,但在组成的三人仲裁庭中,首席仲裁员为 Notel 公司非执行董事,并持有少量股票。在仲裁过程中,ATT&T 提出异议,认为 Notel 是本案的间接受益者,与本案结果有利益关系,但遭国际商会仲裁院驳回。ATT&T 又以英国仲裁法向仲裁地伦敦法院请求撤销仲裁裁决,但是法院审理后认为,ATT&T 的异议中存在两个证明缺陷,第一是 Notel 并非仲裁当事人,所以

---

① 张圣翠:《论国际商事仲裁员披露义务规则》,载《上海财经大学学报》2007年第3期。
② ATT&T v. Saudi Cable, (2000) 1 Llyd's Rep. 22. Ako reported in Mealeys InternationalArbitration Report 6,2000.

首席仲裁员与案件的结果没有直接利益关系;第二是,ATT&T 主张首席仲裁员是 Notel 的股东,但是首席仲裁员尚不能够达到直接地或间接地"自己做自己的法官"。① 在该案中,英国法院认为仲裁员作为当事人选出的私人法官应当采用与法官一样的独立性标准,而不是更低的异议标准,来维护公众公正。

二、仲裁员回避的理由

信息披露本身并不导致仲裁员不适格,也不会因其披露就作出不适格的推断。只有在当事人申请仲裁员回避时,才会开启由仲裁庭或机构探明仲裁员的公正性或独立性的程序。

仲裁员回避的理由和信息披露义务情形并不完全相同。为了避免当事人滥用申请回避的权利、拖延仲裁程序,各个仲裁机构规则通过对仲裁员回避实施不同的标准及程序措施。2015 年《上海国际经济贸易仲裁委员会(上海国际仲裁中心)仲裁规则》第 26 条第 4 款规定,一方当事人申请回避,且另一方当事人同意的,或者被申请回避的仲裁员主动提出不再担任该仲裁案件的仲裁员的,则该仲裁员不再担任该案仲裁员。前述情形并不表示当事人提出回避的理由成立。2013 年《贸法会仲裁规则》第 13 条第 3 款也有类似规定,其他当事人可以对提出的回避表示附议,仲裁员可在回避提出后辞职,但这两种情况均不表示提出回避的理由成立。也就是说,在仲裁双方当事人达成意思一致时,即便当事人对仲裁员的公正性和独立性的怀疑是不合理的,仲裁员也可能受回避制度约束退出仲裁庭。

三、仲裁员信息披露义务与回避制度的表现形式

(一)国家立法

世界主要国家或地区都以《示范法》为范本,制定法形式规定了仲裁员的信息披露义务,确保仲裁员的独立性和公正性。《德国民事诉讼法典》第 1036 条、《韩国仲裁法》第 13 条、《瑞典仲裁法》第 9 条在其仲裁法规中援引或参考了《示范法》关于披露义务的规定。② 《法国民事诉讼法典》第 1456 条以及国内判例法确定了仲裁员的法定披露义务。在近年巴黎国际商事法庭处理的申请撤销仲裁裁决案件中,涉及多份有关仲裁员披露义务与回避制度的案件,巴黎国际商事法庭在裁判中指出仲裁员的披露义务可因当事人的"注意义务"而被部分豁免,仲裁员无需在其接受指定前向当事人披露那些广为人知并且容易被人获知的

---

① 杨玲:《国际商事仲裁程序研究》,法律出版社 2011 年版,第 146 页。
② 宋连斌、林一飞:《国际商事仲裁资料精选》,知识产权出版社 2004 年版,第 395—409 页。

情况。①

我国最新的《仲裁法征求意见稿》第 52 条至第 56 条规范了仲裁员信息披露义务和回避制度,新增了仲裁员的信息披露义务,修改了回避申请的最晚时间,并要求仲裁机构对回避决定说明理由,增强了回避制度的透明度。《仲裁法征求意见稿》明确仲裁员应当签署保证独立、公正仲裁的声明书并由仲裁机构送达当事人,并且书面披露其知悉存在可能导致当事人对其独立性、公正性产生合理怀疑的情形。当事人提出回避申请的时间应当在首次开庭前,当事人如果以仲裁员披露的事项为由申请该仲裁员回避的,应当在十日内书面提出回避申请,逾期则不得再以该事项为由申请该仲裁员回避。同样,如果回避事由是在首次开庭后知道的,或者书面审理的案件,当事人应当在知道回避事由之日起十日内提出回避申请。

《仲裁法征求意见稿》未明示仲裁员信息披露义务的判断标准是主观标准还是客观标准,但是通过"当事人对独立性、公正性产生合理怀疑"这一表述可以认为其属于主观标准。目前《仲裁法征求意见稿》虽然新增了仲裁员披露义务,但是对披露义务所设置的条文过于原则,披露事项的规定主要见于各仲裁机构的仲裁员守则、仲裁规则或者仲裁流程指引之中。例如,2021 年《广州仲裁委员会仲裁规则》第 37 条规定,仲裁员需要主动书面披露其知悉的可能引起对其独立性、公正性产生合理怀疑的任何情形,包括但不限于《仲裁法》规定的四项法定回避事由:(1)是本案当事人或者当事人、代理人的近亲属;(2)与本案有利害关系;(3)与本案当事人、代理人有其他关系,可能影响公正仲裁的;(4)私自会见当事人、代理人,或者接受当事人、代理人的请客送礼的。其中,该规则进一步解释了"与本案当事人、代理人有其他关系"包括:(1)与本案当事人、代理人有咨询与被咨询、管理与被管理关系,或者担任本案当事人、代理人的代理人、顾问的,但至组庭之日有关关系已经结束超过二年的除外;(2)与本案当事人、代理人现在同一单位工作的;(3)对本案所涉争议向当事人推荐、介绍过代理人的;(4)对本案所涉争议提供过咨询,或者担任过与本案所涉争议有关案件的证人、鉴定人、勘验人、翻译人员、辩护人、代理人的;(5)在本会正在审理的其他案件中,与本案当事人、代理人同为仲裁员的;(6)在本案当事人、代理人担任仲裁员的案件中,本案仲裁员恰好是该案当事人、代理人的,但至组庭之日案件已经审结超过二年的除外;(7)其他可能影响公正仲裁的情形。然而即便仲裁规则对披露要求做出了细化,但是不同仲裁机构所作的具体规则可能存在不一致之处。加之,缺乏法律强制性的披露要求可能导致仲裁员不够重视,不主动履行披

---

① 巴黎国际商事法庭 2020 年 2 月 25 日第 19/07575 号 Dommo Energia 案。

露义务,导致当事人不能很好地行使权利,甚至会影响仲裁裁决的执行。

(二) 仲裁规则

各常设国际商事仲裁机构规则均对仲裁员的回避制度作了规定,虽然回避程序上略有不同,但大多数规则都强调了仲裁院对仲裁员回避的决定均为终局决定。① 除了前述的 2015 年《上海国际经济贸易仲裁委员会(上海国际仲裁中心)仲裁规则》、2013 年《贸法会仲裁规则(2013 年)》以外,2016 年《新加坡国际仲裁中心仲裁规则》也做出了相应的规定,其中,第 14—16 条分别规定了仲裁员回避的理由、当事人发出回避通知书以及仲裁院做出回避决定的相关事项,而第 17、18 条分别规定了更换仲裁员和再次开庭的事项。

根据 2020 年《伦敦国际仲裁院仲裁规则》第 5 条第 3 款和第 11 条第 1 款规定,每位仲裁员均应持续承担披露义务,在提交书面声明之日后知悉存在可能引起任何一方当事人对其公正性或独立性产生合理怀疑的任何情况,应立即以书面形式披露并提交给伦敦国际仲裁院、仲裁庭的其他成员以及仲裁全体当事人。如果仲裁院对任何仲裁员候选人的适合性、独立性或公正性存在合理怀疑,或如果提名仲裁员拒绝担任该职,或如果某仲裁员因任何原因被替换,伦敦国际仲裁院可以决定对于该仲裁员委任是否继续遵循初始提名程序。

2021 年《国际商会仲裁规则》第 14 条规定,凡提请仲裁员回避均应向秘书处提交书面陈述,说明回避请求所依据的事实和情况,仲裁院在必要情况下由当事人、仲裁员和仲裁庭其他成员提出书面评论的机会后对回避请求的实质问题作出决定。

四、仲裁员违反披露及回避义务的责任

仲裁员应当遵循职业道德规范,保持独立性、公正性,这是仲裁公平、公正进行的基础和前提。实践中,敦促仲裁员约束其履职行为,不仅需要自律,更需要他律。如仲裁员在具体个案中欠缺独立性、公正性,但没有依法进行披露及回避,则其应当承担相应的法律责任、行业责任、道德责任。与此同时,各国的国内法院也会通过仲裁司法审查机制对仲裁员不当行为予以外在监督,对仲裁员在缺乏独立性及公正性的基础上所作裁决予以撤销或不予执行,这也是规制仲裁员不当行为的最后一道防线。从规范依据的角度审视,我国现行《仲裁法》第 58 条规定了法院撤销仲裁裁决的理由,其中包括:仲裁庭的组成或者仲裁的程序违

---

① 2021 年《国际商会仲裁规则》第 11(4)条;2013 年《贸易法委员会仲裁规则》第 34(2)条;2016 年《新加坡国际仲裁中心仲裁规则》第 16(4)条。

反法定程序;仲裁员在仲裁该案时有索贿受贿,徇私舞弊,枉法裁决行为。①

我国《民事诉讼法》第 244 条、第 281 条规定的不予执行仲裁裁决的法定理由中亦有上述规定。可见,法院可以通过撤销或不予执行的方式对仲裁员的任职资格及不当行为予以司法审查,并以此审视仲裁员是否遵循了职业道德规范的约束。

在司法监督仲裁员的过程中,首先要从理念上寻求平衡:一方面,有必要对仲裁员因疏忽过失或不当行为进行惩戒;另一方面,要赋予仲裁员必要的自由裁量空间,使他们能够正常履行职责,不至于在"达摩克利斯之剑"的高压下谨小慎微,随时保持高度警惕。② 据此,理论与实务界对仲裁员是否享有职务豁免及豁免的范围曾有不同的观点,大体可区分为绝对豁免论、相对豁免论、无豁免论。③ 相较之下,绝对豁免论与无豁免论的主张都显得僵化,而相对豁免论则较为灵活,有足够可回旋的空间,因此应予肯定。④ 当仲裁员的行为悖离职业道德而构成不当行为时,有必要视情况决定是否应承担责任及承担何种程度的责任。

2022 年 10 月 14 日,中国仲裁协会登记成立,但截至 2023 年 3 月 1 日,我国仍不存在一部通行全国的"仲裁员守则"。实际上,国内各个仲裁机构各自制定了《仲裁员守则》,这些守则是仲裁员职业道德的首要载体,但各仲裁机构在具体条款的设计方面却迥然有别,详尽程度方面亦存在诸多不同。从条款的丰富程度来看,部分《仲裁员守则》的条款多达二十几条,部分《仲裁员守则》则寥寥数语、不足十条。相比之下,若要期望这些仅规定了短短数条的《仲裁员守则》涵盖仲裁员专业能力、仲裁员道德要求、仲裁员行为规范等多个方面内容,并不现实。这种泛而不精的规定模式在很大程度上导致了《仲裁员守则》对职业操守中某些重要的方面只是简单提及,并未作更为深入、细致、具体的规定。

有鉴于此,今后我国在仲裁员职业道德体系建设方面还需进一步发力:第一,在仲裁法修订中完善回避制度,增加披露制度及替换制度,实现仲裁员团队的有序流动,充分保持仲裁员群体的积极性;第二,重视仲裁员职业道德的现实意义,由行业协会推行全国示范的仲裁员行为规范,以此将职业道德落实到行为指南当中,形成示范效果;第三,调动仲裁机构在提升仲裁员遵循职业道德过程中的督促作用,以遴选、考核、培训、评估等机制保持仲裁员的勤勉履职、高效尽

---

① 李虎:《国际商事仲裁裁决的强制执行:特别述及仲裁裁决在中国的强制执行》,法律出版社 2000 年版,第 123 页。
② Nigel Blackaby et al., *Redfern and Hunter on International Arbitration*, Oxford University Press, 2015, p. 305.
③ 彭丽明:《比较法视野下的商事仲裁员职业责任保险制度》,载《武大国际法评论》2016 年第 2 期。
④ 石现明:《仲裁员民事责任绝对豁免批判》,载《仲裁研究》2008 年第 3 期。

责,提升整体的裁判质量;第四,法院在对仲裁员行为进行司法审查时,需要平衡好仲裁独立性与仲裁公正性之间的关系,尊重仲裁员责任的合理豁免,并在裁决终局性与仲裁员不当行为所造成的影响间审慎判断。

 拓展阅读

1. 有关仲裁员在仲裁过程中的信息披露规则,可以进一步阅读张圣翠:《论国际商事仲裁员披露义务规则》,载《上海财经大学学报(哲学社会科学版)》2007年第3期。

2. 要想了解国外仲裁员信息披露的判断问题,可以阅读郭玉军、胡秀娟:《美国有关仲裁员"明显不公"判定规则的新发展》,载《法学评论》2008年第6期。

3. 有关仲裁员违反了相关仲裁规则的责任问题,可以进一步阅读石现明:《仲裁员民事责任绝对豁免批判》,载《仲裁研究》2008年第3期。

 思考题

1. 仲裁员信息披露的标准有哪些?
2. 仲裁员违反了信息披露义务将面临什么样的后果?
3. 新成立的中国仲裁协会可以在仲裁员披露义务上做哪些努力?

第八节 仲裁中的紧急仲裁庭

临时措施旨在防止当事人利用其所处的优势地位,转移或销毁证据或财产,致使仲裁裁决不能合理地作出,或者即便作出后,也难以执行。在实践中,仲裁庭的正式组成可能耗费一段时间,而法院临时措施程序效率往往较为低下。因此,如果当事人只能向法院或在仲裁庭正式成立之后再提出临时措施申请,那么一旦关键证据或财产在此期间内发生损毁或灭失,最终都有可能导致仲裁裁决无法执行。

20世纪90年代,国际商会(ICC)率先提出"仲裁前公断人"(the Pre-Arbitral Referee)制度,以解决仲裁庭组成之前的临时救济问题。除此之外,美国仲裁协会(AAA)旗下的国际争端解决中心(ICDR)也发布了类似制度,但似乎未能得到争议当事人的青睐。① 2006 年,ICDR 修改了其仲裁规则,其在第 37 条中作出了"关于当事人如何向仲裁庭申请仲裁前临时措施"的规定,这是紧急仲裁员制度第一次出现在国际仲裁机构的仲裁规则中。② 2010 年,斯德哥尔摩商会仲裁院(SCC)在其仲裁规则中新增应急仲裁员规定,新加坡国际仲裁中心(SIAC)仲裁规则新增紧急仲裁员规定;2011 年,澳大利亚国际商事仲裁中心(ACICA)引入紧急仲裁员程序;2012 年,ICC 在其新仲裁规则第 29 条和附件五中加入紧急仲裁员规定;瑞士商会仲裁机构(SCAI)在其仲裁规则中新增紧急救济规定;2013 年,香港国际仲裁中心(HKIAC)引入紧急仲裁员程序;2014 年,伦敦国际仲裁院(LCIA)在仲裁规则中加入紧急仲裁员相关规定,上海国际仲裁中心(SHIAC)在《中国(上海)自由贸易试验区仲裁规则》中加入紧急仲裁庭相关规定;2015 年,北京仲裁委员会和中国贸仲在仲裁规则中引入紧急仲裁员制度。可见,紧急仲裁庭制度已经受到国际仲裁界的普遍承认。

一、紧急仲裁庭的概念

紧急仲裁庭,又称为"紧急仲裁员""紧急临时救济""紧急救济程序""紧急仲裁程序""紧急保全措施"等。名称的多样化并不影响各国实践对其赋予较为统一的含义。2011 年《香港仲裁条例》第 3A 部第 22A 条对"紧急仲裁员"的释义如下:"紧急仲裁员指为处理各方在仲裁庭组成前提出的紧急济助申请,而根据各方协议或采用的仲裁规则(包括常设仲裁机构的仲裁规则)委任的紧急仲裁员。"2020 年《伦敦国际仲裁院仲裁规则》第 9B 条第 9.4 款规定:"在不违反下文第 9.14 条的情况下,如果在仲裁庭(根据第 5 条或第 9 条 A 款)成立或即将成立之前的任何时间出现紧急情况,任何当事各方均可向仲裁院申请立即任命一名临时独任仲裁员,在仲裁庭成立或即将成立之前进行紧急程序('紧急仲裁员')。"有的国家立法直接在国际商事仲裁总论的"释义"中将紧急仲裁庭归入"仲裁庭"当中,从而适用普通仲裁庭的一般规则,例如 2020 年《新加坡国际仲裁法》。

组成紧急仲裁庭的目的和结果是发布临时措施。有些立法和仲裁规则规定,紧急仲裁庭有权力在仲裁程序中作出临时措施。例如,2011 年《香港仲裁条例》第 22B 条第 1 款规定:"紧急仲裁员根据有关仲裁规则批给的任何紧急济助,不论是在香港或香港以外地方批给的,均可犹如具有同等效力的原讼法庭命令或指示般,以同样方式强制执行,但只有在原讼法庭许可下,方可如此强制

---

① Louise Barrington, Emergency Arbitrators: Can They be Useful to the Construction Industry? *Construction Law International*, Vol. 7, 2012, p. 39.

② Ibid.

执行。"

有些仲裁规则将仲裁庭组成之后的一般临时措施和紧急仲裁庭规定在同一条,并另作附则细化紧急仲裁庭程序。例如2016年《新加坡国际仲裁中心仲裁规则》第30条"临时救济和紧急临时救济"规定:"(1)当事人申请禁令或者提出其他任何临时救济的,仲裁庭可以发出命令或者作出裁决,给予其认为适当的救济。仲裁庭有权命令请求救济的一方当事人提供与申请救济有关的适合的担保。(2)仲裁庭组成之前,当事人希望申请紧急临时救济的,可以依据本规则《附则1》规定的程序申请救济。(3)仲裁庭组成之前或者在组庭之后出现例外的情况下,当事人向司法主管机关申请临时救济的行为,与本规则并不冲突。"又如2018年《香港国际仲裁中心仲裁规则》第23条"临时保护措施和紧急救济"第1款规定:"当事一方可根据附表4在仲裁庭组成之前申请紧急临时救济或保全救济('紧急救济')。"该款表明紧急仲裁庭适用其余款项对临时措施的一般规定。

二、紧急仲裁庭的一般程序

有关紧急仲裁庭的程序一般包括申请、紧急仲裁庭的指定及挑战、决定的作出、决定的执行、费用承担。

(一)申请

申请人需要在仲裁庭组成之前提交申请。但针对当事人能否在申请仲裁前申请紧急仲裁庭程序,不同仲裁机构的规定存在分歧:一部分仲裁机构要求只有提交争议案件之后(或同时),才能申请紧急仲裁庭程序。例如2016年《新加坡国际仲裁中心仲裁规则》之附则1第1条规定:"当事人需要寻求紧急临时救济的,在提交'仲裁通知书'的同时或者之后、仲裁庭组成之前,可以向主簿提交紧急临时救济的申请。"另一部分仲裁机构则允许当事人在提交案件之前即可申请紧急仲裁庭程序,并附有一定的条件限制。例如2018年《香港国际仲裁中心仲裁规则》附录4第1条规定:"申请紧急救济的当事人可在提交仲裁通知(a)之前,(b)同时,或(c)之后,但在仲裁庭组成之前,向HKIAC提交指定紧急仲裁员的申请('申请')。"又如2021年《国际商会仲裁规则》第29条第1款规定:"一方当事人需要不待组成仲裁庭而采取紧急临时或保全措施('紧急措施')的,可根据附件五中列明的紧急仲裁员规则,请求采取该等措施。不论申请人是否已提交仲裁申请书,只要秘书处在根据第16条将案卷移交仲裁庭之前收到该请求,就应予以受理。"

在申请书应包含的内容方面,绝大部分仲裁规则均有详细规定。其中,2018年《香港国际仲裁中心仲裁规则》和2021年《国际商会仲裁规则》的规定较为全面。《国际商会仲裁规则》在附录五第 1 条第 3 项中共列举了 9 项信息以及兜底规定:"a)各方当事人名称全称、基本情况、地址和其他详细的联系信息;b)代表请求人的任何人士的名称全称、地址或其他详细的联系信息;c)说明导致提出请求的相关情形以及已经或即将诉诸仲裁的基础争议;d)列明所请求采取的紧急措施;e)说明请求人需要不待组成仲裁庭而采取紧急临时措施或保全措施的原因;f)列明任何有关协议,特别是仲裁协议;g)列明有关仲裁地、适用的法律规则和仲裁语言的任何协议;h)提供已经支付本附件第 7 条第(1)款中所述款项的付款证明;以及 i)紧急仲裁员程序的任何当事人在请求书提交之前已经向秘书处提交的有关基础争议的任何仲裁申请书和其他提交文件。请求人可以在提交请求书时,一并提交其认为适宜的或可能有助于有效审理该请求书的其他文件或信息。"

申请的送达主要有两种方式:多数仲裁规则要求当事人在提交紧急仲裁庭申请书时一并将副本送交仲裁的其他当事方,认为这是申请人的通知义务。例如 2020 年《伦敦国际仲裁院仲裁规则》第 9.5 条规定:"此类申请应以书面形式(最好是以电子方式)向书记官长提出,并连同申请书副本(如由申请人提出)或答辩书副本(如由被申请人提出)一并送交或通知仲裁的所有其他当事方。"又如 2016 年《新加坡国际仲裁中心仲裁规则》附则 1 第 1 条规定:"该当事人在提交紧急临时救济申请的同时,应当向其他当事人发出该申请的副本。"2018 年《香港国际仲裁中心仲裁规则》附录 4 第 2 条最后规定:"确认申请及其所附的辅助材料的复本已经或正在依注明的一种或几种方式同时向仲裁所有其他当事人送达。"另一种则是由仲裁机构对申请进行送达或通知。如 2021 年《国际商会仲裁规则》附录五第 1 条第 2 款规定:"提交申请的一方要求以收据,挂号信或快递的方式进行递送时,所提交的请求书份数应足以保证每方当事人、紧急仲裁员及秘书处各有一份。"又如 2017 年《斯德哥尔摩商会仲裁院仲裁规则》附录二第 3 条规定:"一旦收到指定紧急仲裁员的申请,秘书处应将该申请发送给另一方。"

(二)紧急仲裁员的指定与挑战

仲裁员一般由当事人自主选任,而对紧急仲裁员的指定,几乎所有的仲裁规则都采用仲裁机构任命的方式。

对于指定的期限,各仲裁规则的规定不尽相同,但时间均较短。2021 年《国际商会仲裁规则》附录五第 2 条第 1 项规定:"院长应在尽可能短的时间内,通常在秘书处收到请求书起两日内,任命紧急仲裁员。"2020 年《伦敦国际仲裁院仲裁规则》第 9.6 条规定:"如果申请获得批准,国际仲裁院应在书记官长收到申请后三天内(或在此之后尽快)指定一名紧急仲裁员。"2016 年《新加坡国际仲裁中心仲裁规则》附则1第3条规定："当院长决定新仲应当受理紧急临时救济申请的,在主簿收到当事人的申请及其缴付的管理费和保证金之日起的一天时间内,院长应当指定紧急仲裁员。"2018年《香港国际仲裁中心仲裁规则》附录4第4条规定:"若HKIAC决定接受申请,则应设法在收到申请与申请预付款两者后24小时内指定紧急仲裁员。"

在紧急仲裁员的回避方面,由于紧急仲裁员的自由裁量权较大,为保证仲裁公正,各仲裁机构均赋予当事人挑战紧急仲裁员的权利。2021年《国际商会仲裁规则》附录五第3条专门对此作出规定："要求紧急仲裁员回避的申请,必须自提出申请的当事人收到该紧急仲裁员任命通知起三天内提出,或者,如果该当事人在收到紧急仲裁员任命通知之后才得知申请回避所依据的事实或情况,则必须自其得知该事实或情况之日起三天内提出。"2016年《新加坡国际仲裁中心仲裁规则》附则1第5条规定:"在接受指定前,紧急仲裁员候选人应当向主簿披露可能导致对其中立性或独立性产生合理怀疑的任何情形。当事人请求紧急仲裁员回避的,应当在收到主簿发出的关于紧急仲裁员的指定及其披露情况的通知之日起的两天内提出。"2017年《斯德哥尔摩商会仲裁院仲裁规则》附录二第4条第3款则规定对仲裁员的挑战适用于紧急仲裁员:"《仲裁规则》第十九条适用于对紧急仲裁员的异议,但异议必须在引起异议的情况为当事一方所知之日起24小时内提出。"仲裁规则不仅通过披露回避制度保障仲裁的独立性和公正性,还明确规定除非当事人另有约定,紧急仲裁员不得在将来进行的与该争议事项有关的仲裁程序中再担任仲裁员。

(三)决定的作出

决定的形式主要有命令(order)和裁决(award)两种形式。许多仲裁机构将作出命令和裁决的权力均赋予紧急仲裁员,如2020年《伦敦国际仲裁院仲裁规则》第9.8条规定:"紧急仲裁员可作出仲裁庭根据《仲裁协议》可作出的任何命令或裁决(第28.2和28.3条规定的仲裁和法律费用除外);此外,还可作出任何命令,将紧急救济请求的全部或任何部分推迟到仲裁庭进行的程序(成立时)审议。"又如2016年《新加坡国际仲裁中心仲裁规则》附则1第8条规定:"紧急仲裁员有权作出其认为必要采取的临时措施的决定或裁定,包括在任何听证、电话会议、视频会议或者当事人交换陈述书之前可以作出的初步命令。紧急仲裁员应当以简要的书面方式写明其决定的理由。紧急仲裁员有合理理由时,可以对初步命令、临时命令或者裁决作出修改或予以废止。"2018年《香港国际仲裁中心仲裁规则》附录4第12条规定:"紧急仲裁员应自HKIAC向其移交案卷之日起14日内,就申请作出决定、指令或裁决('紧急决定')。此期限可根据当事人的协议延长,也可在适当情况下由HKIAC延长。"也有仲裁规则只规定了其中一种形式。如 2021 年《国际商会仲裁规则》第 29 条第 2 款规定:"紧急仲裁员的决定应采取命令的形式。"

一般而言,紧急仲裁员的命令对此后仲裁庭在该命令中所确定的任何问题、争议或争议方面不具约束力。2020 年《伦敦国际仲裁院仲裁规则》第 9.11 条的规定有所体现:"紧急仲裁员的任何命令或裁决(组成后延期至仲裁庭的任何紧急救济请求的任何部分除外),均可由仲裁庭应任何当事各方的申请或主动作出的命令或裁决全部或部分予以确认、更改、解除或撤销。"2016 年《新加坡国际仲裁中心仲裁规则》附则 1 第 10 条规定:"仲裁庭组成后,紧急仲裁员不得再行使任何权力。对于紧急仲裁员作出的临时命令或裁决(包括紧急仲裁员对管辖权的决定),仲裁庭可以再作考虑、进行修改或者予以废止。紧急仲裁员决定的理由,对仲裁庭没有拘束力。如果在紧急仲裁员的命令或者裁决作出之日起九十天内仲裁庭仍未组成的,或仲裁庭作出了终局裁决,或申请人撤回了申请的,紧急仲裁员作出的任何临时命令或裁决在上述任何情况下均应失去拘束力。"

(四) 费用承担

紧急仲裁庭程序的费用一般包括行政费用和紧急仲裁员的费用及支出。并且,各机构均要求申请紧急仲裁庭程序的当事人在限期内缴纳申请费用,否则将视为撤回申请。

三、组成紧急仲裁庭的条件

实践中,紧急仲裁庭条款被严格适用,组成紧急仲裁庭也存在特定的门槛要求,以国际商会仲裁院的实践为例,要组成紧急仲裁庭,必须对适用性、管辖权和可受理性予以审查。然而,不同的紧急仲裁庭对于什么是"适用性""管辖权"或"可受理性"却没有普遍的共识。[1]

(一) 适用性(applicability)

仲裁机构在收到当事人的紧急救济申请时,首先需要考虑的问题就是当事人是否可以适用紧急仲裁员程序。以《国际商会仲裁规则》为例,当事人欲适用紧急仲裁员程序首先须满足主体适格的要求,即申请紧急救济的当事人是仲裁协议的签字人或该签字人之继承人,且该仲裁协议是提出请求所依据的仲裁协议;此外,若出现以下三种情形之一,紧急仲裁员规定亦不可适用:(1) 仲裁协议订立于 2012 年 1 月 1 日以前;(2) 当事人约定排除适用紧急仲裁员规定;(3) 当事人约定适用另一规定采取保全措施、临时措施或类似措施的仲裁前

---

[1] ICC Commission Report Emergency Arbitrator Proceedings, 2009, p. 4.

程序。①

对于可适用性的问题一般由仲裁机构主席来判断,比如香港国际仲裁中心仲裁规则、新加坡国际仲裁中心规则和斯德哥尔摩仲裁院仲裁规则皆如此规定。适用性问题是第一道重要门槛,有些申请可能因为不具有"适用性"而被仲裁机构全部或部分驳回,但数量不多。比如在多方仲裁中,多位被申请人中仅有一位是仲裁协议的签字人,其他申请人并非仲裁协议签字人,仲裁院主席因此仅同意列签字人为被申请人。②

虽然多数仲裁机构均将紧急仲裁员程序的可适用性问题交予仲裁机构主席判断,但其一般仅根据仲裁规则作形式性审查。一方面,仲裁机构主席往往需要在较短的时间内作出判断,另一方面,没有被申请人的参与只能根据请求书中提供的信息进行判断。因此,在院长对紧急仲裁庭条款的适用性作出决定后,管辖权和可受理性问题仍需由紧急仲裁庭来决定。

(二) 紧急仲裁庭的管辖权(jurisdiction)

紧急仲裁庭应当具有发布临时措施的正当管辖权。比如2021年《国际商会仲裁规则》附录五第6条第(2)款规定:"紧急仲裁员应在裁令中认定,请求书根据仲裁规则第29条第(1)款的规定是否可予以采信,以及紧急仲裁员是否具有管辖权裁令采取紧急措施。"

实践中,紧急仲裁庭对其是否具有管辖权,通常考量以下事项:1. 该当事人是否为仲裁规则项下仲裁协议的签字人或该签字人之继承人,且该仲裁协议是否为提出请求所依据的仲裁协议;2. 当事人的请求是否为仲裁紧急仲裁庭规则生效之后提起;3. 当事人是否约定排除适用紧急仲裁员规定;4. 请求所依据的仲裁协议是否来源于国际条约。③

当事人向仲裁机构提出了组建紧急仲裁庭的请求是紧急仲裁庭程序启动的前提,但某一事项是否"紧急",是属于管辖权问题,还是作为机构受理申请的门槛问题,可能取决于具体的国家法律或与申请有关的法律。例如,国际商会认为对于"紧急"的审查不属于管辖权内容,因为紧急与否的审查侧重于评估是否应在特定情况下采取措施,而不是评估仲裁协议的存在和范围等一般性问题。④

针对紧急仲裁庭提出管辖权异议的理由多样,包括多边争议解决条款、协议日期、平行管辖权、非仲裁协议一方签署人、紧急仲裁庭的授权范围问题。这些异议都取决于个案的具体事实和相关法律原则的适用情况。虽然有些仲裁规则

---

① 2021年《国际商会仲裁规则》第29条第(5)款和第(6)款规定。
② ICC Commission Report Emergency Arbitrator Proceedings, 2009, p. 4.
③ 2021年《国际商会仲裁规则》第29条第(5)款和第(6)款规定。
④ ICC Commission Report Emergency Arbitrator Proceedings, 2009, p. 5.

没有规定管辖权异议的具体截止日期,但鼓励各方当事人和紧急仲裁员尽快提出,以留给他们更充足的时间来考虑这些问题。

(三) 申请的可受理性(admissibility)

紧急仲裁请求是否具备可受理性?这一问题一般由紧急仲裁员自己裁定,且在审理案件后与最终决定一并作出,并应说明相应理由。

2021年《国际商会仲裁规则》附录五第29条第(1)款规定了"可受理性"问题,指出当一方当事人在等不及组成仲裁庭而采取紧急临时或保全措施时,可请求采取紧急措施。① 紧急仲裁庭会对是否需要等待组成仲裁庭进行初步评估,随后紧急仲裁庭将在作出实体裁决时进一步考虑这一问题。

在实践中,"等不及仲裁庭组成即采取紧急的临时性或保全性措施"这一紧急性要求究竟是在案件受理阶段即予以考量,还是将其视为实体问题,在正式审理紧急仲裁案件的过程中再予以考量呢?

在国际商会仲裁庭受理的一例紧急仲裁案件中,一位仲裁员采取了"两步法"来解决该问题,即在案件受理阶段,适用当事人的紧急救济申请是否"表面上"符合需要不待仲裁庭组成而采取紧急措施的评估标准;而在实体审理阶段,则对当事人之申请是否符合紧急性要求进行更为具体深入的分析。② 该种方法被认为是与仲裁规则、国际仲裁实践以及紧急仲裁员程序所内在的高效要求相吻合的较为可行的解决途径,在国际商会之后的紧急仲裁案件中亦受到其他紧急仲裁员的借鉴。③ 因此,其他仲裁机构在处理相似问题时或可参考该"两步法"解决紧急救济的可受理性问题。

四、我国仲裁机构中的紧急仲裁庭制度

在我国,2014年上海国际经济贸易仲裁委员会(上海国际仲裁中心)在其《上海自贸区仲裁规则》中引入紧急仲裁员制度。2015年,北仲和中国贸仲分别在仲裁规则中引入紧急仲裁员制度。下面将以《中国贸仲仲裁规则》为例,简要介绍我国仲裁机构中的紧急仲裁员制度。④

(一) 申请条件

当事人需要紧急性临时救济的,可以依据所适用的法律或双方当事人的约定申请紧急仲裁员程序。

---

① ICC Commission Report Emergency Arbitrator Proceedings, 2009, p. 5.
② Ibid., p. 13.
③ Ibid.
④ 见2015年《中国贸仲仲裁规则》附件三"中国国际经济贸易仲裁委员会紧急仲裁员程序"。

(二) 申请流程

申请紧急仲裁员程序的当事人(以下简称申请人)应在仲裁庭组成之前,向管理案件的仲裁委员会仲裁院或分会/仲裁中心仲裁院提交紧急仲裁员程序申请书。

紧急仲裁员程序申请书应包括如下内容:所涉及的当事人名称及基本信息;引发申请的基础争议及申请紧急性临时救济的理由;申请的紧急性临时救济措施及有权获得紧急救济的理由;申请紧急性临时救济所需要的其他必要的信息;对紧急仲裁员程序的适用法律和语言的意见。申请人提交申请书时应附具申请所依据的证据材料以及其他证明文件,包括但不限于仲裁协议和引发基础争议的有关协议。申请书以及证据材料等文件的份数应一式三份,多方当事人的案件应增加相应份数。

(三) 申请的受理及紧急仲裁员的指定

根据申请人提交的申请书、仲裁协议及相关证据,仲裁委员会仲裁院经初步审查决定是否适用紧急仲裁员程序。如果决定适用紧急仲裁员程序,仲裁委员会仲裁院院长应在收到申请书及申请人预付的紧急仲裁员程序费用后1日内指定紧急仲裁员。

在仲裁委员会仲裁院院长指定紧急仲裁员后,仲裁委员会仲裁院应立即将受理通知及申请人的申请材料一并移交给指定的紧急仲裁员及被申请采取紧急性临时救济措施的当事人,并同时将受理通知抄送给其他各方当事人及仲裁委员会主任。

(四) 紧急仲裁员的披露及回避

紧急仲裁员不代表任何一方当事人,应独立于各方当事人,平等地对待各方当事人。紧急仲裁员应在接受指定的同时签署声明书,向仲裁委员会仲裁院披露可能引起对其公正性和独立性产生合理怀疑的任何事实或情况。在紧急仲裁员程序中出现其他应予披露情形的,紧急仲裁员应立即予以书面披露。当事人收到紧急仲裁员的声明书及/或书面披露后,如果以紧急仲裁员披露的事实或情况为理由要求该仲裁员回避,则应于收到紧急仲裁员的书面披露后2日内书面提出。逾期没有申请回避的,不得以紧急仲裁员曾经披露的事项为由申请回避。当事人对被指定的紧急仲裁员的公正性和独立性产生合理怀疑时,可以书面提出要求该紧急仲裁员回避的申请,但应说明提出回避申请所依据的具体事实和理由,并举证。对紧急仲裁员的回避请求应在收到受理通知后2日内以书面形式提出;在此之后得知要求回避事由的,可以在得知回避事由后2日内提出,但应不晚于仲裁庭组庭时。紧急仲裁员是否回避,由仲裁委员会仲裁院院长决定。如果决定紧急仲裁员予以回避,仲裁委员会仲裁院院长应在作出回避决定后1

日内重新指定紧急仲裁员,并将决定抄送仲裁委员会主任。在就紧急仲裁员是否回避做出决定前,被请求回避的紧急仲裁员应继续履行职责。披露和回避程序同样适用于重新指定的紧急仲裁员。除非当事人另有约定,紧急仲裁员不得接受选定或指定担任所涉案件仲裁庭的组成人员。

(五) 紧急仲裁员程序

紧急仲裁员应尽可能在接受指定后2日内,制定一份紧急仲裁员程序事项安排。紧急仲裁员应结合紧急救济的类型及紧迫性,采用其认为合理的方式进行有关程序,并确保给予有关当事人合理的陈述机会。紧急仲裁员可以要求申请紧急救济的当事人提供适当的担保作为实施救济的前提条件。紧急仲裁员的权力以及紧急仲裁员程序至仲裁庭组庭之日终止。紧急仲裁员程序不影响当事人依据所适用的法律向有管辖权的法院请求采取临时措施的权利。

(六) 紧急仲裁员的决定

紧急仲裁员有权作出必要的紧急性临时救济的决定,并应尽合理努力确保做出的决定合法有效。紧急仲裁员决定应在紧急仲裁员接受指定后15日内作出。如果紧急仲裁员提出延长作出决定期限请求的,仲裁委员会仲裁院院长仅在其认为合理的情况下予以批准。紧急仲裁员的决定应写明采取紧急救济措施的理由,并由紧急仲裁员署名,加盖仲裁委员会仲裁院或分会/仲裁中心仲裁院印章。紧急仲裁员决定对双方当事人具有约束力。当事人可以依据执行地国家或地区有关法律规定向有管辖权的法院申请强制执行。如果当事人提出请求并说明理由,紧急仲裁员或组成后的仲裁庭有权修改、中止或终止紧急仲裁员的决定。如果紧急仲裁员认为存在不必采取紧急性临时救济措施或因各种原因无法采取紧急性临时救济措施等情形,可以决定驳回申请人的申请并终止紧急仲裁员程序。

思考题

1. 如何保障紧急仲裁员信息披露义务的履行?"紧急性"会对紧急仲裁员的披露产生哪些影响?倘若因"紧急的"时间原因,当事人未充分披露相关信息,从而导致仲裁员未能充分履行披露义务,应当如何处理?

2. 为什么紧急仲裁员通常由仲裁机构指定而非当事人约定?既然紧急仲裁员通过前期处理紧急事项已经较为熟悉案件,为什么通常避免紧急仲裁员在之后的仲裁程序中再次担任实体纠纷审理的仲裁员?这对仲裁的独立性和公正性具有何种作用?

3. 我国《仲裁法》对紧急仲裁员的规定为何?紧急仲裁员获得对案件管辖

权的基础是什么？这种管辖权基础导致紧急仲裁员能够获得多大的权力？紧急仲裁员获得的权力能否约束案外人？如何保障紧急仲裁员作出的决定的执行？是否应赋予紧急仲裁庭自我执行的权力？如果不应赋予，其法律障碍在哪里？

拓展阅读

1. 对于紧急仲裁员所作的临时措施可否执行及其决定是否为终局性的问题，学者黄志鹏结合我国《仲裁法(征求意见稿)》进行了讨论。该学者认为我国法律和仲裁规则对紧急仲裁员临时措施执行的规定并不详细，缺乏具体操作性。应参考各国或地区的实践做法，明确规定紧急仲裁员法律性质以及其所作出的临时措施具有终局性。详见黄志鹏：《论我国紧急仲裁员临时措施之执行》，载《商事仲裁与调解》2022 年第 1 期。

2. 对于紧急仲裁员程序制度在我国的具体适用，学者尹通认为，尽管紧急仲裁员制度已进入中国各主流仲裁机构的仲裁规则，但以中国内地为仲裁地的仲裁案中紧急仲裁员程序的数量并不多。其原因在于，紧急仲裁员由于缺乏对案外人的约束力，当事人更倾向于向法院寻求补救，此外还有临时仲裁员作出的临时措施在执行方面具有不确定性等因素。详见尹通：《紧急仲裁员程序在中国：实践与反思》，载《北京仲裁》2023 年第 4 期。

3. 国外学者也在关注紧急仲裁员裁决的可执行性问题。Ahmet Kilinc 聚焦于紧急仲裁员裁决的法律性质类型，进而阐述相关裁决的可执行性问题。详见 Ahmet Kilinc：Jurisdiction and Enforcability of Emergency Arbitrator Decisions, 24 GSI Articletter 258（2021）。

4. 聚焦于紧急仲裁员本身，Bassam Mustafa Tubishat 和 Khaldon Fawzi Qandah 从比较法的角度，讨论了紧急仲裁员自身应具有何种条件，以及其在商事仲裁中的重要地位等内容。详见 Bassam Mustafa Tubishat、Khaldon Fawzi Qandah：The Role of Emergency Arbitrator in Commercial Arbitration：Comparative Study, 11 Journal of Politics and Law 94（2018）。

案例分析

【案例一】 中国石油工程建设有限公司审查执行案

2020 年 6 月 22 日，北京四中院作出(2020)京 04 协外认 3 号民事裁定，承认和执行瑞士商会国际仲裁院于 2019 年 1 月 7 日作出的第 300386-2016 号仲裁裁决。该仲裁案的申请人为 C21st 公司,被申请人为石油工程公司与中国石油国际(阿尔及利亚)有限公司(CNPC International Algeria Ltd.)。(2020)京 04 协外认 3 号民事裁定生效后,C21st 公司向北京四中院申请强制执行。该院于 2020 年 7 月 9 日立案,案号为(2020)京 04 执 210 号。2020 年 7 月 26 日,该院向石油工程公司发出执行通知书及报告财产令。

后因石油工程公司未按照执行通知书履行给付义务,北京四中院于 2020 年 10 月 20 日作出(2020)京 04 执 210 号执行裁定:冻结、划拨被执行人石油工程公司的银行存款;冻结、扣留、提取石油工程公司应当履行义务部分的收入;查封、冻结、扣押、扣留、提取、拍卖、变卖石油工程公司应当履行义务部分的财产;以上冻结、划拨、查封、扣押、扣留、提取、拍卖、变卖石油工程公司财产以 40725126.49 美元及至还清欠款或履行生效文书确定义务之日止的利息和应由被执行人承担的案件受理费、执行费为限。

2021 年 7 月 21 日,石油工程公司称其已就应否承担连带责任问题提请瑞士商会国际仲裁院进行补充仲裁,申请北京四中院中止(2020)京 04 执 210 号案的执行程序,并向该院出具《担保函》,自愿以其在昆仑银行股份有限公司总行营业部开立的 XXXX 号银行账户内的现金存款作为担保,担保金额为"(2020)京 04 执 210 号案件项下所有待执行金额"。同年 8 月 6 日,北京四中院冻结该账户内金额为人民币 282487509.23 元的存款。

2021 年 9 月 22 日,瑞士商会国际仲裁院受理石油工程公司新的仲裁申请,案号为 300556-2021 号,认定该公司与中国石油国际(阿尔及利亚)有限公司依据第 300386-2016 号仲裁裁决承担的责任不属于连带责任。9 月 29 日,石油工程公司提交紧急救济申请。紧急仲裁员确信,如果冻结资金被划拨至 C21st 公司,将会给石油工程公司造成不可弥补的损害,原因在于存在这一风险:即使石油工程公司在新仲裁中胜诉,也将无法追回该款项。C21st 公司主张其具有"良好声誉"并在开展"持续业务活动",但是其并未提供任何证据对此加以证明。在此情况下,无法保证 C21st 公司会主动执行一项败诉裁决,也无法保证该裁决可以在英属维尔京群岛得以成功执行。因此,继续推进案件在国内的执行将给石油工程公司造成不可逆转的国有资产流失。10 月 29 日,瑞士商会国际仲裁院指定的紧急仲裁员在综合考虑了事态的紧迫性、对石油工程公司可能造成的不可逆转的损害以及该公司在新仲裁案中的胜诉可能性后,做出如下裁定:1. 接受紧急救济申请。2. 紧急仲裁员有权决定该等紧急救济申请。3. 批准紧急救济申请。因此,直至且除非新仲裁庭有相反裁定,C21st 公司应当遵守下述命令:3.1 不得采取原裁决的一切执行行动或基于原裁决而针对石油工程公司、其法定代表人或负责人采取任何其他限制性措施;3.2 立即向北京法院提交停止执行程序的申请,直至新仲裁完结或新仲裁庭作出相反裁定为止;3.3 如果,除了北京法院的执行程序之外,还有在其他执行机构启动的其他执行程序或措施,立即申请停止该等措施或程序。即原仲裁裁决已经被裁决机构指定的紧急仲裁员裁定停止执行。

2021年12月15日,鉴于石油工程公司提交的紧急仲裁员命令,且已提供充分有效担保,北京四中院作出(2020)京04执210号之二执行裁定:中止(2020)京04协外认3号民事裁定书的执行。

你是否赞同北京四中院的做法,即在石油工程公司提交紧急仲裁员命令,且已提供充分有效担保的情况下,终止我国相关裁定书的执行?为什么我国法院要尊重瑞士商会国际仲裁院指定的紧急仲裁员的命令?我国法院是否必须要遵守紧急仲裁员的命令?假如石油工程公司未提供有效担保,我国法院是否还应当中止裁定的执行?通过此案例,你对紧急仲裁员程序制度的"紧急性"具有哪些新的认识?

【案例二】 VPX Sports v. Pepsico Inc. 案

Pepsico(以下简称百事可乐)和 VPX Sports(以下简称 VPX)于2020年3月签订分销协议。2020年10月,VPX 无故终止了分销协议。2020年11月,百事可乐向美国仲裁协会(以下简称 AAA)提交了仲裁申请,并要求 AAA 指定一名紧急仲裁员,在仲裁小组组成之前裁决紧急救济。

2020年12月,紧急仲裁员发布了临时命令认定,根据分销协议的明确条款,百事可乐在2023年10月之前仍然是 VPX 的独家经销商。紧急仲裁员还得出结论,百事可乐充分证明,在没有紧急救济的情况下,百事可乐将遭受即时且无法弥补的损失或损害。因此,为了在双方争议的仲裁中维持现状,紧急仲裁员命令 VPX 遵守分销协议的条款,并停止向百事可乐拥有独家分销权的客户销售产品。百事可乐随后向美国佛罗里达州南区联邦地区法院提交了即时动议,要求确认紧急仲裁员的命令。

佛罗里达州南区联邦地区法院认为,根据《联邦仲裁法》第9条规定,在地区法院受理执行裁决的申请之前,必须满足某些门槛要求。第一,寻求确认裁决的一方必须在裁决作出之日起一年内提出申请。第二,由于《联邦仲裁法》未赋予地方法院属事管辖权,地方法院必须具有独立的管辖权基础。第三,在地区法院审查裁决之前,仲裁裁决必须是终局的。本案中《联邦仲裁法》第9条规定的执行仲裁裁决的门槛程序要求已得到满足。首先,百事可乐在紧急仲裁员命令作出次日即提交了请求确认该命令的动议,显然在第9条规定的一年期限之内;

其次，法院具有独立于《联邦仲裁法》的管辖权基础，即根据《美国法典》第28编第1332条所具有的跨州管辖权，因为双方当事人是不同州的公民，且争议金额超过75000美元。审判地也适当，因为《经销协议》约定可在任何有管辖权的法院确认裁决，VPX也承认根据《美国法典》第28编第1391条，本法院是适当的审判地。再次，授予百事公司衡平救济的紧急仲裁员命令是最终命令，能够根据《联邦仲裁法》予以确认。虽然该命令具有临时性质，但紧急仲裁员的裁决是初步禁令，确认禁令是使最终救济有意义的必要条件。百事公司提出的确认紧急仲裁员命令的动议已满足以上三项要求，法院对紧急仲裁员命令予以确认。

虽然紧急仲裁员命令具有临时性质，但为什么该命令具有终局性？临时性质和终局性是分别相较于什么而言？为什么法院要承认紧急仲裁员的命令，这对解决当事人在仲裁未决期间是维持现状并继续履行合同义务的问题具有何种重要意义？本案例体现的法院管辖权和仲裁管辖权之间的关系是怎样的？

第九节 仲裁裁决的撤销与执行

由于内国裁决与外国裁决在仲裁裁决的撤销与执行上存在差异，如何认定仲裁裁决籍属成了重中之重。我国在仲裁裁决籍属的认定标准上与国际通行标准不一致，而《仲裁法》在修订时试图改变这一做法，这必然会对现行撤销以及执行制度带来影响。我国《仲裁法征求意见稿》相比于现行《仲裁法》在撤销与不予执行制度有了重大变化，对撤销与不予执行制度是否有必要并存、是否有必要设置内外仲裁裁决双轨制等理论界长期争议的问题有了初步回应。

一、我国《仲裁法》对仲裁裁决籍属的判断标准

如前所述，依照1958年《纽约公约》，国际商事仲裁实践中对于仲裁裁决籍属的认定通常采用领域标准，仲裁地在外国即为外国仲裁裁决，仲裁地在本国即为内国仲裁裁决。而我国对于仲裁裁决籍属的判断标准并未采用领域标准，而是采用机构标准，区分为我国仲裁机构作出的仲裁裁决、我国仲裁机构作出的涉外仲裁裁决，以及国外仲裁机构作出的仲裁裁决。由于我国当前对仲裁裁决撤销与承认执行问题采用双轨制，在具体适用的法律和制度设计上都存在差别，因此如何区分国内仲裁裁决、涉外仲裁裁决与外国仲裁裁决十分重要。当前，机构标准与国际通行的领域标准存在差异，这为司法实践中仲裁裁决的撤销和执

行带来了很多不必要的问题。

(一) 国内仲裁、涉外仲裁与外国仲裁

我国对于仲裁裁决籍属的判断标准采用机构标准,区分为国内仲裁与涉外仲裁。简单来说,如果是非涉外仲裁机构作出的仲裁裁决就是国内裁决;如果是涉外仲裁机构作出的仲裁裁决就是涉外仲裁裁决;如果是国外的仲裁机构作出的仲裁裁决,则属于外国仲裁裁决。

对于国内的非涉外仲裁机构作出的仲裁裁决,由于非涉外仲裁机构只能够受理不具有涉外因素的仲裁裁决,按照我国《仲裁法》《民事诉讼法》的规定以及相关司法实践的做法,纯国内因素的案件只能够选择我国境内的仲裁机构进行仲裁,加之仲裁地点也在国内,因此这类裁决都是内国裁决,属于一国境内的仲裁活动,受到本国法的规制,法院对此按照我国《仲裁法》的规定进行司法监督与审查。

对于国内的涉外仲裁机构作出的仲裁裁决,属于涉外仲裁裁决。所谓的国内涉外仲裁机构,最早只限于中国贸仲及其分会以及中国海事仲裁委员会(以下简称海仲)两家机构。这两家机构有权受理具有涉外因素的案件,其他的仲裁委员会无权受理涉外案件。但伴随着1996年重新组建仲裁机构的改革浪潮,除了上述两家机构以外的其他国内仲裁机构也可以受理涉外仲裁案件,包括北京仲裁委、上海仲裁委、武汉仲裁委等,这意味着越来越多的仲裁委员会也可以受理涉外案件,作出的裁决即为涉外仲裁裁决,而不再限于贸仲和海仲两家仲裁机构。因此,我国现行《仲裁法》和《民事诉讼法》所规定的涉外裁决,其实是指我国仲裁机构对具有涉外因素案件作出的裁决。

但这又延伸出了两个问题:(1)涉外仲裁机构作出的仲裁裁决,如果在我国国内作出,依照我国的标准,属于涉外裁决,但依照《纽约公约》的标准,则属于内国裁决。(2)涉外仲裁机构作出的仲裁裁决,如果在我国境外作出,依照我国的标准,依旧属于涉外裁决,依照《纽约公约》标准,则属于外国裁决。

对于国外的仲裁机构作出的仲裁裁决,在我国视为外国仲裁裁决。如果国外的仲裁机构在中国境外作出的仲裁裁决,属于外国裁决无可厚非,依照《纽约公约》的标准,同样属于外国仲裁裁决。但国外的仲裁机构在中国境内作出的裁决属于什么性质的裁决,依照《纽约公约》这当然属于内国裁决,但我国现行《仲裁法》和《民事诉讼法》都没有明确规定。

(二) 现行《仲裁法》分类标准对仲裁裁决撤销与执行的影响

现行《仲裁法》中对国内仲裁、涉外仲裁与外国仲裁的区分影响到了仲裁裁决的撤销与执行,现具体阐述如下。

1. 我国仲裁机构作出的非涉外仲裁裁决的撤销与执行

如果是纯国内争议,选择非涉外的仲裁机构在中国境内仲裁,属于内国裁决。内国裁决的撤销依据是依照现行《仲裁法》第 58 条。具体撤销的事由除了程序事项的理由之外,还包括一些实体审查,如伪造和隐瞒证据、仲裁员腐败的情形。除了撤销之外,内国裁决也可以不予执行,当申请人(胜诉方)请求执行仲裁裁决时,被申请人若举证认为存在不予执行的情形,依照《仲裁法》第 63 条规定,法院可以裁定不予执行。该条援引当时的《民事诉讼法》第 213 条第 2 款,现为 2021 年修订后《民事诉讼法》的第 244 条规定。[①] 因此,纯国内争议的仲裁裁决对于败诉方来说,可以采用主动撤销的救济和被动的不予执行抗辩来防御,两者的审查事由完全相同。

2. 我国仲裁机构作出的涉外仲裁裁决的撤销与执行

如果是具有涉外因素的争议,依照我国现行《仲裁法》的规定,应当将争议提交涉外仲裁机构。《仲裁法》第 66 条专门规定涉外仲裁委员会的设立问题,从立法文本表述可见,"涉外仲裁委员会可以由中国国际商会组织设立",结合《民事诉讼法》中提及的"国外的仲裁机构"来解释,涉外仲裁机构应当仅仅指的是我国的涉外仲裁机构,其作出的涉外裁决的撤销应当依照《仲裁法》涉外编的第 70 条,援引的是现行《民事诉讼法》第 281 条的规定,[②]仅仅限于仲裁裁决的程序事项,不包括实体审查。在执行问题上,如果请求我国法院执行,则适用《仲裁法》涉外编特别规定第 71 条,同样援引的还是现行《民事诉讼法》第 281 条的规定,援引理由与涉外仲裁裁决的撤销完全相同。

从立法来看,我国的涉外仲裁机构在我国境内仲裁,可以在我国法院申请撤销或承认执行,审查的理由相同。但若我国涉外仲裁机构在境外仲裁的情形,是视为涉外仲裁裁决还是外国仲裁裁决,如何进行撤销和执行,立法却没有明确规定。2017 年《仲裁司法审查案件的若干规定》第 12 条规定,仲裁协议或者仲裁

[①] 《民事诉讼法》第 244 条规定,"对依法设立的仲裁机构的裁决,一方当事人不履行的,对方当事人可以向有管辖权的人民法院申请执行。受申请的人民法院应当执行。被申请人提出证据证明仲裁裁决有下列情形之一的,经人民法院组成合议庭审查核实,裁定不予执行:(一)当事人在合同中没有订有仲裁条款或者事后没有达成书面仲裁协议的;(二)裁决的事项不属于仲裁协议的范围或者仲裁机构无权仲裁的;(三)仲裁庭的组成或者仲裁的程序违反法定程序的;(四)裁决所根据的证据是伪造的;(五)对方当事人向仲裁机构隐瞒了足以影响公正裁决的证据的;(六)仲裁员在仲裁该案时有贪污受贿,徇私舞弊,枉法裁决行为的。人民法院认定执行该裁决违背社会公共利益的,裁定不予执行。"

[②] 《民事诉讼法》第 281 条规定,对中华人民共和国涉外仲裁机构作出的裁决,被申请人提出证据证明仲裁裁决有下列情形之一的,经人民法院组成合议庭审查核实,裁定不予执行:(一)当事人在合同中没有订有仲裁条款或者事后没有达成书面仲裁协议的;(二)被申请人没有得到指定仲裁员或者进行仲裁程序的通知,或者由于其他不属于被申请人负责的原因未能陈述意见的;(三)仲裁庭的组成或者仲裁的程序与仲裁规则不符的;(四)裁决的事项不属于仲裁协议的范围或者仲裁机构无权仲裁的。人民法院认定执行该裁决违背社会公共利益的,裁定不予执行。

裁决具有《涉外民事关系法律适用法的解释(一)》第 1 条规定情形的,为涉外仲裁协议或者涉外仲裁裁决。该司法解释试图澄清我国涉外仲裁机构在我国境内和境外作出裁决的籍属问题,明确无论裁决在哪里作出,只要案件具有涉外因素,则视为涉外仲裁裁决。该司法解释第 17 条又进一步明确了我国仲裁机构涉外裁决与非涉外裁决的审查标准:人民法院对申请执行我国内地仲裁机构作出的非涉外仲裁裁决案件的审查,适用《中华人民共和国民事诉讼法》第 237 条(现为第 244 条)的规定。人民法院对申请执行我国内地仲裁机构作出的涉外仲裁裁决案件的审查,适用《中华人民共和国民事诉讼法》第 274 条(现为第 281 条)的规定。至此,我国立法和司法解释实质上不再区分我国涉外仲裁机构与非涉外仲裁机构作出的裁决,而是采用涉外因素的判断标准来区分我国仲裁机构作出的仲裁裁决。对于我国仲裁机构作出的无涉外因素案件的仲裁裁决,撤销和执行时采用"程序+实体"的审查标准,而对有涉外因素案件的仲裁裁决则采用程序审查的标准。

相比于以往用机构标准划分仲裁裁决籍属,《仲裁司法审查案件的若干规定》中采用涉外因素判断标准的做法是一种进步,但仍然与国际上通行的领域标准略有不同。尤其是我国仲裁机构在境外作出的仲裁裁决,依照我国现行法律,属于涉外仲裁裁决,依照国内法来执行;而依照《纽约公约》标准,属于外国仲裁裁决,应当依照《纽约公约》来执行。而在撤销的问题上,《仲裁司法审查案件的若干规定》中所指的审查包括执行与撤销,若仲裁裁决在境外作出,我国法院依照《民事诉讼法》享有撤销权,这不免与仲裁地国法院撤销的管辖权相冲突。

从司法实践来看,我国法院越发倾向于采用仲裁地标准认定仲裁裁决的籍属。早在 2004 年,最高人民法院在给山西省高级人民法院的复函中认为,申请承认执行的仲裁裁决是国际商会仲裁院在香港作出的仲裁裁决,由于国际商会仲裁院是法国的仲裁机构,其作出的裁决属于法国裁决,因而应当按照《纽约公约》的规定而不是《内地与香港执行仲裁裁决安排》的规定,对所涉仲裁裁决进行司法审查。该复函曾引起广泛批评。而在 2009 年,最高人民法院《关于香港仲裁裁决在内地执行的有关问题的通知》(以下简称《安排》)中指出:"当事人向人民法院申请执行在香港特别行政区作出的临时仲裁裁决、国际商会仲裁院等外国仲裁机构在香港特别行政区作出的仲裁裁决的,人民法院应当按照《安排》的规定进行审查。不存在《安排》第 7 条规定的情形的,该仲裁裁决可以在内地得到执行。"在 2016 年"美国意艾德事务所与南京富力公司案"[①]中,当事人之间

---

① 江苏省南京市中级人民法院(2016)苏 01 认港 1 号民事裁定书。

约定的是中国国际经贸仲裁委员会,仲裁地为香港。江苏省南京市中级人民法院经审查认为,该裁决属于香港地区的裁决,应根据最高人民法院《内地与香港执行仲裁裁决安排》来承认执行。该案是内地仲裁机构在香港地区设立分支机构后在香港作出仲裁裁决获得内地法院执行裁定的第一宗案件,明确根据仲裁地来确定仲裁裁决的籍属,适用内地与香港之间相互认可和执行仲裁裁决的安排。

3. 国外仲裁机构仲裁裁决的撤销与执行

国外的仲裁机构作出的仲裁裁决可以进一步分为两类:在我国境外作出的仲裁裁决和在我国境内作出的仲裁裁决。国外的仲裁机构在境外作出的仲裁裁决当然属于外国仲裁裁决,我国法院无权撤销该仲裁裁决,只可能涉及承认执行问题,依照《民事诉讼法》涉外编司法协助的规定第 290 条的规定办理。① 若属于《纽约公约》的缔约国裁决,则依照《纽约公约》处理;如果裁决属香港、澳门特别行政区的裁决,则根据两地关于相互认可和执行仲裁裁决安排的相关规定进行审查;若属于其他国家或地区的裁决,若无条约或协议的情形下,则依照互惠原则办理。

但如果国外的仲裁机构在中国作出仲裁裁决,则存在较多的问题。按照一般的国际商事仲裁实践,若仲裁地在中国,则属于内国裁决,可以依照国内法撤销和执行。但按照我国现行的立法和司法实践,不属于内国裁决,是否属于"外国裁决"或"涉外裁决",法律没有规定,司法实践也语焉不详,甚至存在相冲突的理解。理论与实务界曾经存在三种观点:(1) 外国仲裁裁决,其执行应适用《纽约公约》,且中国法院不能撤销该仲裁裁决;(2) 非内国裁决,但鉴于中国对《纽约公约》的保留,"非内国裁决"仍不能通过《纽约公约》得到承认与执行,但也有不少学者认为非国内裁决属于即使裁决在执行地法院作出,但是执行地法院并不认为该裁决属于内国裁决,执行地法院放弃了撤销该仲裁裁决的权力,但是可以依照《纽约公约》规定的条件予以承认和执行;(3) 涉外仲裁裁决,其执行应适用《民事诉讼法》,且中国法院可以撤销该仲裁裁决。

由于这一问题不甚明确,司法实践存在完全相冲突的做法。2013 年最高法首次在"龙利得案"中认可当事人约定境外仲裁机构在中国内地仲裁的仲裁协议效力,被视为我国内地仲裁市场开放的信号,而由此也产生了无法回避的国外

---

① 《民事诉讼法》第 290 条规定,国外仲裁机构的裁决,需要中华人民共和国人民法院承认和执行的,应当由当事人直接向被执行人住所地或者其财产所在地的中级人民法院申请,人民法院应当依照中华人民共和国缔结或者参加的国际条约,或者按照互惠原则办理。

仲裁机构在我国仲裁的仲裁裁决籍属认定问题。① 而早在2003年,在"德国旭普林公司与无锡沃可仲裁裁决执行案"②中就已经遇到了外国仲裁机构在中国仲裁作出的仲裁裁决的籍属问题。德国旭普林公司与中国无锡沃克公司签署了工程承包合同,合同附件约定通过仲裁解决争议。仲裁条款内容为"ICC in Shanghai"。后双方发生争议。旭普林公司认为,合同中含有仲裁条款,应通过国际商会仲裁裁决。沃克公司则认为,双方未签署合同附件,该条款属于无效仲裁条款。争议发生后,旭普林一方在国际商会申请了仲裁。在仲裁期间,沃克首先向无锡中级人民法院起诉,要求确认仲裁条款无效。无锡中级人民法院经层报最高法,最后裁定"ICC in Shanghai"是无效的仲裁条款。但国际商会的仲裁程序并未因此暂停,旭普林获得仲裁裁决后,向无锡中级人民法院申请执行该裁决。无锡中院受理本案后,经层报最高法,认定其为非内国裁决,依照《纽约公约》审查,认为该裁决具有《纽约公约》第5条第1款所列甲项情形,不应得到承认和执行。而在2020年"布兰特伍德公司申请承认和执行仲裁裁决案"③中,该案经报核至最高人民法院,广州中级人民法院明确了境外仲裁机构在我国内地作出的仲裁裁决籍属的认定规则,将该类裁决视为我国涉外仲裁裁决。在该案中,广州市正启贸易有限公司(以下简称正启公司)与美国企业布兰特伍德工业有限公司(以下简称布兰特伍德公司)在广州签订合同及合同补充协议,约定合同争议提交国际商会仲裁委员会根据国际惯例在"广州猎德污水处理厂四期工程"项目所在地广州进行仲裁。裁决作出后,布兰特伍德公司向广州市中级人民法院申请承认和执行上述仲裁裁决,认为国际商会国际仲裁院总部设在法国巴黎,涉案裁决是国际商会国际仲裁院在香港的分支机构作出的,系法国仲裁裁决或香港仲裁裁决,内地法院应当依照1958年《纽约公约》或《内地与香港执行

---

① 最高人民法院关于申请人安徽省龙利得包装印刷有限公司与被申请人BP Agnati S.R.L申请确认仲裁协议效力案的请示的复函:"本案为确认涉外仲裁协议效力案件。当事人在合同中约定,因合同而发生的纠纷由国际商会仲裁院进行仲裁,同时还约定"管辖地应为中国上海"(PLACE OF JURISDICTION SHALL BE SHANGHAI,CHINA)。从仲裁协议的上下文看,对其中"管辖地应为中国上海"的表述应当理解为仲裁地在上海。本案中,当事人没有约定确认仲裁协议效力适用的法律,根据《仲裁法司法解释》第16条的规定,应适用仲裁地法律即中华人民共和国的法律来确认仲裁协议的效力。《仲裁法》第16条规定,仲裁协议应当具有下列内容:(一)请求仲裁的意思表示;(二)仲裁事项;(三)选定的仲裁委员会。涉案仲裁协议有请求仲裁的意思表示,约定了仲裁事项,并选定了明确具体的仲裁机构,应认定有效。同意你院关于仲裁协议有效的多数意见。"该案结束了长久以来我国仲裁法中"仲裁委员会"是否包含境外仲裁机构的争议。2020年"大成产业气体株式会社等与普莱克斯(中国)投资有限公司申请确认仲裁协议效力案"((2020)沪01民特83号民事裁定书)双方当事人约定:本协议受中华人民共和国法律管辖;对因本协议产生的或与之有关的任何争议,当事人应首先尝试以友好协商的方式解决。协商不成的,双方均同意将该等争议最终交由新加坡国际仲裁中心根据其仲裁规则在上海仲裁。上海一中院根据仲裁地法中国法确认当事人约定外国仲裁机构在中国进行仲裁的仲裁协议有效。

② 江苏省无锡市中级人民法院(2004)锡民三仲字第1号民事裁定书。

③ 广州市中级人民法院(2015)穗中法民四初第62号民事裁定书。

仲裁裁决安排》予以承认和执行。而广州市中级人民法院审查认为,涉案仲裁裁决系外国仲裁机构在中国内地作出的仲裁裁决,可以视为中国涉外仲裁裁决。被申请人不履行仲裁裁决的,布兰特伍德公司可参照《民事诉讼法》第273条的规定向被申请人住所地或者财产所在地的中级人民法院申请执行。

值得注意的是,外国仲裁机构在我国境内作出仲裁裁决的籍属问题终于在2021年《全国法院涉外商事海事审判工作座谈会会议纪要》得到了明确的回应。该会议纪要第100条"境外仲裁机构在我国内地作出的裁决的执行"规定:"境外仲裁机构以我国内地为仲裁地作出的仲裁裁决,应当视为我国内地的涉外仲裁裁决。当事人向仲裁地中级人民法院申请撤销仲裁裁决的,人民法院应当根据《仲裁法》第70条的规定进行审查。当事人申请执行的,根据《民事诉讼法》第281条的规定进行审查。"

(三)《仲裁法征求意见稿》中仲裁裁决籍属的认定标准及影响

《仲裁法征求意见稿》最大的亮点之一在于试图修正我国长期以来采用机构标准确定仲裁裁决籍属带来的问题,其试图采用领域标准。依据《仲裁法征求意见稿》第27条规定,当事人可以在仲裁协议中约定仲裁地。当事人对仲裁地没有约定或者约定不明确的,以管理案件的仲裁机构所在地为仲裁地。仲裁裁决视为在仲裁地作出。仲裁地的确定,不影响当事人或者仲裁庭根据案件情况约定或者选择在与仲裁地不同的合适地点进行合议、开庭等仲裁活动。修订稿不再区分仲裁裁决是我国仲裁机构作出还是外国仲裁机构作出,也无需考虑我国仲裁机构在境外作出仲裁裁决的籍属和外国仲裁机构在我国境内作出仲裁裁决的籍属。只要仲裁裁决在中国境内作出,即视为内国裁决;在港澳台地区作出视为涉外裁决,在我国境外作出视为外国仲裁裁决。

《仲裁法征求意见稿》放弃了原有的机构标准,将使长期以来我国国内裁决和涉外裁决的差别对待情形得到了根本的解决,其也将意味着仲裁裁决籍属混乱引发的裁决撤销和执行的混乱状态得以终结。此种转变,对我国仲裁裁决的撤销和执行制度将产生重要的影响。

第一,就撤销制度而言,我国仲裁机构在中国境内作出的涉外仲裁裁决,以及外国仲裁机构在中国境内作出的仲裁裁决,视为内国裁决,依照我国国内法申请撤销。具体而言,《仲裁法征求意见稿》第77条规定:"当事人提出证据证明裁决有下列情形之一的,可以向仲裁地的中级人民法院申请撤销裁决:(一)没有仲裁协议或者仲裁协议无效的;(二)裁决的事项不属于仲裁协议的范围或者超出本法规定的仲裁范围的;(三)被申请人没有得到指定仲裁员或者进行仲裁程序的通知,或者其他不属于被申请人负责的原因未能陈述意见的;(四)仲裁庭的组成或者仲裁的程序违反法定程序或者当事人约定,以致于严重损害当事人权利的;(五)裁决因恶意串通、伪造证据等欺诈行为取得的;(六)仲裁员在仲裁该案时有索贿受贿,徇私舞弊,枉法裁决行为的。人民法院经组成合议庭审查核实裁决有前款规定情形之一的,应当裁定撤销当事人申请撤销的情形仅涉及部分裁决事项的,人民法院可以部分撤销。裁决事项不可分的,应当裁定撤销。人民法院认定该裁决违背社会公共利益的,应当裁定撤销。"

需要注意的是,《仲裁法征求意见稿》第77条规定的仲裁裁决的撤销制度没有在涉外仲裁一章再单独做规定。由此可见,本次《仲裁法》的修订意图在于取消旧法中所采用的机构标准,即区分的国内裁决和涉外裁决的双轨制。在具体审查事项上,旧法对涉外裁决①只采取形式审查,而对国内裁决采取有限的实质性审查,在取消了双轨制之后,对于具有涉外因素的裁决,无论是我国涉外仲裁机构作出还是由国外仲裁机构作出,只要仲裁地在我国,就会采取有限的实质性审查。该条中的第五和第六项是之前对在我国作出的涉外裁决从未审查过的事项。

第二,对于裁决的执行问题,《仲裁法征求意见稿》涉外编也不再对涉外仲裁机构作出的涉外裁决和国外仲裁机构作出的仲裁裁决单独做规定,而是均视为外国仲裁裁决。《仲裁法征求意见稿》第87条第1款规定:"在中华人民共和国领域外作出的仲裁裁决,需要人民法院承认和执行的,应当由当事人直接向被执行人住所地或者其财产所在地的中级人民法院申请。"从该条可以看出,本次修订稿彻底放弃了仲裁裁决分类的机构标准,转而采用在实践中广泛认可的领域标准。裁决的执行问题也就此区分为内国裁决和外国裁决,在中国境内作出的裁决即为内国裁决,可以申请撤销或执行,即使案件具有涉外因素,在我国境内仲裁的裁决与无涉外因素案件的仲裁裁决一样,接受同样的执行的审查条件。若裁决是在我国境外作出的,即使是我国仲裁机构作出的仲裁裁决,将不再存在撤销的问题,而是与外国仲裁机构在外国作出的仲裁裁决一样,只涉及执行问题,依照国际条约、司法协助协议或者互惠原则处理。

二、国内裁决与涉外裁决撤销的"分"与"和"

当前我国《仲裁法》对于国内裁决与涉外裁决都设置了撤销制度,即采取分轨制的做法,且撤销的事由完全不同:国内裁决的撤销既包括程序事项,也包括实体事项,而涉外裁决的撤销只限于程序事项。《仲裁法征求意见稿》拟采取单轨制的做法,不再区分国内裁决和涉外裁决,只要裁决在我国境内作出,无论该

---

① 包括我国仲裁机构在我国作出的具有涉外因素案件的仲裁裁决,我国仲裁机构在境外作出的具有涉外因素案件的仲裁裁决、外国仲裁机构在中国境内作出的仲裁裁决。

争议是否具有涉外因素,都采用统一的撤销事由,而从目前的建议稿来看,撤销的事由不限于程序审查,还涉及实体审查事项,具体包括两种情形,即"裁决因恶意串通、伪造证据等欺诈行为取得的"和"仲裁员在仲裁该案时有索贿受贿,徇私舞弊,枉法裁决行为的"。这不禁引发了疑问,撤销制度为何从分轨制走向了并轨制?对涉外案件而言,撤销的理由比以往更加严格,是否符合我国现实需要呢?

早在现行《仲裁法》颁布之初,学界便就"仲裁司法审查是并轨还是分轨"展开过讨论,支持并轨者认为,分轨制不符合中国现实国情,也不同于中国参加的有关国际条约的规定以及当代各国仲裁立法的普遍做法,它不利于促进中国涉外仲裁制度与有关的国际惯例相接轨,也不利于中国涉外仲裁体制迅速走向现代化和国际化。[①] 而支持分轨者认为,无论是各国的国内立法,还是国际条约,抑或是国际上占主导地位的理论和司法实践,均有缩小法院监督范围、弱化法院干预的趋势。区分国内仲裁监督和涉外仲裁监督既符合我国历史与现实,也契合国际上的通行做法。如果将来要统一两者的监督范围,适宜的做法应该是国内仲裁制度向涉外仲裁制度靠拢,即缩小至纯粹的程序问题,而不是扩大其范围,因为当事人在选择仲裁时往往更注重效率而不是苛求公平。[②]

我国现行《仲裁法》在撤销制度的设计中,除了在审查事由上存在差异,在报核制度上略存在不同。根据 2021 修订的最高人民法院《关于仲裁司法审查案件报核问题的有关规定》第 2 条和第 3 条的规定,若是涉外仲裁的报核,应当向本辖区所属高级人民法院报核;高级人民法院经审查拟同意的,应当向最高人民法院报核。待最高人民法院审核后,方可依最高人民法院的审核意见作出裁定。若是国内仲裁的报核,应当向本辖区所属高级人民法院报核;待高级人民法院审核后,方可依高级人民法院的审核意见作出裁定。只有涉及公共利益原因不予执行或撤销的情形下,高级人民法院经审查,拟同意中级人民法院或者专门人民法院以违背社会公共利益为由不予执行或者撤销我国内地仲裁机构的仲裁裁决的,应当向最高人民法院报核,待最高人民法院审核后,方可依最高人民法院的审核意见作出裁定。

从上述规定当中可见,我国当前实践,对于涉外裁决的撤销无论从事由还是程序上,相比于国内仲裁,都十分谨慎,彰显了我国贯彻支持国际商事仲裁的倾向。但在国内裁决审查事由上比涉外裁决严格,报核制度也更加宽松。由于司法裁判尺度不一,对国内仲裁的问题错判的概率有可能更高。内外有别的制度

---

① 陈安:《中国涉外仲裁监督机制评析》,载《中国社会科学》1995 年第 4 期。
② 肖永平:《也谈我国法院对仲裁的监督范围——与陈安先生商榷》,载《法学评论》1998 年第 1 期。

不仅产生诸多实践困境,也客观上造成了法律不平等的现象。而当初之所以设置分轨制,是由于特定历史条件下,在仲裁法立法之初,我国涉外经济立法尚不健全,很多法律都存在分轨制的特征,而在国内仲裁中设置更严格的审查条件,是为了预防地方政府对国内仲裁裁决的行政权力影响。① 如今,分轨制的历史成因与立法背景因素已经不复存在,因此由"分"走向"合"是制度发展的需要,也是历史之必然。

在《仲裁法征求意见稿》讨论初期,理论与实务界对于取消分轨制表示赞同,但是对于统一标准是更靠近于涉外仲裁裁决的程序性审查,还是更靠近于国内仲裁裁决的程序审查,还是兼采有限实体审查仍然存在争议。不少学者认为,涉外仲裁裁决的撤销事由在事实上反而扩大,这可能影响我国内地仲裁对境外当事人的吸引力,进而主张应当向《纽约公约》靠拢,采取程序审查。② 例如,《示范法》第34条规定了仲裁裁决的撤销,③这与《纽约公约》当中承认执行的条件基本一致,并不区别国内裁决和涉外裁决;且对裁决的撤销采用程序性审查,并用公共秩序作为兜底条款。1996年《英国仲裁法》当中第68条"严重不正常"(serious irregularity)第2款规定了一系列情形,当事人可以向法院挑战仲裁裁决,包括提起撤销程序,但必须要达到"严重不正常"的九种情形之一,且只限于这九种情形。而这九种情形中,同样也包括了对裁决书的内容审查、仲裁员是否

---

① 贺晓翊:《从双轨走向并轨:我国国内仲裁与涉外仲裁司法审查制度之反思与重构》,载《人民司法》2013年第17期。
② 刘晓红、冯硕:《对〈仲裁法〉修订的"三点"思考——以〈仲裁法(修订)(征求意见稿)〉为参照》,载《上海政法学院学报》2021年第5期。
③ 《示范法》第34条规定:
"……(2) 有下列情形之一的,仲裁裁决才可以被第6条规定的法院撤销:
(a) 提出申请的当事人提出证据,证明有下列任何情况:
i. 第7条所指仲裁协议的当事人有某种无行为能力情形;或者根据各方当事人所同意遵守的法律或在未指明法律的情况下根据本国法律,该协议是无效的;
ii. 未向提出申请的当事人发出指定仲裁员的适当通知或仲裁程序的适当通知,或因他故致使其不能陈述案情;或
iii. 裁决处理的争议不是提交仲裁意图裁定的事项或不在提交仲裁的范围之列,或者裁决书中内含对提交仲裁的范围以外事项的决定;如果对提交仲裁的事项所作的决定可以与未提交仲裁的事项所作的决定互为划分,仅可以撤销含有对未提交仲裁的事项所作的决定的那部分裁决;或
iv. 仲裁庭的组成或仲裁程序与当事人的约定不一致,除非此种约定与当事人不得背离的本法规定相抵触;无此种约定时,与本法不符;或
(b) 法院认定有下列任何情形:
(i) 根据本国的法律,争议事项不能通过仲裁解决;或
(ii) 该裁决与本国的公共政策相抵触。
……"

公正、是否因欺诈而获得的审查。① 由此可见,英国《仲裁法》中对仲裁裁决可撤销事由的规定并未妨碍伦敦成为最受欢迎的仲裁地。因此,问题的重点不在于是要进行程序审查还是实质审查,而是如何设置具体的审查事由,在仲裁效率与公允之间寻求平衡,使得法院干预仲裁的程度不至于滥用与扩大。

三、仲裁裁决撤销制度与不予执行制度的衔接

我国现行《仲裁法》撤销制度与不予执行制度并存。在国内仲裁裁决的司法审查当中,撤销制度与不予执行制度的审查事由完全一致;在涉外仲裁裁决的司法审查当中,撤销制度与不予执行制度的审查事由同样完全一致。两种制度并存的情形下,不仅审查事项没有区别,反而使得仲裁裁决的执行程序变得更加拖延,败诉方既可以申请撤销,在撤销的请求无法得到法院支持时,还可以再次请求不予执行抗辩,从而起到阻碍履行仲裁裁决项下义务的作用。这不禁令人怀疑,是否有必要同时保留着两种制度,这两者之间关系为何。仲裁法修订稿对两者之间的关系作了重大修改,有必要在本书中予以澄清。

---

① 1996 Arbitration Act, Article 68 Challenging the award: serious irregularity.
(1) A party to arbitral proceedings may (upon notice to the other parties and to the tribunal) apply to the court challenging an award in the proceedings on the ground of serious irregularity affecting the tribunal, the proceedings or the award. A party may lose the right to object (see section 73) and the right to apply is subject to the restrictions in section 70(2) and (3).
(2) Serious irregularity means an irregularity of one or more of the following kinds which the court considers has caused or will cause substantial injustice to the applicant—
　a) failure by the tribunal to comply with section 33 (general duty of tribunal);
　b) the tribunal exceeding its powers (otherwise than by exceeding its substantive jurisdiction: see section 67);
　c) failure by the tribunal to conduct the proceedings in accordance with the procedure agreed by the parties;
　d) failure by the tribunal to deal with all the issues that were put to it;
　e) any arbitral or other institution or person vested by the parties with powers in relation to the proceedings or the award exceeding its powers;
　f) uncertainty or ambiguity as to the effect of the award;
　g) the award being obtained by fraud or the award or the way in which it was procured being contrary to public policy;
　h) failure to comply with the requirements as to the form of the award; or
　i) any irregularity in the conduct of the proceedings or in the award which is admitted by the tribunal or by any arbitral or other institution or person vested by the parties with powers in relation to the proceedings or the award.
(3) If there is shown to be serious irregularity affecting the tribunal, the proceedings or the award, the court may—
　a) remit the award to the tribunal, in whole or in part, for reconsideration,
　b) set the award aside in whole or in part, or
　c) declare the award to be of no effect, in whole or in part.
The court shall not exercise its power to set aside or to declare an award to be of no effect, in whole or in part, unless it is satisfied that it would be inappropriate to remit the matters in question to the tribunal for reconsideration.
(4) The leave of the court is required for any appeal from a decision of the court under this section.

关于撤销与不予执行二者的关系是并存还是择一,理论界一直存有争议。一些国家的立法以及《示范法》在内的主要仲裁立法依旧同时保留二者。我国香港地区的《仲裁条例》同时规定了仲裁裁决的撤销和不予执行。香港《仲裁条例》第 81 条中有关撤销仲裁裁决的规则便完全采纳了《示范法》的规定;而针对裁决的不予执行,尽管香港《仲裁条例》区分了《纽约公约》项下裁决、内地裁决、澳门裁决和其他裁决并分别对不同裁决予以规定,但不予执行的理由基本相同且与《纽约公约》的规定类似。① 1996 年《英国仲裁法》同样也规定了不予执行和撤销制度,如前所述撤销事由规定在 1996 年《英国仲裁法》第 68 条当中,而执行事项规定在第 66 条。② 1996 年《英国仲裁法》将仲裁裁决区分为《日内瓦公约》项下裁决、《纽约公约》项下的裁决以及其他仲裁裁决,对于非《日内瓦公约》和《纽约公约》项下裁决,法院要审查仲裁庭的实质管辖权(substantive jurisdiction),但同样受到当事人在仲裁程序中禁反言的限制。《法国民事诉讼法典》也同时规定了撤销和不予执行制度,但当事人可以根据其第 1522 条的规定,通过特别约定放弃向法国法院申请撤销裁决的权利。而当事人申请撤销仲裁裁决,并不产生中止裁决执行的效果,除非执行会严重损害另一方当事人的权利。③《示范法》中同时规定了撤销与不予执行,两者规定的事由完全相同,与《纽约公约》一致。

不得不承认,仲裁裁决撤销与不予执行制度各有价值。首先,申请裁决的不予执行是败诉方的权利,而申请撤销裁决既是对败诉方权利的救济也兼顾了胜诉方的追诉权。换言之,在整套制度下实际上赋予了败诉方双重救济的权利,这也是为了在一裁终局制度下最大限度地保障仲裁的公正性。申请不予执行裁决往往是对申请执行裁决的被动抗辩权,而申请撤销裁决则是当事人享有的主动权。如果取消了裁决不予执行制度,则意味着一项裁决只要未被撤销便具有可执行性,从而导致原本只想在执行阶段进行抗辩的败诉方,不得不在裁决作出后尽快申请

---

① 具体可见香港《仲裁条例》(Arbitration Ordinance)第 84—98D 条。
② 66 Enforcement of the award.
(1) An award made by the tribunal pursuant to an arbitration agreement may, by leave of the court, be enforced in the same manner as a judgment or order of the court to the same effect.
(2) Where leave is so given, judgment may be entered in terms of the award.
(3) Leave to enforce an award shall not be given where, or to the extent that, the person against whom it is sought to be enforced shows that the tribunal lacked substantive jurisdiction to make the award.
The right to raise such an objection may have been lost (see section 73).
(4) Nothing in this section affects the recognition or enforcement of an award under any other enactment or rule of law, in particular under Part II of the M1Arbitration Act 1950 (enforcement of awards under Geneva Convention) or the provisions of Part III of this Act relating to the recognition and enforcement of awards under the New York Convention or by an action on the award.
③ 傅攀峰:《法国商事仲裁二元立法模式及其启示》,载《国际法研究》2019 年第 1 期。

撤销,令裁决撤销之诉暴增并削弱了执行地法院的司法审查权。①

《仲裁法征求意见稿》对撤销与不予执行之间的关系作了重大修改。按照《仲裁法征求意见稿》第 82 条的规定,当事人应当履行裁决。一方当事人不履行的,对方当事人可以向有管辖权的中级人民法院申请执行。人民法院经审查认定执行该裁决不违背社会公共利益的,应当裁定确认执行;否则,裁定不予确认执行。裁定书应当送达当事人和仲裁机构。裁决被人民法院裁定不予确认执行的,当事人就该纠纷可以根据重新达成的仲裁协议申请仲裁,也可以向人民法院起诉。《仲裁法征求意见稿》第 83 条规定:"一方当事人申请执行裁决,另一方当事人申请撤销裁决的,人民法院应当裁定中止执行。人民法院裁定撤销裁决的,应当裁定终结执行。撤销裁决的申请被裁定驳回的,人民法院应当裁定恢复执行。"

首先,《仲裁法征求意见稿》改变了原有立法的撤销与不予执行并存的状况,事实上取消了不予执行审查,胜诉方有请求强制执行的权利,败诉方享有请求撤销的权利,败诉方不能够再提出不予执行抗辩。其次,申请撤销成为阻碍执行的抗辩事由,撤销也可以单独成为诉讼请求;在一方当事人执行,一方当事人申请撤销时,撤销程序优先,法院应当依照法律规定审查是否存在撤销的情形。最后,法律没有再专门规定不予执行的情形,人民法院只有权在受理当事人申请执行时主动审查仲裁裁决是否存在违背社会公共利益的情形,否则仲裁裁决书应得到人民法院的执行。

对于《仲裁法征求意见稿》中不予执行制度的修改,引发了理论界和实务界的广泛讨论。支持取消不予执行制度的理由有:将撤销程序作为司法监督仲裁裁决的主要程序,能够避免仲裁司法监督尺度的不统一,也有利于防止败诉方故意拖延,提高仲裁效率。反对取消不予执行制度的理由有:实际上限制了当事人挑战裁决可执行性的救济路径,减少了一道对"一裁终局"的仲裁裁决的有效监督程序,这可能造成国内裁决和国外裁决在司法监督和救济上的差别待遇:境外裁决的当事人可依照《纽约公约》和各类双边安排提出不予执行裁决的请求,而国内裁决的当事人则仅可申请撤销裁决,从而不利于吸引境内外当事人选择中国内地作为仲裁地,进而削弱中国在国际仲裁市场中的竞争力和影响力。②

---

① 宋连斌:《国际商事仲裁管辖权研究》,法律出版社 2000 年版,第 247—250 页。
② 刘晓红、冯硕:《对〈仲裁法〉修订的"三点"思考——以〈仲裁法(修订)(征求意见稿)〉为参照》,载《上海政法学院学报》2021 年第 5 期;吴英姿:《论仲裁救济制度之修正——针对〈仲裁法(修订)(征求意见稿)〉的讨论》,载《上海政法学院学报》2021 年第 6 期。

拓展阅读

1. "非国内化"理论倡导的是仲裁的自由化,其与仲裁现代化息息相关,对这一问题感兴趣,可以阅读郭玉军、陈芝兰:《论国际商事仲裁中的"非国内化"理论》,载《法制与社会发展》2003 年第 1 期。

2. 有关如何支持和监督境外仲裁机构在中国内地仲裁,以及依据何种标准来认定是否承认与执行其作出的裁决等问题,可以阅读李庆明:《境外仲裁机构在中国内地仲裁的法律问题研究》,载《环球法律评论》2016 年第 3 期。

3. 想要进一步了解《纽约公约》,可以阅读黄亚英:《外国仲裁裁决论析——基于〈纽约公约〉及中国实践的视角》,载《现代法学》2007 年第 1 期。

4. 关于非内国裁决的法律性质,可以进一步阅读赵秀文:《非内国裁决的法律性质辨析》,载《法学》2007 年第 1 期。

 思考题

1. 如何看待我国当前仲裁裁决的籍属问题?在《仲裁法》修订之后会有何变化和影响?

2. 仲裁裁决的撤销与承认执行之间是什么关系?你认为我国《仲裁法》的修改应当同时保留两种制度,还是只保留一种制度更好?

3. 国内仲裁裁决与国外仲裁裁决之间在我国当下的制度设计上有何差异?

4. 你认为对于国内裁决和涉外裁决的撤销制度应采取并轨制度还是分轨制度?

5. 关于重新仲裁制度,是否有违一裁终局?法院通知重新仲裁是否需要征询当事人同意?申请人能否对重新仲裁提出异议?重新仲裁适用于什么情形?在仲裁裁决存在其他撤裁事由的情况下能否重新仲裁?重新仲裁的审理范围及原仲裁裁决的效力如何?

 案例分析

【案例一】 布兰特伍德公司申请承认执行国际商会仲裁裁决案[①]

2010 年 4 月 13 日,布兰特伍德工业有限公司(以下简称布兰特伍德公司)

---

① 广东省广州市中级人民法院(2015)穗中法民四初字第 62 号民事裁定书。

与广东阀安龙机械成套设备工程有限公司(以下简称阀安龙公司)、广州市正启贸易有限公司签订购买链板式刮泥机的合同,其中第16条"仲裁"约定:"凡因本合同引起的或与本合同有关的任何争议,双方应通过友好协商解决。如果协商不能解决,应提交国际商会仲裁委员会根据国际惯例在项目所在地进行仲裁。"根据合同约定,项目所在地为中国广州。

2011年5月9日,布兰特伍德公司向广州市中级人民法院(以下简称广州中院)申请确认案涉合同中的仲裁协议无效。广州中院于2012年2月22日作出(2011)穗中法仲异字第11号民事裁定书,确认案涉合同中约定的仲裁条款有效。2012年8月31日,布兰特伍德公司向国际商会国际仲裁院提起仲裁。2014年3月17日,国际商会仲裁院独任仲裁员作出案件编号18929/cyk的最终裁决。

2015年4月13日,布兰特伍德公司向广州中院申请承认并执行该裁决。布兰特伍德公司认为,根据最高人民法院的相关意见,国际商会国际仲裁院可以在中国境内进行仲裁活动,约定由国际商会国际仲裁院在中国境内仲裁解决争议的仲裁条款合法有效。根据中国法院的司法实践,应当认定总部设在法国巴黎的国际商会国际仲裁院作出的最终裁决是法国仲裁裁决,应按照《纽约公约》规定得到中国的承认与执行。如果法院认为案涉最终裁决是由国际商会国际仲裁院在我国香港的分支机构作出的,该裁决系香港仲裁裁决,也应根据《内地与香港仲裁裁决安排》的规定认可并执行该裁决。

阀安龙公司则认为案涉最终裁决不应得到承认与执行。首先,根据中国加入《纽约公约》时作出的互惠保留声明,由于案涉最终裁决系在中国广州作出,不属于"在另一缔约国领土内作出的仲裁裁决",故应当排除适用《纽约公约》而被拒绝承认和执行;其次,根据中国加入《纽约公约》时所作的保留声明,中国并不允许外国仲裁机构在中国境内进行仲裁活动,而国际商会国际仲裁院并非中国仲裁法规定的仲裁机构,其在中国作出裁决,当事人无法申请由仲裁机构所在地的中国法院对其进行撤销审查,不仅剥夺了当事人的合法程序权益,也侵害了中国的司法主权;其三,尽管《纽约公约》在"领域标准"之外还规定了"非内国裁决(或非本国裁决)标准",但目前中国立法对"非内国裁决(或非本国裁决)标准"没有明确规定,没有采取以仲裁程序准据法来确定仲裁裁决国籍的模式,故也不应以"非内国裁决(或非本国裁决)标准"适用《纽约公约》;最后,仲裁条款的效力与对裁决的承认和执行是两个不同的法律关系问题,适用不同的法律规范。综上,尽管布兰特伍德公司主张案涉仲裁条款有效,不能当然得出案涉最终裁决应被承认和执行的结论。

外国仲裁机构能否在我国内地作出仲裁裁决?该仲裁裁决的籍属是哪里?

该裁决在我国《仲裁法》的语境下属于何种裁决,是国内仲裁裁决、涉外仲裁裁决还是外国仲裁裁决?应当依照何法律承认执行?

【案例二】 美亚保险公司申请撤销贸仲仲裁裁决案①

2014年2月14日,Lenovo PC HK Ltd(下称联想香港公司)与敦豪全球货运(中国)有限公司(下称敦豪公司)签订了SA-49S1400050号服务协议,约定由敦豪公司作为服务提供商,通过铁路联运等运输方式,对联想香港公司的货物提供从中国至欧洲目的地之间"端到端"的运输服务;2015年初,敦豪公司与苏州祥迎公司签订《报关代理及公路运输服务协议》(以下简称《服务协议》)。根据该《服务协议》及其附件一,苏州祥迎公司作为供应商向敦豪公司提供物流服务,具体服务范围中包括了铁路运输和国际铁路联运,该协议有效期系自2015年8月1日起至2016年8月1日止;2015年3月4日,联想保险公司作为联想集团及其子公司/分支机构的保险人签发了LENMAR201516号保险凭证,约定由联想保险公司向联想集团及其子公司/分支机构出运的货物承保运输一切险,保险期间自2015年4月1日起至2016年3月31日;2015年4月22日,美亚保险公司签发MA11001891号物流经营人综合责任险保险单,敦豪公司及其若干关联公司均系该保险单项下的被保险人,该保单项下的保险期间自2015年4月1日00:00时起至2016年4月1日00:00时止,保险范围系被保险人作为承运人、代理人或仓库保管人等在运营中所承担的对外赔偿责任。涉案INKU6204214号集装箱于2016年1月7日运抵目的地阿拉木图,并于次日抵达收货人指定的"ALGCompany"保税仓库。但收货人代表安排拆箱时发现货物发生短少,当即通知了各方并向当地警方报案。经各方核查统计,涉案INKU6204214号集装箱拆箱时只有780台联想笔记本电脑,相比运单上记载的3529台,共短少了2749台。按243.25美元/台的单价计算,短少货物总价值为668694.25美元;2016年4月19日,因涉案货物短少/灭失事故,联想保险公司向联想香港公司赔付了658947.46美元,取得代位求偿权;2016年6月30日,联想保险公司依据联想香港公司与敦豪公司之间的服务协议向敦豪公司进行索赔并达成和解方案,以敦豪公司向其支付赔偿款652644.64美元作为最终和全部的解决;2016年8月5日,联想保险公司向敦豪公司出具"Release and Discharge",再次确认赔偿款为652644.64美元,同时承诺和保证向敦豪公司提供必要的协助,以便其向责任方进行追偿;其后,敦豪公司向美亚保险公司提出理赔,并要求把理赔款项652644.64美元直接支付给联想保险公司;2016年8月23日,美亚保险公司根

---

① 北京市第四中级人民法院(2021)京04民特23号民事裁定书。

据敦豪公司的理赔申请和付款指示,把赔偿款 652644.64 美元直接付给了联想保险公司,取得了相应的代位求偿权;2016 年 8 月 29 日,敦豪公司向美亚保险公司出具"责任解除和代位求偿书",确认保险赔偿款 652644.64 美元已支付给联想保险公司,并确认美亚保险公司已代位取得向其他责任方求偿的权利。

基于以上事实,美亚保险公司于 2018 年 12 月 20 日向中国贸仲提起针对苏州祥迎公司的仲裁,要求裁令其就运输途中的货物短少承担赔偿责任,即支付 652644.64 美元和利息,并承担相关费用。中国贸仲于 2020 年 6 月 19 日做出〔2020〕中国贸仲京裁字第 0791 号裁决书,驳回其仲裁请求。

美亚保险公司认为苏州祥迎公司在仲裁过程中故意隐瞒了足以影响公正裁决的证据,仲裁员存在枉法裁判的行为,导致裁决结果错误且有失公正,且如果按照仲裁庭对涉案合同和相关事实的认定,则涉案争议已经超出了仲裁协议的范围,仲裁庭无权对涉案争议进行裁决,向北京四中院申请撤销上述仲裁裁决。

该案当中的仲裁裁决属于什么性质的仲裁裁决,是涉外仲裁裁决还是国内仲裁裁决,其撤销的法定理由有哪些?该案是否属于枉法裁判的情形?争议是否超出了仲裁协议的范围?是否有必要审查枉法裁判隐瞒证据的行为?

附录一 《中华人民共和国仲裁法》

（1994年8月31日第八届全国人民代表大会常务委员会第九次会议通过　根据2009年8月27日第十一届全国人民代表大会常务委员会第十次会议《关于修改部分法律的决定》第一次修正　根据2017年9月1日第十二届全国人民代表大会常务委员会第二十九次会议《关于修改〈中华人民共和国法官法〉等八部法律的决定》第二次修正)

目　录

第一章　总则
第二章　仲裁委员会和仲裁协会
第三章　仲裁协议
第四章　仲裁程序
第五章　申请撤销裁决
第六章　执行
第七章　涉外仲裁的特别规定
第八章　附则

第一章　总　则

第一条

为保证公正、及时地仲裁经济纠纷，保护当事人的合法权益，保障社会主义市场经济健康发展，制定本法。

第二条

平等主体的公民、法人和其他组织之间发生的合同纠纷和其他财产权益纠纷，可以仲裁。

第三条

下列纠纷不能仲裁：

（一）婚姻、收养、监护、扶养、继承纠纷；

（二）依法应当由行政机关处理的行政争议。

第四条

当事人采用仲裁方式解决纠纷,应当双方自愿,达成仲裁协议。没有仲裁协议,一方申请仲裁的,仲裁委员会不予受理。

第五条

当事人达成仲裁协议,一方向人民法院起诉的,人民法院不予受理,但仲裁协议无效的除外。

第六条

仲裁委员会应当由当事人协议选定。

仲裁不实行级别管辖和地域管辖。

第七条

仲裁应当根据事实,符合法律规定,公平合理地解决纠纷。

第八条

仲裁依法独立进行,不受行政机关、社会团体和个人的干涉。

第九条

仲裁实行一裁终局的制度。裁决作出后,当事人就同一纠纷再申请仲裁或者向人民法院起诉的,仲裁委员会或者人民法院不予受理。

裁决被人民法院依法裁定撤销或者不予执行的,当事人就该纠纷可以根据双方重新达成的仲裁协议申请仲裁,也可以向人民法院起诉。

第二章 仲裁委员会和仲裁协会

第十条

仲裁委员会可以在直辖市和省、自治区人民政府所在地的市设立,也可以根据需要在其他设区的市设立,不按行政区划层层设立。

仲裁委员会由前款规定的市的人民政府组织有关部门和商会统一组建。

设立仲裁委员会,应当经省、自治区、直辖市的司法行政部门登记。

第十一条

仲裁委员会应当具备下列条件:

(一) 有自己的名称、住所和章程;

(二) 有必要的财产;

(三) 有该委员会的组成人员;

(四) 有聘任的仲裁员。

仲裁委员会的章程应当依照本法制定。

第十二条

仲裁委员会由主任一人、副主任二至四人和委员七至十一人组成。

仲裁委员会的主任、副主任和委员由法律、经济贸易专家和有实际工作经验的人员担任。仲裁委员会的组成人员中,法律、经济贸易专家不得少于三分之二。

第十三条

仲裁委员会应当从公道正派的人员中聘任仲裁员。

仲裁员应当符合下列条件之一:

(一)通过国家统一法律职业资格考试取得法律职业资格,从事仲裁工作满八年的;

(二)从事律师工作满八年的;

(三)曾任法官满八年的;

(四)从事法律研究、教学工作并具有高级职称的;

(五)具有法律知识、从事经济贸易等专业工作并具有高级职称或者具有同等专业水平的。

仲裁委员会按照不同专业设仲裁员名册。

第十四条

仲裁委员会独立于行政机关,与行政机关没有隶属关系。仲裁委员会之间也没有隶属关系。

第十五条

中国仲裁协会是社会团体法人。仲裁委员会是中国仲裁协会的会员。中国仲裁协会的章程由全国会员大会制定。

中国仲裁协会是仲裁委员会的自律性组织,根据章程对仲裁委员会及其组成人员、仲裁员的违纪行为进行监督。

中国仲裁协会依照本法和民事诉讼法的有关规定制定仲裁规则。

第三章 仲 裁 协 议

第十六条

仲裁协议包括合同中订立的仲裁条款和以其他书面方式在纠纷发生前或者纠纷发生后达成的请求仲裁的协议。

仲裁协议应当具有下列内容:

(一)请求仲裁的意思表示;

(二)仲裁事项;

(三)选定的仲裁委员会。

第十七条

有下列情形之一的,仲裁协议无效:

（一）约定的仲裁事项超出法律规定的仲裁范围的；
（二）无民事行为能力人或者限制民事行为能力人订立的仲裁协议；
（三）一方采取胁迫手段，迫使对方订立仲裁协议的。

第十八条

仲裁协议对仲裁事项或者仲裁委员会没有约定或者约定不明确的，当事人可以补充协议；达不成补充协议的，仲裁协议无效。

第十九条

仲裁协议独立存在，合同的变更、解除、终止或者无效，不影响仲裁协议的效力。

仲裁庭有权确认合同的效力。

第二十条

当事人对仲裁协议的效力有异议的，可以请求仲裁委员会作出决定或者请求人民法院作出裁定。一方请求仲裁委员会作出决定，另一方请求人民法院作出裁定的，由人民法院裁定。

当事人对仲裁协议的效力有异议，应当在仲裁庭首次开庭前提出。

第四章 仲 裁 程 序

第一节 申请和受理

第二十一条

当事人申请仲裁应当符合下列条件：
（一）有仲裁协议；
（二）有具体的仲裁请求和事实、理由；
（三）属于仲裁委员会的受理范围。

第二十二条

当事人申请仲裁，应当向仲裁委员会递交仲裁协议、仲裁申请书及副本。

第二十三条

仲裁申请书应当载明下列事项：
（一）当事人的姓名、性别、年龄、职业、工作单位和住所，法人或者其他组织的名称、住所和法定代表人或者主要负责人的姓名、职务；
（二）仲裁请求和所根据的事实、理由；
（三）证据和证据来源、证人姓名和住所。

第二十四条

仲裁委员会收到仲裁申请书之日起五日内，认为符合受理条件的，应当受理,并通知当事人;认为不符合受理条件的,应当书面通知当事人不予受理,并说明理由。

第二十五条

仲裁委员会受理仲裁申请后,应当在仲裁规则规定的期限内将仲裁规则和仲裁员名册送达申请人,并将仲裁申请书副本和仲裁规则、仲裁员名册送达被申请人。

被申请人收到仲裁申请书副本后,应当在仲裁规则规定的期限内向仲裁委员会提交答辩书。仲裁委员会收到答辩书后,应当在仲裁规则规定的期限内将答辩书副本送达申请人。被申请人未提交答辩书的,不影响仲裁程序的进行。

第二十六条

当事人达成仲裁协议,一方向人民法院起诉未声明有仲裁协议,人民法院受理后,另一方在首次开庭前提交仲裁协议的,人民法院应当驳回起诉,但仲裁协议无效的除外;另一方在首次开庭前未对人民法院受理该案提出异议的,视为放弃仲裁协议,人民法院应当继续审理。

第二十七条

申请人可以放弃或者变更仲裁请求。被申请人可以承认或者反驳仲裁请求,有权提出反请求。

第二十八条

一方当事人因另一方当事人的行为或者其他原因,可能使裁决不能执行或者难以执行的,可以申请财产保全。

当事人申请财产保全的,仲裁委员会应当将当事人的申请依照民事诉讼法的有关规定提交人民法院。

申请有错误的,申请人应当赔偿被申请人因财产保全所遭受的损失。

第二十九条

当事人、法定代理人可以委托律师和其他代理人进行仲裁活动。委托律师和其他代理人进行仲裁活动的,应当向仲裁委员会提交授权委托书。

第二节 仲裁庭的组成

第三十条

仲裁庭可以由三名仲裁员或者一名仲裁员组成。由三名仲裁员组成的,设首席仲裁员。

第三十一条

当事人约定由三名仲裁员组成仲裁庭的,应当各自选定或者各自委托仲裁委员会主任指定一名仲裁员,第三名仲裁员由当事人共同选定或者共同委托仲裁委员会主任指定。第三名仲裁员是首席仲裁员。

当事人约定由一名仲裁员成立仲裁庭的,应当由当事人共同选定或者共同委托仲裁委员会主任指定仲裁员。

第三十二条

当事人没有在仲裁规则规定的期限内约定仲裁庭的组成方式或者选定仲裁员的,由仲裁委员会主任指定。

第三十三条

仲裁庭组成后,仲裁委员会应当将仲裁庭的组成情况书面通知当事人。

第三十四条

仲裁员有下列情形之一的,必须回避,当事人也有权提出回避申请:

(一)是本案当事人或者当事人、代理人的近亲属;

(二)与本案有利害关系的;

(三)与本案当事人、代理人有其他关系,可能影响公正仲裁的;

(四)私自会见当事人、代理人,或者接受当事人、代理人的请客送礼的。

第三十五条

当事人提出回避申请,应当说明理由,在首次开庭前提出。回避事由在首次开庭后知道的,可以在最后一次开庭终结前提出。

第三十六条

仲裁员是否回避,由仲裁委员会主任决定;仲裁委员会主任担任仲裁员时,由仲裁委员会集体决定。

第三十七条

仲裁员因回避或者其他原因不能履行职责的,应当依照本法规定重新选定或者指定仲裁员。

因回避而重新选定或者指定仲裁员后,当事人可以请求已进行的仲裁程序重新进行,是否准许,由仲裁庭决定;仲裁庭也可以自行决定已进行的仲裁程序是否重新进行。

第三十八条

仲裁员有本法第三十四条第四项规定的情形,情节严重的,或者有本法第五十八条第六项规定的情形的,应当依法承担法律责任,仲裁委员会应当将其除名。

第三节 开庭和裁决

第三十九条

仲裁应当开庭进行。当事人协议不开庭的,仲裁庭可以根据仲裁申请书、答辩书以及其他材料作出裁决。

第四十条

仲裁不公开进行。当事人协议公开的,可以公开进行,但涉及国家秘密的除外。

第四十一条

仲裁委员会应当在仲裁规则规定的期限内将开庭日期通知双方当事人。当事人有正当理由的,可以在仲裁规则规定的期限内请求延期开庭。是否延期,由仲裁庭决定。

第四十二条

申请人经书面通知,无正当理由不到庭或者未经仲裁庭许可中途退庭的,可以视为撤回仲裁申请。

被申请人经书面通知,无正当理由不到庭或者未经仲裁庭许可中途退庭的,可以缺席裁决。

第四十三条

当事人应当对自己的主张提供证据。

仲裁庭认为有必要收集的证据,可以自行收集。

第四十四条

仲裁庭对专门性问题认为需要鉴定的,可以交由当事人约定的鉴定部门鉴定,也可以由仲裁庭指定的鉴定部门鉴定。

根据当事人的请求或者仲裁庭的要求,鉴定部门应当派鉴定人参加开庭。当事人经仲裁庭许可,可以向鉴定人提问。

第四十五条

证据应当在开庭时出示,当事人可以质证。

第四十六条

在证据可能灭失或者以后难以取得的情况下,当事人可以申请证据保全。当事人申请证据保全的,仲裁委员会应当将当事人的申请提交证据所在地的基层人民法院。

第四十七条

当事人在仲裁过程中有权进行辩论。辩论终结时,首席仲裁员或者独任仲裁员应当征询当事人的最后意见。

第四十八条

仲裁庭应当将开庭情况记入笔录。当事人和其他仲裁参与人认为对自己陈述的记录有遗漏或者差错的,有权申请补正。如果不予补正,应当记录该申请。

笔录由仲裁员、记录人员、当事人和其他仲裁参与人签名或者盖章。

第四十九条

当事人申请仲裁后,可以自行和解。达成和解协议的,可以请求仲裁庭根据和解协议作出裁决书,也可以撤回仲裁申请。

第五十条

当事人达成和解协议,撤回仲裁申请后反悔的,可以根据仲裁协议申请仲裁。

第五十一条

仲裁庭在作出裁决前,可以先行调解。当事人自愿调解的,仲裁庭应当调解。调解不成的,应当及时作出裁决。

调解达成协议的,仲裁庭应当制作调解书或者根据协议的结果制作裁决书。调解书与裁决书具有同等法律效力。

第五十二条

调解书应当写明仲裁请求和当事人协议的结果。调解书由仲裁员签名,加盖仲裁委员会印章,送达双方当事人。

调解书经双方当事人签收后,即发生法律效力。

在调解书签收前当事人反悔的,仲裁庭应当及时作出裁决。

第五十三条

裁决应当按照多数仲裁员的意见作出,少数仲裁员的不同意见可以记入笔录。仲裁庭不能形成多数意见时,裁决应当按照首席仲裁员的意见作出。

第五十四条

裁决书应当写明仲裁请求、争议事实、裁决理由、裁决结果、仲裁费用的负担和裁决日期。当事人协议不愿写明争议事实和裁决理由的,可以不写。裁决书由仲裁员签名,加盖仲裁委员会印章。对裁决持不同意见的仲裁员,可以签名,也可以不签名。

第五十五条

仲裁庭仲裁纠纷时,其中一部分事实已经清楚,可以就该部分先行裁决。

第五十六条

对裁决书中的文字、计算错误或者仲裁庭已经裁决但在裁决书中遗漏的事项,仲裁庭应当补正;当事人自收到裁决书之日起三十日内,可以请求仲裁庭补正。

第五十七条

裁决书自作出之日起发生法律效力。

第五章　申请撤销裁决

第五十八条

当事人提出证据证明裁决有下列情形之一的,可以向仲裁委员会所在地的中级人民法院申请撤销裁决:

（一）没有仲裁协议的;

（二）裁决的事项不属于仲裁协议的范围或者仲裁委员会无权仲裁的;

（三）仲裁庭的组成或者仲裁的程序违反法定程序的;

（四）裁决所根据的证据是伪造的;

（五）对方当事人隐瞒了足以影响公正裁决的证据的;

（六）仲裁员在仲裁该案时有索贿受贿,徇私舞弊,枉法裁决行为的。

人民法院经组成合议庭审查核实裁决有前款规定情形之一的,应当裁定撤销。

人民法院认定该裁决违背社会公共利益的,应当裁定撤销。

第五十九条

当事人申请撤销裁决的,应当自收到裁决书之日起六个月内提出。

第六十条

人民法院应当在受理撤销裁决申请之日起两个月内作出撤销裁决或者驳回申请的裁定。

第六十一条

人民法院受理撤销裁决的申请后,认为可以由仲裁庭重新仲裁的,通知仲裁庭在一定期限内重新仲裁,并裁定中止撤销程序。仲裁庭拒绝重新仲裁的,人民法院应当裁定恢复撤销程序。

第六章　执　　行

第六十二条

当事人应当履行裁决。一方当事人不履行的,另一方当事人可以依照民事诉讼法的有关规定向人民法院申请执行。受申请的人民法院应当执行。

第六十三条

被申请人提出证据证明裁决有民事诉讼法第二百一十三条第二款规定的情形之一的,经人民法院组成合议庭审查核实,裁定不予执行。

第六十四条

一方当事人申请执行裁决,另一方当事人申请撤销裁决的,人民法院应当裁定中止执行。

人民法院裁定撤销裁决的,应当裁定终结执行。撤销裁决的申请被裁定驳回的,人民法院应当裁定恢复执行。

第七章　涉外仲裁的特别规定

第六十五条

涉外经济贸易、运输和海事中发生的纠纷的仲裁,适用本章规定。本章没有规定的,适用本法其他有关规定。

第六十六条

涉外仲裁委员会可以由中国国际商会组织设立。

涉外仲裁委员会由主任一人、副主任若干人和委员若干人组成。

涉外仲裁委员会的主任、副主任和委员可以由中国国际商会聘任。

第六十七条

涉外仲裁委员会可以从具有法律、经济贸易、科学技术等专门知识的外籍人士中聘任仲裁员。

第六十八条

涉外仲裁的当事人申请证据保全的,涉外仲裁委员会应当将当事人的申请提交证据所在地的中级人民法院。

第六十九条

涉外仲裁的仲裁庭可以将开庭情况记入笔录,或者作出笔录要点,笔录要点可以由当事人和其他仲裁参与人签字或者盖章。

第七十条

当事人提出证据证明涉外仲裁裁决有民事诉讼法第二百五十八条第一款规定的情形之一的,经人民法院组成合议庭审查核实,裁定撤销。

第七十一条

被申请人提出证据证明涉外仲裁裁决有民事诉讼法第二百五十八条第一款规定的情形之一的,经人民法院组成合议庭审查核实,裁定不予执行。

第七十二条

涉外仲裁委员会作出的发生法律效力的仲裁裁决,当事人请求执行的,如果被执行人或者其财产不在中华人民共和国领域内,应当由当事人直接向有管辖权的外国法院申请承认和执行。

第七十三条

涉外仲裁规则可以由中国国际商会依照本法和民事诉讼法的有关规定制定。

第八章 附 则

第七十四条

法律对仲裁时效有规定的,适用该规定。法律对仲裁时效没有规定的,适用诉讼时效的规定。

第七十五条

中国仲裁协会制定仲裁规则前,仲裁委员会依照本法和民事诉讼法的有关规定可以制定仲裁暂行规则。

第七十六条

当事人应当按照规定交纳仲裁费用。

收取仲裁费用的办法,应当报物价管理部门核准。

第七十七条

劳动争议和农业集体经济组织内部的农业承包合同纠纷的仲裁,另行规定。

第七十八条

本法施行前制定的有关仲裁的规定与本法的规定相抵触的,以本法为准。

第七十九条

本法施行前在直辖市、省、自治区人民政府所在地的市和其他设区的市设立的仲裁机构,应当依照本法的有关规定重新组建;未重新组建的,自本法施行之日起届满一年时终止。

本法施行前设立的不符合本法规定的其他仲裁机构,自本法施行之日起终止。

第八十条

本法自1995年9月1日起施行。

附录二 《最高人民法院关于适用〈中华人民共和国仲裁法〉若干问题的解释》

法释〔2006〕7号

(2005年12月26日最高人民法院审判委员会第1375次会议通过 2006年8月23日最高人民法院公告公布 自2006年9月8日起施行)

根据《中华人民共和国仲裁法》和《中华人民共和国民事诉讼法》等法律规定,对人民法院审理涉及仲裁案件适用法律的若干问题作如下解释:

第一条 仲裁法第十六条规定的"其他书面形式"的仲裁协议,包括以合同书、信件和数据电文(包括电报、电传、传真、电子数据交换和电子邮件)等形式达成的请求仲裁的协议。

第二条 当事人概括约定仲裁事项为合同争议的,基于合同成立、效力、变更、转让、履行、违约责任、解释、解除等产生的纠纷都可以认定为仲裁事项。

第三条 仲裁协议约定的仲裁机构名称不准确,但能够确定具体的仲裁机构的,应当认定选定了仲裁机构。

第四条 仲裁协议仅约定纠纷适用的仲裁规则的,视为未约定仲裁机构,但当事人达成补充协议或者按照约定的仲裁规则能够确定仲裁机构的除外。

第五条 仲裁协议约定两个以上仲裁机构的,当事人可以协议选择其中的一个仲裁机构申请仲裁;当事人不能就仲裁机构选择达成一致的,仲裁协议无效。

第六条 仲裁协议约定由某地的仲裁机构仲裁且该地仅有一个仲裁机构的,该仲裁机构视为约定的仲裁机构。该地有两个以上仲裁机构的,当事人可以协议选择其中的一个仲裁机构申请仲裁;当事人不能就仲裁机构选择达成一致的,仲裁协议无效。

第七条 当事人约定争议可以向仲裁机构申请仲裁也可以向人民法院起诉的,仲裁协议无效。但一方向仲裁机构申请仲裁,另一方未在仲裁法第二十条第二款规定期间内提出异议的除外。

第八条 当事人订立仲裁协议后合并、分立的,仲裁协议对其权利义务的继受人有效。

当事人订立仲裁协议后死亡的,仲裁协议对承继其仲裁事项中的权利义务的继承人有效。

前两款规定情形,当事人订立仲裁协议时另有约定的除外。

第九条 债权债务全部或者部分转让的,仲裁协议对受让人有效,但当事人另有约定、在受让债权债务时受让人明确反对或者不知有单独仲裁协议的除外。

第十条 合同成立后未生效或者被撤销的,仲裁协议效力的认定适用仲裁法第十九条第一款的规定。

当事人在订立合同时就争议达成仲裁协议的,合同未成立不影响仲裁协议的效力。

第十一条 合同约定解决争议适用其他合同、文件中的有效仲裁条款的,发生合同争议时,当事人应当按照该仲裁条款提请仲裁。

涉外合同应当适用的有关国际条约中有仲裁规定的,发生合同争议时,当事人应当按照国际条约中的仲裁规定提请仲裁。

第十二条 当事人向人民法院申请确认仲裁协议效力的案件,由仲裁协议约定的仲裁机构所在地的中级人民法院管辖;仲裁协议约定的仲裁机构不明确的,由仲裁协议签订地或者被申请人住所地的中级人民法院管辖。

申请确认涉外仲裁协议效力的案件,由仲裁协议约定的仲裁机构所在地、仲裁协议签订地、申请人或者被申请人住所地的中级人民法院管辖。

涉及海事海商纠纷仲裁协议效力的案件,由仲裁协议约定的仲裁机构所在地、仲裁协议签订地、申请人或者被申请人住所地的海事法院管辖;上述地点没有海事法院的,由就近的海事法院管辖。

第十三条 依照仲裁法第二十条第二款的规定,当事人在仲裁庭首次开庭前没有对仲裁协议的效力提出异议,而后向人民法院申请确认仲裁协议无效的,人民法院不予受理。

仲裁机构对仲裁协议的效力作出决定后,当事人向人民法院申请确认仲裁协议效力或者申请撤销仲裁机构的决定的,人民法院不予受理。

第十四条 仲裁法第二十六条规定的"首次开庭"是指答辩期满后人民法院组织的第一次开庭审理,不包括审前程序中的各项活动。

第十五条 人民法院审理仲裁协议效力确认案件,应当组成合议庭进行审查,并询问当事人。

第十六条 对涉外仲裁协议的效力审查,适用当事人约定的法律;当事人没有约定适用的法律但约定了仲裁地的,适用仲裁地法律;没有约定适用的法律也没有约定仲裁地或者仲裁地约定不明的,适用法院地法律。

第十七条 当事人以不属于仲裁法第五十八条或者民事诉讼法第二百六十条规定的事由申请撤销仲裁裁决的,人民法院不予支持。

第十八条 仲裁法第五十八条第一款第一项规定的"没有仲裁协议"是指当事人没有达成仲裁协议。仲裁协议被认定无效或者被撤销的,视为没有仲裁协议。

第十九条 当事人以仲裁裁决事项超出仲裁协议范围为由申请撤销仲裁裁决,经审查属实的,人民法院应当撤销仲裁裁决中的超裁部分。但超裁部分与其他裁决事项不可分的,人民法院应当撤销仲裁裁决。

第二十条 仲裁法第五十八条规定的"违反法定程序",是指违反仲裁法规定的仲裁程序和当事人选择的仲裁规则可能影响案件正确裁决的情形。

第二十一条 当事人申请撤销国内仲裁裁决的案件属于下列情形之一的,人民法院可以依照仲裁法第六十一条的规定通知仲裁庭在一定期限内重新仲裁:

(一)仲裁裁决所根据的证据是伪造的;

(二)对方当事人隐瞒了足以影响公正裁决的证据的。

人民法院应当在通知中说明要求重新仲裁的具体理由。

第二十二条 仲裁庭在人民法院指定的期限内开始重新仲裁的,人民法院应当裁定终结撤销程序;未开始重新仲裁的,人民法院应当裁定恢复撤销程序。

第二十三条 当事人对重新仲裁裁决不服的,可以在重新仲裁裁决书送达之日起六个月内依据仲裁法第五十八条规定向人民法院申请撤销。

第二十四条 当事人申请撤销仲裁裁决的案件,人民法院应当组成合议庭审理,并询问当事人。

第二十五条 人民法院受理当事人撤销仲裁裁决的申请后,另一方当事人申请执行同一仲裁裁决的,受理执行申请的人民法院应当在受理后裁定中止执行。

第二十六条 当事人向人民法院申请撤销仲裁裁决被驳回后,又在执行程序中以相同理由提出不予执行抗辩的,人民法院不予支持。

第二十七条 当事人在仲裁程序中未对仲裁协议的效力提出异议,在仲裁裁决作出后以仲裁协议无效为由主张撤销仲裁裁决或者提出不予执行抗辩的,人民法院不予支持。

当事人在仲裁程序中对仲裁协议的效力提出异议,在仲裁裁决作出后又以此为由主张撤销仲裁裁决或者提出不予执行抗辩,经审查符合仲裁法第五十八条或者民事诉讼法第二百一十七条、第二百六十条规定的,人民法院应予支持。

第二十八条 当事人请求不予执行仲裁调解书或者根据当事人之间的和解协议作出的仲裁裁决书的,人民法院不予支持。

第二十九条 当事人申请执行仲裁裁决案件,由被执行人住所地或者被执行的财产所在地的中级人民法院管辖。

第三十条 根据审理撤销、执行仲裁裁决案件的实际需要,人民法院可以要求仲裁机构作出说明或者向相关仲裁机构调阅仲裁案卷。

人民法院在办理涉及仲裁的案件过程中作出的裁定,可以送相关的仲裁机构。

第三十一条 本解释自公布之日起实施。

附录三 《中华人民共和国仲裁法(修订)(征求意见稿)》

第一章 总 则

第一条

为保证公正、及时地仲裁经济纠纷,保护当事人的合法权益,保障社会主义市场经济健康发展,促进国际经济交往,制定本法。

第二条

自然人、法人和其他组织之间发生的合同纠纷和其他财产权益纠纷,可以仲裁。

下列纠纷不能仲裁:

(一)婚姻、收养、监护、扶养、继承纠纷;

(二)法律规定应当由行政机关处理的行政争议。

其他法律有特别规定的,从其规定。

第三条

当事人采用仲裁方式解决纠纷,应当双方自愿,达成仲裁协议。

第四条

仲裁应当诚实善意、讲究信用、信守承诺。

第五条

当事人达成仲裁协议,一方向人民法院起诉的,人民法院不予受理,但仲裁协议无效的除外。

第六条

仲裁的管辖由当事人协议约定,不实行级别管辖和地域管辖。

第七条

仲裁应当根据事实,符合法律规定,参照交易习惯,公平合理地解决纠纷。

第八条

仲裁依法独立进行,不受行政机关、社会团体和个人的干涉。

第九条

仲裁实行一裁终局的制度。裁决作出后,当事人不得就同一纠纷再申请仲裁或者向人民法院起诉。

裁决被人民法院依法裁定撤销的,当事人就该纠纷可以根据双方重新达成的仲裁协议申请仲裁,也可以向人民法院起诉。

第十条

人民法院依法支持和监督仲裁。

第二章 仲裁机构、仲裁员和仲裁协会

第十一条

仲裁机构可以在直辖市和省、自治区人民政府所在地的市设立,也可以根据需要在其他设区的市设立,不按行政区划层层设立。

仲裁机构由前款规定的市的人民政府组织有关部门和商会统一组建。

其他确有需要设立仲裁机构的,由国务院司法行政部门批准后,参照前款规定组建。

第十二条

仲裁机构的设立,应当经省、自治区、直辖市的司法行政部门登记。

中国国际商会设立组建的仲裁机构,由国务院司法行政部门登记。

外国仲裁机构在中华人民共和国领域内设立业务机构、办理涉外仲裁业务的,由省、自治区、直辖市的司法行政部门登记,报国务院司法行政部门备案。

仲裁机构登记管理办法由国务院制定。

第十三条

仲裁机构是依照本法设立,为解决合同纠纷和其他财产权益纠纷提供公益性服务的非营利法人,包括仲裁委员会和其他开展仲裁业务的专门组织。

仲裁机构经登记取得法人资格。

第十四条

仲裁机构独立于行政机关,与行政机关没有隶属关系。仲裁机构之间也没有隶属关系。

第十五条

仲裁机构应当具备下列条件:

(一)有自己的名称、住所和章程;

(二)有必要的财产;

(三)有必要的组织机构;

(四)有聘任的仲裁员。

仲裁机构的章程应当依照本法制定。

第十六条

仲裁机构按照决策权、执行权、监督权相互分离、有效制衡、权责对等的原则制定章程,建立非营利法人治理结构。

仲裁机构的决策机构为委员会的,由主任一人、副主任二至四人和委员七至十一人组成,主任、副主任和委员由法律、经济贸易专家和有实际工作经验的人员担任,其中法律、经济贸易专家不得少于三分之二。

仲裁机构的决策、执行机构主要负责人在任期间不得担任本机构仲裁员。在职公务员不得兼任仲裁机构的执行机构主要负责人。

仲裁机构应当建立监督机制。

仲裁机构应当定期换届,每届任期五年。

第十七条

仲裁机构应当建立信息公开机制,及时向社会公开机构章程、登记备案情况、收费标准、年度工作报告、财务等信息。

第十八条

仲裁员应当由公道正派的人员担任,并符合下列条件之一:

(一)通过国家统一法律职业资格考试取得法律职业资格,从事仲裁工作满八年的;

(二)从事律师工作满八年的;

(三)曾任法官满八年的;

(四)从事法律研究、教学工作并具有高级职称的;

(五)具有法律知识、从事经济贸易等专业工作并具有高级职称或者具有同等专业水平的。

有下列情形之一的,不得担任仲裁员:

(一)无民事行为能力或者限制民事行为能力的;

(二)受过刑事处罚的,但过失犯罪的除外;

(三)根据法律规定,有不能担任仲裁员的其他情形的。

仲裁机构按照不同专业设仲裁员推荐名册。

第十九条

中国仲裁协会是仲裁行业的自律性组织,是社会团体法人。

仲裁机构是中国仲裁协会的会员。与仲裁有关的教学科研机构、社会团体可以申请成为中国仲裁协会的会员。会员的权利、义务由协会章程规定。

中国仲裁协会的权力机构是全国会员代表大会,协会章程由全国会员代表大会制定。

第二十条

中国仲裁协会履行下列职责：

（一）根据章程对仲裁机构、仲裁员和其他仲裁从业人员的违纪行为进行监督；

（二）依照本法制定示范仲裁规则，供仲裁机构和当事人选择适用；

（三）依法维护会员合法权益，为会员提供服务；

（四）协调与有关部门和其他行业的关系，优化仲裁发展环境；

（五）制定仲裁行业业务规范，组织从业人员业务培训；

（六）组织仲裁业务研究，促进国内外业务交流与合作；

（七）协会章程规定的其他职责。

第三章 仲 裁 协 议

第二十一条

仲裁协议包括合同中订立的仲裁条款和以其他书面方式在纠纷发生前或者纠纷发生后达成的具有请求仲裁的意思表示的协议。

一方当事人在仲裁中主张有仲裁协议，其他当事人不予否认的，视为当事人之间存在仲裁协议。

第二十二条

有下列情形之一的，仲裁协议无效：

（一）约定的仲裁事项超出法律规定的仲裁范围的；

（二）无民事行为能力人或者限制民事行为能力人订立的仲裁协议；

（三）一方采取胁迫手段，迫使对方订立仲裁协议的。

第二十三条

仲裁协议独立存在，合同的变更、解除、不生效、无效、被撤销或者终止，不影响仲裁协议的效力。

仲裁庭有权确认合同的效力。

第二十四条

纠纷涉及主从合同，主合同与从合同的仲裁协议约定不一致的，以主合同的约定为准。从合同没有约定仲裁协议的，主合同的仲裁协议对从合同当事人有效。

第二十五条

公司股东、合伙企业的有限合伙人依照法律规定，以自己的名义，代表公司、合伙企业向对方当事人主张权利的，该公司、合伙企业与对方当事人签订的仲裁协议对其有效。

第二十六条

法律规定当事人可以向人民法院提起民事诉讼,但未明确不能仲裁的,当事人订立的符合本法规定的仲裁协议有效。

第二十七条

当事人可以在仲裁协议中约定仲裁地。当事人对仲裁地没有约定或者约定不明确的,以管理案件的仲裁机构所在地为仲裁地。

仲裁裁决视为在仲裁地作出。

仲裁地的确定,不影响当事人或者仲裁庭根据案件情况约定或者选择在与仲裁地不同的合适地点进行合议、开庭等仲裁活动。

第二十八条

当事人对仲裁协议是否存在、有效等效力问题或者仲裁案件的管辖权有异议的,应当在仲裁规则规定的答辩期限内提出,由仲裁庭作出决定。

仲裁庭组成前,仲裁机构可以根据表面证据决定仲裁程序是否继续进行。

当事人未经前款规定程序直接向人民法院提出异议的,人民法院不予受理。

当事人对仲裁协议效力或者管辖权决定有异议的,应当自收到决定之日起十日内,提请仲裁地的中级人民法院审查。当事人对仲裁协议无效或者仲裁案件无管辖权的裁定不服的,可以自裁定送达之日起十日内向上一级人民法院申请复议。人民法院应当在受理复议申请之日起一个月内作出裁定。

人民法院的审查不影响仲裁程序的进行。

第四章 仲 裁 程 序

第一节 一 般 规 定

第二十九条

仲裁应当平等对待当事人,当事人有充分陈述意见的权利。

第三十条

当事人可以约定仲裁程序或者适用的仲裁规则,但违反本法强制性规定的除外。

当事人没有约定或者约定不明确的,仲裁庭可以按照其认为适当的方式仲裁,但违反本法强制性规定的除外。

仲裁程序可以通过网络方式进行。

仲裁程序应当避免不必要的延误和开支。

第三十一条

仲裁不公开进行。当事人协议公开的,可以公开进行,但涉及国家秘密的除外。

第三十二条

当事人在仲裁程序中可以通过调解方式解决纠纷。

第三十三条

一方当事人知道或者应当知道仲裁程序或者仲裁协议中规定的内容未被遵守,仍参加或者继续进行仲裁程序且未及时提出书面异议的,视为其放弃提出异议的权利。

第三十四条

仲裁文件应当以合理、善意的方式送达当事人。

当事人约定送达方式的,从其约定。

当事人没有约定的,可以采用当面递交、挂号信、特快专递、传真,或者电子邮件、即时通讯工具等信息系统可记载的方式送达。

仲裁文件经前款规定的方式送交当事人,或者发送至当事人的营业地、注册地、住所地、经常居住地或者通讯地址,即为送达。

如果经合理查询不能找到上述任一地点,仲裁文件以能够提供投递记录的其他手段投递给当事人最后一个为人所知的营业地、注册地、住所地、经常居住地或者通讯地址,视为送达。

第二节 申请和受理

第三十五条

当事人申请仲裁应当符合下列条件:

(一) 有仲裁协议;

(二) 有具体的仲裁请求和事实、理由;

(三) 属于本法规定的仲裁范围。

当事人应当向仲裁协议约定的仲裁机构申请仲裁。

仲裁协议对仲裁机构约定不明确,但约定适用的仲裁规则能够确定仲裁机构的,由该仲裁机构受理;对仲裁规则也没有约定的,当事人可以补充协议;达不成补充协议的,由最先立案的仲裁机构受理。

仲裁协议没有约定仲裁机构,当事人达不成补充协议的,可以向当事人共同住所地的仲裁机构提起仲裁;当事人没有共同住所地的,由当事人住所地以外最先立案的第三地仲裁机构受理。

仲裁程序自仲裁申请提交至仲裁机构之日开始。

第三十六条

当事人申请仲裁,应当向仲裁机构递交仲裁协议、仲裁申请书及附件。

第三十七条

仲裁申请书应当载明下列事项:

(一) 当事人的姓名、性别、年龄、职业、工作单位和住所,法人或者其他组织的名称、住所和法定代表人或者主要负责人的姓名、职务;

(二) 仲裁请求和所根据的事实、理由;

(三) 证据和证据来源、证人姓名和住所。

第三十八条

仲裁机构收到仲裁申请书之日起五日内,认为符合受理条件的,应当受理,并通知当事人;认为不符合受理条件的,应当书面通知当事人不予受理,并说明理由。

第三十九条

仲裁机构受理仲裁申请后,应当在仲裁规则规定的期限内将仲裁规则和仲裁员名册送达申请人,并将仲裁申请书及其附件和仲裁规则、仲裁员名册送达被申请人。

被申请人收到仲裁申请书后,应当在仲裁规则规定的期限内向仲裁机构提交答辩书。仲裁机构收到答辩书后,应当在仲裁规则规定的期限内将答辩书及其附件送达申请人。被申请人未提交答辩书的,不影响仲裁程序的进行。

第四十条

当事人达成仲裁协议,一方向人民法院起诉未声明有仲裁协议,人民法院受理后,另一方在首次开庭前提交仲裁协议的,人民法院应当驳回起诉,但仲裁协议无效的除外;另一方在首次开庭前未对人民法院受理该案提出异议的,视为放弃仲裁协议,人民法院应当继续审理。

第四十一条

申请人可以放弃或者变更仲裁请求。被申请人可以承认或者反驳仲裁请求,有权提出反请求。

第四十二条

当事人、法定代理人可以委托律师和其他代理人进行仲裁活动。委托律师和其他代理人进行仲裁活动的,应当向仲裁机构提交授权委托书。

第三节 临时措施

第四十三条

当事人在仲裁程序进行前或者进行期间,为了保障仲裁程序的进行、查明争议事实或者裁决执行,可以请求人民法院或者仲裁庭采取与争议标的相关的临时性、紧急性措施。

临时措施包括财产保全、证据保全、行为保全和仲裁庭认为有必要的其他短期措施。

第四十四条

一方当事人因其他当事人的行为或者其他原因,可能使裁决不能执行、难以执行或者给当事人造成其他损害的,可以申请财产保全和行为保全。

第四十五条

在证据可能灭失或者以后难以取得的情况下,当事人可以申请证据保全。

第四十六条

当事人在提起仲裁前申请保全措施的,依照相关法律规定直接向人民法院提出。

当事人提起仲裁后申请保全措施的,可以直接向被保全财产所在地、证据所在地、行为履行地、被申请人所在地或者仲裁地的人民法院提出;也可以向仲裁庭提出。

第四十七条

当事人向人民法院提出保全措施申请的,人民法院应当依照相关法律规定及时作出保全措施。

当事人向仲裁庭申请保全措施的,仲裁庭应当及时作出决定,并要求当事人提供担保。保全决定经由当事人或者仲裁机构提交有管辖权的人民法院后,人民法院应当根据相关法律规定及时执行。

当事人因申请错误造成损害的,应当赔偿其他当事人因此所遭受的损失。

第四十八条

当事人申请其他临时措施的,仲裁庭应当综合判断采取临时措施的必要性与可行性,及时作出决定。

前款规定的临时措施作出后,经一方当事人申请,仲裁庭认为确有必要的,可以决定修改、中止或者解除临时措施。

临时措施决定需要人民法院提供协助的,当事人可以向人民法院申请协助执行,人民法院认为可以协助的,依照相关法律规定执行。

第四十九条

临时措施需要在中华人民共和国领域外执行的,当事人可以直接向有管辖权的外国法院申请执行。

仲裁庭组成前,当事人需要指定紧急仲裁员采取临时措施的,可以依照仲裁规则向仲裁机构申请指定紧急仲裁员。紧急仲裁员的权力保留至仲裁庭组成为止。

第四节　仲裁庭的组成

第五十条

仲裁庭可以由三名仲裁员或者一名仲裁员组成。由三名仲裁员组成的,设首席仲裁员。

当事人可以在仲裁员推荐名册内选择仲裁员,也可以在名册外选择仲裁员。当事人在名册外选择的仲裁员,应当符合本法规定的条件。

当事人约定仲裁员条件的,从其约定;但当事人的约定无法实现或者存在本法规定的不得担任仲裁员情形的除外。

第五十一条

当事人约定由三名仲裁员组成仲裁庭的,应当各自选定一名仲裁员,未能选定的由仲裁机构指定;第三名仲裁员由当事人共同选定;当事人未能共同选定的,由已选定或者指定的两名仲裁员共同选定;两名仲裁员未能共同选定的,由仲裁机构指定。第三名仲裁员是首席仲裁员。

当事人约定由一名仲裁员成立仲裁庭的,应当由当事人共同选定;当事人未能共同选定的,由仲裁机构指定。

第五十二条

仲裁庭组成后,仲裁员应当签署保证独立、公正仲裁的声明书,仲裁机构应当将仲裁庭的组成情况及声明书送达当事人。

仲裁员知悉存在可能导致当事人对其独立性、公正性产生合理怀疑的情形的,应当书面披露。

当事人收到仲裁员的披露后,如果以披露的事项为由申请该仲裁员回避,应当在十日内书面提出。逾期没有申请回避的,不得以仲裁员曾经披露的事项为由申请该仲裁员回避。

第五十三条

仲裁员有下列情形之一的,必须回避,当事人也有权提出回避申请:

(一) 是本案当事人或者当事人、代理人的近亲属;

(二) 与本案有利害关系;

(三) 与本案当事人、代理人有其他关系,可能影响公正仲裁的;

(四) 私自会见当事人、代理人,或者接受当事人、代理人的请客送礼的。

第五十四条

当事人提出回避申请,应当说明理由,在首次开庭前提出。回避事由在首次开庭后知道的,或者书面审理的案件,当事人应当在得知回避事由之日起十日内提出。

当事人对其选定的仲裁员要求回避的,只能根据选定之后才得知的理由提出。

第五十五条

仲裁员是否回避,由仲裁机构决定;回避决定应当说明理由。

在回避决定作出前,被申请回避的仲裁员可以继续参与仲裁程序。

第五十六条

仲裁员因回避或者其他原因不能履行职责的,应当依照本法规定重新选定或者指定仲裁员。

因回避而重新选定或者指定仲裁员后,当事人可以请求已进行的仲裁程序重新进行,是否准许,由仲裁庭决定;仲裁庭也可以自行决定已进行的仲裁程序是否重新进行。

第五十七条

仲裁员有本法第五十三条第四项规定的情形,情节严重的,或者有本法第七十七条第六项规定的情形的,应当依法承担法律责任,仲裁机构应当将其除名。

第五节 审理和裁决

第五十八条

仲裁应当开庭进行。当事人协议不开庭的,仲裁庭可以根据仲裁申请书、答辩书以及其他材料书面审理,作出裁决。

第五十九条

仲裁机构应当在仲裁规则规定的期限内将开庭日期通知双方当事人。当事人有正当理由的,可以在仲裁规则规定的期限内请求延期开庭。是否延期,由仲裁庭决定。

第六十条

申请人经书面通知,无正当理由不到庭或者未经仲裁庭许可中途退庭的,可以视为撤回仲裁申请。

被申请人经书面通知,无正当理由不到庭或者未经仲裁庭许可中途退庭的,可以缺席裁决。

第六十一条

当事人应当对自己的主张提供证据。

仲裁庭认为有必要收集的证据,可以自行收集,必要时可以请求人民法院协助。

第六十二条

仲裁庭对专门性问题认为需要鉴定的,可以交由当事人约定的鉴定部门鉴定,也可以由仲裁庭指定的鉴定部门鉴定。

根据当事人的请求或者仲裁庭的要求,鉴定部门应当派鉴定人参加开庭。当事人经仲裁庭许可,可以向鉴定人提问。

第六十三条

证据应当及时送达当事人和仲裁庭。

当事人可以约定质证方式,或者通过仲裁庭认为合适的方式质证。

仲裁庭有权对证据效力及其证明力作出判断,依法合理分配举证责任。

第六十四条

当事人在仲裁过程中有权进行辩论。辩论终结时,首席仲裁员或者独任仲裁员应当征询当事人的最后意见。

第六十五条

仲裁庭应当将开庭情况记入笔录。当事人和其他仲裁参与人认为对自己陈述的记录有遗漏或者差错的,有权申请补正。如果不予补正,应当记录该申请。

笔录由仲裁员、记录人员、当事人和其他仲裁参与人签名或者盖章。

第六十六条

当事人申请仲裁后,可以自行和解。达成和解协议的,可以请求仲裁庭根据和解协议作出裁决书,也可以撤回仲裁申请。

第六十七条

当事人达成和解协议,撤回仲裁申请后反悔的,可以根据仲裁协议申请仲裁。

第六十八条

仲裁庭在作出裁决前,可以先行调解。当事人自愿调解的,仲裁庭应当调解。调解不成的,应当及时作出裁决。

调解达成协议的,仲裁庭应当制作调解书或者根据协议的结果制作裁决书。调解书与裁决书具有同等法律效力。

第六十九条

当事人在仲裁庭组成前达成调解协议的,可以请求组成仲裁庭,由仲裁庭根据调解协议的内容制作调解书或者裁决书;也可以撤回仲裁申请。

当事人在仲裁庭组成后自愿选择仲裁庭之外的调解员调解的,仲裁程序中止。当事人达成调解协议的,可以请求恢复仲裁程序,由原仲裁庭根据调解协议的内容制作调解书或者裁决书;也可以撤回仲裁申请。达不成调解协议的,经当事人请求,仲裁程序继续进行。

第七十条

当事人根据仲裁协议申请仲裁机构对调解协议进行仲裁确认的,仲裁机构应当组成仲裁庭,仲裁庭经依法审核,可以根据调解协议的内容作出调解书或者裁决书。

第七十一条

调解书应当写明仲裁请求和当事人协议的结果。调解书由仲裁员签名,加盖仲裁机构印章,送达双方当事人。

调解书经双方当事人签收后,即发生法律效力。

在调解书签收前当事人反悔的,仲裁庭应当及时作出裁决。

第七十二条

裁决应当按照多数仲裁员的意见作出,少数仲裁员的不同意见可以记入笔录。仲裁庭不能形成多数意见时,裁决应当按照首席仲裁员的意见作出。

第七十三条

裁决书应当写明仲裁请求、争议事实、裁决理由、裁决结果、仲裁地、仲裁费用的负担和裁决日期。当事人协议不愿写明争议事实和裁决理由的,可以不写。裁决书由仲裁员签名,加盖仲裁机构印章。对裁决持不同意见的仲裁员,可以签名,也可以不签名。

第七十四条

仲裁庭仲裁纠纷时,其中一部分事实已经清楚,可以就该部分先行作出部分裁决。

仲裁庭仲裁纠纷时,其中有争议事项影响仲裁程序进展或者需要在最终裁决作出前予以明确的,可以就该问题先行作出中间裁决。

部分裁决和中间裁决有履行内容的,当事人应当履行。

当事人不履行部分裁决的,对方当事人可以依法申请人民法院强制执行。

部分裁决或者中间裁决是否履行不影响仲裁程序的进行和最终裁决的作出。

第七十五条

对裁决书中的文字、计算错误或者仲裁庭已经裁决但在裁决书中遗漏的事项,仲裁庭应当补正;当事人自收到裁决书之日起三十日内,可以请求仲裁庭补正。

申请执行的裁决事项内容不明确导致无法执行的,人民法院应当书面告知仲裁庭,仲裁庭可以补正或者说明。仲裁庭的解释说明不构成裁决书的一部分。

第七十六条

裁决书自作出之日起发生法律效力。

第五章　申请撤销裁决

第七十七条

当事人提出证据证明裁决有下列情形之一的,可以向仲裁地的中级人民法院申请撤销裁决:

（一）没有仲裁协议或者仲裁协议无效的;

（二）裁决的事项不属于仲裁协议的范围或者超出本法规定的仲裁范围的;

（三）被申请人没有得到指定仲裁员或者进行仲裁程序的通知,或者其他不属于被申请人负责的原因未能陈述意见的;

（四）仲裁庭的组成或者仲裁的程序违反法定程序或者当事人约定,以致于严重损害当事人权利的;

（五）裁决因恶意串通、伪造证据等欺诈行为取得的;

（六）仲裁员在仲裁该案时有索贿受贿,徇私舞弊,枉法裁决行为的。

人民法院经组成合议庭审查核实裁决有前款规定情形之一的,应当裁定撤销。

当事人申请撤销的情形仅涉及部分裁决事项的,人民法院可以部分撤销。裁决事项不可分的,应当裁定撤销。

人民法院认定该裁决违背社会公共利益的,应当裁定撤销。

第七十八条

当事人申请撤销裁决的,应当自收到裁决书之日起三个月内提出。

第七十九条

人民法院应当在受理撤销裁决申请之日起两个月内作出撤销裁决或者驳回申请的裁定。

第八十条

人民法院受理撤销裁决的申请后,认为可以由仲裁庭重新仲裁的,通知仲裁庭在一定期限内重新仲裁,并裁定中止撤销程序。

仲裁庭在人民法院指定的期限内开始重新仲裁的,人民法院应当裁定终结撤销程序;未开始重新仲裁的,人民法院应当裁定恢复撤销程序。

当事人申请撤销裁决的,人民法院经审查符合下列情形,可以通知仲裁庭重新仲裁:

（一）裁决依据的证据因客观原因导致虚假的;

（二）存在本法第七十七条第三项、第四项规定的情形,经重新仲裁可以弥补的。

人民法院应当在通知中说明要求重新仲裁的具体理由。

人民法院可以根据案件情况在重新仲裁通知中限定审理期限。

重新仲裁由原仲裁庭仲裁。当事人以仲裁庭的组成或者仲裁员的行为不规范为由申请撤销的,应当另行组成仲裁庭仲裁。

第八十一条

当事人对撤销裁决的裁定不服的,可以自收到裁定之日起十日内向上一级人民法院申请复议。人民法院应当在受理复议申请之日起一个月内作出裁定。

第六章 执 行

第八十二条

当事人应当履行裁决。一方当事人不履行的,对方当事人可以向有管辖权的中级人民法院申请执行。

人民法院经审查认定执行该裁决不违背社会公共利益的,应当裁定确认执行;否则,裁定不予确认执行。

裁定书应当送达当事人和仲裁机构。

裁决被人民法院裁定不予确认执行的,当事人就该纠纷可以根据重新达成的仲裁协议申请仲裁,也可以向人民法院起诉。

第八十三条

一方当事人申请执行裁决,另一方当事人申请撤销裁决的,人民法院应当裁定中止执行。

人民法院裁定撤销裁决的,应当裁定终结执行。撤销裁决的申请被裁定驳回的,人民法院应当裁定恢复执行。

第八十四条

裁决执行过程中,案外人对执行标的提出书面异议的,人民法院应当自收到书面异议之日起十五日内审查,理由成立的,裁定中止对该标的的执行;理由不成立的,裁定驳回。

案外人应当自知道或者应当知道人民法院对该标的采取执行措施之日起三十日内,且主张的合法权益所涉及的执行标的尚未执行终结前提出。

第八十五条

案外人有证据证明裁决的部分或者全部内容错误,损害其民事权益的,可以依法对当事人提起诉讼。

案外人起诉且提供有效担保的,该裁决中止执行。裁决执行的恢复或者终结,由人民法院根据诉讼结果裁定。

第八十六条

发生法律效力的仲裁裁决,当事人请求执行的,如果被执行人或者其财产不在中华人民共和国领域内,应当由当事人直接向有管辖权的外国法院申请承认和执行。

第八十七条

在中华人民共和国领域外作出的仲裁裁决,需要人民法院承认和执行的,应当由当事人直接向被执行人住所地或者其财产所在地的中级人民法院申请。

如果被执行人或者其财产不在中华人民共和国领域内,但其案件与人民法院审理的案件存在关联的,当事人可以向受理关联案件的人民法院提出申请。

如果被执行人或者其财产不在中华人民共和国领域内,但其案件与我国领域内仲裁案件存在关联的,当事人可以向仲裁机构所在地或者仲裁地的中级人民法院提出申请。

人民法院应当依照中华人民共和国缔结或者参加的国际条约,或者按照互惠原则办理。

第七章　涉外仲裁的特别规定

第八十八条

具有涉外因素的纠纷的仲裁,适用本章规定。本章没有规定的,适用本法其他有关规定。

第八十九条

从事涉外仲裁的仲裁员,可以由熟悉涉外法律、仲裁、经济贸易、科学技术等专门知识的中外专业人士担任。

第九十条

涉外仲裁协议的效力认定,适用当事人约定的法律;当事人没有约定涉外仲裁协议适用法律的,适用仲裁地法律;对适用法律和仲裁地没有约定或者约定不明确的,人民法院可以适用中华人民共和国法律认定该仲裁协议的效力。

第九十一条

具有涉外因素的商事纠纷的当事人可以约定仲裁机构仲裁,也可以直接约定由专设仲裁庭仲裁。

专设仲裁庭仲裁的仲裁程序自被申请人收到仲裁申请之日开始。

当事人没有约定仲裁地或者约定不明确的,由仲裁庭根据案件情况确定仲裁地。

第九十二条

专设仲裁庭仲裁的案件,无法及时组成仲裁庭或者需要决定回避事项的,当事人可以协议委托仲裁机构协助组庭、决定回避事项。当事人达不成委托协议的,由仲裁地、当事人所在地或者与争议有密切联系地的中级人民法院指定仲裁机构协助确定。

指定仲裁机构和确定仲裁员人选时,应当考虑当事人约定的仲裁员条件,以及仲裁员国籍、仲裁地等保障仲裁独立、公正、高效进行的因素。

人民法院作出的指定裁定为终局裁定。

第九十三条

专设仲裁庭仲裁的案件,裁决书经仲裁员签名生效。

对裁决持不同意见的仲裁员,可以不在裁决书上签名;但应当出具本人签名的书面不同意见并送达当事人。不同意见不构成裁决书的一部分。

仲裁庭应当将裁决书送达当事人,并将送达记录和裁决书原件在送达之日起三十日内提交仲裁地的中级人民法院备案。

第八章 附 则

第九十四条

法律对仲裁时效有规定的,适用该规定。法律对仲裁时效没有规定的,适用诉讼时效的规定。

第九十五条

仲裁规则应当依照本法制定。

第九十六条

当事人应当按照规定交纳仲裁费用。

收取仲裁费用的办法,由国务院价格主管部门会同国务院司法行政部门制定。

第九十七条

劳动争议和农业集体经济组织内部的农业承包合同纠纷的仲裁,另行规定。

第九十八条

本法施行前制定的有关仲裁的规定与本法的规定相抵触的,以本法为准。

第九十九条

本法自 年 月 日起施行。

附录四 《承认及执行外国仲裁裁决公约》（《纽约公约》）

第一条

一、仲裁裁决，因自然人或法人间之争议而产生且在声请承认及执行地所在国以外之国家领土内作成者，其承认及执行适用本公约。本公约对于仲裁裁决经声请承认及执行地所在国认为非内国裁决者，亦适用之。

二、"仲裁裁决"一词不仅指专案选派之仲裁员所作裁决，亦指当事人提请仲裁之常设仲裁机关所作裁决。

三、任何国家得于签署、批准或加入本公约时，或于本公约第十条通知推广适用时，本交互原则声明该国适用本公约，以承认及执行在另一缔约国领土内作成之裁决为限。任何国家亦得声明，该国唯于争议起于法律关系，不论其为契约性质与否，而依提出声明国家之国内法认为系属商事关系者，始适用本公约。

第二条

一、当事人以书面协定承允彼此间所发生或可能发生之一切或任何争议，如关涉可以仲裁解决事项之确定法律关系，不论为契约性质与否，应提交仲裁时，各缔约国应承认此项协定。

二、称"书面协定"者，谓当事人所签订或在互换函电中所载明之契约仲裁条款或仲裁协定。

三、当事人就诉讼事项订有本条所称之协定者，缔约国法院受理诉讼时应依当事人一造之请求，命当事人提交仲裁，但前述协定经法院认定无效、失效或不能实行者不在此限。

第三条

各缔约国应承认仲裁裁决具有拘束力，并依援引裁决地之程序规则及下列各条所载条件执行之。承认或执行适用本公约之仲裁裁决时，不得较承认或执行内国仲裁裁决附加过苛之条件或征收过多之费用。

第四条

一、声请承认及执行之一造，为取得前条所称之承认及执行，应于声请时提具：

（甲）原裁决之正本或其正式副本，

（乙）第二条所称协定之原本或其正式副本。

二、倘前述裁决或协定所用文字非为援引裁决地所在国之正式文字，声请承认及执行裁决之一造应备具各该文件之此项文字译本。译本应由公设或宣誓之翻译员或外交或领事人员认证之。

第五条

一、裁决唯有于受裁决援用之一造向声请承认及执行地之主管机关提具证据证明有下列情形之一时，始得依该造之请求，拒予承认及执行：

（甲）第二条所称协定之当事人依对其适用之法律有某种无行为能力情形者，或该项协定依当事人作为协定准据之法律系属无效，或未指明以何法律为准时，依裁决地所在国法律系属无效者；

（乙）受裁决援用之一造未接获关于指派仲裁员或仲裁程序之适当通知，或因他故，致未能申辩者；

（丙）裁决所处理之争议非为交付仲裁之标的或不在其条款之列，或裁决载有关于交付仲裁范围以外事项之决定者，但交付仲裁事项之决定可与未交付仲裁之事项划分时，裁决中关于交付仲裁事项之决定部分得予承认及执行；

（丁）仲裁机关之组成或仲裁程序与各造间之协议不符，或无协议而与仲裁地所在国法律不符者；

（戊）裁决对各造尚无拘束力，或业经裁决地所在国或裁决所依据法律之国家之主管机关撤销或停止执行者。

二、倘声请承认及执行地所在国之主管机关认定有下列情形之一，亦得拒不承认及执行仲裁裁决：

（甲）依该国法律，争议事项系不能以仲裁解决者；

（乙）承认或执行裁决有违该国公共政策者。

第六条

倘裁决业经向第五条第一项(戊)款所称之主管机关声请撤销或停止执行，受理援引裁决案件之机关得于其认为适当时延缓关于执行裁决之决定，并得依请求执行一造之声请，命他造提供妥适之担保。

第七条

一、本公约之规定不影响缔约国间所订关于承认及执行仲裁裁决之多边或双边协定之效力，亦不剥夺任何利害关系人可依援引裁决地所在国之法律或条约所认许之方式，在其许可范围内，援用仲裁裁决之任何权利。

二、1923年日内瓦仲裁条款议定书及1927年日内瓦执行外国仲裁裁决公约在缔约国间,于其受本公约拘束后,在其受拘束之范围内不再生效。

第八条

一、本公约在 1958 年 12 月 31 日以前听由任何联合国会员国及现为或嗣后成为任何联合国专门机关会员国或国际法院规约当事国之任何其他国家,或经联合国大会邀请之任何其他国家签署。

二、本公约应予批准。批准文件应送交联合国秘书长存放。

第九条

一、本公约听由第八条所称各国加入。

二、加入应以加入文件送交联合国秘书长存放为之。

第十条

一、任何国家得于签署、批准或加入时声明将本公约推广适用于由其负责国际关系之一切或任何领土。此项声明于本公约对关系国家生效时发生效力。

二、嗣后关于推广适用之声明应向联合国秘书长提出通知为之,自联合国秘书长收到此项通知之日后第九十日起,或自本公约对关系国家生效之日起发生效力,此两日期以较迟者为准。

三、关于在签署、批准或加入时未经将本公约推广适用之领土,各关系国家应考虑可否采取必要步骤将本公约推广适用于此等领土,但因宪政关系确有必要时,自须征得此等领土政府之同意。

第十一条

下列规定对联邦制或非单一制国家适用之:

(甲)关于本公约内属于联邦机关立法权限之条款,联邦政府之义务在此范围内与非联邦制缔约国之义务同;

(乙)关于本公约内属于组成联邦各州或各省之立法权限之条款,如各州或各省依联邦宪法制度并无采取立法行动之义务,联邦政府应尽速将此等条款提请各州或各省主管机关注意,并附有利之建议;

(丙)参加本公约之联邦国家遇任何其他缔约国经由联合国秘书长转达请求时,应提供叙述联邦及其组成单位关于本公约特定规定之法律及惯例之情报,说明以立法或其他行动实施此项规定之程度。

第十二条

一、本公约应自第三件批准或加入文件存放之日后第九十日起发生效力。

二、对于第三件批准或加入文件存放后批准或加入本公约之国家,本公约应自各该国存放批准或加入文件后第九十日起发生效力。

第十三条

一、任何缔约国得以书面通知联合国秘书长宣告退出本公约。退约应于秘书长收到通知之日一年后发生效力。

二、依第十条规定提出声明或通知之国家,嗣后得随时通知联合国秘书长声明本公约自秘书长收到通知之日一年后停止适用于关系领土。

三、在退约生效前已进行承认或执行程序之仲裁裁决,应继续适用本公约。

第十四条

缔约国除在本国负有适用本公约义务之范围外,无权对其他缔约国援用本公约。

第十五条

联合国秘书长应将下列事项通知第八条所称各国:

(甲)依第八条所为之签署及批准;

(乙)依第九条所为之加入;

(丙)依第一条、第十条及第十一条所为之声明及通知;

(丁)依第十二条本公约发生效力之日期;

(戊)依第十三条所为之退约及通知。

第十六条

一、本公约应存放联合国档库,其中文、英文、法文、俄文及西班牙文各本同一作准。

二、联合国秘书长应将本公约正式副本分送第八条所称各国。